本书获2013年度国家社会科学基金项目资助

Fujian
Sannian
Youji
Zhanzhengshi

福建三年游击战争史

王盛泽　毛立红　著

海峡出版发行集团 THE STRAITS PUBLISHING & DISTRIBUTING GROUP | 福建人民出版社 FUJIAN PEOPLE'S PUBLISHING HOUSE

图书在版编目（CIP）数据

福建三年游击战争史/王盛泽，毛立红著. --福州：福建人民出版社，2020.12（2021.6 重印）

ISBN 978-7-211-08411-1

Ⅰ.①福… Ⅱ.①王… ②毛… Ⅲ.①三年游击战争（1934—1937）—史料—福建 Ⅳ.①E297.23

中国版本图书馆 CIP 数据核字（2020）第 053665 号

福建三年游击战争史

FUJIAN SANNIAN YOUJI ZHANZHENGSHI

作　　者：王盛泽　毛立红

责任编辑：陈稚瑶

出版发行：福建人民出版社　　**电　　话：**0591-87533169(发行部)

网　　址：http://www.fjpph.com　　**电子邮箱：**fjpph7211@126.com

地　　址：福州市东水路 76 号　　**邮政编码：**350001

经　　销：福建新华发行（集团）有限责任公司

印　　刷：福州万达印刷有限公司

地　　址：福州市闽侯荆溪镇溪头工业区徐家村 166—1 号

开　　本：700 毫米×1000 毫米　1/16

印　　张：29

字　　数：417 千字

版　　次：2020 年 12 月第 1 版　　2021 年 6 月第 2 次印刷

书　　号：ISBN 978-7-211-08411-1

定　　价：78.00 元

目　录

导　　论

一、研究缘起及意义

三年游击战争是中国共产党领导的土地革命战争的重要组成部分，“是中共党史、军史、革命史上极其艰难，甚至带有点悲壮，但又非常光荣的重要篇章”[①]。从 1934 年 10 月中央红军主力实施战略转移，拉开三年游击战争的序幕，[②] 到 1937 年抗战全面爆发、实现第二次国共和谈，留在福建、江西、浙江、湖北、湖南、安徽、河南、广东等南方八省十几个地区的红军游击队，在极其险恶的环境中展开了艰苦卓绝的斗争。南方三年游击战争，钳制和消耗了大量国民党军，战略上有力地配合了主力红军的长征，为中国革命保存了一支极为重要的武装力量，同时推动了南方各省抗日救亡运动的蓬勃发展。[③] 中共中央政治局在 1937 年 12 月的决议中，给予其较高的评价：认为南方各游击区“长期坚持了英勇的游击战争，基本上正确的执行了党的路线，完成了党所给予他们的任务”；南方游击区的同志是“全党的模范”。[④] 毛泽东

---

① 李忠杰：《南方三年游击战争：中国革命史上悲壮而辉煌的篇章》，《中国井冈山干部学院学报》2011 年第 4 期。

② 《中共中央给苏区中央分局的训令——红军主力突围转移、中央苏区广泛发展游击战争》（1934 年 10 月 8 日），中共中央文献研究室、中央档案馆编：《建党以来重要文献选编（1921—1949）》第 11 册，中央文献出版社 2011 年版，第 572～578 页。

③ 中共中央党史研究室著：《中国共产党历史》第一卷（1921—1949），中共党史出版社 2011 年版，第 404 页。

④ 《中共中央政治局关于南方各游击区工作的决议》（1937 年 12 月 13 日通过），中共中央文献研究室、中央档案馆编：《建党以来重要文献选编（1921—1949）》第 14 册，中央文献出版社 2011 年版，第 735 页。

曾称赞：南方各游击区“是我们和国民党十年血战的结果的一部分”，是中国人民反日抗战在南方各省的重要战略支点。[1] 有学者指出：党中央和毛泽东对三年游击战争的历史评价很高，也是很科学、客观、有分寸的。[2] 这些评价中肯且恰如其分。

福建是著名的革命老区，是土地革命战争时期中央苏区的重要组成部分，也是三年游击战争的主战场和重要省份。中央红军主力撤出中央苏区进行长征后，国民党军以16个正规师20多万兵力对闽西、闽北、闽东、闽粤边、闽中、闽赣边革命根据地进行大规模的疯狂进攻，妄图彻底消灭留下来坚持斗争的红军游击队。国民党军在军事上采取“集中兵力、分进合击”和“驻剿”、“堵剿”、“搜剿”、“围剿”、“伏击”等战术；政治上实施惨无人道的“五光”、“十杀”政策，强制推行保甲连坐制；经济上实行全面封锁、大肆烧杀掳掠等最血腥最狠毒的残酷手段，进行全省性甚至跨区域的轮番“清剿”。国民党军队所到之处，尸横遍野，废墟一片。据不完全统计，红军长征后，福建省内各苏区被杀害和被迫流亡致死的群众达33.7万人之多，被灭绝86319户，被烧毁和因移民并村被拆毁的房屋达41万余间，被毁灭村庄2564个，荒芜土地100多万亩。[3] 面对国民党军队和“还乡团”的反复“清剿”和疯狂报复，红军游击队和当地革命群众，进行了英勇顽强的坚决斗争。又据李光1935年8月在《论中国红军》一文所述：自从红军主力长征后，留在福建、江西一带的红军游击队，不但未被消灭，反而日益发展，“许多乡村仍在红军手里”，原有苏区群众参加革命斗争的热情依然很高。[4] 当时南方八省15块游击区，福建省就有6块，占

---

① 毛泽东：《上海太原失陷以后抗日战争的形势和任务》（1937年11月12日），《毛泽东选集》第2卷，人民出版社1991年版，第393页。

② 余伯流：《论南方游击区的历史地位——解读党中央和毛泽东对南方游击区的科学评价》，《中共党史研究》2011年第2期。

③ 中共福建省委、福建省人民委员会：《关于四年来革命老根据地工作概况与今后意见的报告》（1956年12月1日），中共福建省委党史研究室等编：《福建中央苏区纵横·综合卷》，中共党史出版社2009年版，第124页。也有资料认为荒芜土地200余万亩。

④ 李光：《论中国红军》（1935年8月），中共中央党史研究室第一研究部编：《共产国际、联共（布）与中国革命档案资料丛书》第16卷，中共党史出版社2007年版，第746页。

三分之一多。据统计，各游击区较有影响的重要战斗共141次，其中福建有47次，占总数的三分之一。[①] 三年游击战争结束后，南方八省红军游击队改编为新四军时，全军编为4个支队8个团10400人，福建6块游击区编为2个支队4个团近5000人，建制和人数均约占全军总数一半。[②] 打开新四军战史，我们可以很清晰地看到，新四军的历次重大战斗、战役无不留下福建子弟兵的奋斗足迹和赫赫战功。由是观之，福建是南方三年游击战争的主战场和重要省份，福建三年游击战争的胜利为新四军的组建和发展作出了重大贡献。

福建三年游击战争是在极其艰难困苦的环境中进行的自卫求生的伟大斗争，充分彰显了人民战争的伟大力量，在中国革命斗争史上熠熠生辉。福建各革命根据地的党组织和红军游击队在与上级党组织失去联系、彼此隔离、缺乏统一领导指挥、各自独立战斗、敌我力量极为悬殊的残酷形势下，紧紧依靠人民群众，创造性地开展广泛的、灵活的、群众性的游击战争。“经过三年艰苦卓绝的斗争，不仅保存了党在福建的战略基地，保存了部分土地革命时期农民分得的土地，而且增强与发展了革命武装”[③]。福建三年游击战争，以其创建的宽广游击区域，保存的大量干部，保持的最大数量的红军游击队，所创造出的战略战术和政策策略，以及所体现出的突出特点，付出的重大牺牲等，不仅在福建人民革命斗争史上写下光辉灿烂的一页，在南方三年游击战争中亦占有重要的地位，而且对中国革命的发展作出不可磨灭的突出贡献。可以说，三年游击战争是中国革命斗争史上一道独具特色而

---

① 据统计三年游击战争期间，南方8省15个游击区较重要的战斗共有141次（其中福建47次、江西28次、浙江14次、湖南14次、湖北14次、安徽10次、广东8次、河南6次），这是福建作为三年游击战争主战场和重要省份的重要依据和有力证明。参见《南方三年游击战争主要战斗战绩统计表》，中国人民解放军历史资料丛书编审委员会：《南方三年游击战争·综合篇》，解放军出版社1995年版，第1174～1189页。

② 蒋伯英：《福建三年游击战争的历史经验与教训》，福建省新四军研究会编：《福建三年游击战争与新四军》，中央文献出版社2012年版，第61页。

③ 廖开助：《福建三年游击战争概述》，福建省新四军研究会编：《福建三年游击战争与新四军》，中央文献出版社2012年版，第7～8页。

又内涵丰富的亮丽风景线，是与长征英雄史诗“同样的辉煌昭亮”[①]的壮丽凯歌，而福建三年游击战争则是其中最为厚重精彩的篇章。

然囿于种种原因，三年游击战争史长期以来并未受到学界应有的重视，学者较少进行系统深入的探究，但其研究价值却不容忽视。[②]如有研究者指出，过去很长的一段时间内，人们对长征的战斗历程和丰功伟绩宣传得较多，而对南方三年游击战争的宣传明显偏少，“党史军史革命史类书籍有的语焉不详，有的甚至略而不提”，致使许多人对南方三年游击战争一知半解或毫无所知，成为党史、军史、革命史研究中较为薄弱的环节，实属憾事。[③]又据胡华主编的《中国革命史讲义》，全书民主革命时期达55万字之多，但涉及三年游击战争的仅1000余字；山东人民出版社出版的《中国共产党历史讲义》，全书民主革命时期有28万余字，三年游击战争时期仅有750个字，有的史书甚至只字不提。[④]

---

① 方方：《三年游击战争》，中国人民解放军历史资料丛书编审委员会：《南方三年游击战争·闽西游击区》，解放军出版社1991年版，第384页。关于南方三年游击战争和红军长征历史地位和贡献的比较，此种说法为许多研究者所引用和认同，原文是“三年游击战争，在中国革命斗争史上，是和二万五千里长征同样的辉煌昭亮”，最早见郭沫若给野草著《三年游击战争》（新中国书局发行，1949年东北出版）所作的序言；又见郭沫若：《〈三年游击战争〉序言》，《复旦学报（社会科学版）》1979年第4期。

② 关于学界长期以来对三年游击战争史的研究较为简略，较少进行深入探讨的原因，有学者分析指出：一是主力红军长征后，南方革命转入低潮，在北方形成了新的革命中心；二是南方三年游击战争“党的活动比较分散，斗争也是小规模的，没有长征那样轰轰烈烈”；三是以往党史研究主要以领袖的活动、党的会议和路线斗争为中心，这也是长征研究热经久不衰，而三年游击战争史受忽视的重要原因；四是由于当时留守苏区，担任中央分局主要领导人的项英执行过“左”的错误，中央分局也未发挥其领导作用，出于政治考量，一般都是少写或不写；五是南方三年游击战争较为分散，没有形成统一的武装和统一的部署，史实和史料也较为分散，进行整体深入的研究有一定的难度。参见钟健英：《突出地方特点　体现历史风貌——编写福建三年游击战争时期党史的构想》，《福建党史月刊》1991年第10期。时至今日，上述原因仍然是制约三年游击战争史研究的重要因素。除此之外，与当前各游击区所属省份地方政府重视与支持程度不够也有很大关系。如近十年来，纪念南方三年游击战争的全国性学术研讨活动仅在江西省举办过两次（2010年江西信丰、2017年江西大余），力度较之长征研究明显不足。

③ 郑广瑾著：《南方三年游击战争记·前言》，河南人民出版社1997年版，第1页。又参见孙俊杰：《〈南方三年游击战争记〉评述》，《中州古今》1997年第4期。

④ 钟健英：《突出地方特点　体现历史风貌——编写福建三年游击战争时期党史的构想》，《福建党史月刊》1991年第10期。

而最权威的《中国共产党历史》第一卷也仅把涉及南方三年游击战争的内容放在专门论述长征的章节的最后一节，篇幅仅占 12%。[①] 据中国知网检索统计，从 1997 年至 2017 年 20 年间，篇名有“长征”字样的论文达 5256 篇之多，而篇名为“三年游击战争”字样的论文仅有 109 篇，热冷悬殊，可窥一斑。有学者呼吁，随着相关史料的深入挖掘和研究视野的拓展，三年游击战争尽管“是中共党史、军史研究中问题比较复杂、争议较多”的研究，但仍是“值得再深入探讨的重要课题之一”，[②] 其历史地位和研究价值均不容忽视。

查阅相关资料和已有研究成果，不难发现，目前学界对福建三年游击战争史研究仍显薄弱，实有进行全面系统的深入探究的必要，这也是笔者选题的重要缘起。据统计，在中国知网（1997～2017 年）仅能检索到 17 篇相关论文，约占篇名为“三年游击战争”论文数的 15.6%。全国整体论述三年游击战争的重要专著《南方三年游击战争史》1997 年已出版，邻省江西先后出版《中央苏区三年游击战争史》（1993 年）、《江西三年游击战争史》（2009 年）等较有分量的力作。[③] 然作为南方三年游击战争主战场和重要省份的福建，时至今日尚无一部从全省角度系统论述这段光辉历史的专著，而只有若干论文和零散的一些回忆类文章，这不能不说是一个莫大的缺憾。学术研究上的滞后，与福建三年游击战争的历史地位是不相称的，因此有进行全方位深化研究，并给予公正评价之必要。

笔者从事中共党史和福建地方党史研究工作 30 余年，其间对三年

---

① 参见中共中央党史研究室著：《中国共产党历史》第一卷（1921—1949），中共党史出版社 2011 年版，第 382～406 页。

② 吴明刚：《南方三年游击战争若干问题再研究》，《福建党史月刊》2012 年第 21 期。文中指出，关于如何审视和分析南方三年游击战争的开展不平衡问题、如何认识南方三年游击战争初期遭受严重挫折和损失的原因、如何评价南方三年游击战争的历史地位与作用、如何看待南方三年游击战争的不足及教训等问题的研究，随着史料的深入挖掘和研究视野的拓展，仍需要重新阐释表述、补充完善和深入拓展。

③ 参见阎景堂主编：《南方三年游击战争史》，解放军出版社 1997 年版；刘勉钰著：《中央苏区三年游击战争史》，江西人民出版社 1993 年版；刘勉钰著：《江西三年游击战争史》，江西人民出版社 2009 年版。

游击战争史多有涉猎，并曾就相关问题进行深入思考和探究，这也是选题的另一重要缘起。相关著作类成果主要有《福建工农红军发展历程》（合著，中央文献出版社，2007年）、《福建中央苏区纵横·综合卷》（合著，中共党史出版社，2009年）、《张鼎丞传》（合著，中央文献出版社，1996年）、《叶飞传》（合著，中央文献出版社，2007年）。论文类成果主要有《干部地方化与南方三年游击战争的胜利坚持》（《中共党史研究》2010年第3期）、《闽东三年游击战争经验在发展华中抗日根据地中的运用》（第一作者，《从土地革命战争到游击战争的转变》，并入选2010年全国南方三年游击战争理论研讨会）、《福建是红旗不倒的著名革命老区》（《福建红色历史》，中共党史出版社，2012年）、《福建红军游击队整编为新四军的人数问题》（《红土地》2008年第2期）、《八闽健儿对华中抗战的重大贡献》（《新四军与抗日战争》，南京大学出版社，1995年）、《三年游击战争时期的福建土匪问题研究》（《中国井冈山干部学院学报》2015年第4期）、《抗日根据地对苏区、游击区经验教训的借鉴》（《福建党史月刊》2015年第11期）、《福建在人民军队建设史上的地位与贡献》（第一作者，《福建党史月刊》2017年第10期）、《新四军从游击战场向民族解放战场的转变》（《福建党史月刊》2011年第22期）、《红军长征与福建三年游击战争》（2016年9月13日《福建日报》理论版）、《三年游击战争与群众利益问题——以原中央苏区游击区为例》（《纪念南方红军三年游击战争胜利暨新四军组建80周年理论研讨会论文集》，中共党史出版社2017年版）等。这些成果的取得，无疑为本课题的研究工作奠定了坚实基础。

基于上述考虑，本课题的研究意义可体现在以下几个方面：

1. 有学术创新的价值。

改变以往对福建三年游击战争研究缺乏系统梳理、全面深化和综合分析的现状，在夯实史料基础上，弥补学术研究上的短板和不足，并阐明其基本经验、主要特点，彰显其历史地位，以及重新审视目前亟须探讨的问题。由于本课题在研究视野、路径方法、构思框架等方面较之以往对南方三年游击战争的整体研究和区域研究均有创新与突破，而且是研究福建三年游击战争的首部专著，因此学术上具有填补空白的意义。

2. 研究视野和路径的拓展。

研究视野上突破以往按各块编写，缺少整体分析，偏重军事斗争而忽视其他方面的局限，从中国革命发展史的宏大视野，站在历史新高度和全省视角，对福建三年游击战争的丰富内涵——党的建设、战略方针、后勤保障、军民关系及客家和畲族群众对红军游击队的支持等历史图景展开整体性的考察。研究路径上以扎实的史料为基础，既有对省内各块游击区演变历程的具体、全面、深入的剖析，又揭示出彼此间的关联，并以时间为线索的历史逻辑展开对比研究，从而对福建三年游击战争胜利坚持的原因、地位作用、经验教训等作实事求是的客观评价，在研究视野和路径上较以往均有明显的修正和拓展。

3. 对历史负责，为现实服务。

通过搜集大量一手史料，整理爬梳，将福建三年游击战争这一历史图景中的时局演变、战略战术、政策方针及人物、事件等阐述清楚；并吸收学界最新成果，使其成为一部内容充实、观点新颖、评价公允的信史，为后来者留下参考与借鉴。进一步彰显福建在中国革命史上的历史地位和重要贡献，凝聚有志于研究革命老区问题的专家学者，抢抓振兴发展机遇，为推动革命老区攻坚克难，决胜全面小康提供助力及做好舆论宣传。同时，回顾与研究这段历史，有助于更加深入认识中国革命走向成功的规律，从中总结出好的经验和做法，对于当前继承弘扬革命精神，加强党的建设，开展“不忘初心，牢记使命”，密切联系群众，培育优良作风，均具有重大的现实意义。

二、学术史回顾

福建三年游击战争，是南方三年游击战争的重要组成部分，是一场艰苦卓绝的伟大抗争，更是一段波澜壮阔的历史画卷。站在历史新高度，揭示福建三年游击战争的革命历程，与其他兄弟省游击区进行对比，审视目前亟须重新探讨的问题，其学术价值不言而喻，当然也仍需汲取借鉴前人的研究成果。南方三年游击战争尽管长期以来未得到学界应有的重视，但经过研究者的不断努力，仍取得一些令人欣慰的成果。在课题展开研究前，有必要对已有成果进行梳理与回顾。

1. 对南方三年游击战争史的整体研究。

近二十年来，随着历史资料的不断发掘，档案文献的不断公布，以往研究较为薄弱的南方三年游击战争史开始逐渐引起学术界的关注，并取得一些新进展和新成果。其中，从宏观上整体研究南方三年游击战争的成果主要有：著作类中，阎景堂的《南方三年游击战争史》是我国第一部全面研究南方三年游击战争的学术专著，其最大特点是对各个游击区的叙述极为详尽，至今仍是研究三年游击战争的扛鼎之作。另外与该书配套的有《南方三年游击战争人物谱》和《南方三年游击战争纪事》。[①] 郑广瑾的《南方三年游击战争记》紧扣历史与人物，用严谨客观的科学态度去探索历史的发展规律，并对三年游击战争期间的重大事件和主要人物进行了剖析和评述。[②] 傅克诚的《艰苦卓绝：南方三年游击战争》对各个游击区的斗争历程及红军游击队改编与新四军的组建进行概述，指出南方三年游击战争精神，是苏区精神的继承和延续，是留给后人的宝贵精神财富和强大精神力量。[③] 此外，《新四军的组建与发展》、《铁军：新四军若干历史问题研究》、《新四军军部在皖南暨南方三年游击战争研究文集》等，[④] 均对南方三年游击战争与新四军发展关系问题进行了有价值的探讨。回忆类文集有宋之的等的

---

① 阎景堂主编：《南方三年游击战争史》，解放军出版社 1997 年版；阎景堂主编：《南方三年游击战争人物谱》，解放军出版社 1997 年版；阎景堂主编：《南方三年游击战争纪事》，解放军出版社 1997 年版。参见骆墨：《南方三年游击战争史》，《党史研究与教学》1998 年第 5 期。

② 郑广瑾著：《南方三年游击战争记》，河南人民出版社 1997 年版。参见孙俊杰：《〈南方三年游击战争记〉评述》，《中州古今》1997 年第 4 期。

③ 傅克诚主编：《艰苦卓绝：南方三年游击战争》，江西人民出版社 2011 年版。

④ 中国新四军和华中抗日根据地研究会编：《新四军的组建与发展》，军事科学出版社 2001 年版；张亦民著：《铁军：新四军若干历史问题研究》，大众文艺出版社 2005 年版；安徽省新四军历史研究会编：《新四军军部在皖南暨南方三年游击战争研究文集》，2012 年。

《忆南方三年游击战争》、陈小津的《南方三年游击战争》等，真实记录了三年游击战争的艰苦历程，缅怀老一辈革命家和革命先烈的英雄事迹。[①] 资料类有中国人民解放军历史资料丛书编审委员会的《南方三年游击战争·综合篇》；中共中央党史研究室的《红军长征纪实丛书·南方三年游击战争卷》（全4册）等，这些丛书篇幅浩大、史料翔实，是全面研究南方三年游击战争不可或缺的宝贵资料。[②] 论文类有孙伟的《共产国际与南方三年游击战争》、姜廷玉的《史料编审所得南方三年游击战史研究新认识》、易凤林的《论南方三年游击战争与中共中央战略的统一性》、吴明刚的《南方三年游击战争若干问题再研究》、阎景堂的《论南方三年游击战争的历史经验》、徐占权的《南方三年游击战争的历史地位和作用》、刘勉钰等的《陈毅和南方三年游击战争》等，[③] 是目前学术界对南方三年游击战争研究较有代表性的重要成果。需要指出的是，随着南方三年游击战争历史资料的发掘和研究的深入，以前被忽视的川滇黔和滇黔桂地区的游击战争开始进入学界视野。有专家指出，这两个区域游击战争的历史，是近年来研究南方三年游击战争的新成果、新收获，也是对以往研究的修正、补充和丰富。[④] 总的来说，对南方三年游击战争的研究力度和视野，均有待深化拓展。

① 宋之的等著：《忆南方三年游击战争》，上海文艺出版社1987年版；陈小津主编：《南方三年游击战争》，上海人民出版社2007年版。

② 中国人民解放军历史资料丛书编审委员会：《南方三年游击战争·综合篇》，解放军出版社1995年版；中共中央党史研究室著：《红军长征纪实丛书·南方三年游击战争卷》（全4册），中共党史出版社2016年版。

③ 孙伟：《共产国际与南方三年游击战争》，《党史研究与教学》2015年第5期；姜廷玉：《史料编审所得南方三年游击战史研究新认识》，《军事历史研究》2013年第1期；易凤林：《论南方三年游击战争与中共中央战略的统一性》，《军事历史研究》2013年第2期；吴明刚：《南方三年游击战争若干问题再研究》，《福建党史月刊》2012年第21期；阎景堂的《论南方三年游击战争的历史经验》和徐占权的《南方三年游击战争的历史地位和作用》，均载《中国井冈山干部学院学报》2011年第2期；刘勉钰、徐冬蓉：《陈毅和南方三年游击战争》，《江西社会科学》2002年第1期。

④ 李蓉：《南方红军三年游击战争历史研究的新收获》，中共赣州市委党史工作办公室等编：《纪念南方三年游击战争胜利暨新四军组建80周年理论研讨会论文集》，中共党史出版社2017年版。

2. 对其他省三年游击战争史的研究。

其他省对三年游击战争史的研究，主要以各自省域内的游击区为主要对象，并取得相应的进展和成果。尤其是江西省，依托其作为南方三年游击战争核心区域和指挥中心的优势，成果较为丰硕。如刘勉钰的《中央苏区三年游击战争史》是我国第一部深入研究南方三年游击战争历史，具有一定学术价值和社会影响的专著类成果。① 他的另两部著作，《江西三年游击战争史》、《铁军出山——江西三年游击战争与新四军》是全面深入研究三年游击战争的区域史力作，受到学术界广泛好评。② 庄春贤的《赣粤边三年游击战争史》、《赣粤边三年游击战争亲历记》、《赣粤边三年游击战争文献汇编》，史料翔实，真实记述了赣粤边三年游击战争的光辉战斗历程，展现了中国共产党人前仆后继、不屈不挠的英雄风采，总结了宝贵的历史经验。③ 郭晨、卢策的《三年游击战》，细致地描写、艺术地表现了项英、陈毅等老一辈革命家在中央苏区进行三年游击战争的丰功伟绩和他们与革命群众之间的血肉关系，叙述动人，富有感染力。④ 可资参考的还有陈丕显的《陈丕显回忆录：赣粤边三年游击战争》；杨尚奎的《艰难的岁月——回忆赣粤边三年游击战争》等。⑤ 另外，江西对湘赣边游击区也进行了较深入的研究，主要有《湘赣边三年游击战争》、《铁军从这里出山：湘赣边游击队征战纪实》、《湘赣边三年游击战争纪事》等。⑥ 浙江省关于红军挺进

---

① 刘勉钰著：《中央苏区三年游击战争史》，江西人民出版社 1993 年版。又见廖信春：《〈中央苏区三年游击战争史〉评介》，《江西社会科学》1994 年第 5 期。

② 刘勉钰著：《江西三年游击战争史》，江西人民出版社 2009 年版；刘勉钰编著：《铁军出山——江西三年游击战争与新四军》，江西人民出版社 2015 年版。

③ 庄春贤：《赣粤边三年游击战争史》，中共党史出版社 2016 年版；庄春贤：《赣粤边三年游击战争亲历记》，江西人民出版社 2016 年版；庄春贤：《赣粤边三年游击战争文献汇编》，江西人民出版社 2017 年版。又见《〈赣粤边三年游击战争史〉出版》，《赣州晚报》2016 年 12 月 19 日。

④ 郭晨、卢策：《三年游击战》，中国文化出版社 2015 年版。

⑤ 陈丕显：《陈丕显回忆录：赣粤边三年游击战争》，上海人民出版社 2002 年版；杨尚奎：《艰难的岁月——回忆赣粤边三年游击战争》，作家出版社 1959 年版。

⑥ 中共江西省委党史资料征集委员会：《湘赣边三年游击战争》，《江西党史资料》(22)，1991 年；政协莲花县委员会著：《铁军从这里出山：湘赣边游击队征战纪实》，解放军出版社 2006 年版；肖居孝著：《湘赣边三年游击战争纪事》，中共党史出版社 2008 年版。

师与浙南游击区的研究较多，主要有《浙南三年》、《坚持浙南十四年》、《红军挺进师与浙南游击根据地》、《红军挺进师与浙南游击区》、《坚如磐石：驰骋浙南的红军挺进师》等，[①] 成果丰硕。关于鄂豫皖边、湘鄂赣边、湘南、琼崖游击区的有：《大别山上红旗飘：回忆鄂豫皖三年游击战争》、《红二十八军在岳西：鄂豫皖三年游击战争》、《高举红旗坚持斗争：湘鄂赣三年游击战争的回忆》、《湘南三年游击战争(1934 至 1937 年)》、《琼崖纵队史》等，[②] 成果较少。另外令人遗憾的是，关于皖浙赣边和鄂豫边三年游击战争史的著作至今尚未出现，有待进一步的挖掘。资料方面，除各省编的地方文献外，以中国人民解放军历史资料丛书编审委员会的"南方三年游击战争"系列成果为主：有《赣粤边游击区》、《鄂豫皖边游击区》、《浙南游击区》、《湘南游击区、鄂豫边游击区》、《皖浙赣边游击区》、《湘赣边游击区》、《湘鄂赣边游击区》、《琼崖游击区》共 8 大本。[③] 该丛书由概述、文献、回忆史料、大事记、图表等组成，为研究三年游击战争提供了最丰富、最权威的史料。论文类成果因与著作类地域分布大致相当，不一一枚举。总体而言，江西对三年游击战争史的研究，无论是全省性的综合研究，还是单个游击区的个案研究，均着力较多，走在全国前列，而其他各省游击区的研究明显滞后，有待进一步的系统深化。

---

① 浙江省军区编：《浙南三年》，浙江人民出版社 1984 年版；龙跃著：《坚持浙南十四年》，浙江人民出版社 1987 年；张敏卿著：《红军挺进师与浙南游击根据地》，内蒙古人民出版社 2006 年版；浙江省新四军历史研究会编著：《红军挺进师与浙南游击区》，浙江人民出版社 2007 年版；刘建国、魏成编著：《坚如磐石：驰骋浙南的红军挺进师》，浙江大学出版社 2016 年版。

② 何耀榜讲、苏波记：《大别山上红旗飘：回忆鄂豫皖三年游击战争》，中国青年出版社 1983 年版；王传代主编：《红二十八军在岳西：鄂豫皖三年游击战争》，中央文献出版社 2008 年版；傅秋涛著：《高举红旗坚持斗争：湘鄂赣三年游击战争的回忆》，江西人民出版社 1979 年版；湖南省军区党史资料征集办公室编：《湘南三年游击战争（1934 至 1937 年）》，内部发行，1985 年；琼崖武装斗争史办公室编：《琼崖纵队史》，广东人民出版社 1986 年版。

③ "南方三年游击战争"丛书由中国人民解放军历史资料丛书编审委员会编，解放军出版社出版。其中《赣粤边游击区》出版于 1991 年，《鄂豫皖边游击区》出版于 1992 年，《浙南游击区》出版于 1993 年，《湘南游击区、鄂豫边游击区》、《皖浙赣边游击区》、《湘赣边游击区》、《湘鄂赣边游击区》出版于 1994 年，《琼崖游击区》出版于 1995 年。

3. 对福建三年游击战争史的研究。

福建三年游击战争受到的关注较早也较多，但不足之处是成果较零散浅显，缺乏系统深入的探究。著作类有野草（方方）自述闽西游击区的《三年游击战争》，1948年发表后引起各界广泛关注，是已知有关三年游击战争最早的著作；[①] 王坚的《浴血归龙山：长征后福建省级机关和部队在闽西的艰苦抗争》是近年来关于福建三年游击战争较有影响的长篇纪实报告文学。[②] 较为重要的有福建省军区游击战史编写组编写的《福建游击战争史》，[③] 对1927年至1949年福建的游击战争的历程进行了概述和梳理。另外，章宏九等的《闽西三年游击战争》和中共漳州市委党史研究室的《闽粤边区三年游击战争史》，对单个游击区进行了较有价值的深入探讨。[④] 其他可资参考的有闽南红三团老战士编委会编的《闽南红三团》；李德安的《翘首明天：献给中国人民解放军建军70周年暨闽西三年游击战争胜利60周年》等。[⑤] 值得称道的是对福建红军游击队改编和新四军问题的研究，主要有《从和谈到北上抗日》、《从闽北到皖南》、《大洲谈判》、《八闽健儿抗日征程史：新四军福建子弟兵的历史足迹》、《福建三年游击战争与新四军》、《新四军　长江支队与霞浦》等，[⑥] 成果丰硕也较为深入。回忆录及传记类作品有张

---

① 野草著：《三年游击战争》，正报社1948年版。后由郭沫若作序，新中国书局发行1949年东北出版。

② 王坚著：《浴血归龙山：长征后福建省级机关和部队在闽西的艰苦抗争》，解放军出版社2011年版。

③ 福建省军区游击战史编写组：《福建游击战争史》，内部出版，1981年。

④ 章宏九、郑学秋等著：《闽西三年游击战争》，鹭江出版社1993年版；中共漳州市委党史研究室著：《闽粤边区三年游击战争史》，中央文献出版社1999年版。

⑤ 闽南红三团老战士编委会编：《闽南红三团》，东方出版社1993年版；李德安：《翘首明天：献给中国人民解放军建军70周年暨闽西三年游击战争胜利60周年》，中华工商联合出版社1997年版。

⑥ 中共福建省委党史资料征集编写委员会研究室编：《从和谈到北上抗日》，福建人民出版社1985年版；陈仁洪：《从闽北到皖南》，福建人民出版社1985年版；中共光泽县委党史研究室编：《大洲谈判》，中共党史出版社1995年版；郑复龙著：《八闽健儿抗日征程史：新四军福建子弟兵的历史足迹》，福建人民出版社1998年版；福建省新四军研究会编：《福建三年游击战争与新四军》，中央文献出版社2012年版；中共霞浦县委党史研究室等编：《新四军　长江支队与霞浦》，天马出版有限公司2013年版。

鼎丞、邓子恢等的《闽西三年游击战争》。[①] 此外《邓子恢自述》、《回忆张鼎丞》、《回忆谭震林》、《叶飞回忆录》、《卢胜回忆录》等对这段艰苦卓绝的岁月均有如实的表述和刻画。[②] 资料类成果有中国人民解放军历史资料丛书编审委员会的“南方三年游击战争”系列：《闽西游击区》、《闽东游击区》、《闽北游击区》、《闽粤边游击区》、《闽赣边游击区、闽中游击区》共 5 大本，[③] 以及《闽粤赣边区革命历史档案汇编》(3 本)、《闽粤边三年游击战争史料汇编》(2 本)、《福建军事斗争史料选编》、《闽西革命史文献资料》等，[④] 内容丰富翔实，是研究福建三年游击战争史必备的珍贵史料。论文类有游海华的《南方三年游击战争时期赣闽边区民众政治生存状态考察》、游国斌的《闽东三年游击战争的历史经验》、吴升辉的《邓子恢在闽西三年游击战争的党建实践及启示》、邹淑红的《张鼎丞与闽西三年游击战争》、韩真的《福建三年游击战争得以坚持和取得胜利的经验》、陈凤禧的《闽东三年游击战争在中国革命战争中的历史地位和作用》、王春生的《福建的三年游击战争与新四军的组建》、王村民的《闽中游击区被列为南方三年游击战争的一块独立游击区的经过》、彭泽的《黄道在闽北三年游击战争中的杰出

① 张鼎丞、邓子恢、谭震林等著：《闽西三年游击战争》，福建人民出版社 1960 年版。

② 邓子恢著：《邓子恢自述》，人民出版社 2007 年版；《张鼎丞传》编纂委员会著：《回忆张鼎丞》，福建人民出版社 1991 年版；金治主编：《回忆谭震林》，浙江人民出版社 1992 年版；叶飞著：《叶飞回忆录》，解放军出版社 2007 年版；王炳南整理：《卢胜回忆录》，东方出版社 1992 年。

③ 《闽西游击区》出版于 1991 年，《闽东游击区》、《闽北游击区》出版于 1993 年，《闽粤边游击区》、《闽赣边游击区、闽中游击区》出版于 1994 年。

④ 福建省档案馆、广东省档案馆编：《闽粤赣边区革命历史档案汇编》(第 1～3 辑)，档案出版社 1987～1988 年版；中共福建省龙溪地委党史办公室、中共广东省汕头市委办公室：《闽粤边三年游击战争史料汇编》(一、二)，内部资料，1985 年；福建省档案馆等编：《福建军事斗争史料选编》(1934.10—1938.2)，内部资料，1983 年；古田会议纪念馆编：《闽西革命史文献资料》(第 10 辑)，(岩) 新出 (2013) 内书第 114 号。

贡献》等,[①] 是近年来研究福建三年游击战争取得的重要成果。总体而言，对闽西、闽粤边的研究较多，对省内其他 4 块游击区关注偏少，尚缺少全省性的专题研究，存在不平衡、不全面、不深入的现象，期待系统全面有深度的力作问世。

三、研究方法及思路

在研究方法上，本书以辩证唯物主义与历史唯物主义为指导，坚持论从史出。具体研究中以文献分析法为主，用史学眼光挖掘、整理这段血与火的历史。为使研究更深入，真实展示福建三年游击战争的光辉历程，需在史料上下功夫。为此，笔者曾多次到省内外各游击区实地调查，采访有关老同志及其家属和地方党史专家，搜集大量文献和鲜活的口述史料；并查阅和研究大量档案、报刊、文集、回忆录和论著等，吸收学界最新研究成果，力争反映这一历史图景的真实面貌。同时，克服学术著作严谨有余而活泼不足的问题，把大量丰富翔实、感人肺腑的史料、故事穿插其间，使其既是一部具有学术价值，经得起检验的信史，又是一部文笔顺畅、叙述动人的趣史，寓学术性、教育性、阅读性于一体，以发挥更好的社会效益。

在研究思路方面，笔者打破以往按“块”研究、史实零碎的局限，将省域内及邻省有关联的游击区整体纳入视野并进行综合考察，归纳总结出全省性，乃至全国性三年游击战争的特点和共性。以反“清剿”的军事斗争为主线，并对福建三年游击战争的丰富内涵——党的建设、

---

① 游海华：《南方三年游击战争时期赣闽边区民众政治生存状态考察》，《中共党史研究》2012 年第 7 期；游国斌：《闽东三年游击战争的历史经验》，《重庆科技学院学报（社科版）》2016 年第 10 期。发表在《福建党史月刊》的有吴升辉《邓子恢在闽西三年游击战争的党建实践及启示》（2016 年第 12 期）、邹淑红《张鼎丞与闽西三年游击战争》（2013 年第 14 期）、韩真《福建三年游击战争得以坚持和取得胜利的经验》（2010 年第 20 期）、陈凤禧《闽东三年游击战争在中国革命战争中的历史地位和作用》（2008 年第 1 期）、王春生《福建的三年游击战争与新四军的组建》（2007 年 9 期）；王村民《闽中游击区被列为南方三年游击战争的一块独立游击区的经过》（2007 年第 7 期）；彭泽《黄道在闽北三年游击战争中的杰出贡献》（2000 年第 5 期）。

战略方针、后勤保障、军民关系以及客家和畲族群众对红军游击队的支持等各方面进行整体考察和深度透析。从纵向看，以时间发展为线索，依战事推演和各游击区的发展，其时间跨度可分为根据地创建到应对国民党军的“清剿”、抗日讨蒋到“联蒋抗日”、游击队改编到新四军的组建。从横向看，一方面改变以往认为各游击区彼此隔离、互无联系的传统观点，把各游击区看作是互相声援、互相依存的整体；另一方面扩大视野，注重省域内及省域间各游击区的对比研究，小处着眼大处着手，进而上升到理论高度。逻辑上脉络分明、井然有序、衔接严密，依主次、时间、地域，对纷繁庞杂的史料进行裁剪筛选、归类整理，有机地安排和组合在一起，给人以完整、清晰感。构思上采取宏观与微观相结合，“个案研究”与“全景透视”并用，以及“点面结合”的方式进行对比、归纳、取舍，将其置于中国革命发展史宏大的叙事背景下，进而真正把握福建三年游击战争的历史图景和发展规律。

第一章　福建革命根据地发展及长征后的局势

土地革命战争时期，党领导福建人民发扬敢于斗争的传统，树起武装斗争的旗帜，举行农民武装暴动，开展轰轰烈烈的苏维埃革命运动，分配土地，创建红色政权，先后建立闽西、闽粤赣（闽粤边、闽赣边）、闽北、闽东、闽中等革命根据地或游击区。其中，闽西、闽北、闽西北发展较为迅速，成为中央苏区的重要组成部分。然而在红色区域不断扩大、革命形势蓬勃发展之际，由于“左”倾错误领导，第五次反“围剿”失败，中央红军被迫长征。① 随着主力红军离开，革命形势转入低潮，留守福建中央苏区及其他革命根据地的红军游击队，面对国民党军队的疯狂进攻与反复“清剿”，在极其险恶的环境中开始了艰苦卓绝的三年游击战争。

一、福建各革命根据地的创建与发展

（一）闽西、闽北革命根据地与福建中央苏区的形成

闽西、闽北革命根据地是在地方武装暴动的基础上逐步创建的，其发展为以赣南、闽西为主体的中央苏区的形成创造了有利条件，堪称偶然性中的必然性结果。朱毛红军向福建的发展开创了革命斗争的新局面，闽西、闽北革命根据地逐渐成为中央苏区的重要组成部分和全国苏维埃运动的中心区域。

---

① 中共中央党史研究室著：《中国共产党历史》第一卷（1921—1949），中共党史出版社2011年版，第377页。

1927年党的八七会议后，福建和闽西地方党组织响应中央号召，于1928年春夏间先后举行四次大的工农武装暴动（即龙岩后田、平和、上杭蛟洋、永定暴动），创建工农革命武装，开始武装反抗国民党的斗争。暴动失利后转入农村，领导群众开展土地革命，建立苏维埃政权。根据中共福建省委决定，于7月15日成立中共闽西特委。同时成立闽西暴动委员会，并把各地革命武装合编为闽西红七军第十九师，下辖第五十五、五十六、五十七三个团。11月初，出席中共六大的福建代表罗明到闽西巡视工作，并在永定溪南召开闽西特委扩大会议，传达了党的六大决议精神，为闽西地区革命斗争指明了方向。通过这些革命活动，在实践中锻炼了党和人民群众，为闽西革命根据地的创建奠定了基础。

1929年初，红四军主力在毛泽东、朱德率领下转战赣南、闽西，开始了创建中央苏区的艰苦斗争。3月11日，红四军从瑞金进入闽西长汀，取得长岭寨大捷，消灭福建省防军第二混成旅郭凤鸣部，进占汀州城，帮助建立红色政权，"重新唤起了闽西工农的斗争意识"①。20日，毛泽东在汀州城内的辛耕别墅主持召开红四军前委扩大会议，详细分析了闽、赣、浙三省的政治、军事、经济情况和革命形势，以及敌我力量对比，研究了红军下一步的行动方针问题，决定乘国民党忙于军阀混战之机，在赣南闽西20余县范围内，运用游击战术，充分发动群众，建立苏维埃割据政权，将其"与湘赣边界之割据区域相连接"，并认为这一计划"决须确立"，"是前进的基础"。② 在赣南、闽西一带范围内开辟与发展新的红色区域这一战略方针的确立，揭开了创建中央革命根据地的序幕。

红四军在汀州期间，前委对红四军进行了整编。为了适应开展游击战争的需要，提出了一套机动灵活的战略战术，即"分兵以争取群

---

① 《朱毛红军与闽赣农民暴动之发展》（1929年4月13日），《红旗》1929年第4期。

② 《红军第四军前委给中央的信》（1929年3月20日），中共中央文献研究室、中央档案馆编：《建党以来重要文献选编（1921—1949）》第6册，中央文献出版社2011年版，第89页。又见中共江西省委党史研究室等编：《中央革命根据地历史资料文库·军事系统》第9卷，中央文献出版社2015年版，第5页。

众，集中以应付敌人”，分兵游击时以纵队为单位，分开后又可以支队为单位。按照部署，红四军大力开展群众工作，没收地主豪绅的财产及生活物资分发给贫苦工农，并派宣传员下乡宣传革命，扩大红军的政治影响等。① 红四军在长汀活动17天后回师赣南。5月，红四军第二次进入闽西，三次攻占龙岩城，连续攻克永定、上杭、连城的部分乡镇，建立苏维埃革命政权，打击了反动势力的嚣张气焰，使土地革命战争的浪潮影响闽西各县，打开了新局面。红军由此在赣南、闽西站稳了脚跟。

7月下旬，在毛泽东的亲自指导下，中共闽西第一次代表大会在上杭蛟洋召开。会议对闽西革命实践的斗争经验进行了总结，指出了闽西党和地方武装建设以及土地革命等方面的成功经验、存在的主要问题及危害，并提出了纠正办法。毛泽东在会议上作政治报告，赞扬了闽西革命斗争中所取得的重大成就，阐明了中国革命的特点和建立革命根据地、开展武装割据的重要性，指出要大力巩固和发展闽西革命根据地，将其与赣南革命根据地连成一片，以建立中心工作区域。并指出实现这一战略部署的三个基本方针和六个有利条件。大会还通过了《中共闽西第一次代表大会政治决议案》以及有关政权建设、土地政策、青年团、妇女等问题的决议案，制定了深入开展土地革命和巩固红色政权的正确路线，对闽西革命根据地的开创具有重大意义。

随后，为了打破国民党企图一举消灭红军和闽西红色政权的三省“会剿”，红四军进行了分兵。第二、三纵队及军部进军漳平，第一、四纵队则“留在闽西散开”。② 8月3日，朱德率领红四军二、三纵队从白砂向宁洋出发，开始向闽中出击。一举解放宁洋县城后，又攻占漳平县城。8月中旬，朱德率红军分批离开漳平，经溪南、象湖、杨美村，向大田、德化游击前进，并计划渡过乌龙江，向赣浙皖边界游击。结果受阻，折回永春，后返回漳平，在溪南消灭张汝劻旅一个团，并

---

① 中共福建省龙岩市委党史研究室著：《闽西人民革命史》，中央文献出版社2001年版，第132页。

② 《闽西工作报告》（1929年8月22日），中央档案馆、福建省档案馆编：《福建革命历史文件汇集（闽西特委文件）》（一九二八年——一九三六年）》，1984年，第106页。

再次攻占漳平县城。红军乘胜进占永福，建立了永福、龙车等乡苏维埃政府。与此同时，毛泽东率领留在闽西的红四军一、四纵队，分别在永定、上杭等地开展土地革命斗争，发动群众打土豪分田地，建立工农革命政权，组建地方武装等。闽西的革命斗争如火如荼地开展起来。到 1929 年八九月间，龙岩除溪口、白沙及雁石、适中等乡村外，其余各区群众都已充分发动，土地分配完毕，并成立县、区、乡三级苏维埃政府。永定县不仅恢复了溪南乡苏维埃政府，还建立了太平、湖雷、金丰、合溪等区、乡苏维埃政府。同时，上杭、长汀、连城、武平县苏维埃政府相继成立。据 1929 年 11 月统计，闽西六县已普遍建立苏维埃政权，有 50 余个区苏维埃、400 余个乡苏维埃，形成数百里赤色区域；闽西工农武装不断发展壮大，有 5000 多支枪，赤卫队员 6000 余人。① 由于红四军分兵从闽中外线和闽西内线牵制和打击敌人，不仅打破了敌人的三省“会剿”，而且为闽西苏区的存在、发展和巩固创造了有利的军事条件。

正是得益于闽西根据地已发展成较为稳固的红色区域，1929 年 12 月在中国革命史上具有里程碑意义的红四军党的第九次代表大会在上杭古田召开，即著名的古田会议。会议讨论了党和红军建设的重大问题，通过了古田会议决议，确定了建党建军的伟大纲领，奠定了中国革命“胜利从这里开始”的里程碑。

到 1930 年 3 月，闽西革命根据地已发展到龙岩、永定、上杭、长汀、武平、连城六县及平和、漳平、宁化、清流、归化的部分地区，成立闽西苏维埃政府的条件已臻成熟。3 月 18 日，闽西第一次工农兵代表大会在龙岩开幕，会议通过了军事、经济、财政、文化、土地法等一系列决议案，最后选举成立闽西苏维埃政府，标志着纵横 300 里、人口 80 余万的闽西革命根据地正式形成。

闽西革命根据地创建，以及同时期赣西南、东江（粤东北）等革命根据地的建立，为闽粤赣革命根据地的形成打下了基础。早在 1928

---

① 中共福建省龙岩市委党史研究室著：《闽西人民革命史》，中央文献出版社 2001 年版，第 161 页。

年，福建省委就提出了将闽西与东江、赣南地区联系起来，以创造一个广大的苏维埃区域，夺取全省政权的计划。1929年中央“九月来信”明确指出，红军应以全部力量到闽粤边界游击，并乘两广军阀混战东江空虚之机，进军梅县、丰顺、五华、兴宁一带，发动群众斗争，以扩大东江各赤色区域。[①] 1930年3月红四军发出《前委通告》，指出“赣南、闽西空虚，给我们以争取群众，打通三省（闽粤赣）联系的好机会”，并确定在赣南、东江、闽西实施分路游击的计划。[②] 此后，红四军、红十一军、红十二军在赣南、闽西、东江地区胜利分兵，使原来处于分隔状态的三块革命根据地逐渐连成一片，为建立闽粤赣革命根据地创造了条件。

随着形势的发展，1930年10月，中共中央决定将闽西、广东东江地区和赣南部分县的苏区合并，成立闽粤赣特区。11月上旬和12月上旬，中央代表邓发先后在大南山和龙岩永定主持召开闽粤赣边区第一次党员大会，正式宣布成立中共闽粤赣边区特委，邓发任书记。同时成立闽粤赣特区苏维埃政府筹备委员会。1931年五六月间，遵照党中央和苏区中央局的决定，闽粤赣特区改为闽粤赣省，中共闽粤赣边区特委改为中共闽粤赣苏区临时省委（亦称闽粤赣苏区省委），闽粤赣苏区范围更为扩大。1931年9月，第三次反“围剿”胜利后，赣西南、闽西连成一片，拥有21个县、250万人口。[③] 据统计，到1932年春，中央苏区主要统辖赣西南（瑞金、兴国、宁都、于都、胜利、赣县、南康、信丰、安远、寻乌、会昌、石城、南广、乐安、永丰、万泰、公略）和闽西（长汀、汀东、宁化、清流、归化、上杭、龙岩、永定、连城、武平、新泉、饶和埔诏）等29个县，占有17座县城，总面积约

---

① 《中共中央给红军前委的指示信——关于军阀混战的形势与红军的任务》（1929年9月28日），中共中央文献研究室、中央档案馆编：《建党以来重要文献选编（1921—1949）》第6册，中央文献出版社2011年版，第522页。

② 《中共红四军前委通告第三号——分兵争取群众的意义及工作路线》（1930年3月18日），中共中央文献研究室、中央档案馆编：《建党以来重要文献选编（1921—1949）》第7册，中央文献出版社2011年版，第102页。

③ 刘勉钰著：《中央苏区三年游击战争史》，江西人民出版社1993年版，第3页。

7万平方公里，同年秋总人口约有340万以上（不含鼎盛时期），成为全国苏维埃运动的中心区域。①

建（宁）黎（川）泰（宁）将（乐）苏区是毛泽东、朱德率领中央红军创建的又一块重要苏区。中央苏区第一次反“围剿”胜利后，红一方面军曾分兵南丰、广昌、黎川、建宁一线，发动群众，筹集经费，开辟新区，帮助成立了一些临时红色政权。第二次反“围剿”开始后，红军从江西富田向东横扫，先后取得白云山、白沙、中村、广昌四战四捷的胜利。1931年5月，毛泽东率红一方面军总部机关抵达建宁里心镇，部署建宁战役。由彭德怀率领的红三军团星夜直插建宁城西门外龙堡山和左翼的溪口镇，兵分两路向敌军阵地发起攻击；红十二军迅速从右翼插到南门，控制水车岭以南的山头，切断通往归化、宁化的通道，并派出一部兵力在南门抢渡濉溪，占领水南以东的山头。被视为地形险要、易守难攻的建宁城被红军顺利攻占。随后，红军各部根据总前委部署，乘胜向闽西北挺进，相继解放了泰宁、将乐、邵武、光泽、顺昌等广大地区。②

闽西北地处中央苏区东面，地势险要、粮款兵源充足，非常适合游击战的开展。毛泽东很快依战争形势作出判断，主张红一方面军实施分兵战略。红三军团分别以建宁、泰宁、将乐及顺昌、邵武、光泽为工作和筹款区域；红四军主力分别以归化、清流、连城及沙县、永安、宁洋为工作和筹款区域；红十二军则以宁化、长汀和江西石城为工作区域，迅速打开新局面。

1931年6月底至7月初，毛泽东三次致信闽赣边工委书记周以栗和红十二军谭震林等，进一步强调工作区“要分配土地、建立政权”；筹款区“只打土豪，做宣传”，“不分田地，不建立政权”。③并要求红十二军分兵宁化、长汀、石城，一面筹款，一面发动群众，分

---

① 余伯流、凌步机著：《中央苏区史》，江西人民出版社2001年版，第367～369页。

② 中共福建省委党史研究室编：《福建红色历史》，中共党史出版社2012年版，第136页。

③ 《给周以栗谭震林等的信》（1931年6月28日），中共中央文献研究室：《毛泽东军事文集》第一卷，军事科学出版社、中央文献出版社1993年版，第235页。

配田地。[①] 特别要把宁化（安远、中沙、县城、禾口、石牛）、长汀（县城、管前、古城）、石城（松山、县城、坪山、沿冈、大犹圩）等各县交界处作为重点地区，大力开展土地革命，扩大红色区域。

红一方面军的分兵行动，既广泛发动群众、消灭了地方反动武装、筹集大量经费物资，又顺利完成扩红、分地、建立党组织和红色政权等工作，成效显著。先后建立了建宁、泰宁县革命委员会及各区、乡革命委员会，成立中共建宁直属委员会、中共泰宁支部等，增加红军1000多人，帮助建立地方红军“南广建独立团”，发展赤卫军游击队，组建了红一方面军无线电总队和红一、三军团山炮连。不仅粉碎了国民党军队对闽西北苏区更大规模的进攻，而且拓展了大片新的红色区域，使之成为中央苏区的重要组成部分和东方门户。

闽北位于闽浙赣三省交界。1928年9月崇浦农民暴动后，暴动区域扩展到崇安浦城的508个村庄，连成了一片广大的地域。1929年1月第二次暴动后，区域更为广阔。2月下旬，当地军阀卢兴邦调动一个团的兵力，并纠集地方民团，向以崇安为中心的农民暴动区域进攻。对此，崇安县委让出村庄，开展游击战争，以保存革命力量，发动更多地区的农民斗争。崇安、松溪的民众队在伍弟奴等领导下积极斗争，于建瓯、松溪、政和、浦城四县边境，给各地反动民团、税棍、土豪以及反革命分子以有力打击，影响很大。到4月间，崇安民众队已发展到16支队伍，有2000多人，500多支枪。在反“清乡”斗争中，红色区域不断扩大，巩固和发展了以上梅、吴三地、黄龙岩（崇安、浦城交界）为中心的三块游击根据地。根据形势发展的需要，崇安县委为统一领导当地的武装力量，成立红军局，并将民众队整编为中国工农红军第五十五团，使中国工农红军的旗帜在闽北高高飘扬。[②] 1930年5月1日，崇安县第一次工农兵代表大会在上梅召开，崇安县苏维埃政府

---

① 《毛泽东致十二军、三十五军及边界工作委员会的信》（1931年6月30日），中共江西省委党史研究室等编：《中央革命根据地历史资料文库·军事系统》第10卷，中央文献出版社2015年版，第803页。

② 《福建省委员会的记录》（1930年7月3日），中共福建省委党史研究室著：《中共福建地方史（新民主主义革命时期）》（上），中央文献出版社1993年版，第354页。

宣告成立，辖上梅、崇（安）浦（城）等 18 个区苏维埃，243 个乡（村）苏维埃，20 多万人口。至此，闽北革命根据地与闽西革命根据地南北遥相呼应。后来闽北、赣东北、浙西地区形成闽浙赣根据地。

闽北革命根据地位于赣东北与中央革命根据地连接段，战略地位极为重要。为了巩固这一重要的苏维埃区域，1931 年 4 月，红十军在军长周建屏、代理政委方志敏的率领下，从江西横峰县铺前街出发，经上饶南渡信江，越过温林关，向闽北出击。红十军在与闽北独立团会合后，即向闽北通往江西的要地长涧源发起进攻，拔除敌人在闽北苏区的一个重要据点。随后，红十军采取围城打援的战术，不仅打击了来自崇安城内的敌人援军，而且攻破了赤石镇，对闽北的国民党军队起到了震慑的作用。同时，对闽北独立团进行充实整编，委派黄立贵为团长，补充了武器弹药，使其战斗力得到很大提升。1931 年 7 月 11 日，闽北分区第一次工农兵代表大会在崇安坑口召开，会议选举成立了闽北分区苏维埃政府，领导闽北苏区的革命斗争，为实现"扩大闽北苏维埃区域迅速的和赣东北、赣西南以及闽西三大苏维埃区域打成一片"① 的目标进行了不懈的努力。

1932 年 9 月，为打通闽北与赣东北两个苏区的联系，红十军再度入闽。计划以红十军主力进攻崇安赤石，另一部配合闽北独立团进攻崇安星村，以实现赤化崇安全县目的。随后，进攻浦城，开辟浦城苏区，并解决部队给养。在完成浦城作战任务后，红十军转入江西铅山活动，以实现打通赣东北与闽北两苏区联系的目标。在闽北独立团的配合下，红十军迅速攻克星村、赤石。随后，红十军派出小部队向建阳方向活动，佯攻建瓯，诱敌增防建瓯一线。红十军主力和闽北独立团则逼近浦城，周围数千民众纷纷前来助战，经过激烈战斗，全歼守敌，攻占浦城。尽管红十军二次入闽未能实现打通闽北与赣东北苏区的作战计划，但前后不到一个月，共计歼灭刘和鼎部一个团、钱玉光

① 《（中共闽北分区委）通告第四号——改选各级苏维埃与建立闽北分区苏维埃》（1931 年 6 月 2 日），彭泽、张传新、张金锭主编：《武夷山革命根据地》，中央文献出版社 2008 年版，第 789 页。

部两个团，击溃敌王经文部及第五师共六个团，重创了国民党军队在闽北的主力。闽北独立团由1000多人枪扩展到3000多人枪，而且经受了战争的锻炼，不久扩编为独立师。这些都有力地促进了闽北革命根据地的发展，为使其成为中央苏区的东北一翼奠定了基础。

1932年12月，国民党赣粤闽边区"剿匪"总司令部调集近40万兵力，准备对中央苏区发动第四次"围剿"。在朱德、周恩来等指挥下，主力红军采用运动战先打击粤军，稳定中央苏区南翼；成立东南战线指挥部，由叶剑英任总指挥兼政委，以阻击和牵制驻福建的十九路军和广东余汉谋部对中央苏区的进犯。同时将闽西苏区的独立第七师、第八师、第九师、第十师整编成立红十九军，叶剑英兼任军长，在中央苏区的东南翼展开了紧张的反"围剿"斗争。随后，红一方面军把作战重点放在闽西北和闽北地区，力图向东扩展中央苏区。[①] 1932年10月，红一方面军下达了建黎泰战役计划，"拟出敌不意"迅速消灭建宁、黎川、泰宁等地敌军，并在占领泰宁后，"即刻发出一个相当的兵团直趋邵武，沟通崇安红军"[②]。建黎泰战役打响后，红一方面军两天之内取得连克建宁、黎川、泰宁三城的北线大捷。红军攻占建宁之后，红一方面军总司令部进驻建宁。

建黎泰战役胜利结束后，红一方面军第二十二军所部乘胜向北线发展，迅速攻占邵武、光泽县城。在邵武城内与向邵光地区挺进的闽北红军胜利会师，随之又一路横扫国民党地方部队，攻占将乐、顺昌、资溪、金溪等地，从而打通了中央苏区与赣东北、闽北苏区的联系。中央苏区得到更大扩展。

随着各块苏区联系的打通，建黎泰地区的战略位置日趋凸显，成为中央苏区东方战线的重要门户和联结闽浙赣苏区的枢纽，被中共中央称之为"中央苏区的战略锁匙，是永远不能放弃的"[③]。1933年4月

---

① 吴升辉：《闽西是中央苏区主要组成部分和经济中心》，闽西革命历史博物馆编：《闽西与中国革命》，中共党史出版社2012年版，第86页。

② 《建黎泰战役计划》（1932年10月14日），中共中央文献研究室、中国人民解放军军事科学院：《周恩来军事文选》第1卷，人民出版社1997年版，第200页。

③ 《中央对目前作战计划与任务的指示》（1933年3月4日苏区中央局转发），中共江西省委党史研究室等编：《中央革命根据地历史资料文库·党的系统》第4卷，中央文献出版社、江西人民出版社2011年版，第2555页。

26日，中央人民委员会第40次常委会鉴于闽赣地区地处武夷山脉，进可攻、退可守，西能支援闽西，北与赣东北呼应，在军事上、政治上、地理上均占重要地位，争取这一根据地的巩固与发展，有着重要的战略意义，决议“将建黎泰、金资光邵、闽北苏区以至信抚两河一带地区划为闽赣省，立即成立闽赣省革命委员会”①。5月上旬，闽赣省革命委员会成立，随后成立中共闽赣省委和闽赣军区，并组建红七军团。同年12月11日，闽赣省第一次工农兵代表大会在建宁县城召开，成立闽赣省苏维埃政府，邵式平任主席。闽赣省先后辖有26个县域。从此，闽赣省成为中央苏维埃政府所辖的四个省之一，闽北、闽西北大部地区归属闽赣省管辖，成为中央苏区的又一重要组成部分，发挥着中央苏区东北翼前哨阵地的作用。

至此，中央苏区辖有江西、福建、闽赣、粤赣四个省级苏维埃政权，中央苏区的发展进入最为鼎盛时期。而这时的福建中央苏区范围也最为广大，有属于中央苏区管辖的两个省级苏维埃政府，其范围包括福建省的龙岩、永定、长汀、上杭、连城、宁化、清流、归化、武平、漳平；闽赣省的建宁、泰宁、将乐、沙县、崇安、光泽、邵武、建阳、浦城及建（瓯）松（溪）政（和）的广大地区。

（二）闽粤边革命根据地的创建与发展

土地革命战争时期，闽粤边（闽南）人民的武装斗争主要在饶（平）（平）和（大）埔诏（安）、（南）靖（平）和（漳）浦、安（溪）南（安）永（春）德（化）等几块边区展开，并且相互呼应、互为影响。

饶和埔诏边区是闽南地区最早形成的一块革命根据地。1928年3月，平和暴动后，攻城农军撤退到长乐乡一带，多次打退敌驻漳州张贞部所属陈炽营的进攻，逐步在饶和埔诏四县边界地区创建以长乐、象湖、埔东、上饶为中心的红色区域。7月，闽粤两省敌军再次开始对

① 闽赣革命根据地党史资料征集编研协作领导小组编：《闽赣省党史资料（初稿）》，内部资料，1986年，第5页。

饶和埔边区革命力量发动“进剿”。平和、大埔、饶平三县县委在大埔樟树村召开会议，决定联合两省三县的革命力量共同应敌。经福建省委批准，于1928年11月成立中共饶大特委。不久，将各县工农武装组成中国工农革命军饶和埔独立支队，詹亚遂为支队长，温仰春为党代表。为统一领导三县的革命斗争，成立闽粤边工作委员会。1929年6月，饶和埔诏县革命委员会在诏安官陂厚安村成立，谢卓元任主席。随后，县委将几部分武装整编为中国工农红军第十六军第四十八团。采取“避敌锋芒，向外发展”的对策，在饶和埔诏开展革命斗争，并发展到广东普宁和福建漳浦、云霄等地，不仅分配了土地，还建立了革命政权。① 到1930年上半年，埔东地区和平和的长乐、象湖山及饶平的上下善、茂芝前一带都建立了苏维埃政权。总共建立了69个乡苏维埃政府，人口达22万多人。1930年11月，饶和埔革命委员会成立，由闽西特委和东江特委共同领导。12月成立中共饶和埔县委。1931年2月，饶和埔诏县革命委员会和饶和埔革命委员会合并，成立饶和埔诏县苏维埃政府，下辖九个区苏维埃。此时国民党军队对苏区进行“围剿”，县委率独立营突围转移到诏安的石下、炉坑、秀篆一带坚持斗争。4月，改组成立中共饶和埔诏县委，刘锡三任书记。1932年4月，县委利用红军东路军攻克漳州的机会，迅速恢复上饶、埔东、九村等老苏区，并发展诏安石下、马坑等新区。6月，饶和埔诏工农兵代表大会召开，选举产生县苏维埃政府，余丁仁为主席。②

靖和浦边区是在开展漳州南北乡武装斗争的基础上发展起来的。1929年春夏间，王占春领导南坑、程溪一带农民武装积极开展抗捐税斗争并取得胜利，但不久受张贞部打击而消沉。后在红四军入闽影响下，漳州北乡农民运动又恢复起来。9月，分别成立南、北乡工农游击队。1930年冬，陶铸等人受中共福建省委派遣到闽南指导工作，以加强党的领导和整顿工农武装。12月，陶铸主持将南、北乡游击队合编

① 中共福建省委党史研究室著：《中共福建地方史（新民主主义革命时期）》（上），中央文献出版社1993年版，第356页。

② 中共诏安县委党史研究室等编：《福建中央苏区纵横·诏安卷》，中共党史出版社2009年版，第176～177页。

为闽南红军游击队第一支队，支队长王占春。陶铸代表特委随军行动。闽南红军游击队的诞生，标志漳州人民武装斗争进入一个新阶段。游击队成立之后，连续打击敌人，不但在南乡活动，而且发展到西乡、石码、海澄和南靖，杀捐棍，打土豪，收缴反动武装，大大震撼了张贞在漳州的统治。1931 年 12 月，厦门中心市委派邓子恢巡视指导漳州工作，重点进行发动群众、创建农村革命根据地的工作，促进了革命形势的发展。1932 年 2 月，邓子恢等领导群众进行土地革命，开展抗捐抗税、反地主恶霸的斗争。闽南红一支队发展迅速，有 100 多人，赤卫队达 200 多人。[①] 随后，在中央红军进漳分兵广泛发动群众的大好形势下，闽南红军游击队发展到 1200 余人。5 月，在漳浦正式成立中国工农红军闽南独立第三团，团长冯翼飞，政委王占春。闽南红色区域迅速发展，“建立了以靖和浦之小山城、龙岭、车本为中心的，东南从漳州城的南北乡，西南到云霄一部分，北面紧接闽西红色区域的边沿，纵横一百多里的游击根据地”[②]。

安南永德边区地处闽南，依靠戴云山脉，山高路险。1929 年 8 月，朱德率领红四军第二、三纵队出击闽中，进驻永春福鼎，极大地鼓舞和推动了安南永德边区人民革命斗争的热情。9 月 14 日，永春、德化党组织合并为永德县委。1930 年 2 月，永德县委决定乘地方军阀忙于争夺地盘之机，在永春鳌峰开展抗捐反匪斗争，并建立革命根据地。12 月，中共安南永特区委成立，李南金任书记，边区党组织力量得到进一步加强。后又改为安南永县委，在李南金、李剑光等的领导下，在芸溪、元口、诗山等 11 个区乡发展组织，发动群众开展抗捐抗税斗争，逐步形成了以安溪佛子格为中心的安南永德边区游击根据地。1931 年 12 月，厦门中心市委决定在安南永三县边界建立游击区。1932 年 3 月，在小溪成立中共安溪县委和工农红军闽南游击队第二支队，支队长陈凤伍。9 月，根据上级指示，安溪县委升建为中心县委，并由其

---

① 中共福建省委党史研究室著：《中共福建地方史（新民主主义革命时期）》（上），中央文献出版社 1993 年版，第 358 页。

② 福建省军区游击战史编写组：《福建游击战争史》，内部出版，1981 年，第 69 页。

领导安南永德四县的革命斗争。至 1933 年 7 月，边区的党团组织和红色武装有了很大发展，仅安溪县就建立 7 个区委、36 个党支部，有 240 名党员，红二支队扩展到近 300 人。在此基础上，安溪中心县委于 8 月 25 日在东溪召开安南永德工农兵代表大会，选举成立安南永德苏维埃政府，主席李剑光，副主席陈仲琪，苏维埃政府下设农民协会、妇女救国会和抗租分田委员会。① 至此，安南永德边区发展成为工农武装割据的苏维埃区域。

（三）闽东革命根据地和闽中游击区的创建与发展

闽东革命根据地是在中央苏区第五次反“围剿”期间创建的一块独立的苏区。1928 年 7 月，中共福建省委指出，要以福州为中心向闽东地区发展，“在日常斗争中扩大党和群众的组织”②。根据省委指示，中共福州市委派出一批闽东籍共产党员回到闽东，相继成立福安、连江县委，并派出干部到寿宁、宁德、福鼎县开展活动，加紧发展党员，建立党的基层组织，开展减租抗租斗争。1931 年 4 月至 8 月，邓子恢先后两次到福安指导工作，领导了福安溪柄十三乡的“平粜”、抗债和赊米斗争，斗争影响甚大，各乡参加的农民共达一二万人。③ 在组织、领导农民运动的斗争中，闽东党组织逐渐发展壮大。1931 年 8 月，成立中共福安中心县委，马立峰任书记，以统一领导福安、寿宁、宁德、霞浦、福鼎五县的革命斗争。为深入开展斗争，1932 年 4 月 16 日，中共中央指示福州中心市委：应加强对连江、福安等地农民抗捐税斗争的领导。④ 福州中心市委随即组织开展游击战，在闽东开辟新的红色区

① 中共安溪县委组织部等编：《中国共产党福建省安溪县组织史资料（1927 年 8 月—1987 年 12 月）》，福建人民出版社 1989 年版，第 34 页。

② 《中共福建省委农民运动决议案》（1928 年 7 月 3 日），中共福建省宁德地委党史资料征集委员会：《“闽东革命根据地的建立及其斗争情况”专题附件》，内部资料，1985 年，第 18 页。

③ 邓子恢：《福安、连江农民运动情况》，中国人民解放军历史资料丛书编委会编：《土地革命战争时期各地武装起义·综合册》，解放军出版社 2001 年版，第 1212 页。

④ 《中共中央致厦门、福州中心市委信》（1932 年 4 月 26 日），《中共福建省委党史资料征集编写委员会（文件）闽征委（1986）1 号》附件 7，第 18 页。

域。在此前后，叶飞、赖金彪、曾志等也陆续来到闽东，为创建闽东苏区而斗争。8 月，闽东工农游击第十三支队在连江官坂合山村正式成立。同年 9 月，中共福安中心县委成功发动了兰田暴动，并成立了闽东工农游击第一支队。这两支武装队伍的建立，标志着闽东革命斗争形势进入新的发展阶段。

在工农游击队不断发展壮大的同时，闽东党组织还建立了具有地方特色，群众参与度高的自卫武装组织——红带会。1932 年底，在寿宁大安成立了第一支红带会，并向福安、霞浦、宁德等县发展，人数多达 10 万人，成为一支重要的武装力量，在此后闽东革命斗争中发挥了巨大作用。①

此后，闽东党组织领导各群众武装屡屡发动暴动和游击，给反动势力以沉重打击，并建立多支革命武装力量。1933 年 5 月，寿宁县革命委员会在寿宁赤陵洋成立，随后又成立了闽东工农游击第七支队。6 月，宁德县游击队和部分工农武装改编为闽东工农游击第三支队。10 月，中共福安中心县委成功领导了甘棠暴动，并成立闽东工农游击第五支队。同年八九月间，福安革命委员会、霞浦清皎乡苏维埃政府、连江透堡乡苏维埃政府相继宣告成立。一些群众基础好的地方，甚至成立了区、乡、村苏维埃政府（或革命委员会）。这些小块的革命根据地随着斗争形势的发展，逐渐连成了闽东革命根据地。

随着革命斗争形势的发展，福州中心市委将原位于闽中的连江、罗源、古田、屏南等县与闽东北的福安、宁德所属五县统称为闽东，统筹计划。1933 年 12 月初，福安中心县委召开会议，确定闽东党的总任务是发动与领导闽东工农武装斗争，夺取政权，创建苏区，建立红军，打通闽北。② 随后，又要求迅速扩大苏区，“向宁德发展，取得

---

① 中共福建省委党史研究室著：《中共福建地方史（新民主主义革命时期）》（上），中央文献出版社 1993 年版，第 363 页。

② 《中共福安中心县委决议——目前闽东的形势与党的任务》（1933 年 12 月 3 日），中央档案馆、福建省档案馆：《福建革命历史文件汇集（各县委文件）》（一九三三年——一九三四年），1985 年，第 234 页。

(与)连罗联系，及向周墩、政和发展，打通闽北”[1]。为此成立闽东赤卫队总指挥部，以便顺利配合与领导全闽东斗争策略的布置。会议还向福州中心市委建议，成立中共闽东特委和各县县委的组织。

国民党第十九路军联合各党派发动福建事变后，释放包括闽东革命领导干部马立峰、范式人、杨采衡在内的一批被关押的共产党人。这些干部回到闽东继续革命，为闽东地区工农武装斗争的开展提供了极为有利的条件。闽东党组织乘机成立赤卫队、红带会总会、游击队总指挥部等，领导全区范围内的武装暴动，以消灭闽东境内的反动势力，建立新的苏区。1934 年 1 月，福安中心县委举行了赛岐暴动，攻占赛岐，点燃全区性暴动和游击战争烈火，红色区域和游击区获得空前的巩固和发展。1934 年春，闽东苏维埃政府筹备处成立，马立峰任主席。随后又相继成立福（安）霞（浦）、（福）安（宁）德、福安、连（江）罗（源）、福（安）寿（宁）、霞（浦）（福）鼎六个县苏维埃政府，全面开展土地分配工作。6 月，在柏柱洋召开由福安、连江两个中心县委参加的紧急联席会议，成立中共闽东临时特委，由苏达任书记。此时北上抗日先遣队经过闽东，留下了包括团、营、连、排干部在内的 200 余名伤病员，支援了闽东红军数百支枪等一批军用物资。在此基础上，9 月底，成立中国工农红军闽东独立师，下辖三个团和两个独立营。此后独立师与各县地方武装配合，不断拓展红色区域。至 1934 年底，福安、寿宁、霞浦、宁德、福鼎、连江、罗源七个县的苏维埃区域连成一片，游击区域发展到古田、屏南一带，形成了以福安、连江为中心，面积达 1.1 万多平方公里，人口近 100 万的闽东革命根据地。[2]

可见，闽东革命根据地的创建是域内各地武装暴动和开展游击战

---

① 《中共福安中心县委关于扩大会议三个月来的工作报告》（1934 年 2 月 16 日），中央档案馆、福建省档案馆：《福建革命历史文件汇集（各县委文件）》（一九三三年——一九三四年），1985 年，第 239～243 页。

② 《中共闽东特委总报告》（1934 年 11 月 18 日），转引自中共福建省委党史研究室著：《中共福建地方史（新民主主义革命时期）》（上），中央文献出版社 1993 年版，第 536 页。又见缪小宁著：《闽东苏维埃 1934》上，中共党史出版社 2014 年版，第 2 页。

的必然结果，其发展不仅摧毁了国民党在闽东农村的反动统治，配合了第五次反“围剿”斗争，而且使中国工农红军北上抗日先遣队有了一个可依靠的革命根据地。

闽中游击区位于福州、厦门之间，地理位置极为重要。1928 年，闽中党组织发动莆田、仙游两县群众进行反烟苗捐的斗争，随后将力量转移到农村。3 月，在广业区建立闽中第一支工农游击队，开展游击活动。随后，仙游、惠安等县也在农民暴动基础上建立了红军游击队，初步创建了游击根据地。[①] 1929 年，在毛泽东、朱德率领红四军入闽的影响下，群众斗争得到发展，在广业、江口、北路、渚林、笏石至福清边境地区农村，广泛组织农民同盟会，逐渐形成农村武装斗争的局面。1930 年 3 月，莆田县委组织四五十名暴动队员开赴沿海集镇北高，打出红旗，镇压捐棍，召集群众大会，发动群众，并向黄石进发，捣毁钱粮征收处，枪毙捐棍，没收征收处的财物分发给群众。随后县委又领导百余名群众一举缴获江口盐兵驻守处的枪械，焚毁江口钱粮征收处所有票据，攻击国民党江口区党部。然后将暴动队伍开往广业山区，组成一支 30 余人的地方游击队。至 4 月，游击队迅速发展到 200 余人。[②]

1930 年 10 月，中共福建省委派常委王海萍和巡视员邓子恢到莆田，整顿党团组织和红军游击队，把莆田县委升建为中共莆属特别委员会，下辖莆田、仙游、惠安三个县委和福清渔溪特支；将红二〇七团改编为福建红军游击队第二支队，王于洁为政治委员，张威为支队长，领导莆田、福清、仙游、惠安等县开展武装斗争，进行土地革命。随后红二支队开往外坑，召集群众大会，成立贫农团，通过决议，开展打土豪分田地斗争。12 月，成立外坑苏维埃政府，分配土地。此后闽中革命转入低潮，但各地的农民暴动和小规模的游击活动持续不断。1931 年 12 月，福清县爆发震动八闽的龙（田）高（山）暴动，歼敌

① 中共莆田市委党史研究室著：《中共闽中地方史（新民主主义革命时期）》，中央文献出版社 1999 年版，第 72～81 页。

② 中共福建省委党史研究室著：《中共福建地方史（新民主主义革命时期）》（上），中央文献出版社 1993 年版，第 415 页。

800余人。1932年相继爆发惠安惠北和莆田东沙抗捐暴动。1932年秋，中共莆田县委升建为莆田中心县委。1934年初，中共福清县委成立。6月，福清县委在南西亭地区发动和领导百余农民举行暴动，收缴土豪劣绅步枪20余支，开仓分粮100余担。这些都为闽中游击区的发展和坚持创造了条件。

闽中游击区有区别于其他根据地的显著特点。它一直处于“非苏区”状态，在土地革命时期就没有统一、成片地域和全区性的苏维埃政权，没有一支正规的红军主力，依靠地方游击队成为武装斗争的支柱。①自从1930年底红军第二支队失败以后，“都是长期采取地下武工队的形式进行小型零散的武装斗争”②。其特点是长期处于游击战争状态，对于后来三年游击战争的开展是很有利的。

总之，土地革命战争时期，福建各革命根据地的创建和发展，经历了艰难曲折的斗争历程。在党的领导下，福建人民创建革命武装、开辟农村革命根据地、建立苏维埃政权、拓展红色区域，使福建逐渐成为革命力量发展和积聚的重要省份，为长征后各根据地游击战争的开展和胜利坚持奠定了基础。

二、第五次反“围剿”失败及配合性游击战的开展

（一）中央苏区第五次反“围剿”的失败

由于“左”倾冒险主义的错误领导，红军在中央苏区第五次反“围剿”战争中遭到严重的失败。其导致的结果，一方面是中央主力红军被迫实施战略转移，进行长征；另一方面是南方三年游击战争的开展与坚持。

---

① 郑复龙著：《八闽健儿抗日征程史：新四军福建子弟兵的历史足迹》，福建人民出版社1998年版，第57～58页。

② 黄国璋：《回顾三年游击战争时期闽中党的活动》，中国人民解放军历史资料丛书编审委员会：《南方三年游击战争·闽赣边游击区、闽中游击区》，解放军出版社1994年版，第383页。

红军第四次反“围剿”胜利后，蒋介石并不甘心失败。1933 年 5 月，蒋撤销赣、粤、闽边区“剿匪”总司令部，成立全权处理赣、粤、闽、湘、鄂军政事宜的南昌行营，调集重兵准备对中央苏区发动更大规模的第五次“围剿”。[①] 6 月，蒋介石召开上述五省“剿匪”军事会议。随后，又在庐山连续举办三期军官训练团，培训参与“剿匪”事宜的骨干。9 月，蒋自任总司令，调集 100 万军队，分多路“围剿”中央红军；还决定实行“三分军事，七分政治”，采取持久战、“堡垒主义”的新战略，并实行经济、交通封锁，企图逐步蚕食并摧毁苏区。当时，中央苏区红军主力有 8 万多人，地方红军和赤卫队等群众武装也发展迅速。虽然形势严峻，但如果能正确估计形势，利用有利条件和历次反“围剿”成功经验，采取积极防御方针，运用运动战，仍然是能够打破这次“围剿”的。[②]

然而，坚持“左”倾错误的博古等人，被第四次反“围剿”的胜利冲昏头脑，急于扩大战果。其主导的临时中央政治局，显然对革命形势和红军力量过于乐观，提出中央苏区红军主力应实行“分离作战”的方针。即一部分组成中央军在抚河、赣江之间作战，一部分组成东方军入闽作战，企图两个拳头同时打人，夺取抚州、南昌等中心城市，打破国民党军队的第五次“围剿”。共产国际远东局也建议，要利用北线战事平稳之机，从福建方向发起攻势，[③] 为“更好迎接蒋介石进攻”作准备。[④] 在此背景下，1933 年 7 月，在彭德怀、滕代远率领下，东方军 1 万余人，肩负着“赤化千里”、“筹款百万”、“争取福建苏区扩大与联成一片”等任务，进军福建。[⑤] 而蒋介石乘红军“分离作战”，中央

---

① 中央文献研究室编：《周恩来年谱（1898—1949）》，中央文献出版社 1998 年版，第 250 页。

② 中共中央党史研究室著：《中国共产党历史》第一卷（1921—1949），中共党史出版社 2011 年版，第 377 页。

③ 〔德〕奥托·布劳恩著，李逵六、郑伊倩等译：《中国纪事（1932—1939）》，现代史料编刊社 1980 年版，第 36 页。

④ 中共中央党史研究室第一研究部译：《共产国际、联共（布）与中国革命档案资料丛书》第 13 卷，中共党史出版社 2007 年版，第 523 页。

⑤ 《把模范的奖旗赠给东方军》（1933 年 10 月 22 日），《红星报》第 12 期。

苏区东北方向兵力空虚之机，调集4个师攻占黎川县城，从而切断了中央苏区与赣东北苏区，以及东方军和中央军的联系。为收复黎川城，博古、李德等人甚至提出“不失苏区一寸土地”的口号和“御敌于国门之外”的作战方针，[①] 命令东方军从福建立即撤围，企图与中央军南北夹击，重夺黎川。10月4日，东方军中止在福建的军事行动，分途回援江西。红军主力在夺取黎川的系列战斗受挫后，“左”倾中央又由军事冒险主义转为军事保守主义，实行“以堡垒对堡垒”、“短促突击”的消极防御，以阵地战同敌人拼消耗，处处设防，分兵把口，结果日益陷入被动局面，战斗接连失利，根据地逐渐缩小，中央苏区的形势愈发严峻。

此时，十九路军发动福建事变，并与红军订立《反日反蒋的共同协定》。福建事变无疑打乱了蒋介石的“围剿”计划，是红军扭转局势的好机会，但“左”倾中央领导人坚持执行关门主义的错误方针，甚至指示东方军二次入闽，“以援助十九路军为借口”，占领漳平、永安，“封锁十九路军去广东的道路”，并试图从十九路军“那里取得装备和枪支”。[②] 不仅未予十九路军的反蒋斗争以直接有力的配合与支持，反而企图渔利。十九路军孤立无援，迅即瓦解失败。

解决福建事变后，蒋介石对中央苏区较大规模的进攻也随之展开。[③] 国民党入闽部队随后被改称为东路军，由蒋鼎文任总司令，总兵力达16个师之多，并协助西、北两路军向中央苏区中心区域推进，同时命令粤军在南面对红军实行防堵，完成四面合围。在“左”倾教条主义的错误指导下，福建各块苏区面临着严峻的局势。国民党军企图在北面完成建宁、泰宁、黎川之间的封锁线，在东面构筑从将乐、归化、永安，一带直到连城、永定的封锁线，以达到同时向南、向西压缩福建中央苏区范围，与主力红军决战，最后消灭红军的目的。1934

① 马齐彬、黄少群、刘文军：《中央革命根据地史》，人民出版社1986年版，第476页。

② 中共中央党史研究室第一研究部译：《共产国际、联共（布）与中国革命档案资料丛书》第14卷，中共党史出版社2007年版，第3页。

③ 中共中央党史研究室第一研究部译：《共产国际、联共（布）与中国革命档案资料丛书》第14卷，中共党史出版社2007年版，第13页。

年春，在敌北路军向广昌压迫，侵占建宁、黎川交界处的樟村、横村，向建宁的邱家隘、将军殿进犯的同时，敌东路军分三路，分别向归化、邵武、泰宁进攻。

为保卫中央苏区闽赣省区域，主力红军与国民党军队展开了激烈的攻防战斗。红一军团、红九军团和红三军团第四师在建宁以北进行了邱家隘、坪寮反击战和凤翔峰阵地防御战；红九军团进行了鸡公山阵地防御战等。在这些战斗中，红军将士经过浴血奋战，给予敌人很大打击，但没能有效打破敌人的进攻，沙县、将乐、泰宁县城相继失守。随后主力红军又进行了铜铁岭、太洋障、新桥等战斗。铜岭和铁岭位于将乐和归化两县交界处。敌第十师由将乐向归化进逼，红七军团所部在地方武装配合下，在铜铁岭阻击敌军，战斗异常激烈，红军英勇奋战，共计打死打伤敌军400多人，俘数百人。此仗胜利，红七军团受到中革军委表彰。3月24日，红三军团一部在泰宁北部太洋嶂，阻击国民党军第八十九师第二六五旅三个团的进攻。经一天血战，打死打伤敌人600余人，毙敌团长一人，营长四人，俘敌副团长以下官兵100余人，胜利完成阻击任务。① 但红军自身也付出重大牺牲。仅新桥保卫战，红军就集中了三个军团五个师两个团的兵力，在七天时间中进行了大小八场战斗。红军三十八团从团长、团政委到连排级的干部中，只剩下一人，其余全部壮烈牺牲。② 此后，敌军实施向闽赣省首府建宁逐段推进和“进剿”计划。红五军团第三十四师按中革军委命令，在建宁泰宁沿线阻击敌军行动，先后进行了李家坊、油店、弋口、梅口、挽舟岭、横路下等阻击战。在梅口阻击战中，红三十四师一〇二团团长阵亡，一〇〇团在渡河攻击时遭敌机轰炸，三营损失近一半，营长及干部战士牺牲300多人。4月中旬，国民党军集中优势兵力进攻中央苏区的北大门广昌。红军主力浴血坚持18天，虽给敌人以重大杀

① 中国工农红军第三军团史编辑委员会：《中国工农红军第三军团纪事》，国防大学出版社1988年版，第166页。

② 鲁瑞林：《回忆新桥运动战》，中共泰宁县委党史工作委员会编：《中共泰宁党史资料》第一辑，内部资料，1989年，第198页。

伤，但自身也遭受重大伤亡，被迫撤离。此后，红军节节退守，进一步陷入困境。

5月，建宁保卫战打响。敌第八纵队以两个师分三路向将军殿、驻马寨、马源桥等地进犯；汤恩伯部队占领泰宁的梅口、弋口、挽舟岭后也向建宁进犯。主力红军与敌军在将军殿、驻马寨和雪山崇都发生激战。15日，国民党军分三路向驻马寨红军阵地发动进攻。敌第二十七、第三十两个团先向皮子岭高地的红二十一师发动攻击，在飞机和山炮的配合下，攻占高地。接着敌又向红二师阵地猛攻，红四团、红六团先后撤出阵地，红五团阵地被敌团团包围。团长组织敢死队冲锋，打开一条血路突围，但全团伤亡300余人。随后敌军向红军主阵地发起进攻，红军利用工事顽强阻击。但终因战术失误及力量有限，将军殿、驻马寨、雪山崇、武镇岭先后失守，建宁门户洞开。5月16日，建宁城失守。① 此后，国民党军队分六路向中央苏区大举进犯，临时中央则被动“全线防御”，分兵应对国民党军队的进攻。其中福建一路在连城、朋口地区，抗击敌人东路军六个师的进攻。虽然红军指战员英勇作战，但都未能阻止敌军的推进。

在此之前，闽西、闽南革命根据地不少苏区已经被国民党军队占领，先行转变为游击区，如武平、永定、上杭、漳平、南靖等地。长征前，中央苏区仅剩瑞金、于都、会昌、宁都、兴国、石城、长汀、宁化等县，面积日渐缩小。② 9月初，敌东路军向中央苏区东面最后一道防线松毛岭发起猛烈进攻，松毛岭战役打响。先是红一、五军团主力红军在连城温坊地区以运动战伏击、袭击离开堡垒的国民党军队，歼敌一个旅和一个团，缴获枪支2000余，自动步枪、轻机枪85挺，迫击炮六门，子弹23万余发，③ 给敌东路军以打击。但个别战斗的胜利

---

① 1934年5月16日，建宁县城失守后，闽赣省委、省苏维埃政府、军区机关撤驻建宁都上村，6月撤驻彭湃县的里坑村（今属宁化县安远乡），8月又迁入宁化县城。

② 中共中央党史研究室著：《中国共产党历史》第一卷（1921—1949），中共党史出版社2011年版，第381页。

③ 中共福建省委党史研究室著：《中共福建地方史（新民主主义革命时期）》（上），中央文献出版社1993年版，第548页。

已改变不了整个反“围剿”作战的结局。

松毛岭阻击战是长征前夕红军在福建最后一次规模较大的战役，也是异常惨烈的一战，为中央红军战略大转移赢得了宝贵时间。红九军团、红二十四师在地方武装的配合下，与敌军展开了浴血奋战，阵地反复争夺。经过数天激战，红军给敌军重创，但终因敌我力量悬殊而被迫撤退，松毛岭全线失守。此后，尽管苏区军民对国民党军队进行了顽强阻击，但只能起到延缓其推进的作用，红军已经失去粉碎第五次“围剿”的可能性。10 月上旬，中央主力红军 8.6 万余人，被迫从福建长汀、宁化和江西瑞金、于都出发，撤离中央苏区，踏上漫漫长征路。

（二）福建苏区配合性游击战的开展

1. 福建中央苏区的游击战部署

红军在创建中央苏区的早期斗争中，军事上基本以游击战为主。后随着力量壮大，逐渐转变为以运动战为主，但在反“围剿”战争或比较大的战斗中，仍然有以主力红军实施游击运动战的例子。特别是各苏区地方部队和游击队作为配合力量时，仍以游击战为主。在苏区反“围剿”战争中，中革军委十分注重发挥游击战的作用，要求各地苏维埃政府加强组织，积极开展游击战争，在配合主力红军作战方面发挥了重要作用。

1932 年 8 月的乐安、宜黄战役是较为典型的战例。其时，朱德提出以红一、三、五军团为主力部队，红十二军（指挥原独立第四师等部队）配合主力作战，以运动战寻机歼敌。计划“采取游击行动”消灭盘踞宁化之敌，占领宁化县城后，再向建宁、南丰、黎川间游击，扩大苏区，发展闽北游击战争。其时，福建军区为配合主力红军作战，其策略也是发动游击战争，加紧做国民党士兵的工作，以牵制和瓦解敌军，巩固闽西苏区为江西苏区屏障。1932 年 12 月，中革军委发布《给各作战地域指挥部的密令》，将中央苏区划分为三个作战区域，指示各地域基干部队及地方武装应独立作战，发展广泛的游击战争，到敌人的侧翼后方活动，钳制和调动更多的敌军，来取得战役的胜利。[①]

当时福建中央苏区党组织和苏维埃政府对游击战争也极为重视。时任福建省委代理书记的罗明，对苏区状况和局势就有非常清醒的认识，按照毛泽东的游击战争战略战术思想，积极领导上杭、永定、龙岩等地军民开展游击战争。当时，他指挥地方武装配合红军独立第七师，集中优势兵力，夺回被敌占领的永定县城；广东敌军占领上杭白砂后，罗明等动员群众坚壁清野，领导地方武装和群众夜袭白砂之敌，使敌人坐卧不安，不得不退出白砂，地方武装则趁机追击，敌人死伤众多；他还发动地方武装伏击从永定向白砂进攻的十九路军一个营及地主民团，敌人死伤惨重，只得从山路退往龙岩。[②] 这些都是领导红军和地方武装，配合开展游击战争取得的胜利，使闽西形势有所好转，干部群众受到很大鼓舞。

罗明随后对游击战争进行了总结。他在写给省委的信中提出：在上杭、永定、龙岩等地的区、乡，最主要工作是建立强大的游击队、赤卫军，并积极向外游击，以打击敌人的进攻，提高群众的革命热情，使群众更相信地方武装的力量。为此，他提出要先建立基干部队，再参加实战，在战争中锻炼部队。边远县、区的地方武装，要向外发展，打击团匪，应采取游击战和运动战，在战斗中提高斗争情绪，学习战争经验。[③] 但遗憾的是，这些切合实际的正确意见，却被当成对革命悲观失望的、机会主义的、取消主义的逃跑退却路线，[④] 并在中央苏区开

---

① 《中央革命军事委员会给各作战地域指挥部的密令》（1932 年 12 月 26 日），《中央革命根据地历史资料文库·军事系统》第 11 卷，中央文献出版社、江西人民出版社 2015 年版，第 1855～1856 页。

② 罗明著：《罗明回忆录》，福建人民出版社 1991 年版，第 123～124 页。

③ 罗明：《对工作的几点意见》，中共福建省龙岩地委党史研究室编：《反对所谓“罗明路线”问题》，鹭江出版社 1993 年版，第 25～26 页。又参见中共中央文献研究室、中央档案馆编：《建党以来重要文献选编（1921—1949）》第 10 册，中央文献出版社 2011 年版，第 107 页。

④ 《中共苏区中央局关于闽粤赣省委的决定》（1933 年 2 月 23 日），中共中央文献研究室、中央档案馆编：《建党以来重要文献选编（1921—1949）》第 10 册，中央文献出版社 2011 年版，第 101～102 页。

展了反“罗明路线”的斗争，从而对苏区发展和游击战争的开展造成重大负面影响。

对于1933年5月才成立的闽赣省，游击战争同样占有重要地位。省委、省苏维埃政府及闽赣军区领导地方武装，积极开展游击战争，配合主力红军的反“围剿”作战，提出要“猛烈发展游击战争，加紧对游击队、独立营工作领导，健全县区军事部，执行游击战争工作的彻底转变”，建立充实独立团，建立并加强各县独立营，各区及主要市乡，都应建立游击队，实行日夜不断地向敌人左右前后积极地游击，很灵活地配合着主力红军机动地打击和消灭敌人，“开展远殖游击战争，创造新的游击区域”等。[①] 朱德认为，在当时中央苏区的北方战线上，游击战是破坏敌人城防、封锁政策最有力的武器，提出游击运动要分两种方向来推行：一种是推进到国民党军侧翼后方，进行反“清剿”游击战斗；一种是在边区，起到掩护秋收、巩固苏区和推广赤化等作用。[②] 于是他与周恩来一起对北线闽赣军区等发出指示，要求在北方战线上大力开展游击活动，以破坏敌人对中央革命根据地的封锁和进行第五次“围剿”的企图。1933年12月，朱德、周恩来连电红七军团的寻淮洲、乐少华，要求他们积极扩大并发展闽中游击战争，不断截击邵武、顺昌之间敌后方联络部队并进行一切破坏工作。[③] 随着第五次反“围剿”斗争形势日益严峻，朱德指示闽赣军区及其前方行营在所辖区域内号召广大群众加入赤卫队，在重要村镇加紧构筑工事、储粮备战，动员群众力量防止敌人袭击，以此更有利于红军向敌出击、游击和围困敌人。[④] 在建宁召开的闽赣省第一次工农兵代表大会上，朱德再次强调要加强地方武装，开展游击战争，领导群众坚壁清野，破

---

① 邵式平：《目前政治形势与闽赣省苏维埃的任务》（1933年12月9日），闽赣革命根据地党史资料征集编研协作领导小组编：《闽赣省党史资料（初稿）》，内部资料，1986年，第169～170页。

② 中共中央文献研究室编：《朱德年谱（新编本）（1886—1976）》上，中央文献出版社2006年版，第347页。

③ 中共中央文献研究室编：《周恩来年谱（1898—1949）》上，中央文献出版社2007年版，第261页。

④ 中共中央文献研究室编：《朱德年谱（新编本）（1886—1976）》上，中央文献出版社2006年版，第359页。

坏交通，断绝敌人一切给养等。特别是要派遣有战斗力的地方部队，挺进敌后，开展游击战，创造新苏区，以钳制和调动敌军。①

1934 年 4 月，中共中央、中央政府人民委员会对各地游击战作出新指示和部署，要求把发展广大的游击战争作为战地党和苏维埃的第一等重要的任务，要以更多的地方部队，发展广大的游击战争，配合和掩护主力红军最终消灭敌人；要使每个工农武装起来，吸引他们到各种形式的武装组织（如游击组、便衣游击队等）中去，这样来发展游击战争，并且要伸到敌人的远近后方去作长期的独立活动。② 5 月，中革军委发出《划分军区、分区及目前任务的命令》，将中央苏区各军区及下属分区重新划分为江西、福建、赣南、粤赣、闽赣五个军区及下辖军分区，并对开展游击战进行部署：第一方面是要在敌人后方较远的地方，创建和扩大远殖的游击区域，在那里发展游击战争，钳制和吸引住敌人大量兵力，并发展苏维埃运动，繁殖新的游击队；第二方面是“要在敌人的近后方翼侧及局部的正面上，建立有力的作战分区，在那里主要的是武装全体工农，加紧军事训练，扩大独立团营及游击队，发展游击战争，钳制和迟阻敌人前进，最高度地分散和瓦解敌人的兵力，袭击、穿袭和破坏敌人的工事道路，并协助我们基干兵团动作，以便利我们在这一机动地战争，夺取决战的胜利”。③ 中共中央白区工作部也发出指示信，要求在敌人远近后方的党与红军游击队，必须集中全部注意力，放在发动群众武装群众，开展群众的游击战争上：“被占区域中的群众斗争方式，主要是武装群众的游击战争。”④ 为

---

① 中共中央文献研究室编：《朱德年谱（新编本）（1886—1976）》上，中央文献出版社 2006 年版，第 375 页。

② 《中共中央、中央政府人民委员会给战地党和苏维埃的指示信》（1934 年 4 月 24 日），中共中央文献研究室、中央档案馆编：《建党以来重要文献选编（1921—1949）》第 11 册，中央文献出版社 2011 年版，第 375～376 页。

③ 《中革军委关于划分军区、分区及目前任务的命令》（1934 年 5 月 15 日），中共中央文献研究室、中央档案馆编：《建党以来重要文献选编》（1921—1949）第 11 册，中央文献出版社 2011 年版，第 401 页。

④ 中共中央白区工作部：《关于敌人远近后方党的工作——给苏区附近的游击区域及苏区各级党部信》（1934 年 6 月 7 日），《中央革命根据地历史资料文库·党的系统》第 5 卷，中央文献出版社、江西人民出版社 2011 年版，第 3361～3362 页。

此，必须不放松任何的群众日常斗争，并发展到武装的游击战争。朱德亲自布置闽赣军区部队坚决彻底肃清周围的地主武装和巩固与发展新苏区的行动计划。中共中央给闽赣战委信中也提出：闽赣省的基本任务是开展极广大的游击战争，以保护、发展和深入赤化闽赣苏区。

根据中央指示，闽赣军区积极领导独立团（营）和游击队、赤卫军等，开展袭扰与截击敌军，钳制与分散敌人的力量，拘捕敌探，肃清刀团匪，深入敌后断绝敌人交通，破坏道路桥梁，实行赤色戒严等工作，还发动群众组织担架队、运输队，运送军用物资与蔬菜食品上前线、抬伤员等。地方部队甚至直接参加战斗。1934 年 4 月，建宁县地方武装连续出击刀团匪，收复 14 个乡，打通与彭湃、泰宁等地的联系。6 月，闽赣省游击队挺进沙县，在富口击溃团匪 300 多人；彭湃县营上游击队在边界打击刀团匪，保卫秋收。同时，还配合守备建宁的红四十五团作战，受到少共中央来电嘉奖。据统计，闽赣省地方武装在第五次反“围剿”战争中，进行较大规模的战斗 80 余次，有力打击了反动武装的进攻，对保卫闽西北革命根据地起到了重要作用。①

1934 年 9 月，为了准备中央主力红军撤离后的游击战争，中革军委改组各级军事机构，将留在敌占区的县区乡军事部，改称为县区乡游击队的司令部和政治部，县区乡军事部部长任县区乡游击队的司令员，县区乡书记兼任县区乡游击队政治委员。10 月 3 日，中央发出《为发展群众的游击战争告苏区民众》，指出：群众游击战争有极其重要的意义。游击战争是苏区工农群众保护自己生命、儿女、土地、财产，进行自卫斗争的最好方式，同时也是牵制、扰乱、疲惫和分散敌人，协助主力红军取得战争胜利的重要工具之一。号召要团结本村本乡本区的群众，组织游击组、游击队，尤其使赤少队、模范赤少队积极行动起来，袭击敌堡垒，伏击敌部队，扑灭敌游击部队，“武装起来，发展游击战争”。② 中革军委还印发毛泽东撰写的《游击战争》小

---

① 闽赣革命根据地党史资料征集编研协作领导小组编：《闽赣省党史资料（初稿）》，内部资料，1986 年，第 17 页。

② 《中华苏维埃共和国中央政府、中国共产党中央委员会为发展群众的游击战争告全苏区民众》（1934 年 10 月 3 日），中国人民解放军历史资料丛书编审委员会：《南方三年游击战争·综合篇》，解放军出版社 1995 年版，第 153 页。

册子，书中对游击队的任务、组织，战斗动作要则，如何发展成红军，如何袭击敌人、破坏敌人的后方、对付敌人的“围剿”和追击，以及政治工作等作了详细介绍和论述。①

在此之前，闽西不少地区已经被国民党军队占领，大部分县城都丢失，每个乡也都有国民党的民团驻守，当地党组织和苏维埃政府都已转移到乡村，党组织转入秘密活动，实际上已经进入了游击战争的状态。

总之，这一时期，中央对游击战争的逐渐重视和部署准备，主要是基于调动地方武装，配合主力红军作战，以期打破敌人对中央苏区的第五次“围剿”的目的。而福建中央苏区游击战的广泛开展，不仅在反“围剿”中起到了阻击、消灭和牵制敌军的目的，而且为此后闽西、闽北三年游击战争的开展创造了有利条件。

2. 闽粤边特委的成立及游击战的开展

如前所述，为了配合中央苏区第五次反“围剿”斗争，中央和中革军委十分重视在苏区周边开展游击战争的问题。认为要粉碎敌人对苏区的进攻，有必要在敌人后方与侧边猛烈开展游击战争。② 考虑到中央苏区东南战线受敌人威胁面很广，除闽西苏区有一道较坚固的屏障外，还要在西起粤东，东至闽南的广阔地区建立一条防线。为此，中央决定建立闽粤边游击区，将中共厦门中心市委所属的漳州中心县委与福建省委所属的饶和埔诏县委，及东江特委所属的潮（安）澄（海）（南）澳县委〔后改为潮（安）澄（海）饶（平）县委〕合并，组成闽粤边特委，以统一领导边区的游击战争。

1934 年 1 月，中共六届五中全会及中华苏维埃第二次全国代表大会在瑞金召开。厦门和福州两中心市委应苏区中央局要求各派一位同志参加，厦门中心市委派黄会聪参加了会议。大会期间，中央有关领

① 中共中央文献研究室编：《毛泽东年谱（1893—1949）》上卷，中央文献出版社 2013 年版，第 434 页。

② 《黄会聪关于闽粤边区两年余情况致陈云等转中共中央的报告》（1937 年 4 月 20 日），中国人民解放军历史资料丛书编审委员会：《南方三年游击战争・闽粤边游击区》，解放军出版社 1994 年版，第 197 页。

导约见了黄会聪，听取了对闽南革命根据地斗争情况的汇报。黄会聪在汇报中讲到闽南革命根据地的地理位置、创建和斗争过程。特别是中央红军攻克漳州后，闽南革命根据地的政权建设、武装斗争均取得较大发展。当时，闽南革命根据地已经打通与饶和埔诏苏区的联系，饶和埔诏与潮澄澳苏区之间又打通了诏（安）饶（平）边界走廊，形成三块苏区互为影响与推动的格局。他认为，闽南革命根据地作为中央苏区组成部分的边缘地区，也是国民党军队进攻中央苏区的前沿地带，更是红军保卫中央苏区的前沿地带，对拱卫中央苏区的安全具有重要的意义；建议中央要加强对闽南地区革命斗争的领导，以使这一地区成为配合中央苏区反“围剿”战争的重要一翼。

中央的计划比黄会聪的预想更大，不光是闽南革命根据地，而是整个闽粤边区，拟将三块地区连成一片，成立闽粤边特委，统一领导闽粤边区党的组织和武装，深入开展土地革命和游击战争，打通与闽西的联系，并指定黄会聪为特委书记。中央给予的任务是：在闽粤边区猛烈开展游击战争，尽力牵制国民党东线部队，以期减少其对中央苏区的压力，粉碎敌人对中央苏区的第五次“围剿”。

会后，黄会聪带着中央领导指示和《中央给福建省委和厦门市委的指示信》回到厦门。厦门中心市委立即召开会议进行贯彻，并就开展游击战争等作出决议。提出要组织武装力量，在游击区坚决执行分配土地政策和开展武装斗争，武装的队伍必须采取公开的活动，不断地进攻和骚扰敌人。“漳州目前一方面要加紧和饶和埔和东江打成一片，并且要向永定方面进展，打通闽西，连成一片；一方面尤要加紧开展海澄、石码和南靖一带的工作，来形成包围漳州牵制敌人的军队”①。同时派出黄会聪、吴野鹭等厦门中心市委骨干力量，于 1934 年 4 月中旬前往靖和浦县委所在地，准备建立闽粤边特委。由于所属三个

① 《包野对厦门工作的意见》（1934 年 5 月 31 日），中央档案馆、福建省档案馆：《福建革命历史文件汇集（厦门中心市委文件）》（一九三三年——一九三五年），1984 年，第 285 页。

县委及其红军游击队之间联系较少，未建立过组织关系，成立统一领导机构的条件尚不成熟。为此，黄会聪决定分步实施，于5月1日在靖和浦中心区先行组建中共闽粤边区临时特别委员会（简称“临时特委”）。临时特委利用国民党军重点“围剿”中央苏区，无暇进攻闽粤边区的空隙，一面派交通员联系饶和埔、潮澄澳县委，实现边区各县委的联络；一面在平和欧寮、三坪等地举办党团训练班，培训干部，为组建特委作准备。同时，临时特委在靖和浦苏区组织赤卫队、模范队等地方武装，开展调查分田，巩固老苏区，发展新苏区，保卫苏维埃政权等工作。

1934年8月1日，临时特委在平和县邦寮山召开代表大会，宣布成立中共闽粤边区特别委员会，靖和浦、饶和埔两县委领导人参加了会议。大会选举黄会聪为特别书记，何鸣、何浚、林路、许其伟等为特委委员。特委成立后，按照中央指示，为配合中央苏区的第五次反“围剿”，领导红三团协同地方武装，在靖和浦游击根据地周围开展游击战，打击国民党军。8月，红三团除留下少量部队保卫根据地外，分别向东南沿海和广东方向出击：一路经吴松、后井、新村、蜈蚣山，进入梁山，准备开辟新的游击根据地；一路经东溪、龙山、南霞、峨嵋山，进入广东饶平境内，准备与潮澄澳县委建立联系。此时，饶和埔游击队配合已进入福建的潮澄澳红三大队，在诏安、云霄袭击国民党地方武装，开辟了饶平的三饶和诏饶边两块新游击区，使潮澄澳和饶和埔游击区连成一片。

闽粤边区的游击行动惊动了国民党福建省地方当局。9月，当局急调省第五保安司令部所属沈东海独立营500多人，兵分两路向特委机关驻地平和县尪仔石山旁边的欧寮村合围，企图偷袭特委机关。特委得知这一情报后，在欧寮村召开了红三团连以上干部参加的军事联席会议。分析认为，此仗非打不可，一是可以为当地长期受欺压的老百姓出口恶气，二是可打击国民党地方武装的气焰，三是可吸引国民党正规部队，减轻中央苏区反“围剿”的军事压力。会议决定，集中红三团与靖和浦赤卫队、模范队，采取诱敌上山、聚而歼之的战术，狠狠打击来犯之敌。① 于是，红三团派短枪班将敌沈东海营引入埔尖山的山谷中，当敌人进入伏击圈时，卢胜率领红三团四连从正面向敌人发动猛烈射击。同时埋伏在两侧的红三团另外两个连及游击队也发起勇猛攻击，打得敌人晕头转向。敌向游击队数次反扑，均被击溃。战斗进行了整整九个小时，在红军游击队攻击下，沈东海营溃不成军，夺路向东溪、文峰方向逃命。此战，红军游击队共毙伤敌军 30 多人，俘虏 80 多人，缴获重机枪两挺，长短枪 100 多支，以及大量军用品和慰劳品。红三团还乘胜驱逐驻扎龙岭的保安团，基本扫清闽粤边区的国民党武装力量。

由于闽粤边地区邻近厦门、漳州、汕头、潮州等城市，向来是敌人重点控制的区域，故在中央红军长征以前，主要是以游击战为主。正如卢胜所说：将游击战术运用于战争，是闽粤边游击队的一大特点，只有靠独立自主地打游击才能生存下去。对于这一点，闽粤边特委和红军游击队指战员头脑始终是比较清醒的。因为在进入三年游击战争的初期，并不是由正规战向游击战的转变，而只是将游击战由过去配合中央苏区反"围剿"，转为独立自主的边区游击战，所以转变比较顺利，没有付出大的代价。②

3. 红八团、红九团的远殖游击战

为了更有力地支持中央苏区第五次反"围剿"战争，中革军委还抽调红军部队，布置开展了远殖游击战。当时中央苏区第五次反"围剿"形势已十分紧张，蒋介石在派军队镇压了福建事变和十九路军后，集中力量加紧对中央苏区的"围剿"。除加紧督促对苏区北线、西线的进攻外，还加强对东线闽西战场的攻势，组织以蒋鼎文为总司令的东路军指挥部，以 10 多个师的兵力向闽西苏区进逼，先后占领永安、连城、永定、龙岩等县城。而此时红军主力都集中在北线战场，东面战场红军兵力空虚，只有福建军区及其所属的地方红军，中央苏区的东

① 中国人民解放军历史资料丛书编审委员会：《南方三年游击战争·闽粤边游击区》，解放军出版社 1994 年版，第 5 页。

② 卢胜：《在党的领导下坚持游击战争》，中国人民解放军历史资料丛书编审委员会：《南方三年游击战争·闽粤边游击区》，解放军出版社 1994 年版，第 257 页。

线形势危急。在此紧要关头，中革军委准备派出几支红军部队深入白区，在敌人侧翼及苏区周围开展远殖游击战争，以配合主力红军粉碎国民党反动派的第五次军事“围剿”。于是决定调福建军区所属红八团、红九团深入敌后，到漳（州）龙（岩）公路沿线和永安、宁洋一带交通线，开展游击战争，破坏敌人的后方运输，牵制敌人向中央苏区的进攻，配合主力红军作战。

1934 年 4 月上旬，中革军委成员朱德、周恩来、王稼祥、刘伯承、贺昌等在瑞金叶坪举行军事会议，来自两个独立团的方方、邱织云、伍洪祥等奉命参加了会议。会议具体研究了驻防（龙）岩连（城）宁（洋）一线的红军独立第九团和驻防（龙）岩永（定）（上）杭地区的红军独立第八团到外线作战的事宜。红八团以邱织云为政委，邱声金为团长，魏金水为副团长兼政治部主任，率部挺进漳龙公路两侧，破坏敌交通运输；红九团由方方任政委，吴胜任团长，挺进到岩连宁地区，破坏敌漳（平）宁（洋）线筑路计划，并与活动在漳龙线两侧的红八团相互呼应，相机向闽南发展。两个团直属中革军委领导。为行动方便，两团均成立军政委员会，统一建立和领导当地的党政军组织，邱织云、方方分别任红八团、红九团军政委员会主席。①

朱德、周恩来、刘伯承、贺昌等人与方方、邱织云、伍洪祥进行了谈话。朱德指出：两个团深入到敌人后方去，对于打破敌人的第五次“围剿”意义很重大。但这个任务也很艰巨，要认识到这两支部队是深入敌后的孤军，处于劣势，必须运用灵活的游击战术，不要恋战，要用声东击西、神出鬼没的办法打击敌人，要注意保存自身实力。② 随后，其他几位领导交代了有关事宜，如游击战争最重要的应该有高度的警惕性；如何进行外线作战，配备队伍，组织战争；如何进行政治工作等。同时，还从总政治部、中央党校、红军学校等抽调 20 多名干部补充红八团、红九团。这些充分表明中革军委对开展远殖游击战争

---

① 方方：《三年游击战争》，中国人民解放军历史资料丛书编审委员会：《南方三年游击战争·闽西游击区》，解放军出版社 1991 年版，第 354～356 页。

② 伍洪祥著：《伍洪祥回忆录》，中共党史出版社 2004 年版，第 97 页。

的重视。

红八团的前身为福建军区岩永杭军分区所辖的独立团（即太拔独立团），建团时间为1932年冬。1934年4月16日，从瑞金赶回的邱织云到岩永杭军分区所在地上杭太拔，向军分区司令员郭义为等传达了中革军委的指示，确定红八团的新领导，邱织云为政委，邱金声为团长，魏金水为副政委兼政治部主任。4月下旬，根据部署，红八团挺进到永定金丰大山的万里石一带，在派出人员摸清敌情的同时，加紧做群众工作，并就地开展游击战争。

在此期间，王胜受命带领福建军区一个连100余人与红八团会合，编为红八团第四连，王胜为连长。5月9日，发生洋背山战斗，团长邱金声负伤离队，王胜任团参谋长，代理团长工作。6月，得知国民党军队第三、九、十、三十六师已向西行动，龙岩仅留第八十师的情报后，红八团军政委员会决定由团长邱金声率一支小分队挺进漳龙线，继续进行武装侦察。半个月后，全团进入龙岩县境，与龙岩县委取得联系。6月15日，在当地群众支持下，红八团袭击龙岩白土民团，俘获30余人，缴枪40多支。遭受打击后，国民党第八十师被迫调派两个团驻防白土。红八团则避实就虚，突入漳平永福，一举歼灭永福民团。敌误以为这是红军主力，即派一旅军队追至永福。红八团又转回漳龙公路沿线崎濑、马坑一带，伺机伏击，击毁敌军车20多辆，俘敌100多人。随后，红八团转战永定，歼灭苦竹民团；挺进平和，后复进到龙岩新祠伏击敌军车数辆，俘敌数百人。随即又在南靖和溪、水潮之间击毁敌军车12辆，缴获大批弹药和军用物资。

红八团活跃在漳龙公路线上，积极打击敌人，破坏其运输，迫使国民党东路军司令部不得不抽调第八十师和沿线各县保安团，专门负责龙岩大池到南靖和溪地段交通线的安全。从7月至10月，红八团连续出击，从龙岩白土一直打到南靖水潮，击毁敌汽车数十辆，炸毁公路桥梁十余座，毙伤和俘敌2000余人，缴获长短枪500余支。[①] 基本上完成了中革军委交给的任务，不仅破坏漳龙公路交通线，拖住敌第

① 伍洪祥著：《伍洪祥回忆录》，中共党史出版社2004年版，第115～116页。

八十师，配合了中央苏区第五次反“围剿”战争，而且在漳龙公路沿线国民党统治区域建立包括漳平、龙岩、平和、南靖、永定等县纵横二三百里的大片游击区。红八团自身也得到壮大，部队逐渐扩充到600多人。

与此同时，红九团在永安一带开展群众工作和筹款。方方从瑞金返回永安后，召开红九团营以上干部会议，传达了中革军委叶坪会议精神，由方方任红九团政委，吴胜任团长，陈仁任政治部主任。红九团下辖三个营和重机枪连、警通连、侦察排。

1934年5月，方方率红九团抵御敌卢兴邦部三个团进攻永安后，主动撤离转到永安小陶和连城的赖源、曲溪、姑田、大河祠、陈地坑一带，并袭击当地团匪。随后，又主动攻击连城赖源，宁洋大吴地，永安西洋、林田、苦竹、大陶、小陶等地团匪，并在连城、宁洋、龙岩三县边界建立据点。6月18日至24日，歼灭宁洋下石寮保安队。此后，又进行了张家山和邹家山战斗，两战共毙敌150余人，俘敌200余人，缴长短枪250余支，子弹万余发。随后二营到龙岩和宁洋的白沙、小溪、溪口、中村一带破坏敌漳宁线筑路计划。8月，在宁洋苏益田成立岩连宁边区革命委员会，方方任主席，归福建省苏维埃政府领导。① 到秋天，恢复了姑田、赖源等地的革命委员会。经过两个月的战斗，红九团打退了敌保安团的进攻，完全肃清周边的团匪，建立了以宁洋的成达社、陈东坑、风村为中心，纵横三百余里，人口四五万的岩连宁游击根据地。②

红八团、红九团执行中革军委决定开展的远殖游击战，虽未能改变中央苏区第五次反“围剿”失败的命运，但其采取了适合当地情况的游击战争的战略战术，发动了群众，建立了大片游击根据地，为后来红军长征后顺利实现战略转变及游击战争的开展和坚持创造了有利条件。

---

① 中共福建省委组织部、中共福建省委党史研究室、福建省档案馆：《中国共产党福建省组织史资料（1926年2月～1987年12月）》，福建人民出版社1992年版，第143页。

② 方方：《三年游击战争》，中国人民解放军历史资料丛书编审委员会：《南方三年游击战争·闽西游击区》，解放军出版社1991年版，第358页。

三、红军长征后福建各苏区面临的局势

(一) 红军主力长征后福建各苏区的陷落

1934年10月，中央红军主力长征后，本已“危若累卵的中央苏区”，形势更加严峻。[①] 当时留守中央苏区闽西根据地的，有红二十四师和福建军区所属的第十九、二十团4000多人，还有被派到敌后开展远殖游击战的红八团600多人，红九团1500多人，以及明光独立营和其他地方武装等，共7000多人；闽赣军区所属各县的独立团、营，闽中独立营，以及由泉上、归化军分区和军区直属部队改编的闽赣十二、十六、十七、十八团，共2000多人。[②] 为了掩护中央红军长征，红二十四师和福建军区所属各部奉命接替中央红军的防御阵地，并以主力红军的姿态抗击国民党东路军的进攻。面对敌人的猖狂进攻，红二十四师和福建军区所属部队及地方武装，在长汀南部从钟屋、连屋岗、大田湖、河田一线沿途节节阻击，有效延缓了国民党军的进攻。直至11月1日，国民党军才占领长汀县城。长汀城失陷后，红二十四师和福建军区撤往四都山区，并派出部队在长汀牛头坳、九头岭、古城一带阻击，致使国民党军队到11月10日才占领红都瑞金。此时，宁(化)清(流)归(化)苏区保卫战也在激烈进行。11月14日，敌五十二师卢兴荣部进犯归化，留守城内的红军游击队与数倍于己的敌军苦战一夜，终因寡不敌众而失利，16日归化城失陷。24日敌五十二师进一步向清流逼近，于26日包围清流县城，闽赣地方干部及游击队300多人凭借房屋等建筑，进行顽强的巷战，县委书记等60多人壮烈牺牲。当日清流县城失守。随后，敌五十二师“积极筑路建堡”，准备进犯宁化。闽赣军区所属部队及地方武装进行了英勇抗击，激战至12

① 阎景堂主编：《南方三年游击战争史》，解放军出版社1997年版，第19页。

② 中共福建省委党史研究室著：《中共福建地方史（新民主主义革命时期）》（上），中央文献出版社1993年版，第562页。

月1日凌晨，才向西部的中沙撤退，中央苏区的最后一个县城宁化也随之失守。[①] 至此，中央苏区全部沦陷。

此时，福建区域内的其他几块革命根据地也同样受到国民党军队的围攻。闽北革命根据地本来也属于中央苏区闽赣省辖区，1934年9月黎川失守后，国民党建成从江西南城经黎川、光泽，到福建邵武、顺昌、南平的封锁线，割断了闽北苏区同中央苏区的联系。红军主力长征后，在失去中央苏区和闽浙赣苏区的依托后，闽北苏区便处在国民党10余万军队的直接围攻之下。当时闽北苏区的武装力量有红五十八团（原属红七军团建制）、独立一团（红一团）、独立二团（红二团）等主力部队3000余人，地方武装2000余人。由于闽北军分区司令员李德胜执行“左”的军事路线，仍坚持“不失苏区寸土”的方针，使闽北革命根据地陷入消极被动的分散防御状态。随着国民党军队的不断推进，苏区范围不断被压缩。虽然闽北红军游击队在邵武、浦城等地进行艰苦阻击，但仍然难以抵挡敌第五十六师从松溪政和的东游、西洋、东坪、青山，浦城的仙阳、忠信、渔梁、西乡一带进攻；而敌新十一师经新历、盘龙山进占黄坑，并占领建阳的黎园、澄浒、黄土、仙店、麻沙、界首、将口、兴田及建阳县城；敌独立第四十五旅分别向崇安黄石、四渡、五渡、大安等地发动攻击。至1935年1月，闽北苏区大部沦陷，仅剩下崇安大安周围的狭小地区。

闽南的靖和浦、饶和埔、潮澄饶革命根据地也遭到国民党第八十师、粤军张瑞贵和李汉魂部及地方保安部队的进攻。当时闽南革命根据地境内有红三团、红三大队和潮澄饶特务大队及其他地方武装四五百人；安南永地区有红二支队400余人；闽中地区也有两支百余人的红军游击队。1934年11月，国民党保安团沈东海部和反动民团共500余人，兵分两路向中共闽粤边特委机关驻地平和的瓯寮村发起进攻，因遭到红军游击队的重创而未能得逞。随后国民党军队采取“驻剿”和

① 《东路军关于占领长汀瑞金的军事报告书（摘录）》（1934年11月），中国人民解放军历史资料丛书编审委员会：《南方三年游击战争·综合篇》，解放军出版社1995年版，第1225～1226页。

分兵合进的战术，占领文峰、南胜、五寨、程溪、龙溪墟、小溪等地，从而形成对瓯寮村的合击之势。在此情况下，中共闽粤边特委决定将红三团和红三大队大部分力量撤出苏区，闽南各革命根据地也随之为国民党军队占领。

中央苏区陷落后，闽东革命根据地成为国民党军重点围攻对象，蒋介石甚至下达限期1个月内“剿灭”闽东各县革命力量的指令。[①] 当时，闽东苏区正处于发展的全盛期，红军部队主要有闽东独立师，共1600余人。1934年10月中旬，敌新十师三团攻陷闽东苏区党政机关驻地福安柏柱洋；部分县、区苏维埃政府驻地也相继被国民党军占领。闽东苏区党政机关被迫迁往福霞交界的岭面村。闽东独立师曾两次力图收复柏柱洋均未获成功。面对敌人的疯狂进攻，闽东独立师和各县独立营进行了英勇抗击。他们四处出击，给进攻之敌以重创。虽然闽东独立师成功攻占周墩，闽东红军海上独立营取得奇袭国民党海军“通济”号军舰等胜利，但终因寡不敌众，根据地被国民党军队分割成若干小块，且一直未能打破敌人的层层围攻，苏区不断被压缩。1935年1月，闽东临时特委和闽东苏维埃政府驻地（福安官洋村）被国民党新十师攻陷，闽东党政机关被迫撤往雷柏洋和洋面山一带。[②] 随后，国民党又将闽东划分为东、西、南、北四区，分区进行“清剿”。至此，闽东革命根据地基本沦陷。闽东独立师和西南团等红军主力，不得不放弃苏区，向外线突围，开辟新的游击区。[③]

苏区陷落后，国民党军队对苏区人民实施了残酷的屠杀和报复，采取“三光”、“十杀”政策，叫嚣要挖地三尺，将共产党人和革命群众斩尽杀绝，以“根除后患”，实施“茅草过火、石头过刀、人要换种”的凶残手段，烧杀淫掠，无恶不作，制造了众多“无人村”、“寡妇村”等。“敌军所到之处，所有的房屋与山林尽行烧毁，农民所有的

---

① 缪小宁著：《闽东苏维埃1934》下，中共党史出版社2014年版，第554页。

② 中国人民解放军历史资料丛书编审委员会：《南方三年游击战争·闽东游击区》，解放军出版社1993年版，第4～5页。

③ 中共福建省委党史研究室著：《中共福建地方史（新民主主义革命时期）》（上），中央文献出版社1993年版，第572页。

米谷工具衣服等东西，则大举抢劫与烧毁，所捕到的革命民众，初期一律格杀，后则实行所谓‘剿抚兼施’的威吓与欺骗政策，强迫民众组织保甲与民团”①。各级党政机关驻地、革命基点村、党和苏区干部及红军之家成为敌人破坏的重点。苏区干部、红军战士和革命群众成为敌人捕杀的重点。闽东苏区创始人马立峰、詹如柏被敌人用钢针活活刺死，悬首示众；红军战士杨奶波被“剜心烤食”；赤卫队队长赵奶江“被捆绑在木梯上，用烧红的木炭烤焙而惨死”；警卫连战士曾妹第“被砍头剖腹剜心割阴”；红军抗日先遣队伤病员被集体活埋；“躲在深山、洞穴、古墓中的革命者被敌人活活烧死或熏死”等，其情境惨不忍睹。② 同时，各苏区逃往外地的土豪劣绅地主纷纷还乡，对人民群众进行疯狂的反攻倒算。他们没收苏区干部、红军家属的全部财产，追回被分掉的土地和粮食，凭土改前的租约“向佃农索取田租”；群众过去欠的债务，不分青红皂白一概强迫加利息还清，并将名目繁多的苛捐杂税强加在苏区群众头上。

福建各苏区此时笼罩在一片腥风血雨之中，其状况之惨烈，难以言表，霎时间成为人间地狱。大安失守后，敌人对闽北苏区采取“杀光、烧光、抢光”的“三光”政策，被敌人残杀的尸体堆积如山、无数村庄被烧成废墟。③ 据统计，这一时期，仅在闽西的永定县遭杀害的革命群众就达 2600 多人，被抓走壮丁、妇女、儿童达 2200 多人，饥寒交迫而死的群众达 3800 多人，无数民众背井离乡，被毁灭村庄 93 个、烧毁房屋 5731 间，被迫移民并村 105 个，被烧毁山林达 6700 多亩，被毁纸槽 200 多个，荒芜土地 10150 亩，被敌抢杀耕牛 4900 多头。④ 长汀在沦陷后三个月内，受摧残村庄 145 个，受破坏房屋 43933 间，被杀

① 《黄会聪关于闽粤边区两年余情况致陈云等转中共中央的报告》（1937 年 4 月 20 日），中国人民解放军历史资料丛书编审委员会：《南方三年游击战争・闽粤边游击区》，解放军出版社 1994 年版，第 198 页。

② 缪小宁著：《闽东苏维埃 1934》下，中共党史出版社 2014 年版，第 602～603 页。

③ 马长炎：《战斗在武夷山》，中共建阳地委党史办公室、福建省建阳地区文化局编：《战斗在闽北》，内部资料，1983 年，第 265 页。

④ 中共永定县委党史工作委员会编：《永定人民革命史》，厦门大学出版社 1989 年版，第 191～192 页。

害无辜群众 3237 人，流离失所的群众 4026 人，被卖妇女儿童 2428 人。四都楼子坝岐岭下自然村全村被血洗，仅一位 80 多岁的老人幸免于难；中璜村则被屠村，有生命迹象的东西都没有留下。[①] 在闽东，仅福安苏区被毁灭村庄 133 个，被杀害革命干部和群众 2519 人，因饥饿和迫害致死 29700 多人，被灭绝 5676 户，被烧被拆房屋 34911 间，被枪杀耕牛 715 头，其他被毁坏和掠夺的财物难以数计。[②] 国民党反动派的暴行举不胜举，罄竹难书。

(二) 国民党军队从"围剿"转向"清剿"

主力红军长征后，敌我力量对比已发生了实质性的变化，但由于暂时不清楚留守红军的数量，为避免被红军"诱敌深入，各个击破"，蒋介石对苏区仍采取逐步推进碉堡线，逐步缩小包围圈的"围剿"战略。1934 年 11 月，敌东路军攻克长汀、瑞金后，国民党中央社刊文指出："闽西剿匪军事即告完成，此后收复匪区善后由地方行政官办理，军队工作将全注重于修路、筑碉堡及肃清流窜之散匪。"[③] 11 月中旬，在发现主力红军行动意图后，蒋介石重新调整兵力部署，除抽调"围剿"中央苏区的西路军和北路军组成"追剿军"，重兵追堵中央红军主力外，留在苏区的军队则由"围剿"转为"清剿"。

1934 年 11 月 24 日，蒋介石下令，因"赣匪西窜五省军事告一段落，所有粤闽湘鄂剿匪军，东南西北各路军预备军战斗序列，着于十一月底取消"，并将闽赣两省划为统一的绥靖区，委任原北路军总司令顾祝同为驻赣绥靖公署主任，原东路军总司令蒋鼎文为驻闽绥靖公署主任。[④] 12 月初，蒋鼎文抵达漳州，在此设立驻闽绥靖公署。当时福建省被按地区划为第九至十二绥靖区：第五十六师师长刘和鼎为第九绥

---

① 赖雨声编著：《青山作证——四都人民革命简史》，汀新出（2011）内书第 008 号，第 37 页。

② 缪小宁著：《闽东苏维埃 1934》下，中共党史出版社 2014 年版，第 603～604 页。

③ 季啸风、沈友益主编：《中华民国史史料外编——前日本末次研究所情报资料》第 72 册，广西师范大学出版社 1997 年版，第 55 页。

④ 《蒋介石电令调整闽赣两省绥靖部署》（1934 年 11 月 24 日），中国人民解放军历史资料丛书编审委员会：《南方三年游击战争·闽东游击区》，解放军出版社 1993 年版，第 384 页。

靖区司令官，驻延平，负责闽北地区的“清剿”；原东路军第五路军总指挥卫立煌任第十绥靖区司令官、第十师师长李默庵任副司令官，驻龙岩，负责闽西地区的“清剿”；第九师师长李延年为第十一绥靖区司令官，驻泉州，负责闽南地区的“清剿”；第八十七师师长王敬久为第十二绥靖区司令官，驻福州，负责闽东地区的“清剿”。1935 年 1 月 27 日，蒋介石又训令，将赣闽第九至十二绥靖区改为驻闽第一至第四绥靖区。不久，驻闽绥靖公署又将福建绥靖区重新划分，但部队的部署基本没有大的变化，只是进行了小幅调整。

闽北苏区被分割为三个“绥靖区”：以崇安、建阳、建瓯、政和、松溪、浦城为第九绥靖区（1935 年 1 月改为第一绥靖区），光泽、邵武、顺昌、资溪、上饶、广丰、铅山、贵溪等被划入第七、八绥靖区，分别由刘和鼎、张钫、赵观涛任司令。其中，以第九绥靖区为主，刘和鼎所属各部以第五十六师负责浦城、建瓯、松溪、政和、沙县、尤溪一带“清剿”任务；新十一师负责攻打建阳黄坑，“肃清”建阳西北地区；第七十六师进驻邵武；独立第四十五旅向崇安推进。另有第五十七师、第二十一师、第十二师和闽浙赣保安团队等，集结闽浙赣边一线。总兵力约达 10 万人。1934 年 12 月，在蒋鼎文、顾祝同指挥下，三个绥靖区的国民党军同时发起了以攻占闽北苏区首府大安为总目标的全面“清剿”。①

原属中央苏区的闽西、闽西北被划为第十绥靖区（后改为第二绥靖区），是国民党“清剿”的重中之重。卫立煌、李默庵将部队部署在闽西的主要军事要地和交通要道沿线。以第三十六师仍驻连城、汀州一线；原负责江西瑞金防务的第十师调驻龙岩，所部分驻龙岩、小池、永溪、上杭、永定一线；以总预备军第三师从会昌调驻连城，师直属部队驻连城，第八旅驻文亨，第九旅驻龙冈；第八十三师师部及补充团驻大陶，二四七旅驻苦竹、大陶间，二四九旅驻姑田、湖口一线。②

---

① 中国人民解放军历史资料丛书编审委员会：《南方三年游击战争·闽北游击区》，解放军出版社 1993 年版，第 4 页。

② 《第十绥靖区“清剿”部署（摘录）》（1934 年 12 月），中国人民解放军历史资料丛书编审委员会：《南方三年游击战争·闽西游击区》，解放军出版社 1991 年版，第 554～555 页。

第四十五师驻防永安一带，第七十五师进驻武平，第五十二师负责归化、清流、宁化三县的“清剿”任务。① 1935 年 3 月，驻闽绥靖公署又以“本省匪情以第二绥靖区特为复杂”为由，为加快完成“清剿”计划，变更部署，令总预备军以主力协助“清剿”。第三师主力与第五十二师“会剿”宁洋、连城、长汀之线以北地区，由卫立煌直接指挥；第八十三师主力与第十师“会剿”宁洋、连城、长汀之线以南地区，由李默庵指挥。② 这些正规军及保安团、民团等地方反动武装共约 10 万之众，对留在闽西的红军和地方武装形成分割合围之势。

闽南被划为第十一绥靖区（后改为第三绥靖区），李延年任绥靖区司令。所部由第九师负责泉属地区的“清剿”，第八十师负责漳属地区的“清剿”。第九师师直属部队驻泉州、南安一带。第二十五旅各团分驻惠安、莆田、仙游、永泰各县。第二十六旅分驻同安、安溪、永春。第八十七师以补充团驻漳州，第四七六团驻长泰、漳州间，四七七团驻南靖，四七八团驻漳浦，四七九团驻海澄。③ 还有广东军阀邓龙光、李汉魂、沈东海部从广东方面配合向靖和浦、潮澄饶、云（霄）（平）和诏（安）地区“进剿”，对闽粤边革命根据地形成合击之势。

闽东被划为第十二绥靖区（后改为第四绥靖区）。1934 年 11 月，蒋介石委任王敬久为闽东绥靖区司令，并先后调集国民党新十师、八十七师、七十八师、四十师所属全部或部分，保安二、三、十一团等部，约 10 万之重兵，向闽东苏区“分兵合围”，在分块“清剿”的同时，重点进攻福安、连江苏区。王敬久先调第八十七师二五九旅开往连江丹阳，负责连江、罗源地区的“清剿”；调第八十七师二六一旅及保安特务团、保安第十一团等，负责古田、闽清及闽江流域的“清

① 《第十绥靖区“清剿”部署（摘录）》（1934 年 12 月），中国人民解放军历史资料丛书编审委员会：《南方三年游击战争・闽西游击区》，解放军出版社 1991 年版，第 553～554 页。

② 《第二绥靖区“清剿”部署（摘录）》（1935 年 3 月），中国人民解放军历史资料丛书编审委员会：《南方三年游击战争・闽西游击区》，解放军出版社 1991 年版，第 557～558 页。

③ 《第十绥靖区“清剿”部署（摘录）》（1934 年 12 月），中国人民解放军历史资料丛书编审委员会：《南方三年游击战争・闽西游击区》，解放军出版社 1991 年版，第 554 页。

剿”。年底，闽东改为第十二绥靖区，并发布对闽东十一县的“清剿”计划，对闽东地区的“清剿”作出全面部署。以新编第十师、第七十八师第四六五团、保安步兵三个团（第一、二、三团）、驻福鼎保安大队及清乡队等，负责对福安、福鼎、宁德、霞浦、寿宁五县的“清剿”；以第八十七师二六一旅、保安处特务团及县清乡队，负责对古田、闽清、屏南三县的“清剿”；以第八十七师二五九团、保安步兵第十一团及所属的县清乡队，负责对闽侯、连江、罗源三县的“清剿”。国民党福建省政府军事专家林知渊甚至在闽东召开“清剿”会议，准备用堡垒政策，构筑800座碉堡，从宁德至泰顺（浙江）沿途展开，以封锁和压制闽东红军游击队的活动范围。国民党新十师师长肖乾还要求南昌行营调派空军到闽东侦察轰炸，配合地面部队的“清剿”行动。同时，国民党海军也派出军舰封锁连江一带海域，占领鹤屿、夏宫等地，将沿海苏区分割成零星小块，企图将闽东红军一网打尽。①

与此同时，国民党当局从各方面加强其反动统治。在政治上，加紧建立统治机构，强化统治机器，实行高压的白色恐怖。将福建重新划分为十个行政区，各区设立专员公署和保安司令部。此外，全省设东西南北四个保安处，福州、泉州、闽江设警备司令部，戒备森严。各地成立县、区、乡镇三级农村复兴委员会。同时加强思想和文化控制。在思想方面继续推行“新生活运动”，企图消除民众的革命思想，“建立起三民主义的有系统的信仰”②。颁布《出版法》，对所有报刊进行重新登记审核，对所谓“捏造危词，攻击中央政府及省政府诸领袖的报刊，均予强令查禁”，剥夺人民的言论、出版自由。而在新占领区内，则以高压的手段强行灌输反动思想。在“清剿”区遍筑碉堡封锁线，严设检查关卡。进一步强化保甲制度，提出“肃清残匪首在组织民众”，“现行之保甲制度，规划最为良善”。在推行的同时，通令各部

---

① 中国人民解放军历史资料丛书编审委员会：《南方三年游击战争·闽东游击区》，解放军出版社1993年版，第4～5页。

② 《福建民报》1935年1月1日，转引自中共福建省委党史研究室著：《中共福建地方史（新民主主义革命时期）》（上），中央文献出版社1993年版，第563页。

队督饬协助，并派员帮同训练，以期速收成效。[①] 在收复地区组织临时清乡善后委员会，组织民团、还乡团、铲共团、义勇队、挨户团、暗杀团等配合军队“清剿”。敌人还采取“移民并村”的办法，强迫分散居住的群众全部集中到大村庄，在周围筑碉堡，派兵丁把守，妄图以此切断游击队与人民群众的联系，使红军游击队得不到群众接济和帮助，从而把游击队指战员饿死、困死在山上。

在经济上，加重对各界民众的剥削和压迫。依据《“剿匪”区内各省农村土地处理条例》的规定，组织县、区、乡镇三级“农村兴复委员会”，对已被红军分给农民的田地及其他不动产等，“一律以发还原主，确定其所有权为原则”[②] 进行处理。对红军家属的财产实行全部没收。过去群众所欠的债务，不分青红皂白一概强令加利息还清。各种苛捐杂税名目繁多。在此重压之下，小资产者纷纷破产。农民更是因缴钱粮之苦，四散逃亡。许多人被逼无奈，只得铤而走险，干起了土匪的营生。人民群众民不聊生，陷入极度贫困之境地。

在军事上，大肆扩大地方武装，以强化其镇压革命的实力。1935 年 1 月，驻闽绥靖公署命令“绥靖区及各行政专员，即将所在地未收编之民军部队，迅予招抚集中”，“择其实力较充实，份子较优秀者，予以收编，使之防卫地方”。将保甲内 18 岁以上、45 岁以下之男子编成壮丁队。在“清剿”行动中，共投入 30 多万陆军和地方保安部队，还动用海军和空军，联合从陆、海、空展开全面进攻。据《福建民报》载，当时国民党在闽部队破历史纪录，“除空军粤军地方团队不计外”，仍达 30 余万之多。[③] 国民党军采取分进合击、分区“清剿”、重点驻兵、“穿心斩线”等战术，妄图彻底消灭各地的红军游击队。

国民党方面种种迹象表明，更大规模的全面“清剿”即将展开。

① 《闽赣浙皖边区“清剿”总指挥部“清剿”工作经过详报》（1935 年 12 月），中国人民解放军历史资料丛书编审委员会：《南方三年游击战争·综合篇》，解放军出版社 1995 年版，第 1372 页。

② 《“剿匪”区内各省农村土地处理条例》，参见于建嵘主编：《中国农民问题研究资料汇编》第一卷下册，中国农民出版社 2007 年版，第 600 页。

③ 《福建民报》1935 年 1 月 1 日，转引自中共福建省委党史研究室著：《中共福建地方史（新民主主义革命时期）》（上），中央文献出版社 1993 年版，第 563 页。

第二章　向游击战争转变与粉碎国民党军队的“清剿”

在国民党军队大兵压境的险恶形势下，原中央苏区核心区域的福建、闽赣省领导未能适应形势进行战略转变，而是坚持保卫苏区的战略不变，仍然集中兵力作战，最后遭受灭顶之灾。而各游击区军民开展了灵活机动的游击战争来应对，为了寻求生存之道，保存有生力量，党组织领导红军游击队进行了艰苦卓绝的斗争，付出了巨大的损失和牺牲，终于粉碎了国民党军队的多次残酷“清剿”，度过了最为艰苦的1935年，保留下宝贵的革命火种。

一、苏区省级机关的解体与游击战争指示的贯彻

（一）福建、闽赣省级机关的解体

福建省级机关所在地长汀失陷后，中共福建省委、省苏维埃政府和福建军区及其所属的独立十九团、二十团共4000多人，转移到长汀西南部靠近江西的四都一带山区。这里山高林密，也是打游击的好地方。1934年11月间，省委书记、军区政治委员万永诚主持召开了省一级干部会议，所属县委及游击队负责人均参加会议。万永诚根据红十九团多次失利、力量削弱的情况，作出“干部编入游击队去建立独立领导，家属人员安排在群众家里保存以便利游击队行动”[①] 的决定，并

① 王坚著：《浴血归龙山：长征后福建省级机关和部队在闽西的艰苦抗争》，解放军出版社2011年版，第66页。

将部队和游击队进行整编，[①] 疏散了红军家属和伤病员。

1934 年底，中央分局委员张鼎丞根据毛泽东要他回闽西坚持和开展游击战争的指示，突破国民党军封锁线回到了长汀四都，并向万永诚介绍了中央苏区反“围剿”的不利形势，并建议放弃四都，赶紧分散力量打游击。但因为没有接到中央和分局的指示，万永诚对此意见没有重视，更不可能改变错误做法，而是坚持把福建军区所属的两个独立团和部分地方游击队，坚守在四都山区一带的狭小范围之内，不切实际地继续执行“保卫苏区、等待主力红军回头”的指示，仍旧采取苏区时期集中兵力打运动战的方针，期望能够靠打一两个歼灭战来扭转不利的局面，从而丧失了分散突围的最好时机。

1935 年 1 月，国民党宋希濂部第三十六师及闽赣两省的保安团，不断向四都推进，并形成包围之势。9 日，敌三十六师所部由东陂岗出发向四都迫近。红军与其激战两个小时，而后退往汤屋，依山据险进行阻击。16 日，红军与“进剿”之敌于东陂岗的严口、南坤、田背等地展开激战，但最后均失利，形势万分危急。万永诚仍未能准确判断形势，固执己见，带领部队固守四都，致使处处被动挨打。当时中央分局委员毛泽覃和福建军区后方留守处主任罗化成分别向万永诚提出建议：主动放弃四都，领导中心退到闽粤赣边的深山中去，将部队编成几个支队，转变硬拼的作战方式，分散四处袭击敌人，但这个正确意见未被采纳。四都山区被国民党军第三十六师、驻赣第八师及闽赣两省保安团包围进攻，省级机关率部进行了顽强阻击，但因力量过于悬殊，独立十九团和二十团先后被敌击溃，损失惨重。这时福建省委、

① 据老同志回忆，整编情况是：省委和军区大部分成员编入第一纵队，省保卫局长高寿康等编为第二纵队，把突围出来的宁化游击队和武平红十团分别编成一个纵队，还将新杭独立营改编为新汀杭游击纵队。随后，命令新汀杭游击纵队打回上杭、永定、连城一带；宁化游击队回清流、宁化一带活动；红十团在武平原地坚持，发展武平、会昌一带新区。第一纵队和第二纵队活动在四都周围的大山上。参见林板谱（攀阶）：《福建省军区在红军长征后的一些情况》，《福建党史通讯》1986 年第 12 期。但笔者对此存疑，这一说法只是孤证，或者时间比较靠后。

省苏维埃政府、军区机关及所属红军部队仅剩五六百人，① 不管是衣食住行还是武器弹药都处于极度困难的境地。

在这种万分危急的情况下，万永诚才不得不同意采取分散游击的办法，于4月上旬在腊口召开省委紧急会议，制订突围的计划，由万永诚与军区司令员龙腾云率一部向武平方向突围；毛泽覃率一部向瑞金方向突围；省苏主席吴必先率一部向长汀方向突围。随即，万永诚与龙腾云率福建省委、军区机关和部分武装突入武平，准备经武平绕过敌封锁线到饶和埔一带建立根据地。但此时想要突围为时已晚，敌军的封锁线基本构筑完毕，敌第八师进入武平后，完成官丰、乌鸦泊、半迳、板坑、余屋洞的碉堡封锁线，以两个团兵力扼守，并由邓坑头向黄泥塘一路搜索前进。敌三十六师主力沿四都、荣坑一线，进攻汤屋，保安第十四团钟绍葵部进抵中坪、苦竹一线。6日，敌另以四十三、四十八两个团由乌鸦泊进至鸡竹、水坑、麻布坪、坑山头一线，配合敌三十六师部队和保安团进行"搜剿"。敌军的包围圈已经最后形成。

10日，当万永诚、龙腾云等率部转移到达武平、会昌交界的梅子坝山区时，遭到国民党军第八师陶峙岳部包围。红军指战员辗转战斗，早已疲惫不堪，万永诚两腿浮肿，勉力指挥作战。经过一个昼夜血战，万永诚、龙腾云、吴楚云及大部分指战员壮烈牺牲。② 毛泽覃所率一部，突围至江西会昌田心附近时遭到敌人阻击，部队被打散。毛泽覃收集余部十余人转入瑞金黄膳口的山中时，又遭到国民党第二十四师的包围袭击，毛泽覃在突围中英勇牺牲。③ 吴必先率领的一部突围到长汀濯田鸡冠峰时，与国民党第三十六师所部遭遇，只得分散突围，吴

① 剩余人数有不同说法，有的认为仅剩100多人，参见中共龙岩地委党史研究室等编：《闽西三年游击战争史》，鹭江出版社1993年版，第29页。此处采用观点见中共长汀县委党史工作委员会：《长汀人民革命史》，厦门大学出版社1990年版，第209页。

② 《国民党军第八师在瑞会汀武间"清剿"战斗详报》（1935年5月），中国人民解放军历史资料丛书编审委员会：《南方三年游击战争·闽西游击区》，解放军出版社1991年版，第563～564页。

③ 刘仁荣：《毛泽覃》，中共党史人物研究会编：《中共党史人物传》第3卷，陕西人民出版社1981年版，第330页。

必先、罗化成不幸被捕。后吴必先被解往江西九江遭杀害，罗化成、梁国斌在押回长汀途中机智逃脱。至此，苏区福建省委、省苏维埃政府、军区机关及其所属部队全部解体。

与此同时，中共闽赣省委、省苏维埃政府、闽赣军区及所属部队于1934年12月从宁化县城撤出，先后迁驻宁化泉上、归化枫溪、宁化安远等地。鉴于红军长征后的新形势，闽赣省委、省苏维埃政府、军区于1935年1月召开紧急会议，将省委、省苏维埃政府和省工会机关人员统一整编为省委工作团，部队编为独立十七、十八团，以便于指挥和行动。但仍然没有实现战略方针的转变，无法摆脱原来“保卫闽赣苏区，配合主力红军，粉碎敌人的五次‘围剿’”① 斗争方针的束缚，仍是集中行动。1月，中共中央分局决定调钟循仁任闽赣省委书记。2月间，省委工作团和军区机关率主力部队转战于闽赣两省的宁化、彭湃、建宁、归化、石城、广昌、清流等地，开展游击战争。

因为机关和部队没有分散，所以始终处于国民党军队的追击和围攻之中。2月，省委工作团转战到归化盖洋、向叶、夏坊、水口一带时，与国民党军第三十六师遭遇，双方发生激战。后往泰宁撤退，在龙安附近又遭到国民党军第五十二师截击。3月间，在归化枫溪与敌发生遭遇战后，转入归化、泰宁、将乐交界的龙栖山坚持斗争。此期间，部队遭到国民党五十六师和七十五师的围攻，遭受较大伤亡。

3月，转移到将乐境内时，省委收到中央指示，要求“闽赣要独立自主地坚持斗争”，中央表示此后将不能再用电报与闽赣省联系。于是省委、军区马上召开会议进行了传达。会后，部队又辗转于顺昌、南平、沙县、将乐、归化、清流、永安之间。此时，国民党军队的包围圈日益缩小，部队屡遭伏击，损失很大，处境已十分艰难。独立十二团在归化县城附近遭国民党军队围攻，在向北撤退后失去联系，第十七、十八团在清流山背遭到国民党五十二师的伏击，伤亡惨重。

随着形势的不断恶化，闽赣军区司令员宋清泉、政治部主任彭祜、

① 《闽赣省委、军区接受中央、军委指示的决议》（1934年11月26日），福建省三明、建阳档案馆等编：《闽赣苏区文件资料选编》，内部资料，1983年，第221页。

参谋长胥江汉等人，对革命前途悲观失望，思想上产生动摇。又由于闽赣战区长期处于战争状态，对党的建设有所忽视，加上推行“左”的政策和做法，积累了一些矛盾。而且时任省委书记钟循仁、省苏维埃政府主席杨道明刚到任不久，尚未建立威信和影响，所以造成“枪指挥党”的局面，军区几位主要负责人排挤甚至对抗省委领导，悲剧由此酿成。在军区几位动摇分子的影响下，部队脱离老根据地，向闽中、闽南地区转移。4 月，在转移途中，省委将机关人员和部队 600 多人合编为闽赣新编第一团。

5 月上旬，闽赣省级机关及所部转到尤溪、永泰、德化、仙游交界的紫山一带，被得知消息的仙游、德化民团所包围。面对危急形势，省委在紫山召开有指导员、党团书记以上干部共 40 多人参加的党团扩大会议，研究下一步行动对策。会上，省委书记钟循仁提出将部队转向闽西的主张，但遭到宋清泉、彭祜、胥江汉等人的坚决反对，会议未作出任何决定，而宋清泉等人已经产生叛变投敌的念头。5 月 8 日，三人经过密谋后，背着省委、省苏维埃政府领导人，采取欺骗手段，秘密将部队分两批拉下紫山，与在仙游的国民党第四区行政督察专员公署接头，公然投敌叛变。可惜 600 余名的指战员受蒙蔽，被国民党第九师全部缴械收押。[①] 钟循仁和杨道明获悉情况后，只得率剩余 20 多人突围。后钟循仁、杨道明隐姓埋名遁入深山寺院才得以幸存。至此，中共闽赣省委、省苏、军区机关及部队全部解体。

这些省级机关及红军有生力量的解体，特别是大量干部的牺牲，对于游击战争的开展是一个巨大损失。可见，由于受“左”的影响和各种束缚，红军向游击战争的转变是十分艰难的，甚至付出了血的代价。

（二）贯彻中央和分局游击战争指示

1934 年 10 月，经过共产国际的同意，党中央和中央红军主力为准

① 闽赣革命根据地党史资料征集编研协作领导小组编：《闽赣省党史资料（初稿）》，内部资料，1986 年，第 20 页。

备退出中央苏区，实行战略大转移，决定另外设立中央分局和中华苏维埃共和国中央政府办事处以及中央军区，作为中央苏区的留守机关，继续领导中央苏区的革命斗争。中央分局由项英、瞿秋白、陈毅、陈潭秋、贺昌等为委员组成。由项英任中央分局书记、中央军区司令员兼政治委员，陈毅任中央政府办事处主任，梁柏台任副主任，贺昌任中央军区政治部主任，统一领导中央根据地、闽浙赣根据地（包括闽北根据地）的党政军工作。同时留下红军第二十四师及地方武装。

中央对中央分局的行动方针和基本任务作出原则规定，指出：中央苏区党的一切组织，在保卫苏区的总方针下，各种工作所环绕的基本任务就是要发动广泛的游击战争，来反对敌人的进攻与保卫苏区，而“游击战争应该并且必须成为目前战斗的主要方式”。因此，苏区的主力红军及地方独立团、独立营，不是与敌人进行依托阵地的硬拼，而应该是发挥主力部队与独立团、营的培植、发展、辅助作用，团结地方游击队和群众武装在主力红军周围，充实自己的武装与弹药，配合主力红军开展游击战争。在组织形式上，要求把党的领导机关变成为精悍的有工作能力的机关，“被敌占领的游击区域的党的领导机关，应该立即转入游击区域去组织游击队，发动游击战争”①。

当时在中央苏区留下来坚持的红军部队主要有红二十四师、独立团和地方游击队等共约1.6万余人，再加上各级党政机关干部、工作人员和红军伤病员，共有3万余人。中央赋予的任务是掩护主力红军转移，更好地保卫中央革命根据地，积极开展游击战争，设法扰乱国民党军的进攻，以准备在将来有利的条件下，配合红军主力进行反攻，恢复和扩大中央革命根据地。中革军委考虑到留守红军难以固守原区域，于是指示中央军区，将瑞金、会昌、于都、宁都四个县域范围“划为最基本的地区和最后坚持的阵地”②。

---

① 《中国共产党中央委员会给中央分局的训令——红军主力突围转移，中央苏区广泛发展游击队战争》（1934年10月8日），中共中央文献研究室、中央档案馆编：《建党以来重要文献选编（1921—1949）》第11册，中央文献出版社2011年版，第574～576页。

② 项英：《三年来坚持的游击战争》（1937年12月7日），中国人民解放军历史资料丛书编审委员会：《南方三年游击战争·综合篇》，解放军出版社1995年版，第487页。

尽管苏区领导层对于面临的严峻形势和开展群众性的游击战争的需求，已基本上形成一种共识，但对于如何真正开展游击战争而且是长期的游击战争，当时的中央分局领导人还是没有清醒认识，所以只是停留在一般的号召层面，也缺乏明确而具体的措施。项英在发表的文章中，虽然提出“必须动员全苏区的工农群众，不论男子、女子、老年人、小孩子，都要鼓动他们加入游击队伍，发展最广泛的群众游击战争”[①]，但将重点放在了动员工农群众组织和武装起来，开展群众性的游击战争，配合红军部队遏制敌人，保卫苏区上，而对如何开展游击战争则甚少提及。不过当时在党组织能够控制的地区大都组织起群众性的游击队或游击小组，在闽赣（汀瑞）边地区还分别建立了瑞金、瑞西、兆征等县游击司令部，统辖群众游击武装。

根据形势变化，中央分局对地方工作和游击队的组建等作出部署，以绵江河为界，把汀瑞边游击区划分为河西、河东两个作战区。河西游击区辖于都宽田，瑞金木瓜、九堡，宁都黄石贯等地，由中央分局直接领导；河东游击区辖瑞金武阳、壬田及长汀古城、四都、濯田等地，由福建军区领导。为加强对游击战争的领导，1934 年 11 月，由福建军区主持，将瑞金县的桃阳区和兆征县的古城区合并，成立桃古区委和桃古区游击队，游击队共有队员 100 余人。[②] 原兆征县苏维埃政府主席彭胜标担任区委书记兼游击队政治委员，胡荣佳担任区委副书记兼游击队司令员，游击队主要活动在汀瑞边的陶朱、古城、四都一带。

中央分局决定积极建立和健全各地军分区和党的特委组织，加强各个作战分区的独立团的建设。为加强瑞金、瑞西、西江等县的领导，1935 年 1 月，根据中央分局的决定，成立中共瑞西特委，调时任中共闽赣省委书记的赖昌祚任特委书记。同时成立瑞西军分区，由曾担任红军团长的刘连标任司令员、曾担任瑞金县委书记的杨世珠（后叛变）为政治委员，瑞西军分区统一指挥瑞金、瑞西、西江等县的独立营。

---

① 项英：《开展广泛的群众游击战争，保卫中央苏区》（1934 年 10 月 18 日），中国人民解放军历史资料丛书编审委员会：《南方三年游击战争·综合篇》，解放军出版社 1995 年版，第 169 页。

② 彭胜标：《龙归大海，腾跃闽赣》，《福建党史月刊》2007 年第 9 期。

此外，各区、乡成立了区游击大队和乡游击队。

此时，福建省委、省苏维埃政府及军区转移到长汀四都山区坚持斗争，部分武装转移到瑞金、会昌两县边境地区活动。为适应斗争需要，省委决定成立中央汀瑞会县委和县游击司令部，由谢炳煌任县委书记兼县游击司令部政治委员，由曾任福建军区动员武装部部长、司令部通讯主任的张开荆任司令员，周佳生任参谋长。同时组建了县独立营，全营约300余人。由游击司令部统一指挥县独立营和游击队，活动在长汀、瑞金、会昌等县边境，开展游击战争。

实际上领导机关还是对形势作了过于乐观的估计，忽略了地方游击队和群众武装的建设，在斗争方式上基本延续原来苏区的一套做法，虽然放弃了同敌人死打硬拼的阵地战，但仍采用大兵团作战方式，将伤病员编入主力部队，充实红二十四师，甚至为组建独立团而不惜削弱地方游击队。①

但严酷的现实，使中央分局领导人逐渐意识到再不能照老办法坚持下去了。在未能得到中央指示的情况下，中央分局于12月中下旬召开会议，研究对策。陈毅等人提出应迅速转变指导思想，采取新的行动方针，紧紧依靠广大人民群众，开展广泛的游击战争，坚决粉碎敌人“清剿”的设想。会议提出了“独立自主坚持游击战争”的方针，开始注意由正规战向游击战的转变。随后中央军区政治部发出通知，要求在干部中加强对中央给中央分局的训令进行详细的讨论，进行广泛的政治动员，解释了野战军出动（即长征）的原因和行动方针，号召苏区军民开展游击战争，强调中央苏区党的基本任务，是“发展广大的游击战争”，“坚强的有毅力的继续发动和领导群众进行游击战争”。② 12月29日，项英在瑞西县和瑞金县活动分子会议上作报告，提出“领导游击战争是党当前的唯一中心任务”，“不仅要积极从政治上动员广大群众参加游击战争，还要依靠游击队赤少队的积极行动，

① 阎景堂主编：《南方三年游击战争史》，解放军出版社1997年版，第25页。

② 《中共中央给中央分局训令的讨论提纲》（1934年12月25日），中国人民解放军历史资料丛书编审委员会：《南方三年游击战争·综合篇》，解放军出版社1995年版，第212～213页。

（在）不断的战斗与胜利中提高群众参加游击战争的热情，去吸收本地及其周围的广大群众来加入游击队与参加游击战争中各种工作”。① 他还对不同地区提出不同的要求，在敌人后方，就要积极发展游击战争，阻击和吸引敌人，支援苏区反“围剿”斗争；在敌占区，则应加强秘密工作，来配合游击战争。要求每个地区保持一个武装基干部队，以作为开展游击战争的中心力量，扩大独立营和区游击队。加强党的领导与模范作用，党政机关负责人随部队行动，以加强对游击战争的领导，党的支部应成为乡的游击战争的指导者与领导者，使每个党员来动员群众、领导群众参加游击战争。同时他也对开展游击战争作出具体部署，如派原福建省苏维埃政府主席张鼎丞回闽西龙岩、永定、上杭地区，领导游击战争。但总的来看，这仍不是彻底的转变，“游击战争在各地还没有大的开展，分兵把口的现象普遍，游击队巩固工作差，动员与领导群众参加游击战更差”。为此开展了反退却逃跑的斗争，并“以大的力量去整理和巩固各游击战队，把群众的游击战争实际开展起来”。② 可见这基本还是苏区时期的一套做法，即以主力部队为主，而配合以游击队，而不是将主力部队也分散转入游击战状态。这种转变还是需要一个过程，因为原来养成的正规战、运动战的习惯还在发挥影响，即使领导层认识已经发生转变，贯彻到部队也还有差距，还需要时间。

面对国民党优势兵力的“进剿”，中央分局和中央军区的主要领导人项英，坚持原来的方针不变，特别是在久未得到中央指示的情况下，不能从实际情况出发，而是犹豫不决，未能根据变化了的形势迅速实行战略转变，开展游击战争，而是继续阵地防御战，同国民党军队死打硬拼，使红军游击队受到严重损失，让留守苏区的形势更为艰难。

---

① 《目前敌人“清剿”形势与党的紧急任务——项英同志在瑞金两县活动分子会上的报告》（1934 年 12 月 29 日），中国人民解放军历史资料丛书编审委员会：《南方三年游击战争·综合篇》，解放军出版社 1995 年版，第 229～231 页。

② 《项英关于中央苏区情况给朱德、周恩来、秦邦宪的报告》（1934 年 12 月 28 日），中国人民解放军历史资料丛书编审委员会：《南方三年游击战争·综合篇》，解放军出版社 1995 年版，第 222 页。

1935年遵义会议确立毛泽东在中共中央和红军中的领导地位，实现了伟大转折。正在长征途中的中共中央根据转变的战略方针，先后两次致电留守的中央分局，前电指示：“立即改变你们的组织方式与斗争方式，使与游击战争的环境相适合。”① 后电又指出：“中区全党面前的任务是坚持游击战争，是动员广大群众用游击战争坚忍的、顽强的反对敌人的堡垒主义与‘清剿’政策。”着重申明要中央分局改变原有的组织方式和斗争方式，把独立团营进行整编，都以小游击队的形式出现，以便有计划地分散行动。要求彻底改变斗争方式，就是由原来苏区一套方式尽快转变为游击区的方式，特别是加强秘密工作，将它与游击战争联系起来，熟练掌握占领山地、灵活机动、伏击袭击、出奇制胜这些游击战争的基本原则。同时根据这些游击区与党中央和上级组织联系容易中断的实际情况，提出要“极大的给以地方党及游击部队以独立领导权，并培养他们这种能力，即使长期隔断，也要能独立存在”②。中央这些指示，对原中央苏区及其他各块苏区实现向游击战争战略的转变和游击战争的开展与坚持，起到了非常关键的指导作用。

根据中央指示，中央分局决定将红二十四师等部队和机关工作人员分散到中央根据地及其邻近地区开展游击战争，实现由正规战向游击战的转变。3月，中央分局和少数部队实施九路突围的计划，拟分别往赣粤边、闽西和闽赣边地区分散转移，然后会同当地武装转入游击战争。其中一路是由少共中央分局书记李才莲率原福建军区所辖独立第七团，计划由会昌穿过敌人封锁线，经汀瑞边转到原闽赣军区（建宁地区）进行游击战争；另一路是由分局委员陈潭秋和原福建军区政治委员谭震林率红二十四师的四个连，准备到闽西与先行回到闽西南

① 《中央书记处关于中央苏区及其邻近苏区坚持游击战争给项英等的指示》（1935年2月5日），中共中央文献研究室、中央档案馆编：《建党以来重要文献选编（1921—1949）》第12册，中央文献出版社2011年版，第46页。

② 《中共中央关于坚持游击战争给中央分局的电报》（1935年2月13日），中共中央文献研究室、中央档案馆编：《建党以来重要文献选编（1921—1949）》第12册，中央文献出版社2011年版，第85～87页。

的张鼎丞等部会合，然后在闽粤边坚持游击战争。但由于行动时机已失，突围部队陷入重重包围之中，除少数突出重围外，大部分都壮烈牺牲，未能实现原来的计划。

而张鼎丞因为突围比较早，比较顺利地回到闽西。此前中央决定让他留在苏区坚持游击战争。毛泽东对他非常了解，也看重他作为闽西群众领袖在当地的威望，对他说："鼎丞同志，将来你还是回到闽西去吧，那里你熟悉，可以坚持，可以发展。"① 于是张鼎丞向项英、陈毅提出回闽西打游击的要求，得到同意后兼程赶回闽西。12 月初，张鼎丞抵达长汀四都，此时福建省委、省苏维埃政府都已经撤到这里。他在劝说省委书记万永诚赶紧分散力量打游击的意见未被接受后，提出回岩永杭地区坚持。张鼎丞被委任为省委特派员，但这只是一个空头衔，省委连一个人、一支枪也没有拨给他。张鼎丞只得另想办法，通过省苏维埃政府武装动员部部长罗化成，找到了范乐春、刘永生、陈茂辉、简载文、温仰春等人，并从永定留在汀州的难民中动员了一些人，组成一支十几人的小分队，从红军修械所拣了八支修过的步枪和几十颗土造手榴弹，昼伏夜行，冲破敌人的重重封锁线，向岩永杭地区进发。一路上，张鼎丞的影响和作用充分显现出来，在长汀县南部的南山岭，张鼎丞向聚集在这里的长汀、连城等县苏维埃政府的干部和赤卫队武装二三百人，如实介绍了主力红军已经向西转移的情况，耐心劝导他们要立即根据新形势，转变斗争的策略，迅速分散打游击，以保存革命力量。干部们听从了张鼎丞的话，带领队伍迅速回到各县境内山区。在上杭的岩下山，他们找到了由钟辉元、涂坤荣领导的上杭游击大队。然后在游击大队的护送下，到达双髻山地区，与在这里坚持斗争的代英县苏维埃政府领导干部廖海涛及黄火星、蓝荣玉等和代英县独立营会合。张鼎丞向他们传达了中央分局要他回到岩永杭地区坚持游击战争的指示和毛泽东的建议，并指出：形势确实很严重，但是只要我们适应新形势，改变硬打硬拼的错误做法，采取过去毛泽东教给我们的那一套灵活斗争方法，去同强大的敌人打游击，我们不

① 张鼎丞：《中国共产党创建闽西革命根据地》，福建人民出版社 1982 年版，第 66 页。

但能生存，而且一定能发展壮大，直到最后取得胜利。[①] 在这里稍作休整后，张鼎丞把廖海涛、钟辉元等干部及游击队一起带往永定。张鼎丞对分局指示的传达和在群众中的威望，使坚持斗争的地方组织和游击队负责人接受了这些意见，较快地转变到游击战争状态。

二、各根据地向游击战争的战略转变

（一）闽西南军政委员会的成立与战略转变

从正规战向游击战的转变需要一个过程。因循苏区时期运动战的传统，当时许多留下来的红军部队习惯于单纯军事行动，善于打仗，却不善于做群众工作。在战术上善于强攻硬打，猛打猛冲，而不善于避强击弱，避实击虚，不善于与敌人“兜圈子”，开展机动灵活的游击战。特别是注重流动游击，而“忽视游击基点和游击根据地的逐步建立”[②]。正因为如此，转入游击战争初期的红军部队极为被动，遭受严重损失。在不利形势下，各块根据地被迫实现向游击战的战略转变。由于各游击区长期被国民党军分割包围，相互难以联系，又与党中央及上级组织失去联系，所以福建各块游击区都是依靠自己的力量，实现这种战略转变的。

1934 年 12 月底，张鼎丞抵达永定古木督，与永定县委、县苏维埃政府负责人会合。了解当地情况后，张鼎丞召集代英和永定县委、县苏维埃政府及两县独立营负责人在永定金砂卓坑源开会，商量对策。张鼎丞指出：要发动群众，组织群众，广泛开展游击战争，有效地打击敌人消灭敌人。1935 年 1 月中旬，张鼎丞回到家乡永定金砂后首先向永定县委、县苏维埃政府负责人建议，把干部和游击队集中到合溪调吴学习、整训。在整训期间，张鼎丞向大家介绍了形势和政策，特

① 陈茂辉：《共擎南方一角天》，《张鼎丞传》编纂委员会编：《回忆张鼎丞》，福建人民出版社 1991 年版，第 132 页。

② 张鼎丞、邓子恢、谭震林：《闽西三年游击战争》，中国人民解放军历史资料丛书编审委员会：《南方三年游击战争·闽西游击区》，解放军出版社 1991 年版，第 321 页。

别着重讲解了如何开展游击战争，指出：不能消极地藏山，应该积极地做群众工作，既要保存力量，又要消灭敌人。在战术上，要采取游击战争的方针，声东击西，神出鬼没地打击敌人。不要局限在一个狭小的山区，要多走几个地方，使敌人首尾不能相顾，疲于奔命。① 并告诫大家要作好坚持长期游击战争的准备。实践证明，这一指示和做法是非常有远见，也是十分必要的。

张鼎丞还通过永定县委、县苏政府发动群众做草鞋、冬衣，并筹集大量粮食，解决游击队冬衣和部分给养，然后把游击队派回到各自地区开展游击战争。后来上杭双髻山地区成为闽西南军政委员会掌握的基本地区和重要的游击根据地。

在当时的环境下，各块根据地都处于被分割的状态，各游击队也是各自为战，没有统一的领导。张鼎丞认为这对游击战争的开展非常不利，必须尽快与各游击区和游击队建立联系，尽快传达中央的指示精神，以利于开展游击战争。1 月下旬，他首先派中共永定县委书记郭义为到龙岩县白土后田村找到红八团，向红八团领导和龙岩县委通报中央主力红军转移的情况和张鼎丞回到永定的消息，并传达了关于独立自主坚持游击战争的指示。正处于游击战争状态的红八团指战员得到这一消息后非常高兴，随后在进行的朗车整训中及时贯彻了中央分局及张鼎丞关于开展游击战争的指示精神，使这次整训取得更大效果。

此时，活动在岩连宁一带的红九团和明光独立营，为避开优势敌军的进攻、保存有生力量，也向龙岩方向转移。方方得知张鼎丞回永定的消息后，便捎信给张鼎丞。张鼎丞派郭义为前往慰问，并要红九团转移到永定金砂休整。于是红九团及时向永定溪南地区开进，于 2 月中旬抵达金砂，与张鼎丞等会合。

1935 年 2 月下旬，邓子恢和瞿秋白、何叔衡等在福建省委保卫队护送下，由长汀四都向永定转移。在长汀濯田区露潭附近渡过汀江，

① 陈茂辉：《怀念廖海涛烈士》，参见福建人民出版社编：《风展红旗·革命回忆录丛刊》第 2 辑，福建人民出版社 1983 年版，第 136 页。

当转移到山区水口附近的小迳村时，行踪被钟绍葵的保安十四团获知，被国民党军队追击包围，何叔衡在战斗中牺牲，瞿秋白被捕（后来在长汀遭杀害），只有邓子恢及少数战士突出重围，回到四都。此时正好陈潭秋、谭震林率领的红二十四师一个营准备突围到永定与张鼎丞会合，邓子恢便随部一起行动。一路上受到国民党军数次截击，在强渡汀江和经过涂坊等地时均发生激烈战斗，指战员付出很大牺牲，终于突破封锁经南阳进入上杭县境。在汀江支流旧县河边的石圳潭再次与敌人遭遇，部队分成两部分行动，陈潭秋和温仰春率一部经上杭天门岭、黄螺地向永定行进；邓子恢和谭震林率一部翻越双髻山到永定。经过艰难跋涉，两支部队到达永定大阜山，与张鼎丞及红八团、红九团会师。

这期间，不管是领导干部还是红军指战员，都亲身体会到当时苏区形势的严峻，面临着能不能打破国民党军队的“清剿”，从而保存自己、坚持斗争的现实考验，认识到必须实现统一领导，尽快转变方针策略。4 月，陈潭秋以中央分局代表的名义，在永定县赤寨村召开了闽西南党的领导干部会议，即闽西南军政委员会第一次会议。陈潭秋提出：根据苏区形势变化和党中央在遵义会议后的电报指示，留在中央苏区的红军游击队要转变战略，不应再搞大兵团作战，而应就近分散坚持开展游击战争。陈潭秋曾在闽西工作过，担任过福建省委书记，对闽西苏区干部群众非常了解，充满信心，指出要充分认识和相信苏区广大干部群众，经过长期土地革命斗争的锻炼和考验，只要依靠干部群众是能够克服任何困难的。闽西南地区有张鼎丞、邓子恢等一大批与群众血肉相连，有较高威望的地方领导干部，又有经过战火洗礼与考验的红军游击队，再加上闽西南地区山高林密的地形优势，党和红军游击队一定能够坚持游击斗争，一定能够保存和发展自己，消灭敌人，收复失地，直到最后胜利。①

---

① 温仰春：《谈闽西南地区红军三年游击战争的情况》，参见温仰春：《跟随张鼎丞打游击》，中国人民解放军历史资料丛书编审委员会：《南方三年游击战争·闽西游击区》，解放军出版社 1991 年版，第 421 页。又见蒋伯英著：《闽西革命根据地史》，福建人民出版社 1988 年版，第 309 页。

面对复杂局势，与会人员纷纷发表意见，虽然有的人对苏区的整个形势还不太清楚，但陈潭秋的意见得到一致赞同，最后确定了党在闽西南斗争的基本战略方针和任务，就是“开展广泛的、灵活的、群众性的、胜利的游击战争。在军事上粉碎敌人‘清剿’，保存有生力量，锻炼现有部队；在政治上保持党的旗帜，保持党与群众的密切联系；在组织上保持党的纯洁性、战斗性，保持各地领导骨干安全与团结”①。广泛的，就是指不限范围、不限地区、不限部队的游击战争，不管是山区还是平原，不管是正规红军还是游击队，都可以进行游击战争，而且是依靠已有地区，不断发展新区，达到烽烟遍地，使敌人穷于应付，疲于奔命，从而形成有利于红军游击队的机会和形势；灵活的，就是指在游击战争的战术方面，红军游击队的行动是飘忽不定，神出鬼没，时而活动，时而隐蔽，时而集中，时而分散，声东击西，使敌人难以捉摸，从而使红军游击队时时处于主动地位；群众性的，就是指使游击战争不限于正规部队的军事活动，而是协同地方党组织，发挥领导广大群众斗争的作用，为群众撑腰，发动群众从利用合法斗争转到非法斗争、从和平斗争转到武装斗争，从依靠游击小组的秘密活动转到游击队的公开活动，实现参与群众的广泛性，达到游击队军事活动与群众斗争相结合，群众大力支持游击队，从多方面牵制和打击敌人，使红军游击队自身力量得以保存并发展壮大；胜利的，就是指奉行毛泽东总结探索形成的游击战略战术的一整套作战原则，做到知己知彼，敌情不明不轻易行动，不打无胜利把握之仗，即使有胜利把握但会造成自身伤亡过大的仗也不打。会议正确地分析了当时的形势，制订了开展游击战争的正确方针与任务，实现了战略战术上的转变，使红军游击队掌握了主动权，局势逐渐稳定下来。

会议根据陈潭秋提议，对闽西军政委员会领导机关进行扩充，改称为闽西南军政委员会，经过选举，张鼎丞任主席，邓子恢任财政部长兼民运部长，谭震林任军事部长，郭义为任党务部长，朱森任参谋

---

① 张鼎丞、邓子恢、谭震林：《闽西三年游击战争》，中国人民解放军历史资料丛书编审委员会：《南方三年游击战争·闽西游击区》，解放军出版社 1991 年版，第 324 页。

长，方方任政治部主任。同时成立永定、永东、（上）杭代（英）、龙岩、新（泉）（长）汀（上）杭五个县委，分别由范钦洪、马发贤、廖海涛、魏金水、钟辉元任县委书记。为适应游击战争需要，会议决定把闽西南地区划分为三个作战分区：明光独立营到岩连宁边，由方方、罗忠毅组织第一分区；红九团到饶和埔边，由吴胜、谢育才组织第二分区；以红八团向龙漳边活动，由邱金声、邱织云组织第三分区，加派简载文参加领导。当时队伍及各县独立营共约1500人。军政委员会还决定几位领导人分散活动，谭震林到杭代，张鼎丞留在永定，邓子恢和郭义为到永东金丰大山一带[①]。这样既可以互相联络，加强对各地工作的领导，又避免了领导人集中于一地容易造成不必要损失的危险。闽西南军政委员会的成立，实现了对这一地区的统一领导，改变了过去各自为战的状态，为以后红军游击队长期坚持游击战争奠定了基础。

在闽赣边，福建省委、省苏维埃政府、军区机关解体后，瑞会县游击队在汀瑞交界山区被国民党打散，只剩下张开荆、周桂生、张志辉等八人在岭背山一带山区坚持斗争。到5月间，有瑞西特委领导人赖昌祚、钟德胜率领的瑞金游击队30余人在观音崇山区；刘国兴率领的武阳区游击队20多人在武阳的猪坑一带；张悌率领的兆征县游击队和彭胜标、胡荣佳领导的桃古区游击队30多人在长汀猪仔崇山区，各自单独坚持游击战争。5月上旬，瑞西特委在汀瑞边境的长汀丝茅坪召开干部会议，提出必须根据变化了的情况及时转变工作方式和斗争方式，采取分散的群众的游击战争方式，制定了“保存力量，分散活动”的正确方针，使各游击队实现了战略转变。

（二）闽北独立师整编与战略转变

从1933年9月开始，国民党对中央苏区发动第五次“围剿”，国民

---

① 《方方关于闽西南斗争和工作状况给中共中央的报告》（1937年6月），中国人民解放军历史资料丛书编审委员会：《南方三年游击战争·闽西游击区》，解放军出版社1991年版，第232页。

党军队很快占领黎川、光泽，建成从江西南城经黎川、光泽至福建邵武、顺昌、南平的封锁线。于是闽北苏区同中央苏区的联系又被割断，闽北分区重归闽浙赣省管辖。在敌人的进攻下，闽北苏区也不断被蚕食，邵武、光泽大片苏区丧失，闽北苏区首府崇安随之陷落。在这种情况下，以黄道为代表的大多数干部认为大敌当前，不应与敌人硬拼，主张避实击虚，实行战略转变，开展游击战争，相机打击敌人，以争取战争的主动权。于是，闽北开始独立自主地转入游击战争。当五十八团回到闽北后，黄道即命黄立贵带领小股部队深入建松政地区作开辟新区的尝试。1934 年 7 月，驻闽北的国民党军换防，中央红军组成的北上抗日先遣队途经闽北苏区，黄道抓住时机，又命黄立贵、陈一率领五十八团和闽北工作团共 800 余人，再次挺进建松政地区，连克水吉、浦城、上饶、铅山等重要集镇，开辟了建松政新区。此外，闽北红军独立一团、二团在各地游击队的配合下，也积极向敌后运动，在光泽、建阳、浦城、上饶、铅山等地袭扰敌人的后方，取得明显的战果。这些行动，已经对游击战的开展提前作好了准备。

1934 年 12 月，国民党军队加快向大安推进，从铅山和崇安南北两个方向发起钳形进攻，企图一举消灭闽北苏区的党政机关。闽北分区委在开始时对敌人的“围剿”重视不够，对如何应对准备不足，仍然采取死守硬拼的办法，以堡垒对堡垒，部队受到很大损失。

战斗期间，中共闽北分区委召开紧急会议。分区委书记兼军分区政委黄道提出，在中央主力红军已经长征，敌军大兵压境，敌我力量对比过于悬殊，且闽北苏区的范围已大为缩小，没有大片巩固的根据地可作为依托的情况下，继续死守大安是极为不利的，必须改变作战方针，开展游击战争。但闽北军分区司令员李德胜及一小部分人，仍然坚持原来的观点和办法，坚决要“分兵把口”、“以红色堡垒对白色堡垒”，甚至提出要与敌人进行所谓“决战”。经过激烈争论，会议最后由黄道综合多数同志意见，作出以下决定：一是闽北党政军领导机关及所属单位撤出大安，在原苏区范围内坚持游击战争。二是撤退已公开身份的干部，建立秘密的党组织和交通联络网，继续领导群众斗争。三是加强四渡桥阵地的防守力量，在阻击国民党军正面进攻的同时，通知各主力团和游击队在大安外围牵制国民党军，以保证领导机关的安全转移。四是各县、区从实际情况出发，改变领导方式，各县、区分别成立独立团（营）和游击队，就地坚持游击战争。①

在指战员们英勇抵抗国民党军进攻的同时，分区机关单位加紧做好思想工作，做好撤退准备，还帮助群众坚壁清野，安全疏散。1935年1月11日，四渡桥阵地被国民党军独立第四十五旅张銮基部占领，大安的防守门户被打开。15日，张部分两路向大安推进，红五十八团等主力部队奋力阻击，给予敌军很大杀伤，迟滞了其进攻。在敌军步步进逼之下，五渡桥、洋庄相继失陷，大安已难坚守。25日，闽北分区委机关和所属部队1000余人撤离大安，向长涧源、坑口转移。撤退时，大家响应分区委“每人送敌人一份见面礼”的号召，在街道上、房屋内、操场中、小溪边、菜园里，水井旁，甚至锅灶下，都装上了地雷和挨丝炮。

2月上旬，闽北分区委收到中共中央分局转发的中央书记处关于改变组织方式和斗争方式，开展游击战争的指示。为了适应形势变化，加强部队统一指挥，分区委决定对集中在坑口的部队进行整编，重建闽北独立师。2月中旬，独立师成立大会在长涧源召开。师长黄立贵、政治委员卢文卿、政治部主任曾镜冰、参谋长张燕珍，下辖四个团，第一团由原五十八团一、二营和部分游击队编成，团长张燕珍（兼）、政治委员卢文卿（兼）；第二团由闽北独立一团和部分游击队编成，团长胡佑民、政治委员刘胜；第三团由原五十八团三营，闽北军区警卫营二、三连，红色教导大队一个中队和部分军分区机关工作人员编成，团长兼政治委员祝为根；第四团由闽北独立二团和崇安独立营编成，团长丁日升、政治委员彭喜财。全师总计3000多人。为适应游击战争环境，整编时对军分区机关进行了大力压缩，不少干部战士调到部队工作，军分区机关的直属分队只留下一个警卫连、一个执法队和红色教导大队。分区领导机关含直属分队在内，人数由原来的1000多人减

① 中共福建省委党史研究室著：《中共福建地方史（新民主主义革命时期）》（上），中央文献出版社1993年版，第594页。

到三四百人。[①]

此后，独立师除留第四团在闽北老根据地坚持斗争外，第二团到浦城一带活动，师部率第一、三团向江西铅山方向出击，以减轻闽北老苏区的压力。第一、三团在攻打铅山县城失利后分开活动，黄立贵率第一团挺进建松政地区开展游击战争。

（三）闽东洋面山会议与战略转变

闽东苏区是在福建事变后，南方其他苏区处于困境时才迅速发展起来的，叶飞就认为，从闽东苏区发展过程来看，在苏区全盛时期和闽东独立师成立之后，所进行的斗争便都是游击战争，所以闽东从1933年到1937年进行了五年游击战争，“这也是闽东地区斗争的一个特点”[②]。闽东长期处于游击战争的状态，对于转向游击战争应是具有更为便利的条件。但面对严峻形势，中共闽东临时特委因为长期与省委、中央失去联系，对中央苏区反“围剿”失利和红军被迫长征等情况不了解，加上闽东苏区此时正处于大发展高潮下，因此对严峻形势缺乏预见性，仍然号召“动员广大群众，集中一切力量，准备一切牺牲，为粉碎五次‘围剿’的全部胜利而战”[③]，指挥主力部队和地方游击队连连出击，在10月至12月间，进行了透堡、彭家山、塔里、大获、上地、周墩、叉溪、杉洋、长岭、龟岭、仙蒲、三角林等战斗，虽然给敌军以沉重打击，但因力量悬殊，自身也付出很大代价。而且形势越来越严峻，中共闽东临时特委和闽东苏维埃政府所在地福安柏注洋、安德县委所在地甘棠鹳里、福寿县委所在地岗垅等相继被占领。闽东独立师领导人曾多次组织部队进行反击，以图能够收复柏注洋，但不仅未获成功，反而使部队受到重大伤亡。最后连作为闽东党政机

① 陈仁洪：《游击战争初期的闽北》，中国人民解放军历史资料丛书编审委员会：《南方三年游击战争·闽北游击区》，解放军出版社1993年版，第190～191页。

② 叶飞著：《叶飞回忆录》，解放军出版社2007年版，第49页。

③ 《中共闽东特委为粉碎敌人五次“围剿”的紧急动员》（1934年12月30日），中国人民解放军历史资料丛书编审委员会：《南方三年游击战争·闽东游击区》，解放军出版社1993年版，第47页。

关的临时驻地福安岭面、周厝坑、官洋、雷柏洋也相继失陷，闽东临时特委被迫撤往福安洋面山区。

这种情况引起临时特委的注意。1935 年 1 月，临时特委在福安洋面山召开紧急会议，讨论闽东红军的行动问题。参加会议的有詹如柏、马立峰、叶秀蕃、叶飞、冯品泰、赖金彪等闽东党政军主要负责人。会上产生很大意见分歧，以书记詹如柏为代表的地方干部出于义愤，不忍心看到苏区群众遭受国民党军的摧残，认为苏区政权刚刚建立，人民获得土地，党组织和红军应不惜一切代价保卫苏区，提出“和苏区共存亡，与敌人决一死战”的口号，特别是觉得不与敌人打一仗就撤离，更对不起苏区人民。另外一种意见则以独立师同志为主，认识到军事力量敌我对比悬殊，在敌人大举进攻面前硬拼肯定会失败，所以首先要保存有生力量，跳出包围圈，以后再图发展。两种意见争执不下，最后叶飞提出：苏区要保卫，但必须根据斗争的实际情况，在强大敌人的进攻面前，采取死拼的办法与苏区共存亡，不仅不能保卫苏区，反而会遭到更大损失，应及时将苏区变为游击区，才能保存革命力量；为了保存革命武装，独立师摆脱敌人的包围，转移到苏区外围，开展游击战争，打击敌人，等待时机恢复苏区。但考虑到不打就跑影响不好，群众会有意见，工作不好做，最好在独立师撤出苏区前要和敌人打一仗，打击敌人的嚣张气焰，“但要好好研究打的方法，我们不能硬拼，要保存自己，给敌人一个打击就行”。[①] 由此，地方同志也接受了这个意见，思想得到统一，于是决定：独立师抓住机会给进攻的敌人一个有力打击之后，即转移到基本苏区外围，开展游击战争，开辟新的游击区。而党政机关和县独立营、区中队等地方武装在原地坚持，上山打游击。从而在总的指导方针上转变了过去那种死守硬拼保卫苏区的做法，开始转变为保存实力的灵活战略战术。

会后，特委书记詹如柏和闽东苏维埃政府主席马立峰等分赴各地传达会议精神和研究部署。1 月 14 日，独立师所部在福安东区洋面山背后的柘洋西竹岔与国民党新十师激战竟日，虽然予敌以大的打击，

① 叶飞著：《叶飞回忆录》，解放军出版社 2007 年版，第 52 页。

毙伤敌500余人，但打成消耗战，独立师也伤亡200多人。独立师撤出战斗后，分两路突围，一路由叶飞、冯品泰、赖金彪率领独立师第一、二团退往堵坪，向寿宁方向转移；一路由马立峰率领第三团撤往福安东区。当叶飞率部由堵坪经福安上白石附近转移到寿宁三岔岭时，部队遭到敌人伏击，副师长赖金彪不幸牺牲。当晚部队突围，撤退到政和，然后又转移到周墩、宁德。此时独立师指战员损伤很大，仅剩下500多人，但保存了主力，在宁（德）屏（南）古（田）边区开展游击战争。

此时，坚持在连罗一带的红军西南团也遭到敌军的残酷“清剿”。1月24日，西南团与“清剿”之敌进行了5个小时激战，然后主动向连江的厦宫、初芦方向转移。31日，鉴于情况危急，中共连江县委召开紧急会议研究下一步行动，决定西南团撤往连江丹阳一带山区打游击。此时敌军追踪而至，红军西南团奋勇突围，转移到连罗交界的庄里村。随后，闽东临时特委委员、连江县委书记林孝吉被捕（后牺牲）。团长杨采衡率两个连迂回到厦宫时与敌八十七师一部遭遇，激战2小时后突围。2月中旬，杨采衡率部撤到霞浦西洋岛。此时以西洋、浮鹰等岛屿为依托的闽东海上游击独立营也遭到“追剿”。3月中旬，国民党八十七师一个团，在飞机、军舰的配合下，包围了西洋岛和浮鹰岛，并向岛上“搜剿”。独立营指战员奋起抵抗和反击，遭受很大伤亡，营长柯成贵被捕（后牺牲）。

但战略思想的转变也是不容易的，有些地方迟迟未能实现转变，遭到重大损失。如潮澄饶游击区，1935年8月受到粤军攻击后，仍提出“保卫苏区”等不切实际的口号，命令红军游击队死守山头，造成被动挨打的不利局面。这种情况下，县委不得不决定潮澄饶红三大队、特务大队和浮凤赤卫队等武装向闽粤边境突围，潮澄饶游击根据地失陷。饶和埔游击区也是未能实现分散游击，仅靠着幸存的十几名游击队员保护着县委机关，在遭受国民党军队的“清剿”后陷入困境，游击战争陷于停顿。而那些适时进行了战略转变的游击区则较快地投入反“清剿”的斗争，并取得胜利。

三、粉碎国民党军队第一阶段“清剿”①

（一）闽西各分区艰苦转战

1935 年是闽西三年游击战争中最为艰苦的一年。国民党军队对闽西实施了“清剿”，其指挥部设在龙岩城，以李默庵、李玉堂为指挥官。从 1 月开始对坚持在闽西的红军游击队发动了第一期“清剿”。4 月，福建省级机关解体及所属部队失败后，国民党军调整力量部署，转而向坚持闽西游击战的红八团、红九团及各县游击队发动大举进攻。

在“清剿”初期，国民党军扬言要在三个月内消灭闽西“残匪”。为此，主要采取了穷追、堵截、包围、搜索（如大举搜山）的“清剿”办法，实行集中兵力、分进合击的战术，对一个地区集中重兵，进行合围“搜剿”。只要发现红军游击队，则不论地形如何险要，死伤多重，都要猛打猛追，甚至提出“以十换一，就是胜利”，企图以人数的优势逼迫红军决战，用拼消耗来消灭红军游击队的有生力量。

面对国民党军的疯狂“追剿”，在闽西南军政委员会的领导下，各分区紧密依靠群众，与国民党军展开了广泛的游击战争。

同年 5 月，第一作战分区的明光独立营，在司令员罗忠毅和政治委员方方率领下，从永定重返岩连宁边区，与留在此地坚持的红九团第二营，以及从宁清归突围出来的闽赣军区部分指战员会合。同时增补邱尚聪为第一作战分区副司令员兼参谋长，温含珍为副政委兼政治部主任，组成较强的领导集体。方方主持召开了第一作战分区干部会议，并根据闽西南军政委员会确定的方针，研究分析了所处的环境及敌我

---

① 对于国民党“清剿”阶段的划分，原来基本按每块游击区分为几期“清剿”，但从全省来看，因为时间有先后，期数也不同，所以不好截然以期划分，在此采用比较笼统的表述方法。

双方的力量对比，认为面临强敌“清剿”的严峻形势，主动出击已不可能，老的据点被叛徒朱森引敌破坏，无法立足，收复老的根据地也无必要。当前最中心的任务是如何保存主力。于是决定将所属各部分成三支小部队分散活动，在连城、宁洋边界开展游击战争，打击当地地主民团，相机开辟新的游击根据地。根据会议精神作出部署，由邱尚聪与刘汉率领红九团第二营深入敌后永安、清流交界处游击；由温含珍同贺万得带领明光独立营在连城南部与宁洋山区活动，主要打击当地团匪华仰桥、周焕文部及反动地主武装；方方、罗忠毅率分区司令部统领全局，开辟岩西北的新据点。总体上作出待敌情变化，形势缓和后，再将分散部队重新汇合的决定。①

方方与罗忠毅率领分区司令部直属部队，在敌人包围圈内灵活机动地与敌周旋。7 月底，通过在雁石至白沙公路间伏击敌第十师通讯排，获得机密文件，得知敌“清剿”部署是：白沙驻一个团，向游击区中心区大罗坪出击，并拦阻红军游击队出击漳平；雁石驻一个团，向天宫山搜索，防止红军游击队突过十八乡与红八团联络；溪口驻一个团，向赤高坪、焦洋坑进攻，防止红军游击队向连南挺进。针对敌人尚摸不清红军游击队主力位置的情况，方方与罗忠毅商定，将队伍分散以班排为单位，配备上能单独行动的军事、政治、群众工作干部，并派给熟悉地方情况的向导。规定每个士兵必须有米袋、盐罐、菜筒，每个班有两个大面盆可以煮饭，尽量做到短小精悍，灵活迅速，以适应战斗要求。

对于敌人想要利用团匪、土匪进攻红军游击队的做法，分区指战员通过已经建立友谊关系的“土匪阿哥”，对其他土匪予以警告，说服其不要轻信国民党反动派，以免上当，同时接受和保持双方互不侵犯的策略和做法。对据点内的群众，则召集保长、士绅、耆老开会，教给他们如何应付敌人的办法：敌人要群众报告“匪”情，就让群众假造情况去哄骗敌人，故意报告与红军游击队行动相反的方向；敌人要

① 方方：《三年游击战争》，中国人民解放军历史资料丛书编审委员会：《南方三年游击战争·闽西游击区》，解放军出版社 1991 年版，第 369 页。

移民，就先行将吃的用的藏起来，让壮丁登山，以老弱妇孺去敷衍一下；敌人要群众具结，就让群众赌咒发誓说辖区内并无“匪”踪。① 而红军游击队的活动，则与群众这些报告互相配合，决不让敌人有所借口而刁难摧残群众。

乘敌人向游击区进攻造成后方空虚的时机，分区把伤员和司令部转移到敌占白沙据点的周边，形成敌人占内线，红军占外线的局面。司令部所属侦察班和警卫排配合土匪武装，在雁白公路旁伏击雁石民团中队长，消灭这个地头蛇，然后集中力量佯攻白沙，又分出一部分力量骚扰雁石。并且由土匪武装携带大量传单，向漳平、安溪一路散发，吸引敌人，而游击队趁机潜回原活动地区。各单位还另组小部队出击敌人，迷惑敌人。敌人入山以后，情况不明，外线紧张，因此纷纷撤退。群众说：“红军的计划真好，下了命令把敌人调走了！”②

在战争中，指战员们学会了各种应付敌人的办法：学会了捡枯枝、破细柴，这样白天烧火不会生烟；夜晚烧火时，上下左右都围以军毡，不透火光；洗米、洗菜、洗碗筷时注意不掉片菜、粒米，不把油腻污水泼在干地上，大小便随手埋，不吃带浓重味道的葱蒜；出入溪流不踏掉石头上的青苔，通过泥浆地时倒穿鞋子，或赤脚倒行，探路的棍子倒戳，或是过去以后再重敷泥浆；踏过山路的茅草后，再把它拨正修直，早晨通过时，注意保存草木上的露水蛛丝；过河到对岸后先擦干脚，再走沙滩或上岸；敌人扫射密林时，则卧倒不理，敌人迫近时，人多则飨以手榴弹，人少则活捉；过草地就躲在石头边，以免被火烧着；被敌人追击则直插山腰而过，在山里则和他捉迷藏，到了晚上再离开。③

为了完成闽西南军政委员会赋予的“广泛向闽南开展游击战争，

① 方方：《三年游击战争》，福建省新四军研究会编：《福建三年游击战争与新四军》，中央文献出版社2012年版，第350页。

② 方方：《三年游击战争》，中国人民解放军历史资料丛书编审委员会：《南方三年游击战争·闽西游击区》，解放军出版社1991年版，第371～372页。

③ 方方：《三年游击战争》，中国人民解放军历史资料丛书编审委员会：《南方三年游击战争·闽西游击区》，解放军出版社1991年版，第373页。

把游击区逐渐推向闽南地区，争取游击区连成一片”① 的任务，红九团奉命向闽南展开游击行动。这一行动分几个阶段实施：先是在 1935 年上半年，打开永东县的局面。3 月，红九团部队进入永定岐岭，打响了铲除陈东坑民团的战斗。陈东坑镇位于金丰大山的东南侧，镇上有一座大土楼和两三座小土楼，驻扎有民团约五六十人及周边的地主豪绅，成为国民党安在永东的一枚钉子。要开辟南靖、平和与广东大埔一带游击根据地，一定要先扫除这个障碍。战斗打响后，主攻连从巷道、民房中打开一条通路，在大土楼和一座小土楼的墙基上挖洞，炸开缺口后，突击队冲进主楼，经半小时激战，攻克主楼，全歼民团主力，其他楼的敌人被迫投降。接着，部队乘胜向广东大埔和永定交界的下洋镇进军，包围太平寨之敌，经过两天的攻坚战斗，将守敌大部歼灭。然后又在三层岭打了个胜仗。3 月中旬，红九团转移到永定与平和交界的月流、长岭下和平和小芦溪一带，继续开展游击战争，打下（龙）岩永（定）（南）靖边的苦竹、灯心洋等重要乡镇，然后以金丰大山为中心，在永东县各个乡村开展工作，成立永东县工作委员会，建立永东游击支队。

此时，闽西南第一次军政委员会根据形势的发展，决定红九团第一、三营与永东游击队组成第二作战分区，继续向闽南发展，开辟福建永定、平和、云霄、漳浦和广东大埔、饶平等边区范围内的新游击根据地，进而与闽南红三团和闽南特委取得联系。② 正巧敌第三师李玉堂部三个团从龙岩和南靖边界向永定逼近。第九团两个营在永定南部初溪一带阻击其中一路敌人，经过激烈战斗，打退了敌人的进攻，打死打伤敌军 200 多人，有效地调动了敌人，策应了第一作战分区罗忠毅、方方率领明光独立营等部安全北上岩连宁根据地的行动。这一任务完成后，第九团团长吴胜和政委谢育才开始筹划向南挺进的准备工作。

---

① 谢育才：《红军独立第九团下闽南》，中国人民解放军历史资料丛书编审委员会：《南方三年游击战争·闽西游击区》，解放军出版社 1991 年版，第 398 页。

② 王直、熊兆仁、李德安：《忆红九团一、三营战斗片断》，中国人民解放军历史资料丛书编审委员会：《南方三年游击战争·闽西游击区》，解放军出版社 1991 年版，第 404 页。

南进第一仗就是奇袭南靖县书洋镇，红九团抓获地主和土豪劣绅30多人，搜缴到八九十两黄金，一万多块银圆，解决了部队南下的给养。在这里召开了群众大会，将从土楼里缴获的粮食、衣物分发给群众。5月中旬，部队翻过永定与平和交界处的象湖山，进入平和县境内。为了减少行军阻碍，部队穿越深山老林，进到秀峰山，后转到群众基础较好的秀砾开展工作，把秀砾、山顶坪等村建成红九团下闽南的前进基地和伤病员的疗养处。6月下旬，红九团向平和县城九峰挺进，夜袭九峰，[1] 国民党平和县县长及县保安队仓皇逃离。7月上中旬，红九团攻占平和二区大坪乡和一区坪回乡敌据点，全歼防守民团。7月下旬，红九团经大埔的大产、上清溪，饶平的上下善，从庙埔插向诏安境内龙伞宗山区的秀篆、官陂一带，沿途与国民党地方武装交锋数十次。因为没有得到群众信任，所以打听不到当地红军游击队的消息。后应群众要求，在大青山脚下攻打一个大土楼，俘守敌40多人，才获得群众的信任，于是与饶和埔县委和游击队会合。双方召开了联席会议，互通情况，谢育才传达了闽西南军政委员会的指示精神，介绍了红九团南下的任务及几个月来的活动情况。红九团在游击队要求下，偷袭和强攻官陂的格贝楼村敌据点未果，改用智取，派女游击队员和便衣突击队员化装进入据点，里应外合，攻占三个大土楼，毙伤敌20余人，俘敌反动头目、地主恶霸共100余人，缴驳壳枪18支，步枪90余支。[2] 这些活动，为饶和埔游击斗争的开展创造了条件。

此时，从云霄、平和、漳浦方向约三个团的敌军向红九团扑过来。红九团和饶和埔游击队只得经原路先退回到饶和浦边区，途经饶平的上下善时，遭到驻饶平县城的粤军李汉魂部一个加强营的截击。红九团奋起反击，歼敌近一个连。此后在这一带坚持开展游击活动。

红九团下闽南的游击活动，开辟了以古竹、白花洋、中心洋、崎岭铺、堵树坪等地为中心的龙岩、南靖、平和、永定四县边境根据地，

---

① 有的资料认为没有发生夜袭战斗，部队只是绕城而过。

② 李德安：《二下闽粤边》，中国人民解放军历史资料丛书编审委员会：《南方三年游击战争·闽粤边游击区》，解放军出版社1991年版，第285页。

发展党团组织，建立四县边界工作委员会，组建了一支 50 多人的游击队。[①] 这块游击根据地成为向闽南发展的基地。

此后，红九团总结经验，决定采取分兵战术，由吴胜、赖荣传率团部及第一营进军闽南；由谢育才率领第三营留在永（定）（平）和（大）埔、饶和埔边区活动，以牵制敌人，策应南下行动。于是吴胜、赖荣传率部远程奔袭，迅速通过上下善，进入诏安境内。袭击了国民党第八十师设在平和大溪区公所的一个兵站，缴获大批枪弹、被服、药品。然后部队换上国民党军服，较为顺利地经过平和安厚、云霄马铺白区，进入红三团游击区的平和五寨、南胜。在南胜横石村，与中共五南区委书记朱曼平取得联系。随后，红九团到达平和三坪，与红三团胜利会师。[②] 8 月下旬，中共闽粤边区特委在平和文峰山前村为红三团、红九团胜利会师举行庆祝大会。红九团的南下行动，对敌人的"清剿"行动给予了有力打击。

两个主力团的会师惊动了国民党地方当局，于是敌纠集重兵进行"围剿"。为此，红九团留下 20 多位伤病员在红三团驻地养伤，主力通过南胜等地，原道转向饶和埔永地区活动。9 月初，红九团在平和刺牛岗击溃敌八十师一个主力团的进攻。23 日，当队伍转入永定湖雷水竹里和戴洋寨一带时，遭到叛徒朱森带领的国民党第十师五十九团的伏击。在与敌人激战中，政治部主任赖荣传不幸牺牲，部队受到很大损失。24 日，红九团在湖雷大阳寨又被敌人包围，指战员虽经英勇奋战，但因弹尽援绝，队伍损失过半。团长吴胜不幸被俘，后在龙岩被杀害。最后部队仅幸存 80 多人，陆续进入金丰大山，整编成一个大队，由赵群任大队长，熊兆仁任副大队长，谢育才任政委，在永定、南靖、平和边境坚持斗争。

红九团的严重失利，主要是由于长期活动在白区，只注重军事行

---

① 王直、熊兆仁、李德安：《忆红九团一、三营战斗片断》，中国人民解放军历史资料丛书编审委员会：《南方三年游击战争·闽西游击区》，解放军出版社 1991 年版，第 406 页。

② 李德安著：《铁流火花——李德安回忆录》，海峡文艺出版社 2000 年版，第 106 页；又见李德安：《二下闽粤边》，中共中央党史研究室编：《红军长征纪实丛书·南方三年游击战争卷》二，中共党史出版社 2016 年版，第 970 页。

动，不注重发动群众，所以虽然在军事上曾经取得不少战斗的胜利，消灭了一些国民党军，但始终不能建立稳固的游击基点，长期处在没有群众基础的状态下孤军作战，得不到群众的有力支持与配合。加上返回永定后，对敌人“清剿”的严重性估计不足，麻痹轻敌，从而造成惨重的失败，教训极为深刻。

第三作战分区以红八团为主体，在邱织云、王胜、伍洪祥等人领导下，在（龙）岩南（靖）漳（平）边区及漳龙公路沿线开展反“清剿”斗争。这一带是红八团的老根据地，所以群众基础非常好，在敌人重兵进攻下，刚开始红八团指战员们没有经验，拥有六个连 800 多人的部队集中行动，目标太大，被敌人跟踪追击，难以摆脱，吃了不少亏。经过一段时间后，实行战术上的转变，发挥熟悉地方情况的优势，依靠与群众的密切联系，采取避实就虚、避强击弱的游击战术，与敌周旋，避免与敌主力部队决战，终于扭转了被动挨打的局面。

1935 年 4 月底，红八团从永定进入龙岩，在龙岩县委和红坊区委武装配合下，成功取得全歼南阳坝民团的胜利。随后转到岩南漳边的易宝村作短暂休整，准备向外发展。不久，部队挺进到漳平拱桥一带游击。此时敌几个团的兵力追踪而来，红八团部队退至老蜡坑。为摆脱追敌，团部决定分兵活动，以分散目标，一路由政治处主任伍洪祥率领第二、四两个连向罗桥、陈坑方向行动，吸引敌人，掩护大部主力转移；另一路由邱织云和王胜率领，转战岩南漳边界地区。

伍洪祥带队与敌激战后，转到陈坑山中隐蔽，同方方带领回岩连宁开辟第一作战分区的队伍相遇。此时方方正遇到难题，因为到岩连宁必须穿越敌人控制的漳龙路和龙川河。这对于战斗在公路沿线的红八团来说不算难事，但明光独立营很少在公路边活动，对过封锁线心中没底，要求红八团帮助。第二天，按照伍洪祥的计划，选择距离敌人炮楼间隔较远的地点，两支队伍偷偷越过公路，并渡过龙川河，在富溪稍微休憩后，分别按预定计划行动。

伍洪祥带领部队转到铜钵的山后村，同龙岩县游击大队会合后，与小池区委商定，准备袭击敌军守备空虚的小池，以解决部分给养。但由于叛徒泄露消息，敌急调重兵加强防卫。于是部队不得不放弃袭击计划，向考塘转移，并准备越过龙（岩）汀（州）公路，取道紫金山与团部会合。没想到此时目标已经暴露，敌人在公路沿线加紧布防。部队处于进退两难的境地，伍洪祥看到公路线上敌军忙于调动，布防尚未完毕，当机立断，指挥部队分三路在公路沿线发起多点冲锋。敌人被突然冲击打懵了，慌忙退守到村子里，部队趁着敌人施放照明弹的光亮，强行冲过公路，到达紫金山。

因为行动暴露，随后敌人派出几个团，以重兵封锁各条通道，另派出几路部队向紫金山包围搜索而来。伍洪祥命二连指导员姜茂生带领 20 多名战士，分作四个战斗小组，分别占领几个山头，在山上放排子枪，佯装主力动作，把敌人吸引过去。而自己则带领主力部队转到敌重兵驻守的龙门附近赤水山上。

打游击必须要对敌情了如指掌，做到知己知彼。红八团得到情报，敌人在赤水驻有一个营，龙门有一个团，团部驻在天后宫。伍洪祥估计敌人白天搜山已很疲劳，戒备不会很严，绝对想不到红军敢钻到其重兵控制的区域。他认为这种麻痹心理正是红军游击队一举突围的好机会。为确保万无一失，伍洪祥还亲自到预选突围口察看地形，同时事先给部队做了深入的思想政治工作，做好充分准备，规定行动之中要严格遵守纪律。这样数百人的部队趁着夜色掩护，悄无声息地从敌人防守的空隙中穿插行进，经过红炭山向白土进发。但意外的是，白土镇上驻有国民党军二十七旅旅部和一个步兵团，而且企图袭击红军游击队。部队不知不觉中踏进了敌人的伏击圈。好在埋伏的敌人误以为是友军，而且红军游击队应付得当，终于有惊无险地穿过敌防区。接着在孔夫、隘头山上休息时，又遭到驻孔夫敌军一个营的进攻。部队不顾疲劳，与敌人展开激烈战斗，边打边撤，向永定田地方向转移。刚好山背后就是龙岩地界，红军占据山顶，敌人不再追击，部队随即撤退到寨背炉的山窝里休息。后来部队找到中共培丰中心区委书记廖庆兴，解决了给养，并与团部取得联系。随后又开到龙岩石门炉与团部会合，经过艰苦转战又重逢，指战员们非常高兴。

这期间，红八团团部和另三个连则分散到漳龙公路沿线和岩南漳边区活动，采取灵活的游击战术，神出鬼没地打击敌人。红八团采取时而集中、时而分散的办法，经常在敌人所占领的公路和碉堡之间来回穿插，行动自如，部队往往早晨还在龙岩的黄坊与白土驻扎，晚上却已转移到了适中的三坪头、竹子板一带村庄过夜，数天后又突然出现在紫金山麓之赤水、石牌前一带。军事行动更加神秘莫测，白天在山坑公路上设下埋伏截军车，晚间又在东桥坂放火烧飞机场。化装袭击更加出神入化，时而化装敌军，喊开碉堡楼门，不费一枪一弹将民团枪支全部收缴，时而又化装挑担农民，埋伏在乡间必经之路上，把下乡抽收货担捐税的反动分子全部消灭。1935 年 5 月初的一个夜晚，邱金声率一排战士化装成国民党军，从李家山出发，袭击曹溪石粉岭民团，击毙民团长，缴获枪械 40 多支，子弹 2000 多发。在竹子板铁鸡岭，红八团将李默庵部主力一个团杀得尸横遍野，死伤惨重。[①] 从 4 月至 8 月间，红八团取得一系列重要战斗胜利，消灭不少国民党军和地方反动分子，俘敌 2000 余人。还缴获了大量武器、弹药，武装了地方游击队和游击小组。[②]

同期，地方游击队也极为活跃，经常在夜间出动，贴标语，杀反动派，毁碉堡，搅得敌人不得安宁，甚至打了一些较大规模的战斗。1935 年 4 月上旬，刘永生率领永东游击队在汤湖和丰稔交界处伏击当地的五乡民团，击毙团总等 50 余人，游击队无一伤亡。不久，永东游击队又化装突袭大溪民团，一举攻下国民党区公所，全歼民团。5 月间，永东游击队和永定游击队与企图偷袭田螺湖游击队的大阜驻敌一个营及当地民团在凉伞崇遭遇。刘永生、范钦洪指挥部队发起猛攻，并趁敌军后撤时发起追击，歼敌 130 多人，缴枪 100 余支。这些战斗使敌军惊呼“不可小看”地方游击队。

（二）闽北跳出外线游击

闽北分区党政军机关撤出大安后，由于队伍庞大臃肿，难以适应

---

① 张鼎丞、邓子恢、谭震林：《闽西三年游击战争》，中国人民解放军历史资料丛书编审委员会：《南方三年游击战争·闽西游击区》，解放军出版社 1991 年版，第 326 页。

② 章宏九、郑学秋等著：《闽西三年游击战争》，鹭江出版社 1993 年版，第 45 页。

游击战争的环境，于是部队进行了整编，压缩机关与非战斗人员，增强部队机动性和战斗力。重建闽北独立师，由黄立贵任师长，卢文卿任政委。独立师总计 3000 多人，下辖四个团，每团三个营。[①] 分区委成立了中共崇安中心县委和西南战区委员会，派出分区领导成员曾昭铭及汪林兴等人，加强崇安以及崇安以南、建阳以西地区的领导。同时在各地相继成立游击司令部，由县、区苏维埃政府主席、党委书记分别担任司令员和政委，以领导各县、区的独立营、游击队坚持游击战争。

部队整编后，分区委召开团以上干部的军事会议，决定独立师兵分两路向敌占区挺进。由师部带领第一、三两团在闽赣边界打游击；独立师第二、四两团则辗转活动于崇安、浦城、光泽、邵武、建阳边界。同时在崇安基本地区，建立中共崇安中心县委和共青团县委，曾昭铭为县委书记，坚持在上梅、下梅、兴田、大安、坑口、崇北、大浑、岚谷及浦城、广丰、上饶、铅山等边界地区，开展游击战争。其他各县独立团、独立营仍在原地坚持斗争。

2 月间，黄立贵作出打响独立师重建后第一仗的决定，攻取地处福建崇安和江西铅山的交通要道铅山紫溪。由三团攻打紫溪镇，一团配合扫清外围。三团首先智取下渠，然后直扑紫溪，对防守之敌展开包抄围歼。此仗消灭敌军一个营，歼敌 100 多人，俘虏 80 多人，缴获轻机枪两挺，步枪 200 多支以及大量军用物资。与此同时，第一团袭击杨村，消灭国民党军第二十一师一个连，歼敌 100 多人。随后攻取陈坊，消灭敌十二师一个连，缴枪 100 多支。第三团则集中兵力向盖竺进击。攻打外围都很顺利，在涂家村消灭敌人一个连。但村东北角的大碉堡十分坚固，部队久攻不克，且伤亡很大。于是展开政治攻势，利用俘虏进行阵地喊话，反复宣传红军的俘虏政策，成功劝降敌军 100 多人。随后部队又攻取了湖坊、浆源、港东等敌据点，并打击当地民团等，抓土豪筹款。活动一段时间后，一、三团返回福建境内，在邵武、顺

① 陈仁洪：《游击战争初期的闽北》，中国人民解放军历史资料丛书编审委员会：《南方三年游击战争・闽北游击区》，解放军出版社 1993 年版，第 190 页。

昌及建阳一带游击。3 月间，在建阳黄坑乡，两个团协同作战，消灭敌军 50 多人。而二、四团也不断袭击国民党驻军和反动民团，在浦城县樟村，独立师第二团与广浦独立营一起，歼灭“剿匪军”第二纵队一部 100 多人。这些行动打乱了国民党军队的“清剿”部署。

独立师各团分散活动后，分区领导机关及直属部队便沿着武夷山脉，迂回转移到坑口一带活动。但非战斗人员还是较多，机动性差，目标大，难以摆脱敌人的追击。加上一些革命意志薄弱者叛变投敌，尤其是闽北军分区司令员李德胜叛变后，带领国民党军前来“搜剿”，致使分区委和军分区机关在崇安西南的三港陷入敌军重围。虽然在独立师第四团的掩护下成功突围，但直属部队损失惨重，连唯一的一部电台也损毁，从此与党中央失去电讯联系。鉴于当时的严峻形势，分区委作出决定，开除李德胜党籍，任命吴先喜为军分区司令员。同时对机关和部队再次进行整顿，加强“提高革命信心，坚持革命斗争”的思想教育，进一步实行党政军领导机关战时一体化建制，统一了领导。① 各县、区党政机关同独立营、游击队的关系也更加融洽紧密。

经过三港整顿后，分区领导机关转移到大安西南的溪源、浆溪一带，后又转向双溪口、北坑，到溪源。此时得知粟裕、刘英率领挺进师途经闽北，已到车盆坑，将要转到浙西南。分区委决定越过敌人的封锁线，回师大安以东地区。

此时敌军的封锁线已修建得比较完善，大小共有几十条，将根据地中心区域分割成几十块，到处修筑碉堡，并在封锁线上的重要村镇设置据点，驻以重兵，利用封锁线分区轮番“清剿”。这些对红军游击队的作战和行动都造成很大困难。

1935 年 4 月 2 日，独立师第一、三团迂回到建阳五里考，与国民党军新编第十一师周志群部遭遇，指战员们英勇奋战，歼灭敌军 300 人。随后在邵武独立营的配合下，连续出击邵武的铁罗、朱护，建阳的书坊、茶布，顺昌的仁寿等地民团和大刀会，有力地打击了当地的

---

① 黄知真：《黄道与三年游击战争》，中国人民解放军历史资料丛书编审委员会：《南方三年游击战争·闽北游击区》，解放军出版社 1993 年版，第 74～75 页。

反动势力，帮助建立中共邵（武）顺（昌）建（阳）县委，从而为当地游击区的创造打下了基础。

4 月中旬，分区机关及部队在车盆坑北面的王子袋，遇到敌人夹击。在此危急情况下，指战员们滑下山坡，蹚过小溪，爬到对面的山头。随后又以同样办法，翻过两座山头，甩掉了追敌。为摆脱被动局面，黄道和吴先喜商量决定将部队转到江西方面活动。于是部队翻过五府岗，出寮竹关，进入江西省上饶境内的金竹排。黄道、吴先喜作出部署，准备以独立师第二、四团攻打位于上饶的甘溪镇。根据侦察情报，得知有部子举一个营敌军前来增援，于是在金钟山设伏，待敌军进入伏击地后，红军指战员发起猛烈攻击，经过两个多小时激战，全歼敌军两个连，俘虏几十人，缴获四挺轻机枪，200 多支步枪和一批军用物资，打了一个漂亮的歼灭战，[①] 创造了转入游击战争以来以最小代价取得最大战果的典型战例，从而使敌军散布的“闽北红军已被消灭”谎言不攻自破。

6 月初，独立师第二团在崇安张山头与敌独立第四十五旅一个连遭遇，经激战，歼敌 100 余人，俘十多人。此后，黄立贵率领独立师第一、三两团主力，冲破国民党军队设置的重重封锁线，深入建瓯、松溪、政和地区，帮助当地党组织扩大游击武装，积极开展游击战争，不断给予国民党军和地方民团以有力打击，在当地群众中扩大了影响。

在战争中学习战争，红军游击队创造了许多对付敌人的办法：通过封锁线时，白天过不了就在晚上过，大部队难以通过，就分成小部队过，一条路过不了，就分多路过；对于敌人的分区“清剿”，红军游击队为了避免人多目标大，就化整为零；住村庄受地形限制，就在山上露营，有时敌情较不紧张时就在山上自建茅棚居住；为了防止被“追剿”敌军发现踪迹，红军游击队就在天亮以前吃早饭，天黑之后做晚饭，中午吃带的冷饭，昼伏夜行，学会了一手能打、能跑、能躲的本领。就这样，红军游击队采取“坚持山地，依靠群众，分散为主，

---

① 黄知真：《黄道与三年游击战争》，中国人民解放军历史资料丛书编审委员会：《南方三年游击战争·闽北游击区》，解放军出版社 1993 年版，第 78～79 页。

时分时合，昼伏夜行，机动灵活，保存自己，打击敌人”[1] 等等在战斗中摸索出来的行之有效的办法，克服了三年游击战争初期遇到的重重困难。连国民党军队也承认：资（溪）光（泽）封锁线以东，邵、光、资、建、崇、铅等七县边区，山高林密，地形险阻。黄道、吴先喜所部以建属黄坑为依托，分踞高阳、李家坡、龙湖、平溪、米罗湾、遐洋、桐木关各要，时向叶坊、白沙坑、昌坪、山头关一带“窜扰”，到处组织苏区，宣传赤化，派部“进剿”时，兵多，则入山后，人烟稀少，交通不便，给养困难；兵少，则山高林密，路少险多，非但无济于事，且易受暗算；更因畛域攸分，“此剿彼窜”，肃清极难。[2]

（三）闽东浴血坚持扭转危局

1934 年底，国民党地方当局就对“进剿”闽东苏区作出部署，将闽东划为三个区域，同时分兵“进剿”，其方针为：以各县驻军现有状态分区逐渐“清剿”，继以政治力量追随“清剿”军事之进展，破坏红军游击队地方政治组织恢复原有秩序，“并发动充实各地人民之自卫力，永远消灭之”。[3] 根据计划，国民党军队对闽东苏区发动了大规模“清剿”作战。

在国民党军队对闽东苏区进行围追堵截和分进合击的形势下，闽东党组织和独立师在叶飞、范式人、许旺等人领导下，分散在宁屏古、福寿、霞鼎三块狭小地区，坚持游击战争。

1935 年春，国民党认为闽东革命力量已经被消灭，而且因抽调大批兵力北上闽浙边境，以阻击中国工农红军挺进师进入闽东游击区，所以在闽东只留下新十师、八十师、八十七师及海军陆战队一部，使

---

① 黄知真：《黄道与三年游击战争》，中国人民解放军历史资料丛书编审委员会：《南方三年游击战争・闽北游击区》，解放军出版社 1993 年版，第 77 页。

② 《陆军第七十六师绥靖期间战斗详报》（1935 年 6 月），中共福建省委党史研究室等合编：《闽浙皖赣革命根据地》下，中共党史出版社 1991 年版，第 440 页。

③ 《王敬久颁发“清剿”计划的命令》（1934 年 12 月 27 日），中国人民解放军历史资料丛书编审委员会：《南方三年游击战争・闽东游击区》，解放军出版社 1993 年版，第 390～391 页。

闽东敌我力量之间的对比发生了新的变化。闽东独立师领导人抓住这一有利机会，恢复重建党的组织，发展武装。在福寿地区重建了官宅、含溪周围的党支部，恢复了中共含溪区委；霞鼎地区恢复了四个区的苏维埃政府，成立中共霞鼎中心县委，把活动在此地区的霞鼎独立营等整编组建为独立师第四团。

到 1935 年三四月间，情况基本稳定。老地区得到一些恢复，新区也有一定发展。主要是闽浙边（福）鼎平（阳）的靠近平阳边界、霞鼎的靠近泰顺边界，宁德的靠近古田、屏南边界这些新区都得到发展。同时游击武装也恢复起来，福寿地区有些隐蔽的游击队经整顿恢复，福安地区被埋藏的枪支被挖掘出来，霞鼎地区的游击武装也得到整理。各个地区都有一定的武装作为基础，游击活动逐渐活跃起来。

在闽东游击战争形势好转的情况下，叶飞决定率部返回老苏区，帮助各地进一步恢复和发展。首先到达安德地区，于 5 月初在周墩梧柏洋与刚从安德地区突围出来的阮英平等人会合。叶飞听取情况报告后，得知范式人、许旺都在领导各县区坚持游击斗争，许旺已将霞鼎地区保留下来的独立师一部及霞鼎游击队整编为闽东独立师第四团，有近 300 人，而且恢复了四个区苏维埃政府。叶飞听了非常高兴，同时商定：将红一、二团的驳壳枪并德国造马枪全部集中编一队保卫团；留下独立师红一团在周墩配合独立营编为一纵队，分三个中队活动；二团拨归寿宁。他们认为闽东各县关系断绝，有的干部牺牲，有的干部消沉与逃跑退却，因此“特委的组织无论如何有［要］健全起来领导”。众人一致同意“要开一个紧急扩大会议”来解决，并初步确定开会时间和地点，同时还提议，宁德成立一个办事处，领导古（田）屏（南）、宁德、安德、周墩，阮肖远、郑宗毓[①]如回来，宁德办事处书记由阮肖远负责；霞鼎、福鼎、福霞成立一个办事处向浙江发展，书记由郑宗毓负责；福寿、（福）安福（宁）、寿宁成立一个办事处，书记由范式人负责。[②]

---

① 阮肖远，时任中共闽东临时特委委员，1936 年夏在肃 AB 团时遭错杀；郑宗毓，亦名钟玉、东玉、宗玉，曾任中共霞鼎县委书记。

② 《阮英平致安德县委暨陈鸿、嫩妹等人的信》（1935 年 5 月 15 日），中国人民解放军历史资料丛书编审委员会：《南方三年游击战争·闽东游击区》，解放军出版社 1993 年版，第 74～75 页。

此后，红一团由阮英平领导，在宁屏古一带坚持斗争。叶飞则率保卫队向福寿地区挺进，在寿宁北部古岭宅南面的大山里与范式人等会合，同时也与范式人商量了恢复特委及开展游击战争的问题，在几个方面达成共识：第一，暂时不提分田地，发动群众打土豪分财物；第二，解决赤白的对立，允许小商贩来往；第三，改变打土豪的做法；第四，向闽浙边开展工作。[①] 叶飞将红二团留下，由范式人领导，坚持和发展福寿地区的斗争，另率独立师一部从寿宁出发，绕过敌人严密的封锁线，经福安北部进入泰顺与柘荣两县接合部，转到霞鼎地区，在霞浦西北部的大湾村，与坚持在这一地区斗争的许旺会合。独立师主力返回苏区的消息传开后，群众斗争情绪迅速高涨起来。

此时正好得到驻福鼎的国民党浙江保安旅部队从白琳、东坡、管阳分三路[②]企图向霞鼎根据地合围的情报。4 月 10 日，叶飞率独立师特务队和红四团部队，设伏于霞浦桑园去福鼎仙浦必经之地的枫岔头两边山坡上。然后派部分战士引诱敌人，当敌人进入伏击圈后，红军指战员集中火力向敌射击。敌军受到突然攻击，一时乱套，想调头后退，但退路已被堵死，进退维谷。战士们英勇冲杀，展开白刃战，经一小时激战，全歼敌一个加强连，缴获步枪 70 多支。这次战斗是独立师分散隐蔽后取得的第一个重大胜利，极大地鼓舞了军民的斗志。此后，陈挺率领第四团南下福霞边界地区，奇袭堡垒村茜洋的地主民团，摧毁敌炮楼，在福安苏区引起很大震动。不久，又在霞浦北部桃杭附近，打垮新十师一个连，歼敌一个排。与此同时，叶飞率独立师特务队到鼎平活动，并与在鼎平地区坚持斗争的郑宗毓所率鼎平独立团会合，在鼎平地区扩大新兵 100 多人，成立独立师第五团。

---

① 范式人：《回忆闽东三年游击战争》，中国人民解放军历史资料丛书编审委员会：《南方三年游击战争·闽东游击区》，解放军出版社 1993 年版，第 104 页。

② 三路敌人有不同说法，《中共福建地方史（新民主主义革命时期）》（上）记为湖林、长歧、赤溪（见该书第 630 页）。此处采用陈挺将军的回忆，因为他在当时是主要的军事指挥员，对敌军方面的活动应该比较清楚，所以他的回忆可信度较高。见陈挺：《闽东三年游击战争亲历记》，中国人民解放军历史资料丛书编审委员会：《南方三年游击战争·闽东游击区》，解放军出版社 1993 年版，第 125 页。

1935年四五月间，相继成立了中共霞鼎中心县委，领导福霞、霞鼎、安福、霞鼎泰四个县委，还成立中共周墩、安德、福寿、宁德、福鼎县委等。这些都为特委的恢复和游击战争的发展打下了基础。

经过商议，领导人的意见逐步得到统一。5月底，叶飞、阮英平、范式人以及分散在闽东各地坚持斗争的主要负责人，汇集在寿宁岗垅地区的含溪召开重要会议，总结反"清剿"斗争的经验教训，研究如何深入开展游击战争的有关问题。会议决定恢复中共闽东临时特委，由叶飞任书记，阮英平任组织部长，范式人任宣传部长，委员有许旺等。临时特委根据当时的形势，确定主要任务是：一方面波浪式向外发展新区，一方面对内恢复老区，这也是当时坚持游击战争的基本方针。同时对抓土豪、搞财政和商业等政策问题有了一些转变，还提出实行"白皮红心"政策，以对付和利用敌人的保甲制度。① 含溪会议是闽东从苏区转入游击战争状态后召开的一次重要会议，从实际出发，对闽东游击战争的组织领导、基本方针、政治经济斗争等方面，制定出较为完整的游击战争的方针政策，成为闽东游击战争从被动转为主动的重要转折点，为闽东三年游击战争的发展与最终胜利奠定了基础。

为了贯彻临时特委在含溪会议上制定的"波浪式地向外发展新区，同时对内恢复老苏区"的方针，特委苏区办事处和游击区办事处成立。两个办事处的分工是：苏区办事处（即寿宁办事处，后改称福寿办事处）负责恢复苏区，游击区办事处负责向新区发展。以赛河为界，河东边的闽浙边地区，包括鼎平、霞鼎、福寿三个中心县委属苏区办事处领导；河西边的周墩中心县委属游击区办事处领导。苏区办事处由范式人兼书记，苏区各县委书记为委员；游击区办事处由阮英平兼任书记，游击区各县委书记为委员。② 以前的论著中，对闽东苏区办事处的成立，只是讲在楮坪会议时设立四个办事处。③ 但从有关文献和回忆

① 范式人：《回忆闽东三年游击战争》，中国人民解放军历史资料丛书编审委员会：《南方三年游击战争·闽东游击区》，解放军出版社1993年版，第106页。

② 范式人：《回忆闽东三年游击战争》，中国人民解放军历史资料丛书编审委员会：《南方三年游击战争·闽东游击区》，解放军出版社1993年版，第107页。

③ 中共福建省委党史研究室著：《中共福建地方史（新民主主义革命时期）》（上），中央党史出版社1993年版，第632页。

资料可以看出，对办事处的成立有一个探索发展过程，先是苏区办事处和游击区办事处的构想，[①] 后是提出成立三个办事处的建议，然后才有宁屏古、霞鼎、寿宁三个办事处成立，在此基础上再增加鼎平办事处。这应该是比较符合历史实际情况的。

含溪会议后，闽东临时特委委员再次分赴各地，阮英平到屏南、政和一带开辟新区，范式人、许旺分别到福寿、霞鼎地区开展恢复老地区工作，叶飞率部居中策应。

本来国民党军事当局认为，闽东经过“清剿”，至 5 月时，红军游击队仅剩福鼎与霞浦、福安与寿宁边界之小部，“虽不时仍多出现为害乡间，然总其实力人枪不满两百，歼灭可期”。不料到 6 月，忽有红军游击队入霞鼎边境“四出骚扰”，“行将肃清之闽东余蘖遂复有一时死灰复燃之势”。而且不得不承认红军游击队“出没无常，行踪飘忽，漫无标的，为部队行动常徒劳而无益”。[②]

确实，红军游击队的活动更加积极主动。6 月 4 日，叶飞率独立师特务队和霞鼎游击队在福鼎白琳郭阳乡流坑亭，袭击了国民党八十七师五二一团运输队，击溃敌一个排，缴获军需用品 30 多担，武装了部队。6 月 6 日，叶飞带领独立师特务队化装袭击福鼎港口重镇沙埕，全歼水警队，缴枪 70 余支，子弹数千发。6 月 17 日，独立师一部及霞鼎游击队，趁敌调防之机，进至霞鼎交界处步竹、吴洋山一带。在福鼎桑园附近伏击前来“搜剿”的新十师一个连，打死打伤敌营、连长以下 30 多人。[③] 7 月，陈挺率部回师福安，经过侦察，部队急行军 30 多公里，直插位于原闽东苏区中心区柏柱洋的茜洋，进攻民团团部，毙伤敌七八人。此仗是红军游击队撤出老苏区后的第一仗，向群众宣告了“红军游击队还在”的信息。随后部队又在福寿的岗垅伏击敌陈式

---

① 范式人：《回忆闽东三年游击战争》，中国人民解放军历史资料丛书编审委员会：《南方三年游击战争·闽东游击区》，解放军出版社 1993 年版，第 107 页。

② 《红军游击队主动出击，伺机歼敌》（1935 年 6 月），中国人民解放军历史资料丛书编审委员会：《南方三年游击战争·闽东游击区》，解放军出版社 1993 年版，第 466 页。

③ 《红军游击队趁敌调防谋袭福鼎县城》（1935 年 6 月），中国人民解放军历史资料丛书编审委员会：《南方三年游击战争·闽东游击区》，解放军出版社 1993 年版，第 471 页。

正部，击毙敌兵40余人，缴枪70多支。这些行动，打通了被敌人分割的宁屏古、福寿、霞鼎、鼎平四块游击区之间的联系，大大改善了闽东游击战争的局面。

（四）闽粤边度过艰难时期

1935年初，国民党军第八十师第二三八旅的四七六、四七七团、师补充团等，会同各地保安团队，采取分进合击的战术，先将兵力驻扎到文峰、南胜、五寨、程溪、龙溪圩、小溪等地，从而形成对闽粤边特委机关所在地欧寮的四面包围之势，然后集中向欧寮合击。

对于国民党的“清剿”行动，闽粤边特委认为，要粉碎敌人这一进攻，就要使红军尽量避免与敌人主力正面作战，以大部分的部队冲出敌人的包围线外，时刻掌握主动的地位，神出鬼没地向着敌人的弱点袭击，发动群众斗争，开辟新的游击根据地；以一部分的部队，配合游击区中的群众武装，依靠着对地形的熟悉，互相呼应，以游击战术来粉碎敌人的进攻。同时在附近交通要道与城市的游击地方，估计到有被敌人占领的可能时，则尽量“使其灰色”，转变工作方式与组织形式和领导群众斗争的艺术。①

为贯彻上述原则，红军游击队运用分散的、小规模的游击战术，寻找敌人布防间隙和弱点进行打击。2月间，趁第八十师调整部署，又忙着过年之机，红三团组织力量，袭击驻守象牙庄的国民党保安团，随即又派部分武装偷袭驻守三坪的陈琨保安团。这两次战斗虽然规模较小，却产生很大影响，敌人不得不增派第二三九旅参与“清剿”。

面对国民党军大兵压境的“清剿”，闽粤边特委及时调整了反“清剿”斗争策略，避敌锋芒，将红三团主力转移，以保存有生力量为主，把军事斗争的重点转向武装群众、开展群众性游击战争，号召人民坚壁清野，把粮食及日用品搬上山，和国民党在深山密林中周旋。不久，

---

① 《黄会聪关于闽粤边区党和红军的情况给中共中央的报告》（1936年11月22日），中国人民解放军历史资料丛书编审委员会：《南方三年游击战争·闽粤边游击区》，解放军出版社1994年版，第175页。

敌军探知闽粤边特委机关和红军后方医院以及看守所，分别隐蔽在车本附近山上石洞里的情报后，便以正规军一个团兵力配合保安团队，分三路趁夜间向车本偷袭而来。在此危急关头，红三团团长张长水当机立断，率领所部第四连和靖和浦游击队，抢先占领附近的山头，居高临下，集中全部火力向“进剿”车本村的敌军猛烈射击。被打得晕头转向的敌军慌忙组织队伍追击，张长水指挥四连指战员边打边退，牵着敌人鼻子接连转过几个山头，然后设法迅速甩掉尾追的敌军，队伍转回车本村，为掩护特委机关和红军游击队伤病员以及群众安全转移赢得了时间。同年 3 月初，当地敌军又分两路向尪仔石山周边“进剿”，得知情报后，红三团采取“围魏救赵”的策略，派出四连 100 多名指战员迂回攻入山脚下的南胜圩，镇压了反动豪绅，收缴民团枪支，筹集了一批现款。红军游击队出奇制胜的打击，使敌八十师急调部队驻守平和县城，其“清剿”部署被打乱。

虽然游击战取得一些胜利，但并不足以粉碎敌人的“清剿”，敌强我弱的不利态势也没有改变，而且游击根据地不断被蚕食和压缩，红军游击队活动范围越来越小，环境更加危急。闽粤边区特委与红三团领导人多次研究，认为部队不能困守三坪，应该到封锁线外作战，创造新的游击根据地。1935 年春末，在得到中央主力红军离开苏区实行战略转移的消息后，闽粤边特委冷静分析当时的形势，认识到边区红三团和红军游击队的任务必须改变，不能再停留在单纯牵制敌人的兵力、配合中央苏区反“围剿”上，而是要独立自主地开展游击战争，保存和发展自己的力量。因此特委确定了冲出敌人封锁线，坚决依靠群众，开展游击战争，在外线粉碎敌人的“清剿”，开辟新的游击根据地的战略方针。根据这一方针，一方面在乌山留下一支武装小分队，由红三团第四连连长卢胜带领，在地方赤卫队配合下一起坚持，另一方面，主力迅速化整为零，多点出击，分三路突出封锁线。一路由张长水率领，向漳浦的象牙庄、盘陀、梁山、杜浔，云霄的荷步、古楼一带海边发展，以梁山为依托发展游击根据地；一路由红三团政委何鸣与副团长陈桃庆率领，向平和县的峨嵋山、小溪、文峰、山格、黄井等一线发展，寻找机会与坚持在漳龙公路沿线游击的闽西红九团取得联络；一路由特委委员林路、朱曼平等率领，转进到平和五南区、云霄坪水以及漳州南乡一带，恢复和发展当地工作，坚持斗争。

红三团冲出外线后，变“内线作战”为“外线作战”，在军事上取得了主动权，开展灵活的游击战，取得一系列胜利。1935 年 4 月，红三团团长张长水率部队夜袭漳浦县马铺大土楼的驻守民团，歼灭民团团长及团丁 40 余人，缴获长短枪 40 多支。5 月，红三团一部出敌不意，接连攻下平和县的五寨新楼、下溪楼等敌据点，烧毁后井楼，共毙敌 30 余人，俘虏 70 多人，并抓捕和镇压了 6 个民愤很大的反动乡团头目，大大鼓舞了指战员和群众。与此同时，挺进漳浦沿海的红三团第三连也主动出击，先后消灭巷内、眉田、霞关等乡的联保武装，开辟了巷内、眉田、黄眉格、垄仔铺、竹仔林等一带游击区。而林路、朱曼平率领的一路红军游击队，在得到当地工作人员有力配合下，顺利地向平和县的峨嵋山、内外东溪、龙山、南霞等地发展，打开了局面，并在粗坑、东坑、园仔山内一带开辟了新的游击区。同时又恢复了靖和浦中心区，打破了国民党军第八十师的第一期“清剿”。

从 3 月份开始，红三团到梁山开展工作，并站稳了脚跟。特委先派吴运琳建立交通站，消灭梁山山脉中段吴岗的土匪邱天檄，并以此地为依托，沿山脚下向东往新社、下铺、下楼、灰窑仔、陂内、吴陂、火烧寮、后港等村庄发展。又调中共靖和浦县委委员吴庭坚以行医为掩护，开辟梁山东部新区，工作范围从龙潭、后井扩展到杜浔一带的徐坎、内寮、路边、后恩、水港、枫仔等村庄。同时活动于平和五南区、云霄坪水一带的林路、朱曼平、卢胜所部也转到梁山，深入沙西的院前、枫林等地开展工作。在工作中，游击队行动与群众斗争密切配合，领导群众开展抗捐、抗租、抗粮及分米谷斗争的同时，红三团积极开展武装斗争，第三连沿梁山山脉向海边各乡村挺进，镇压了杜浔徐坎的联保主任黄文，接着又攻打眉田、巷内、霞美等地联保办事处，不仅有力支援了群众斗争，而且把工作发展到霞美乡一带的苦竹、眉田、巷内、垄仔埔、黄厝格、竹仔林等村。到 1935 年夏，梁山游击根据地初步形成。

1935 年 6 月 5 日，靖和浦县委召开第五次扩大会议，会议得到闽粤边特委的具体指导。会议检查总结了县委转入游击战争一年来的工作，对红三团在反击国民党军“清剿”中采取外线作战的战略战术取得的成效给予充分肯定，确定今后的工作任务是：“在武装群众广泛的开展游击战争，争取与饶和埔打成一片的任务下面，目前靖和浦党最中心的工作，是组织与领导群众的日常斗争，尤其是在有军事意义的地方开展游击战争。”① 会议要求“红三团、义勇军应猛烈地向西北发展，突出敌人的堡垒线外领导群众斗争，开展敌人堡垒下的群众工作。对于被敌人强迫搬到白区的群众，要用各种方法领导他们起来反对各种压迫与剥削”。这种将红军主力在敌后开展广泛的游击战争与领导群众的日常斗争紧密结合的做法，收到很大效果。

7 月，特委令一连和特务排从平和三坪南下，攻打云霄的何地、马铺圩、枋林等地敌据点，消灭地主武装，缴枪 40 多支。并由团长张长水率领短枪班到梁山，领导活动在沿海一带的红三团第三连，连续向敌人发起主动进攻，先后攻占杜浔、过洋、枫林、院前、逢山、徐坎等村镇，开辟了大片游击区。8 月，红三团一连和特务排向平和大芹山地区挺进，但因轻敌而遭敌袭击，虽然经过激战突出了重围，但部队受到较大伤亡。此后对部队进行了整顿，在地方武装配合下，重新进行开辟大芹山游击区的工作。与此同时，由梁培德带领的一部分部队在平和五寨、南胜开展活动，以与梁山一带的行动相呼应。至 9 月，领导建立了许多群众组织，并开展机动游击战争，给国民党保安团沈东海、吴玉如部以有力打击。

经过一年的游击战争斗争实践，闽南红军游击队不仅保持了原有的游击根据地，而且开辟出大片新区：林路带领的工作团与红三团一连及特务排在平和山内开辟了以大芹山为中心的游击根据地；向沿海发展的红三团三连在漳浦开辟了以梁山为中心的游击根据地，有效地保存了闽南红军的有生力量，粉碎了国民党的第一期“清剿”。

① 《中共靖和浦县委第五次扩大会议的决议》（1935 年 6 月 5 日），中国人民解放军历史资料丛书编审委员会：《南方三年游击战争·闽粤边游击区》，解放军出版社 1994 年版，第 32 页。

此时安南永德的游击战争也处于紧张时期。为了指导游击战争，中共厦门中心市委派方毅到安南永德边区巡视，传达市委关于缩编武装队伍、坚持游击战争的指示。1935 年春，中共安溪中心县委和红二支队在佛子格召开紧急会议，传达厦门中心市委指示，研究粉碎敌人“清剿”的计划，作出再度打通安南永德地区到晋（江）南（安）地区的路线，以开辟新区，发展游击战争的决定。会后，红二支队采取集中和分散相结合的战术，与敌进行周旋，相机打击敌人。一二月间，二支队先后在永春达埔的袱江、濮溪和仙夹的坝口坑打伏击战，打败国民党军二十六旅一个营，毙伤敌近 60 人，俘敌 10 余人。3 月中旬，敌军二十六旅调两个团及安南永三县保安团队等数千人，分五路向永春达埔、安溪东溪一带进攻。红二支队组织各乡赤卫队，在乡村险要路口、深山密林处伏击敌人，配合游击战争的开展。同时集中兵力在达埔后格仔洞附近阻击敌人，激战一天，毙敌 20 多人，粉碎了一路敌人的进攻。接着采用迂回战术，转战达埔、蓬壶、玉斗一带，后向安溪方向转移，从而挫败了其他几路敌人的进攻。

国民党军队的“清剿”遭受失败后，改以“驻剿”和“分进合击”并用的战术，在主要村庄和交通要道遍筑碉堡对游击区进行分割包围。在此不利形势下，安溪中心县委和红二支队制订了冲出包围圈、开辟新区的策略，选择向同安方向突围，准备争取与中共闽粤边特委和红三团建立联系，以摆脱被动局面。3 月底，由李剑光、尹林平率领 30 多名短枪队员，从安溪参内出发，经南安的大宇、后楼等地，到达中共晋南县委所在地南安的梅花岭，与中共同安县委会合，帮助建立了晋南游击队①。随后两支部队互相配合，智袭晋江砌坑的征粮队，在五坝、后安、井上等地镇压当地恶霸。接着，二支队向同安的五峰山区一带开展游击活动，一度打通了安南永德、晋南同和同安边区的联系。但因为敌人封锁严密，与闽南红三团取得联系的目的没有达到。此后，李剑光遭叛徒杀害，二支队返回安南永根据地。虽然坚持开展了一段

① 也有论著写作工农红军闽南游击队第三支队。参见蔡志强等主编：《闽南武装斗争史稿》，福建人民出版社 1990 年版，第 89 页。

时期的游击战争，打击了敌人，但由于敌我力量悬殊，加上内部叛徒的破坏，多名指挥员被捕杀，队伍牺牲很大，红二支队溃散，安南永地区的游击战争遭受失利。

四、粉碎国民党军队第二阶段“清剿”

（一）“散兵群”战术显示威力

国民党军队发动第二阶段“清剿”时，战术有了很大改变，由第一阶段“清剿”的“集中兵力，分进合击”改为“三分军事，七分政治”的做法，从军事、政治、经济方面“三管齐下”。

在军事上，国民党军集中兵力，采取“驻剿”、“堵剿”、“搜剿”、“追剿”并用，以“驻剿”为主要战术，其部署是将部队分为两部分，一部分担任“驻剿”任务，驻在游击根据地周围，强迫群众筑炮楼、修堡垒、布竹签、扎栅栏，以限制游击队的活动，并在各村组织守望队，在每个山头都布有岗哨，山上、山下、隘口、坑口均派人把守，监视红军游击队的行踪；另一部分担任“搜剿”任务，经常出动搜山，不仅用察看岩石上的青苔、探查密林中的树枝，白天看火烟，晚上看火光，清晨看露水等办法，来发现游击队经过所留下的蛛丝马迹，而且时常变换驻地，以此来迷惑红军游击队和群众。两部分部队配合行动，对红军游击队实施残酷的“清剿”。敌人还不时派出小分队，针对游击队的活动规律，在路上撒沙子探游击队行踪，或深夜在野外打埋伏，故意制造各种假象，跟红军游击队打游击。每次行动，先以主力部队抢占高峰山头，监视周边，而其他部队则分别沿各条山梁自下往上搜，最后汇聚在一起，扬言“即使红军是一根针，也要把它找出来”。搜山过程中，遇到密林则用机枪扫射，见到草山就放火焚烧，龙岩的白土、肖坑周围的大山小山均被烧得竹木全光。永定的金丰大山、堵树坪的大山因树大山深放火烧不了，就强迫老百姓砍树。[1] 这种梳篦

---

① 张鼎丞：《中国共产党创建闽西革命根据地》，福建人民出版社1982年版，第69页。

式的搜山，对红军游击队的隐蔽活动构成严重的威胁。

第二绥靖区部队在龙岩遍筑碉堡，所部占领黄坑、四都后“均于附近扼要建碉”，为制止永定张鼎丞部的活动，先后派部队“协筑龙岩、坎市、永定碉堡线”。[①] 于是整个闽西地区，不论城镇还是乡村，不论高山还是要道都布满了炮楼和碉堡。仅龙岩的白土一地，方圆不过十多里，就筑有70多座碉堡。特别是龙漳公路沿线，每隔几百米就有一座炮楼或碉堡，驻守着部队，而且各炮楼和碉堡的火力都可以交叉射击，相互配合。敌人还修筑公路，架设电话，互通信息，以便配合“清剿”行动。这些做法严重制约了游击队的行动。

在政治上，强化反动统治，加紧欺骗群众。所谓“七分政治”，归纳起来就是：一、移民并村。凡红军活动地区周围居民50户以下的小乡村，全部移至有驻兵的大乡村居住，而且筑有碉楼堡垒，有反动武装组织；还建筑起包围全村的土围子，以兵守住门口，既可防御游击队袭击，又可监视群众与游击队联系，断绝游击队粮食及一切物资接济。二、用“瓦解政策”欺骗与压迫红军家属。到处散发“自首自新条例”，引诱红军中的动摇分子出来投降，如果有人投降了，则利用其进行造谣惑众；欺骗与强迫红军家属，让他们写信或亲自到游击队中，或随着“清剿”的国民党军前来，呼唤自己的亲人回家。三、进行武断宣传，妄图欺骗群众，说“朱毛已死，西征军被打散，再顽抗没有出路”，叫嚷说“要抗日的下山来，不要在山上空叫抗日”；用“拖枪有赏，投降做官”等鬼话，企图打击军民斗志，引诱不坚定者投降。四、断绝红军游击队经济来源。国民党在经济上实行严密封锁，强迫实行计口售粮、售盐、购物。群众从土围子里出来赶集购粮购物，或到山地种田，一定要有良民证。购买粮食和物品只能限制在一定的数量。群众外出耕田只准带够自己吃的饭，防止所谓“济匪”。监视土豪家属缴赎款，破坏游击队打土豪，断绝经济来源。实施这些手段，企图借此把红军游击队与群众隔绝开来，断绝红军的粮油食盐，从而达

---

① 《驻闽第二绥靖部队1935年1月份剿匪军事报告书》，中国人民解放军历史资料丛书编审委员会：《南方三年游击战争·闽西游击区》，解放军出版社1991年版，第559页。

到困死、饿死红军游击队指战员的险恶目的。五、招收土匪、叛徒及强制各村群众向红军游击队进攻，或甲村进攻乙村；抢掠乙村粮食等。[①]

1935 年八九月后，国民党又推行保甲制度，实施连坐法。保甲制度即以十户为一甲，设甲长，一村为一保，设保长，十保为一联保，设联保主任。居民外出或移居都要得到保甲长允许，有外客来要向保甲长报告。在有保甲的乡村内实行连坐法，要群众互相保证“不藏匪、不济匪”，如有一家“济匪藏匪”被发觉，连坐的十家都要被杀光。同时规定了血腥的屠杀政策，颁布“十杀令”，凡是发现有所谓“通匪、窝匪、济匪”等行为的都格杀勿论。

敌人的“清剿”计划比前期更为毒辣，行动也更加残暴，在游击区内大肆烧杀抢掠，人民群众遭受空前的灾难。因为国民党实行连坐法，上杭有个村子全村 30 多口人被杀光。[②] 据龙岩、永定、上杭三县游击区不完全统计，在国民党第二期“清剿”期间，有 500 多个村庄被强迫移民，8000 多座房屋被烧毁，被杀害的群众多达一万余人，被杀害的干部有 4000 多人。[③]

正是针对这种情况，闽西南军政委员会指出了闽西所面临的严重局面，也阐明了坚持斗争的有利条件。当时闽西各级党组织依然存在，并且还保有相当数量的从土地革命斗争中成长起来的干部和红军游击队，红八团和红九团已经建立了比较稳固的游击基地；特别是经历过土地革命战争教育和锻炼的广大人民群众，仍然倾向革命，积极支持红军游击队，红军游击队与人民群众建立起来的血肉相连、鱼水相存的关系依然起作用。加上闽西的自然条件，境内崇山峻岭，到处是茂

---

① 《方方关于闽西南斗争和工作状况给中共中央的报告》（1937 年 6 月），中国人民解放军历史资料丛书编审委员会：《南方三年游击战争・闽西游击区》，解放军出版社 1991 年版，第 233 页。

② 张鼎丞、邓子恢、谭震林：《闽西三年游击战争》，中国人民解放军历史资料丛书编审委员会：《南方三年游击战争・闽西游击区》，解放军出版社 1991 年版，第 322 页。

③ 中共福建省龙岩市委党史研究室著：《闽西人民革命史（1919—1949）》，中央文献出版社 2001 年版，第 427 页。

密的树林和翠竹，这些都非常适合游击战争的开展。根据这种条件，军政委员会研究决定了坚持游击战争的方针，即“开展群众性的游击战争，保存有生力量，争取广大群众，在群众支援下，运用灵活的游击战术打破敌人的‘清剿’计划”①。

但因为国民党军队实行第二期“清剿”来得比较快，各分区红军游击队都没有进行充分的准备和布置，加上消息隔断，无法接受指示，因此部队多陷于各自为战的状态。特别是由于第二期“清剿”时间长，连续四个月没有间断，敌人划片“清剿”与分进袭击的搜索，使游击支点变得狭小，群众受到屠杀，给养极端困难。这导致投敌与逃跑时常发生，有的部队产生急躁情绪，与敌人“硬拼硬打”，加上后方机关被破坏供应困难等，因此个别部队损失达三分之二以上，地方武装更全部解体。地方工作除在永定、龙岩存有几个支部外，其余全部塌台或因无从接头而停止工作。②

经过朗车整训的红八团，总结经验，认识到必须采取更加灵活的战略战术，部队以分散活动为主，做好以连排为单位单独作战的准备。本来部队计划执行闽西南军政委员会“相机向华安、漳州方向出击的任务”③，在敌人第二期“清剿”尚未展开之时，挺进到漳平、华安，进行打土豪筹款，既解决给养，也扩大政治影响。但没想到两地都已驻扎国民党正规部队，部队行动受阻，只得绕道转向漳平与华安交界的梅营，又因为这一带是新区，敌情不明，红八团在击溃华安自卫队的拦击后，又受到国民党第十师五十六团追击，仓促应战，政委邱织云不幸牺牲。部队在邱金声和代理政委伍洪祥率领下，摆脱敌人，向老根据地漳平永福撤退。

经此挫折，团党委决定按照朗车整训时确定的方针，全团以连为单位分散活动，以根据地为依托，开展游击战争。干部都疏散到连队加强领导。第三连开赴岩永靖边区的科岭一带活动；第四连到永定县

① 张鼎丞：《中国共产党创建闽西革命根据地》，福建人民出版社 1982 年版，第 71 页。

② 《闽西南军政委员会综合报告》（1937 年），中国人民解放军历史资料丛书编审委员会：《南方三年游击战争·闽西游击区》，解放军出版社 1991 年版，第 295 页。

③ 伍洪祥：《坚持闽西三年游击战争的红八团》，《福建党史通讯》1986 年第 4 期。

的金丰大山；第一连留在岩南漳边区；第二连散布于龙岩城周围和漳龙公路沿线两侧的适中、铁山、白土区域；并以机枪连与团直属队侦察排、通讯排、特务排组成团部基干连，归团部直接指挥，[①] 以保持一支比较强的突击连队，便于不失时机地在龙岩城附近和漳龙公路线上打击和消灭敌人。同时将政工干部派到重要地区兼任地方党组织的领导职务，派出宣传科科长李明康到岩永靖军政委员会任主席，另几位政工科科长分别到龙岩的适中、永定的金丰和培丰等几个特区委任书记。分散在各地的连队指导员也都兼任当地党组织的领导工作。

分散活动的部署和干部的安排，有利于各个连队与当地党组织加强密切配合，更有利于发挥红军既是战斗队又是工作队的优良传统，做好发动群众的工作，党、军、群一体，互相配合，运用灵活机动的战略对付敌人的军事政治“清剿”，从而化被动为主动。

在群众掩护下，红军游击队活动更为自如，可以自由穿插于敌人的碉堡之间。经常以一个排、一个班、一个战斗小组与县委、区委、乡村游击小组一起活动，全团都成了武装工作队。红八团团部短小精干，仅 30 多人，驻在距龙岩城仅五六里的山头村，不仅十分安全，而且消息灵通，对敌人情况了如指掌，经常寻机打击和骚扰敌人。当时驻龙岩的第二绥靖区大肆散布“闽西红军主力已被消灭”、“红八团不复存在”的谣言，并准备召开“祝捷大会”。红八团得知消息后，由邱金声率 30 余人的短枪队，在一个晚上，化装奇袭位于城南门的敌陆军第十三医院，缴获大批药品。邱金声还在撤离前打电话给敌司令官李默庵，警告他要小心点，不要乱吹牛。这次行动不仅打击了敌军的嚣张气焰，而且使红八团的名声大振，极大地鼓舞了闽西人民的斗志。

同时期，其他几个连队也在保障自身安全的前提下，不间断地主动出击，取得连续的胜利。10 月中旬，当时驻守龙岩县湖邦赤水村炮楼的地主民团气焰极为嚣张，公开悬赏捉拿红八团地方工作团负责人彭涌金。为了打击敌人，邱金声亲率短枪班伪装成东肖民团，以押送被抓住的彭涌金为借口，对赤水炮楼发起突然袭击，全歼驻守民团。

---

① 伍洪祥著：《伍洪祥回忆录》，中共党史出版社 2004 年版，第 160 页。

红八团还应群众要求，在龙岩县游击队配合下，与当地党组织潜伏在民团的内线里应外合，夜袭考塘村敌人所盘踞的协鸿楼，击毙六人，俘虏数十人，沉重打击了平时为非作歹、残害群众的民团。11 月下旬，部队又袭击了龙岩县崎濑村，这里驻有国民党军第十师补充团第三营营部，及一个机枪连和步兵连。在壮丁队作为内应的配合下，突击队员先进入炮楼，然后从炮楼冲杀出来，经过短暂战斗，捣毁敌营部，击毙敌营长、副营长，消灭敌人一个连，还缴获大量武器。

这期间，分散在永东一带活动的第三连，探索形成了一种新战法，就是把部队编成若干战斗小组，频频出击，打击敌人。有一次，三连挑选 17 名神枪手，分成四个战斗小组，隐蔽埋伏在敌人经过的路边和便于射击杀伤敌人的地点，待敌人经过时瞄准射击，东面打几枪，西面放几枪，使敌人摸不着头脑，四处挨打。结果四个战斗小组仅用 200 多发子弹，击毙敌人连长一人、排长一人、士兵 20 多人。[①] 第三连在两个月中采用这种战术歼敌几百人，使敌人防不胜防。

这种散兵群的组织，通常是以三个或五个办事老练、具有较高射击水平、对当地地形非常熟悉、腿脚麻利有机动性、政治上坚定可靠又与当地群众有紧密联系的老战士担任成员。所有行动的要领就是以隐蔽的突然袭击给敌人造成死伤；以敌进我退、敌退我进的动作骚扰和缠住敌人，阻碍或破坏其前进路线；以佯攻的动作吸引敌人朝着游击队方向来，从而打乱其原来的计划；以短促的突然袭击，消灭敌人的侦察兵等。其战斗任务就是迷惑、分散、钳制敌人；增加敌人的恐慌，降低敌人的积极性；阻碍敌人的配合，把敌人吸引到其他方向去；达到消耗敌人的战斗力量的目的。此外，还执行喊话、散发传单、张贴标语等瓦解敌军的工作。

散兵群战术很适合当时的游击战争环境。红八团对此进行了总结，向闽西南军政委员会军事部长谭震林作了汇报。谭震林非常赞赏，把这种歼敌方式总结为“散兵群战术”，不仅通报表扬，还向其他红军游

① 伍洪祥著：《伍洪祥回忆录》，中共党史出版社 2004 年版，第 176 页。

击队推广，发挥了很大作用。这种战术使敌人一时失去大的目标，而红军游击队的活动却可以更加隐蔽、更加主动。分散不是消极躲藏或不动，而是为了便于活动，便于争取群众，更好地配合地方党的工作。这样使少数武装人员可以经常在敌人的碉堡网之间穿梭活动，捕捉敌人的哨兵、通讯员，寻机打击地方上的反动分子，使敌人防不胜防，如惊弓之鸟，不敢轻举妄动。在战术上更加灵活多变，采取迅速集中或迅速分散的办法，集中如暴雨骤至，分散如疾风顿消，常常出奇制胜地打击敌人。

在第二作战分区，8 月中旬，国民党军分三路向岩连宁游击区发动进攻。开始时，活动在连南、宁洋的明光独立营没有及时分散部队，反而集中兵力与敌人硬拼，导致战斗连连受挫；活动在永安、清流交界处的红九团第二营也严重受挫，部队溃散。“整个主力部队损失了三分之二，这是一个最惨痛的失败”[①]。在此艰难时期，方方领导红军游击队化整为零，分散隐蔽，昼伏夜出，与敌“搜剿”部队兜圈子，捉迷藏，巧妙地应付敌人，保存自己。

闽西各地党组织和各县区游击队，把游击战争和群众的合法斗争相结合，有力地支援了反“清剿”斗争。龙岩游击队配合红八团一连行动，在岩东十八乡，镇压增坪反动分子，攻取芹园炮楼，连连告捷；1935 年 10 月，范钦洪带领永定游击队 150 多人，在三堡龙潭下的茫荡洋山上与敌第十师五十六团和保安第十四团的一部展开激战，将敌击溃；刘永生领导的永东游击司令部和永定各支游击队协同配合，“与敌作战 50 余次，歼敌 600 多人，给敌人以沉重打击”。[②] 杭代地区除了杭代游击支队拥有一支 300 多人的游击队伍外，还有大阳、庐丰、茶地、太拨、白砂等各区游击武装。游击队分成小股活动，摸岗哨、打伏击，

---

① 方方：《三年游击战争》，中国人民解放军历史资料丛书编审委员会：《南方三年游击战争·闽西游击区》，解放军出版社 1991 年版，第 372～373 页。

② 转引自中共福建省龙岩市委党史研究室著：《闽西人民革命史（1919—1949）》，中央文献出版社 2001 年版，第 431 页。又见章宏九、郑学秋等著：《闽西三年游击战争》，鹭江出版社 1993 年版，第 80 页。

搅得敌人日夜难安。这样真正形成了人民战争的生动奇观。

由于党的正确领导，红色部队指战员的英勇顽强作战，采取机动灵活的游击战术，以及广大人民群众的竭诚支持，敌人对闽西游击区的第二期“清剿”以失败告终，企图消灭红军游击队的妄想最终破灭。红军游击队“不仅没有被消灭，且更大的开展起来，迫近敌人堡垒马路，甚至迫近龙岩城边去活动”，“赤色的组织不仅没有被瓦解，而且打进了更大的乡村，发展到更普遍的区域”。[①] 群众和党与红军的关系不仅没有脱离，而且更加紧密起来。在整个闽西逐渐建立起龙岩、永东、岩南漳、岩永靖、岩西北等游击区，范围遍及十多个县域。革命武装力量也得到壮大，除红八团、红九团和明光独立营等正规红军部队外，永定、龙岩、上杭等县均成立了游击队，共有百余人，各地还组建了许多游击小组。

（二）黄龙岩会议确定分兵之策

1935 年 6 月间，国民党闽赣浙皖边区“清剿”总指挥部制订“清剿”计划，将闽浙赣边区划分为四个“清剿”区，设置两条主要封锁线，北线为甘溪—车盘—篁村—柴源—陈坊—花桥—冷水坑；南线为岚谷—坑口—大安—曹墩—皮坑—山岗—春人庙—司前—蛇心隘。总指挥卫立煌坐镇闽北浦城，指挥闽北的国民党第五十六师、新十一师、第三师、第二十一师、第七十六师、独立第四十五旅和部分反动民团计十余万人，东西对进、南北分切，梳篦式地对闽北游击区展开“清剿”，要求各“清剿”区“于 10 月 15 日以前肃清之”。[②]

由于闽北红军游击队尚局限在敌人封锁线的内围或周边展开游击，

---

① 《闽西南军政委员会关于目前新的形势与新的任务决议》（1936 年 1 月 5 日），福建省档案馆、广东省档案馆编：《闽粤赣边区革命历史档案汇编》第 2 辑，档案出版社 1987 年版，第 5 页。

② 《闽赣浙皖边区“清剿”总指挥总军事部署和战况（节录）》，中国人民解放军历史资料丛书编审委员会：《南方三年游击战争・闽北游击区》，解放军出版社 1993 年版，第 445～446 页。

几乎都是在根据地里面转，在建阳与崇安之间活动，虽然也曾抽调一部分兵力打出外围，但只是为了达到引开“清剿”根据地的敌军、缓解老根据地压力的目的，一旦目的达到便返回，而没有完全确立打出外线、开辟新区的战略思想，所以虽然与敌人周旋了半年之久，也取得不少胜利，却无法摆脱被动和危险局面。而新区的情况则不一样。7月，黄立贵率部队从建松政回到分区机关所在地崇安县岚谷附近的黄龙岩，向黄道汇报了这一地区敌人兵力空虚，部队回旋余地大的情况。

8月，闽北分区委在黄龙岩召开了分区委扩大会议，黄道、吴先喜、黄立贵、曾镜冰、曾昭铭等参加了会议。会议总结了半年多来开展游击战争的经验教训，特别是对机械地执行中央原地坚持游击战争指示所造成的严重后果作了深刻剖析，并根据实际情况研究下一步作战方针和政策措施。黄立贵在汇报中提到：建松政地区敌人正规部队不多，主要是地方民团，都驻在较大的集镇上，构不成封锁线，部队行动方便，回旋余地大；地主基本上没被触动过，市场比较活跃，物资供应较容易解决。困难的方面主要是群众基础差，大刀会势力较强，但通过做工作，情况正在改变。黄道认为，敌人“清剿”兵力都集中在老苏区，不仅给部队作战和生活造成极大困难，而且给人民群众带来巨大的灾难。这样也造成敌人后方实力空虚，所以红军游击队不能只是固定在老苏区同敌人周旋，而要敢于大胆转移到敌人的后方去，这样才能更好地调动敌人和打击敌人。经过反复讨论，大家基本形成一致认识，作出“以老根据地为依托，打出外线，开辟新区”的决定。会议根据新区情况，制定了新的战术原则和斗争策略：改变单纯防御和内线作战的方针，转变为战略防御与战略进攻相结合，内线作战与外线作战相结合，保存有生力量，尽量避免打硬仗、打消耗仗，采取更加机动灵活的游击战术，以分为主，时分时合，奇袭、伏击，出奇制胜，善于捕捉战机，又善于摆脱敌人；紧紧依靠群众，关心群众利益，建立秘密党组织，发展多种形式的群众团体；采取正确政策，争取多数，打击少数，将没收地主土地改为向地主筹款和减租减息；将建立苏维埃政权改为分化、争取保甲长；对大刀会区别不同的情况，打击坚决与我为敌的反动武装，争取被“逼上梁山”的绿林队伍。黄龙岩会议成为闽北游击战争的一个重要转折点。①

会后，闽北分区委及独立师分三路，向敌后挺进，实施打出外线、开辟新区的战略部署：一路由饶守坤、王助率领独立师二、三两团，越过崇安、浦城，插入敌人兵力相对薄弱的建松政地区，开辟闽东北游击根据地；一路由黄立贵、曾镜冰率领独立师第二纵队，西出邵顺建区域，与邵武独立营会合，开辟邵顺建新游击区；另一路由吴先喜、刘文学率独立师第四团二、三营及西南独立团，沿武夷山脉西进到江西资（溪）光（泽）贵（溪）金（溪）地区，恢复与开辟资光贵游击区。黄道、曾昭铭、汪林兴等率分区直属特务连、教导队坚持在崇安岚谷一带老区活动。

第一路在饶守坤、王助率领下，穿插越过敌人在崇安、浦城间设置的封锁线，向闽东北挺进。部队用了一个多月时间，绕行七八百里，打了二三十仗，连克玉山、东溪、东峰、迪口、临山、水吉等乡镇，消灭一批地主武装，并于10月与建松政中心县委及游击队会合。随后部队分开行动，第三团留在建松政边区配合当地游击队，建立和扩大游击根据地；第二团则辗转进入建瓯县玉山乡的富地村，采取分兵发动群众，集中对付国民党军的办法，部队在晚上化整为零，深入农户中宣传党的政策，为贫苦农民送衣送粮，帮助群众解决困难。通过做群众工作，使群众了解了红军的性质和任务，解除了思想疑虑，为开辟游击根据地打下了基础。这一带大刀会的势力极大，第二团采取争取与打击相结合的策略，与林熙明大刀会达成协议，取得大刀会的支持，很快打开了局面，建立了以玉山、迪口为中心的游击根据地。红军游击队由原来的1300多人，发展到2000多人。② 1936年1月，第二团趁敌接防之机，袭扰屏南县城，扩大政治影响。随后又接连袭击棠口、筹岭、葛畲、大嵩、千仙岗等驻地的国民党军队和地方民团。通

---

① 黄知真：《黄道与三年游击战争》，中国人民解放军历史资料丛书编审委员会：《南方三年游击战争·闽北游击区》，解放军出版社1993年版，第81页。

② 中共福建省委党史研究室著：《中共福建地方史（新民主主义革命时期）》（上），中央文献出版社1993年版，第626页。

过这些行动，使游击区扩大到包括建瓯、松溪、政和、古田、屏南边界在内的闽东北广大地区。

第二路在黄立贵率领下，向邵顺建挺进。邵顺建游击区包括邵武、顺昌、建阳三县交界地区的朱坊、二都、三都、仁寿、黄坑、界首、书坊、莒口、徐市等乡镇。黄立贵分析指出，这里还不是国民党正规部队重点防守的区域，主要敌对武装是地主民团和大刀会，只要加强党的领导，深入发动群众，打击最顽固的封建势力，争取瓦解大刀会，配上一支有一定战斗力的武装，充分利用三县交界复杂的地理环境，采取机动灵活的战略战术，必定能够将这个地区开辟成敌后根据地，与老地区结成掎角之势，牵制国民党军对老区的“清剿”力量。

黄立贵率领部队绕过闽赣边境，接连摧毁岭源一线国民党军修筑的碉堡，进而袭击紫溪，攻克杨村，造成敌军以为红军游击队有北进之势的错觉，从而尾追而来。迷惑敌人的目的达到后，红军游击队以急行军的大动作甩开跟踪之敌，取道光泽司前，突然向南转入邵顺建地区。进入邵武后，与邵武独立营会合。为了打击国民党保安团和当地封建武装九仙会，打开向顺昌方向的通道，9 月中旬，黄立贵指挥部队，在建阳麻沙一带设下埋伏。当大刀会、九仙会徒进入伏击圈后，部队发起前后夹攻，勇猛冲杀。此仗全歼 400 余人，大大震摄了当地反动封建会道门的势力。

接着部队趁势向南发展，在莒口、界首、长坪等地，消灭一批当地民团和大刀会，并对会徒家属采取宽大政策，消除了这一带大刀会和九仙会会众对红军的敌对情绪，大多数会众不再与红军游击队为敌，从而使形势得以改善。不久部队便在邵顺建三县交界处的书坊、上书坊一带建立了一小块根据地。二纵队以此为依托，四面出击，在西至富屯溪，北至邵武、建阳交界，东至玉山、屏南，南至顺昌、洋口一带活动，开展群众工作。1935 年 10 月，中共邵顺建县委在建阳南门丁厝成立，下辖饶坝、桂溪、东游、华家山等区委。后又扩大到邵武的朱坊、拿口、南坑，顺昌的桂溪、仁寿等广大地区。同年冬，吴先喜又率独立师一部进入邵顺建边区，对不断骚扰华家山、东游区委的反动大刀会实施打击，捕杀了首恶分子，粉碎了当地反动民团企图在华家山、东游、东徐、上方发动反革命暴乱的阴谋，整顿了邵顺建县委，从而稳定了游击区的局势。

9月，吴先喜回到建阳，在黄坑召开光泽中心县委会议，传达了闽北分区委会议精神。随后吴先喜和刘文学率领第三路部队向资光贵进军。队伍共计400多人，由两部分组成，主力是由闽北分区司令员吴先喜率领的闽北独立师第四团，有300多人。另有刘文学带领的邵光独立团一个连以及地方干部。当时这一地区没有国民党正规军，只有一些民团和地主武装。部队以光泽县的柴家为落脚点，以此为起点展开军事行动，摧毁国民党的乡村政权，瓦解民团和地主武装，开展了群众工作。局面初步打开后，成立中共柴家区委，刘文学任书记。

此后，鉴于光泽县城北郊国民党统治力强、大刀会势力大、地势平坦、不易发展的问题，游击区向北边的四县边界发展，开辟了资溪的昌坪、白沙坑，建立了中共昌坪区委，从此红军游击队以这里为基地展开活动，积极向东、北、西三个方向发展。经过一段时期的斗争，先后建立了中共冷水坑区委和中共陈坊区委，游击根据地有了较大扩展。后来在四个区委的基础上，建立中共资光贵中心区委，刘文学任中心区委书记，从而在昌坪、饶桥、冷水坑、陈坊等地创建了游击区。

部队打出外线后，犹如蛟龙入大海，获得自由活动的广阔空间，游击区域扩大到东至浦城边境，西达江西铅山、上饶边界，南抵建阳西北部，北到江西广丰的广大地域，游击战争开展得更加灵活机动。

到外线作战，最典型的就是跑路多、打仗多。有时天天跑，天天打，边跑边打、边打边跑成为平常事。虽然部队上进行过说明，战士们对此已有心理准备，但开始也吃过一些苦头。经过一个时期的摸索，游击队逐渐掌握了一套对付国民党军队“前堵后追”的办法。如有时利用夜色，派出小分队佯装主力诱敌追击，真正的主力乘机摆脱敌人；有时背靠大山，敌军来追，就采取“边打边走”战术，牵着敌人的鼻子兜圈子，把敌人拖得疲惫不堪，然后抓住机会，给敌人以狠狠一击。1936年2月，黄立贵、曾镜冰率领部队采取这种战术，将周志群的新编十一师，从建瓯、顺昌、将乐、建宁、泰宁、光泽、邵武一直拖到建阳，行程上千里，最后在建阳界首设伏，毙伤敌人300多人，取得重大胜利。①

1936年春，吴先喜率领闽北独立师第四团第二次到资光贵根据地。根据当地游击队的报告，准备袭击敌冷水坑据点。该据点是贵溪县城南部的一个重要军事据点，驻有国民党正规军、保安团、民团和地主武装，对红军游击队的“清剿”特别厉害。吴先喜决定给敌人以有力打击，制订了在茶山伏击敌人的计划。茶山是游击区，在冷水镇东南约十几里，地形对红军游击队行动极为有利，背靠大山，进可攻，退可走。此时第四纵队在群众掩护下，秘密地从福建转到资光贵游击根据地，所以敌人根本不知道这一情况。这些都为打击敌人创造了有利条件。部队先是派游击小组在山脚下将敌人引入伏击圈，等敌人进入伏击圈时，红军游击队发起闪电式打击。后来从情报得知，原来敌人新到两三个保安团，这样一来兵力相差悬殊，继续与敌胶着战斗对红军游击队不利，于是红军主动撤出战斗。总的来说，此仗消灭一部分民团，打击了敌人的反动气焰，鼓舞了游击区人民群众和游击队的士气，对资光贵游击根据地的巩固和发展起了较大的作用。

在游击战争的环境下，闽北游击区红军指战员们根据部队既没有固定的作战区域，也没有固定的作战方向，忽东忽西、时南时北的特点，以及闽北山深林密、回旋余地大的自然条件，从斗争实践中探索出一套“藏、走、打”的灵活战术。“藏”，就是当敌人大部队进攻时，红军游击队就钻深山，入密林，或化整为零，分散隐蔽到群众之中，让敌人看不见、找不着，使其失去进攻的目标，有力无处使。当时，红军游击队在深山和悬崖的山洞储存粮食，作为隐蔽地点；或在偏僻的群众家里建起一些秘密的宿营点，作为藏身之处。开始许多战士都是与敌人硬拼，但消灭的敌人不多，而红军的损失却无法弥补，伤亡一个就少一个，血的教训使大家认识到，即使一个红军战士能拼几个敌人，也是不划算的。当然这种“藏”不是消极的，而是积极的，就

① 黄知真：《黄道与三年游击战争》，中共中央党史研究室编：《红军长征纪实丛书·南方三年游击战争卷》二，中共党史出版社2016年版，第584页。

是为了保存自己，只有先保存自己，才能消灭敌人。“走”，就是经常转移，和敌人兜圈子、绕弯子，牵着敌人的鼻子在山林里打转。部队白天走百十里，晚上走七八十里是常事，不仅要走得勤，走得快，还要走得利索。正因为不停地“走”，不仅摆脱了敌人，拖垮了敌人，挫伤了敌人的锐气，而且创造了战机，使敌人始终摸不到红军游击队活动的规律，而红军游击队却掌握了主动权，趁机消灭敌人。“打”，就是在有绝对把握取胜且能避免过大伤亡的情况下，发挥红军近战、夜战的特长，注重突然袭击。根据不同的地势、敌情，采取不同的打法。当小股敌人搜山“清剿”时，便集中优势兵力，埋伏在隘口要道上，坚决干净地打个歼灭战；当遇到敌人大部队时，便利用有利的地形地物，袭击敌人先头部队或截击其尾部，打了就跑。[①] “藏、走、打”作为一套游击战术体系，是相辅相成的，闽北红军游击队正确处理了三者的关系，真正达到保存自己、消灭敌人的目的。

经过艰苦斗争，闽北红军游击队恢复和开辟了建松政、邵顺建、资光贵三块新游击根据地。到 1936 年上半年，闽北游击区扩大到西至江西金溪、资溪，东临闽北松溪、政和，北达江西广丰、闽北浦城，南接泰宁、将乐，包括 20 多个县域的广大地区。[②]

（三）开辟乌山等游击根据地

在潮澄饶、饶和埔游击区斗争相继受挫的情况下，1935 年 9 月，中共闽粤边特委在平和尪仔石山召开了特委第五次扩大会议。会议着重总结了开展游击战争以来闽粤边党和红军游击队在反“清剿”斗争中的经验与教训，提出了进一步加强党的领导，武装群众，广泛深入地开展群众性游击战争的方针。特委还根据实际斗争经验，作出开辟乌山游击根据地的部署。

乌山位于诏安、云霄、平和三县交界处，周边与广东的饶平、大

---

① 饶守坤：《闽东北游击区的开创与发展》，中国人民解放军历史资料丛书编审委员会：《南方三年游击战争·闽北游击区》，解放军出版社 1993 年版，第 293～295 页。

② 黄知真：《黄道与三年游击战争》，中国人民解放军历史资料丛书编审委员会：《南方三年游击战争·闽北游击区》，解放军出版社 1993 年版，第 85 页。

埔毗连，散布着许多乡村。这一带群众基础较好，而且崇山峻岭，路崎洞深，交通不便，是开展游击战争的好地方。为此，红三团武装小分队进入云霄县境的坪水、马铺圩、车仔圩及平和的田径、小角岭等地，先后拔除多处地主联防武装的据点，并开仓济贫，发动群众。针对当时群众对红军不了解，不敢公开接受粮食的问题，红军游击队就在夜间将粮食送到群众家门口，使其逐渐敢与红军游击队接近。此时游击队又根据群众的要求，对那些民愤极大、为非作歹的反动地主及其武装进行坚决镇压。云霄水晶坪桥头的反动地主张亚钗父子，倚仗武装和坚固土堡，横行乡里，作威作福，群众对其敢怒不敢言。卢胜决定消灭这股反动势力。一天夜晚，侦察组报告张亚钗从外地潜回据点的情报，卢胜率30余人的武装小分队，悄悄包围张宅。等天亮张宅大门一打开，队员们冲入土堡，活捉了张亚钗。此战未放一枪，俘敌11名，缴获长短枪10余支。次日，红军在桥头召开群众大会，根据群众的意愿，宣布了张亚钗的罪行并将其处决，把没收的大部分财物分给当地群众，为群众申了冤。群众被发动起来后，工作很快扩展到诏安的马坑、北蔗、林畲、龙砾等地，经过领导群众斗争，开辟了平和与云霄边界的陂下、寮安、下寮、梅林、七高砾、银坑、十八间等大片游击区域。到10月初，开辟了以诏安的北蔗、进水和云霄的水晶坪、半岭为中心的乌山游击根据地。

1935年9月，闽粤边特委与原属东江特委领导的潮澄饶县委接上关系，并根据潮澄饶实际情况，提出了“保存实力，组织转移”的工作方针。于是，潮澄饶红三大队、县特务大队撤离苏区，向闽粤边境转移。10月，又派何鸣带一个排前往巡视指导工作。11月初，在乌山十八间召开潮澄饶县委扩大会议。会议要求通过抓紧秋收斗争来广泛开展游击战争，讨论部署了恢复潮澄饶的斗争和开辟云和诏游击根据地问题。重建了潮澄饶县委新班子，派出干部到诏安、云霄一带开辟新游击区，成立了中共云和诏县委，原潮澄饶县委书记张敏改任特委委员兼任云和诏县特派员。随后，特委将红三大队卢秋桂部、邓珊部合编为闽粤边独立营，由卢胜任营长，吴金任政委，成为由特委直接领导的一支主力部队。该营地在云和诏一带开展游击战争，领导广大群众起来抗捐抗税，抗租和分米谷斗争，创造了一大片游击区域；独立营还“积极地向西北发展，以便使闽粤边区游击区与闽西南的游击区更大片的打成一片与更密切的联络”①。

闽粤边游击区针对国民党军发动第二期“清剿”的特点，采取分散与集中相结合的策略，对“清剿”之敌予以坚决打击。1935 年 10 月 2 日，国民党保安八团出动两个营兵力向梁山根据地包围而来，受到红三团突然袭击后不支，敌八十师急调四七七团增援。11 月，红三团迅速跳出敌人包围圈，先后攻打平和县白叶楼、壶祠、大坑尾、大溪圩等地，拔除了国民党军和保安团驻守的一些据点，从而使靖和浦与云和诏两块游击根据地连成一片。1936 年 1 月初，红三团争取叛徒许锡蓝部下起义，配合攻下龙溪圩的赤楼与竹美林楼，活捉民团长王连文，毙伤敌 40 多人，缴枪 30 多支。红三团和独立营利用敌八十师各部换防之机，在靖和浦、乌山地区积极打击土豪和反动武装。1 月中旬，红三团在独立营配合下，对平和龙头的南门与寨仔村发起攻势，毙伤联防队员 50 多人，缴枪 30 多支，活捉反动地主林海清，并召开群众大会将其枪决，没收其财物分给群众。23 日晚，红三团调集两个连，袭击了南靖县洋尾溪岩前楼，此仗消灭保安团一个排 30 多人。2 月间，独立营获悉国民党第八十师和保安团共 7000 多人，向乌山地区发动大规模“清剿”的情报后，为避开强敌锋芒，减少目标，部队分散行动，一部分隐蔽在乌山，一部分转移到坪水、北蔗、水晶坪一带，采取灵活机动的游击战术，多次插到敌人后方打击敌人。3 月，闽粤边红三团和独立营分兵出击，消灭地主武装，不仅恢复了被敌占领的游击区域，而且开辟了云和、浦云、浦南、双格等四个新的游击区。② 4 月，独立营在群众配合下，运用挖地洞、炸楼的办法，攻破反动据点隔背坑坝楼，

---

① 《黄会聪关于闽粤边区两年余情况致陈云等转中共中央的报告》（1937 年 4 月），中国人民解放军历史资料丛书编审委员会：《南方三年游击战争·闽粤边游击区》，解放军出版社 1994 年版，第 213 页。

② 《中共闽粤边区特委书记黄会聪给中央的报告》（1937 年 4 月 20 日），中国人民解放军历史资料丛书编审委员会：《南方三年游击战争·闽粤边游击区》，解放军出版社 1994 年版，第 202 页。

迫使地主武装投降。接着一举攻克云霄的半岭，摧毁诏安上官陂的大土楼。同时红三团在团长张长水指挥下，依靠群众武装配合，攻下漳浦的水磨、寨仔、苦竹坑、水宅、石椅等地，建立了灶山根据地。到1936年6月，闽粤边党组织和红军游击队在靖和浦、云和诏边界地区巩固发展了尪仔石山、梁山、乌山、大芹山、灶山等游击根据地。

（四）建立办事处加强领导

闽东游击战争局面打开后，中共闽东临时特委于1935年8月在柘洋楮坪龙井庵召开了扩大会议。楮坪东可通东源桃坑至霞浦柏洋，南与黄柏、福安东区官洋相接，西与江坑、社坪和福寿根据地毗邻，地点非常隐蔽，而且龙井庵还有地洞直通山背后，在这里开会非常安全。这次会议正式成立中共闽东特委，[①] 并对特委组织机构充实健全。调整后的闽东特委，叶飞仍任书记，阮英平任组织部长，范式人任宣传部长，许旺为常委，陈挺、范义生、郑宗毓、谢作霖、黄固生、詹嫩弟为委员。[②] 同时批准设立宁屏古、福寿、霞鼎、鼎平四个特委办事处，分别由阮英平、范式人、许旺、谢作霖兼任书记。宁屏古办事处下辖周墩、宁德、宁寿、安德四个县委；福寿办事处下辖福寿、寿宁、寿泰、寿景庆四个县委；霞鼎办事处下辖福霞、霞鼎、安福、霞鼎泰四个县委；鼎平办事处下辖福鼎、平阳、瑞平三个县委（1936年3月归浙南特委领导）。特委四个办事处的建立，对于在游击环境下独立自主地领导和坚持游击战争发挥了重要作用。

为适应游击战争的需要，独立师进行了整编，改设四个纵队建制。闽东独立师由叶飞任师长兼政委，范式人任政治部主任。独立师第一纵队由范义生（后陈挺）任纵队长；第二纵队由陈挺（后金信江）任

---

① 正式成立闽东特委的时间有不同观点，有的认为是1935年5月的含溪会议上成立的，但考虑到当时形势危急，临时特委委员牺牲多，人员不齐，所以恢复临时特委的可能性较大。此处采用范式人的回忆，见《回忆闽东三年游击战争》，中国人民解放军历史资料丛书编审委员会：《南方三年游击战争·闽东游击区》，解放军出版社1993年版，第106页。

② 中共福建省委组织部、中共福建省委党史研究室、福建省档案馆：《中国共产党福建省组织史资料（1926年2月～1987年12月）》，福建人民出版社1992年版，第237页。

纵队长；第三纵队由缪英（后沈冠国）任纵队长；第四纵队由王建安任纵队长。党组织的充实健全和独立师的整编，增强了闽东游击战争的统一指挥和互相配合能力。同时重新划分了各纵队活动的地区，规定了具体任务：第一纵队以寿宁、周墩地区为依托，积极向屏南、政和两县开展活动，发展周边县境新的游击根据地；第二纵队以福寿地区为依托，寻机向浙江泰顺、景宁、庆元等县发展，开辟闽浙边境新的游击区；第三纵队以宁屏古地区为依托，适时向建瓯、闽侯发展，并设法恢复连罗苏区。此外，霞鼎的部队保留原有建制和番号，继续向浙江平阳、泰顺一带发展。①

会议之后的 8 月 23 日，正在竹洲山苎园坪白鼻岩召开军事会议的叶飞和阮英平得到情报，获悉省保安八团团长陈崐部将要从周墩去萌源、端源“清剿”周墩独立营，原来是独立营前往端源筹款的消息不幸被保安团侦知，陈崐亲率保安团追踪而来。于是叶飞和阮英平果断决定在敌必经之路的萧家岭设下埋伏，打击敌人。萧家岭位于周墩西北，距离周墩五六里，依山傍溪，森林茂密，山路蜿蜒，是打伏击的好地方。第二天，叶飞率领独立师第一纵队 100 多人埋伏在路口南面的坂头密林中，阮英平率领第三纵队 100 多人埋伏在岭头北侧的制高点，静待敌人入网。布置妥当后，陈崐率保安团兵 300 多人向萧家岭扑来。随着一声“打”的号令，两边山岭的交叉火力向敌军队伍齐射，枪声和手榴弹的爆炸声响成一片，敌人受到突然袭击乱成一团，等回过神来慌忙组织反扑，双方形成胶着状态。这时凌福顺率领周墩独立营绕到敌人的背后，抢占南面的制高点，向敌人猛烈射击。经过激烈战斗，共击毙敌连长、排长各一人，毙伤敌兵 40 余人，缴枪 23 支，弹药 20 多箱，取得较大胜利。随后，第一纵队转移寿宁，在后溪头击溃国民党军两个连，敌兵死伤 40 余人，“给敌一个严厉打击”。② 9 月 7 日，范义生率第一纵队袭击大安泮洋，与守敌一个连激战，毙敌十多人，一

---

① 陈挺：《回忆闽东红军斗争历史》，中共福建省委党史资料征集研究委员会编：《福建党史资料》第 3 辑，1984 年 4 月，第 161 页。

② 《中共闽东特委寿宁办事处给福寿县委的信》，《闽东党史资料》第一辑，中共福安地委党史资料办公室翻印，1957 年 10 月，第 67 页。

举端掉岗垅侧翼的敌据点，解除了对岗垅游击根据地的最大威胁。

与此同时，叶飞率第二纵队向浙江边境发展。8 月 30 日，从寿宁甲坑出发，会同福寿县委领导的泰南游击队，攻打泰顺南院乡毛洋村国民党前乡长毛庆托的两座私人碉堡。战士们用浸透水的棉被覆盖在八仙桌上制成“土坦克”，快速向碉堡逼近，点燃了碉堡旁边的柴楼，攻克碉堡。接着，第二纵队和泰东游击队乘胜出击，相继焚毁泰顺县境内由地主民团联合修筑的 20 多座碉堡，摧毁了国民党军在寿泰边境苦心构筑的“边防碉堡线”。

9 月间，驻扎在王宿的第三纵队在周墩枣岭伏击了从咸村方向而来的黄苏保安独立旅一部，毙伤敌兵十余人，缴枪数支。接着，阮英平率领第三纵队挥师政（和）屏（南）边区，开辟了新的游击区。随后又向连江、罗源游击，担负恢复老苏区的重任。福鼎独立团在龟子山诱击驻守富洋的敌军，活捉包括敌营长在内的 40 多人，缴获机枪两挺，步枪 80 多支。[①]

闽东独立师把外线出击与内线作战，恢复巩固老区与开辟发展新区相结合，不但粉碎敌人多次“清剿”和严密封锁，在闽东老根据地站稳了脚跟，而且发展了广大的新游击区。全区重建了 12 个县的苏维埃政权。福寿地区恢复建立了中共寿宁县委，以后又扩建为中共寿宁中心县委，成立中共含溪中心区委和区苏维埃政府，恢复和新建了 50 多个村苏维埃政权；霞鼎地区成立了 14 个区委，恢复和建立了 46 个乡村党支部，43 个村苏维埃政权；宁屏古地区成立了中共周墩县委和周墩县革命委员会，恢复建立了茶广、碧岩、梧柏洋、芹太丘、桐子坑等 20 余个村苏维埃政权，还恢复和新建了古田的谈书店、毗源、杉洋、璋地等交通站，沟通了古田与连江、罗源、宁德之间的联系。在政屏边区，先后建立了岩后、仰头、文山、东盘、牛途山等十余个党支部，成立中共政屏中心区委和游击队，开辟了政屏游击根据地，[②] 使之成为闽东、闽北红军游击队联系来往的重要通道。

---

① 叶飞著：《叶飞回忆录》，解放军出版社 2007 年版，第 56 页。

② 阮朝阳、李宗元著：《阮英平传》，中国文史出版社 2008 年版，第 111 页。

第三章　探索符合方针政策的群众游击战争

游击战争是人民群众的战争，更应该发动人民群众，领导群众进行战争。正是党组织和红军游击队在领导与帮助群众进行政治、经济以及武装游击的斗争中，真正与人民群众一条心，紧紧依靠群众，帮助人民群众得到并维护了实际的利益，加深了与人民群众的深厚感情，与人民群众建立了血肉联系和鱼水关系，从而得到广大人民群众的真心拥护和鼎力支持，为福建三年游击战争的坚持和胜利创造了条件。

一、领导开展群众性游击战争

（一）群众工作面临新的严峻考验

依靠群众，宣传群众，组织群众，是苏区时期开展革命斗争的经验总结，也是红军的根本任务和优良传统。苏区时期，许多革命工作都是通过群众运动来开展的，由此也积累了发动群众运动、开展群众工作、领导群众斗争的丰富经验。但转入游击战争状态后，群众工作出现了新的形势，面临着严峻考验。

首先是土地革命战争后期所推行的“左”的政策和做法对群众工作产生了妨碍。如饶和浦诏县委领导人对主力红军长征后的形势估计不足，在国民党进攻下，还硬在五六十户的小乡村强迫群众实行分田，建立苏维埃政府。群众感觉力量太小，分田会引起敌人进攻，所以向县委提出暂时不要分田，但县委不但没有考虑到群众的难处，倾听群众的意见，反而认为这是富农的阴谋，有意要破坏与阻止分田，便将反对分田的群众扣押起来，进行刑讯逼供，要他们供出破坏分田的阴谋。结果引起群众恐慌导致百姓全部跑到别的地方去，最终苏区全部塌台。下葛群众本来斗争情绪就不高，县委却在赤竹坪、马坑等几个小村落公开活动，结果县委撤退后，群众遭受到极大的摧残，致使群众产生怨叹之言，说“红军害死人”。[①] 群众被摧残迫害，不得已移民。靖和浦县委竟然认为：苏区群众做了国民党“武断宣传的俘虏”、“移民政策的拥护者”、“应声虫”，“已经是认贼作父”。[②] 红三大队一些领导看到群众被迫移民，误认为群众“反水”，派驳壳班在半路堵截，不准群众移民，要群众搬回去；敌人又拼命摧残，损失很大，弄得局面很不好过，严重脱离了群众。[③]

这些做法“不是让群众坐受敌人摧残，便是迫使群众作无希望的斗争，因而使群众在对敌斗争中长期陷于左右为难、进退失据的境地”[④]。“党在生产中没有自己的强大的核心，即（既）不能领导广大的群众参加革命战争，同时也使党的领导机关更加容易脱离群众”[⑤]，造成“闽赣党武装群众与发动群众的武装斗争的极端薄弱”[⑥]。再加上有些地方游击队确实存在“不大讲政策，不大讲纪律，乱拿老百姓的东西，脱离了群众，引起了群众的误解”[⑦] 的现象。这些给游击战争环境下的群众工作带来了非常不利的影响。

---

① 许其伟：《闽粤边区特委的组建及饶和埔的情况》，中共福建省龙溪地委党史办公室、中共广东省汕头市委党史办公室：《闽粤边区三年游击战争史料汇编》第二辑，内部资料，1985 年，第 13 页。

② 黄会聪：《新的情势与新的策略下右倾机会主义的动摇》（1935 年 10 月 5 日），中共福建省龙溪地委党史办公室、中共广东省汕头市委党史办公室：《闽粤边区三年游击战争史料汇编》第一辑，内部资料，1985 年，第 71 页。

③ 何浚：《闽粤边区特委成立初期的革命活动》，中国人民解放军历史资料丛书编审委员会：《南方三年游击战争·闽粤边游击区》，解放军出版社 1994 年版，第 270 页。

④ 张鼎丞、邓子恢、谭震林：《闽西三年游击战争》，中国人民解放军历史资料丛书编审委员会：《南方三年游击战争·闽西游击区》，解放军出版社 1991 年版，第 320 页。

⑤ 《中央给闽赣战委信》（1934 年 6 月 12 日），中共福建省龙岩地委党史研究室编：《反对所谓“罗明路线”问题》，鹭江出版社 1993 年版，第 467 页。

⑥ 《中央给闽赣战委信》（1934 年 6 月 12 日），中共福建省龙岩地委党史研究室编：《反对所谓“罗明路线”问题》，鹭江出版社 1993 年版，第 468 页。

⑦ 刘文学：《抚东游击战争的艰难历程》，中国人民解放军历史资料丛书编审委员会：《南方三年游击战争·闽北游击区》，解放军出版社 1993 年版，第 257 页。

其次是国民党采取白色恐怖和血腥屠杀的政策，使群众产生害怕心理，也影响了群众工作的开展。国民党军队采取惨无人道的手段进行阶级报复，大肆屠杀共产党人和革命群众，制造了一个个“无人村”、“寡妇村”。国民党闽赣边区军事当局拟定了《闽赣所属各县移民并村办法大纲》。福建当局制定《根绝福建匪祸计划》，把移民并村列为“清剿”办法之首条。在龙岩、永定、上杭等地，被国民党强迫移民并村的有510多个村庄；闽粤边区除靖和浦中心区的小村庄几乎全部被移民并村外，梁山游击根据地的龙潭、后井、新社等山村的群众也先后被强迫移走，造成几十里范围内没有人烟。国民党军队还将游击区中的房屋全部烧毁，以迫使移到白区的群众无法再回去居住。其用心就是割断党组织、红军游击队与人民群众的联系。这样不仅使人民群众背井离乡，流离失所，更使广大农民衣食无靠。国民党的移民政策，“完全是屠杀群众，饿死群众，毁灭农村的毒计”①，“闽西千数百里的农村房屋被烧成瓦砾，民众生活最大依靠的竹木山林大部被焚，整乡整村的民众被杀的被杀，移民的移民，到如今田园荒芜，乡里丘圩，被难之惨，亘古未闻！”②

国民党还在移民并村的周围修筑起土围子和竹篱笆，仅留下一个栅门，由军队日夜把守，并筑起碉堡炮楼，以监视全村。国民党第十师就把龙岩、宁洋、连城、永安之间方圆三四百里内的小村群众，全部移民到大村，并建栅筑垒，剥夺群众的行动自由。同时国民党还推行保甲连坐制度，加强对老百姓的控制。对于红军家属、接头户等则编成“特别甲”进行严密控制。在编制保甲的基础上，国民党还普遍推行了连坐法，规定“十杀令”，“一家通匪，十家连坐”等。国民党第四绥靖司令官李延年在督促部队进行“清剿”和堵截的同时，命令部队应协同当地政府举办清乡，组织保甲壮丁队，实现联防。国民党

① 《闽西南军政委员会关于移民斗争的指示》（1936年2月10日），古田会议纪念馆编：《闽西革命史文献资料》第9辑，2013年8月，第59页。

② 《闽西南军政委员会为联合救国致各界公开信》（1936年12月），中国人民解放军历史资料丛书编审委员会：《南方三年游击战争·闽西游击区》，解放军出版社1991年版，第180页。

军队还经常化装成红军游击队闯到乡村打家劫舍，或骗群众开门，进而捕杀支持革命的群众。在敌人的高压政策下，群众中也产生恐惧心理，不敢接近、更不敢支持红军游击队。

同时国民党还进行了大量的欺骗宣传，其中最突出的就是反“赤化”和特种教育。1933 年，国民党就制定《特种区域暂行社会教育实施办法》，提出要对“曾受赤匪扰害区域”、“受赤化较深区域”的成人和儿童进行管教养卫兼施的教育。[①] 为此于 1934 年 9 月，国民政府训令成立赣闽皖豫鄂五省特种教育委员会，同时在五省分别设特种教育处，以便推行其所谓的特种教育。其教育目标主要是针对一般民众甚至儿童，“使能彻底了解赤匪之罪恶，与其根据之妄谬，以期确信三民主义”[②]。这种特种教育一直延续到三年游击战争时期，成为国民党军队除军事“清剿”之外，意图实现地方靖安的重要工具。主要做法就是开办中山民校，福建共办了 117 所。1935 年，福建省首创设立巡回教学团，在闽西、闽北、闽东等 20 余县范围实施巡回教学。教学内容主要是“宣扬三民主义，揭破赤匪之错误与罪恶，并针对民众之思想言论，为深切之指导”。这些洗脑感化的欺骗宣传，增加了红军游击队做群众工作的难度。

再次是对游击战争新形势还不太适应。游击战争初期，各游击区存在一个共同的缺点，就是主要精力放在军事方面，而对发动群众有所忽视，特别是“不善于做群众工作，不善于组织群众进行合法的斗争”[③]。因为忙于游击，忙于应付敌人的“清剿”，无暇顾及做群众工作，这就把红军做群众工作的传统优势丢掉了。同时对于群众利益的争取不太注意，主要限于打土豪筹款，后来工作中虽有注意，“可是因为群众工作没有很好的转变，还不能取得大的成绩”。有的游击队不顾

① 《特种区域暂行社会教育实施办法》，中国第二历史档案馆编：《中华民国史档案资料汇编》第 5 辑第 1 编，江苏古籍出版社 1994 年版，第 1130 页。

② 郑贞文：《国民党的反共特种教育》，中国人民政治协商会议全国委员会文史资料研究委员会编《文史资料选辑》第 15 册，中国文史出版社 1986 年版，第 210 页。

③ 张鼎丞、邓子恢、谭震林：《闽西三年游击战争》，中国人民解放军历史资料丛书编审委员会：《南方三年游击战争·闽西游击区》，解放军出版社 1991 年版，第 324 页。

群众的利益，随意打击敌人，暴露目标，使群众遭受摧残。这样使本来就存有悲观情绪的群众更加不满与害怕。

另一方面，红军游击队打出外线，开辟新区时，因为大部分区域长期受到国民党的反动统治和地主武装、大刀会、反动道会的控制，群众对红军游击队不了解，不敢与红军游击队接触，甚至盲目跟随反动武装与红军游击队作对。在此种情况下，党组织和红军游击队中又普遍存在着“对群众斗争情绪估计不足，认为没有红军的到来，群众是不敢起来斗争的。因之，没有刻苦忍耐的去组织群众，领导群众日常斗争”①，从而产生了“依靠军事来恢复苏区的观点，因而放松了艰苦的组织工作；另一方面却是对群众情绪估计不足，而产生不相信群众的关门主义”②。尽管中央和中革军委有过不少开展游击战争的指示，但正如陈云所指出，在许多被敌人占领的区域中，许多挺入游击区域的游击队，经常是蜻蜓点水式很快就缩回苏区，“即使有些游击队愿意坚持在游击区域中活动，也还没有发动当地的广大群众成为群众的游击战争”③。这是因为，不论苏区地方党部、战区，还是游击区域的党的组织，从政治上对游击战争的重要性的认识都还非常不够，一般还没有把发动群众的游击战争作为党的第一等任务。而且在领导游击战争上存在错误，如不是调配最有能力、最适当的负责干部去负责某个游击区域的领导，游击区域中没有建立集中的领导机关和“秘密支部”，使党的组织脱离群众等。党在游击队中的领导和组织很薄弱，游击队到白区与群众毫无联系，甚至离开阶级立场胡乱捉人、破坏纪律。

虽然这些都对开展群众工作造成极大困难，但只要进行转变，设

---

① 《中共靖和浦县委第五次扩大会议的决议》（1935 年 6 月 5 日），中国人民解放军历史资料丛书编审委员会：《南方三年游击战争·闽粤边游击区》，解放军出版社 1994 年版，第 29 页。

② 《闽西南军政委员会关于一年来工作的检阅和目前形势与任务的报告》（1936 年 3 月），福建省档案馆、广东省档案馆编：《闽粤赣边区革命历史档案汇编》第 2 辑，档案出版社 1987 年版，第 94 页。

③ 陈云：《游击区域（被敌人占领的区域）的工作方式与组织方式》，《中央革命根据地历史资料文库·军事系统》第 13 卷，中央文献出版社、江西人民出版社 2015 年版，第 3783～3786 页。

身处地地为人民群众着想，为保存有生力量着想，是有可能让情况好转的。在不可能再大规模发动群众的情况下，必须通过一对一地耐心做群众工作，来稳定群众的情绪，争取重新得到群众的认可。国民党军队推行的高压政策和欺骗政策，虽然可能一时收到些许成效，为红军游击队制造困难，但其本质决定他们永远是与人民为敌的，是不可能相信群众的，也是不可能为群众谋利益的，只会屠杀人民群众，损害人民利益。他们采取的恐怖政策和屠杀做法，更是把人民群众推向了共产党和红军游击队一边。人民群众是不会被敌人的血腥手段所吓倒的，反而增长了阶级仇恨，更加坚决地支持红军游击队，坚定斗争的勇气和决心。靖和浦县委就提出，在敌人堡垒与保甲下的群众工作，增加了我们相当的困难，可是又给予我们相当的便利条件。群众对于豪绅地主和国民党的仇恨非常之深，只要我们依靠明确的阶级路线，严守秘密工作纪律，就有办法深入到敌人堡垒下的群众中去工作，以瓦解敌人的堡垒。① 敌人的烧杀政策“激起群众对豪绅地主最大的仇恨与愤懑，而更容易的接受我们的领导”②。敌人施行烧山移民政策，将激起广大群众的更大愤恨与反抗，因为群众移民后，不仅在生活上感受到住屋、家具、粪寮与耕种的困难，而且会感受到被捕杀、被拉夫及粮食财产被限制、被没收的危险。这使红军更容易发动群众斗争，同时群众也更感觉到只有红军共产党是他们的救星，更加热烈地来拥护红军、帮助红军③。这些都为党组织和红军游击队在游击战争状态下做好群众工作创造了条件。

---

① 《中共靖和浦县委第五次扩大会议的决议》（1935 年 6 月 5 日），中国人民解放军历史资料丛书编审委员会：《南方三年游击战争·闽粤边游击区》，解放军出版社 1994 年版，第 32 页。

② 《黄会聪关于闽粤边区党和红军的情况给中共中央的报告》（1936 年 11 月 22 日），中国人民解放军历史资料丛书编审委员会：《南方三年游击战争·闽粤边游击区》，解放军出版社 1994 年版，第 175 页。

③ 《闽西南军政委员会关于目前政治形势的分析与我们今后的任务决议》（1936 年 9 月 10 日），中国人民解放军历史资料丛书编审委员会：《南方三年游击战争·闽西游击区》，解放军出版社 1991 年版，第 147 页。

（二）依靠人民群众拓展游击区

要发动群众性游击战争，就必须使群众自愿围绕到党的周围，接受党的领导。同时党领导革命不是包办代替，而是要发动群众起来进行革命斗争，让群众相信自己的力量。

1935年2月，中共中央曾明确指出："游击队应紧密的联系群众，为群众切身利益斗争。"① 闽西南军政委员会认识到，没有艰苦的群众工作，没有对广大群众的努力争取，没有群众武装斗争的有力配合，没有不断的新区域的创造，要保存有生力量，要使部队巩固与扩大，是不可能的。因此要求部队把群众工作提到政治的最高点，"使整个部队成为现成的政治工作队"，号召全体指战员学习和进行群众工作，使每个指战员成为武装宣传员与组织员，不放松一分钟一秒钟，不放松一个地方一个群众来进行群众工作。② 张鼎丞经常说："游击队人员少，不要紧，关键是要会做群众工作，做好群众工作，就有了依靠，就能扩大。"③ 靖和浦县委则提出，利用各种形式的组织名义，去使雇农、贫农、中农得以团结在党组织的周围，如组织农民协会等；同时反对一切怀疑群众、不相信群众的关门主义错误，尽量吸收最广大的农民群众到农会及各种灰色组织中来，这样更好地发动与领导农民群众进行日常的抗捐、抗粮、抗租、抗税、分米分谷的斗争。④ 闽粤边特委指示"在队伍中必须建立群众工作组与宣传队的组织，在什么时候都不

---

① 《中共中央关于坚持游击战争给中央分局的电报》（1935年2月13日），中共中央文献研究室、中央档案馆编：《建党以来重要文献选编（1921—1949）》第12册，中央文献出版社2011年版，第86页。

② 《闽西南军政委员会关于闽西南红色部队政治工作的检查和指示》（1936年1月5日），中国人民解放军历史资料丛书编审委员会：《南方三年游击战争·闽西游击区》，解放军出版社1991年版，第52页。

③ 陈茂辉谈话记录，1981年6月10日。又参见吴升辉著：《闽西党史散论：红色印痕》，中央文献出版社2011年版，第190页。

④ 《中共靖和浦县委第五次扩大会议的决议》（1935年6月5日），中国人民解放军历史资料丛书编审委员会：《南方三年游击战争·闽粤边游击区》，解放军出版社1994年版，第32页。

要忘记了争取群众，宣传群众，组织群众的任务”①。针对武装群众与培植地方武装工作忽视的问题，闽粤边特委明确指出：红军游击队在游击战争期间的主要任务就是组织群众、领导群众的日常斗争，在斗争中壮大自身力量的同时，培植与发展地方武装。因此，必须在队伍中帮助培养与训练大批的地方工作干部，组织更多的地方工作组，将这些有经验的地方工作组派到有军事意义的地方去活动，并且经常检查地方工作组的工作，提高其做群众工作的能力，从而“把群众的问题反映到工作团与你们的议事日程中来，把群众工作大大的开展起来，建立更多的游击支点”②。

各游击区认识到只有开展了群众工作，才能坚持和发展游击战争。闽西南军政委员会提出“创造武装队伍为政治工作队”的口号，要求部队每到一个地方，必须事先调查当地群众的难处和要求，根据实际情形，定出发动该地群众工作最中心的口号，在群众中进行宣传组织工作，引导群众的日常斗争，再发展到武装的游击战争，并对忽视和不开展群众斗争的现象给予了严厉批评。当时群众的第一要求是避免敌军烧杀迫害，抵制过重的苛捐杂税，保有分配的土地不被收回。为了切实实现群众这些要求，就必须把红军游击队的游击战争与群众的合法斗争有机结合起来，因为“这是党组织与农民群众的共同要求，也就是游击战争能够广泛发展的群众基础”③。

靖和浦县委特别注意开展群众工作，认识到有了群众才能开展工作，没有群众，红军游击队如鱼离开水，只能坐以待毙。因此，党的工作必须跟着群众走。县委决定派邢乐民到南靖洋尾溪一带，林路到云霄何地、坪水、东楼一带，朱曼平到平和五寨、南胜、温寮内、下

① 《中共闽粤边区特委关于猛烈开展游击战争等问题给云和诏县委的指示信》（1936年1月6日），中国人民解放军历史资料丛书编审委员会：《南方三年游击战争·闽粤边游击区》，解放军出版社1994年版，第73页。

② 《中共闽粤边区特委关于组织群众、扩大武装、瓦解白军等问题给独立营的指示信》（1936年5月4日），中国人民解放军历史资料丛书编审委员会：《南方三年游击战争·闽粤边游击区》，解放军出版社1994年版，第108页。

③ 张鼎丞、邓子恢、谭震林：《闽西三年游击战争》，中国人民解放军历史资料丛书编审委员会：《南方三年游击战争·闽西游击区》，解放军出版社1991年版，第323页。

东坑一带，积极做群众工作。针对群众被强迫移民并村后，接触机会少了，工作难以开展的实际状况，党员利用各种机会，与群众接触。如利用春播开始后，群众晚上到山上巡田放水的机会，派人在山上等候，碰到群众后，就主动上前拉家常，嘘寒问暖，并请巡田人捎话回去，约原来熟悉的革命群众出来见面。同时，党组织也派干部跟着群众进入移民村去做发动工作。

领导群众斗争，是争取群众的有效办法。1935 年 9 月的闽粤边区特委第五次扩大会议提出：反对一切怀疑、不相信群众的关门主义；反对没有红军到来就不能领导群众斗争的“左”右倾机会主义观点。在白区，要加强对白区工作团的领导，改善接近群众与密切群众的工作方式，必须坚决深入敌人的远近侧翼去建立群众工作。要积极领导群众反对开公路、修筑堡垒，反对抽民兵编壮丁队。靖和浦县委针对部分党员中存在着“大乡社地主豪绅力量强，不敢去接近群众”的畏难情绪，特委、县委领导人亲自撰写文章，指出：“斗争的发动中心要放到大社去，只有大社群众斗争起来，才能推动广大群众的斗争与争取斗争的胜利。”① 于是各区党员、工作团同志利用各种机会接近大社群众，利用各种亲戚朋友打进各大乡村，在群众中组织各种名义的团体，如春耕委员会、抗捐团、救难会、贫人团、分粮会、同心会等，争取在公开活动中号召与团结群众。

在群众斗争中，党组织和红军游击队应尽一切可能，通过自己的工作，去吸引更多群众参加进来，使每一场斗争都能成为广大群众积极而自觉的行动，而不仅仅是少数进步分子的行动，所以斗争的方式就必须要注意适合当地的环境与一般群众的情绪，在开始时应该采取比较和平的方式。如应灵活地采用不同的群众组织名称，用更大力量去建立公开半公开的群众组织，在农村中建立土地会、观音会、五谷仙会、锣鼓队、拳术馆、戏班等，在城市中则建立俱乐部、足球队、

① 《中共靖和浦县委半年来工作总结及春荒工作决定》（1936 年 2 月 1 日），中共福建省龙溪地委党史办公室、中共广东省汕头市委党史办公室：《闽粤边区三年游击战争史料汇编》第一辑，内部资料，1985 年，第 124 页。

琴箫队，及工人中之关帝会等组织。[①] 甚至可以利用国民党的现成组织(如农村复兴委员会、纸业维持委员会、壮丁队、保甲长）及灰色组织(如禁笋委员会、修理陂圳委员会、劳动互助社等）来开展斗争。同样的，用武装行动去配合群众斗争，也应估计到群众情绪，估计当时广大群众是否有此要求，是否有此需要，是否会因武装配合而使落后群众害怕，是否会引起敌人更大注意与更大摧残，反使斗争不利。一方面特别要纠正在发动斗争中过早的武装配合，纠正用军事武装代替群众的斗争，纠正只发动少数进步群众而不是普遍的群众斗争，纠正一切过“左”倾向。必须了解发动斗争是为了争取群众，而不是为了威胁敌人，必须注意“尽量保存和巩固群众的力量”[②]。另一方面，针对一些地方不敢以游击武装配合群众斗争，如永定中金因没有武装配合，使反对做炮楼斗争失败的教训，提出必须反对不用武装去配合群众斗争，让群众单独斗争，因为这会使斗争很难开展，群众勇气很难提高。

各游击区都十分重视发动妇女参加斗争。在苏区土地革命战争中，广大妇女积极参军参战，做好扩红及后勤等工作，“显示了她们的英勇，做出了许多光荣成绩”。所以“争取妇女群众在党的周围，领导她们参加革命斗争，这在完成我们当前的重大任务上，有着极其伟大的意义”。闽西南军政委员会在《关于妇女工作的决定》中提出，党必须以最大注意力，求得在整个斗争中吸收更广大妇女群众来参加。[③] 确实，许多妇女群众参加了没收豪绅地主的粮食、争取民团壮丁队为现成的抗日讨蒋游击队、争取白军参加救国运动、拥护红军、保护红军家属及抗日救国等工作，甚至加入秘密的游击队、游击组，侦察敌情，杀反动派等，而且都表现很英勇。龙岩、永定等地妇女不顾国民党的

---

① 《闽西南军政委员会关于目前新的形势与新的任务决议》(1936 年 1 月 5 日)，中国人民解放军历史资料丛书编审委员会：《南方三年游击战争·闽西游击区》，解放军出版社 1991 年版，第 41 页。

② 《闽西南军政委员会关于新的形势与新的任务决议》(1936 年 1 月 5 日)，中国人民解放军历史资料丛书编审委员会：《南方三年游击战争·闽西游击区》，解放军出版社 1991 年版，第 40～41 页。

③ 《闽西南军政委员会关于妇女工作的决定》(1936 年 3 月 29 日)，古田会议纪念馆编：《闽西革命史文献资料》第 9 辑，2013 年 8 月，第 92～95 页。

摧残和镇压，仍然勇敢地替红军游击队探消息、送信，帮助采买粮食、物品等，甚至被敌人抓去，被毒打以至割乳杀头都不向敌人告密；上杭、代英等地妇女在反对苛捐杂税斗争中，向区乡公所、联保主任吵闹，诉苦无法缴款，弄得反动派无法应付而取得抗捐的胜利；永定妇女替红军家属保存粮食用具，保护小孩，向保甲长替红属担保等。此类事件各个游击区都非常多，涌现出许多舍身为革命，誓死不低头的游击区革命妇女模范人物典型。

在游击战争环境下，必须想尽一切办法恢复与群众的联系。在闽赣边游击区，有些队伍派出的工作人员冒着极大的危险进村接触群众，但群众什么也不敢说，直接将游击队员偷偷送出村。当时有个别干部想不通，埋怨群众“变心了”、“反水了”。于是游击队领导耐心地做教育工作，要战士们相信群众的觉悟，群众的心是向着红军游击队的，这样做一定有难言的苦衷。当下最要紧的不是埋怨，而是设法了解群众的难处，有针对性地采取各种办法接近群众，解决群众担心的问题。游击队党委作出决定，派熟悉当地群众的领导干部下山做群众工作。经过了解，得知这是群众迫于敌人的连坐法、“十杀令”，顾忌连累其他人而作出的违心举动。曾经埋怨群众“变心”的队员也检讨了自己的错误想法。为此，游击队组织若干精干的小组，采取了许多办法，有的是隔着窗户屡次向群众作宣传解释工作，有的是埋伏在乡村小路上，采取“碰”、“抓”群众做工作的办法。这样首先打开了金竹坑群众工作的局面，建立了秘密党支部。随后又在兰田、荣坑、楼子坝等地，相继恢复并加强了与群众的秘密联系，建立了一批地下党支部。①

针对敌人采取的欺骗宣传，红军游击队在群众中进行了充分的宣传解释工作。闽东游击队领导在《闽东红旗报》上发表了《提高我们的阶级警觉性，识破敌人假冒红军的把戏》、《揭破与毁碎国民党的奇巧欺骗方式》等文章，揭露国民党变换花样和手法，是为了“施行法西斯蒂的欺骗政策，强迫群众学法兵，编联甲，企图维持豪绅地主的

---

① 彭胜标：《战斗在闽赣边区》，中国人民解放军历史资料丛书编审委员会：《南方三年游击战争·闽赣边游击区、闽中游击区》，解放军出版社 1994 年版，第 108～109 页。

统治，还替群众请医生治病，企图软化群众的革命心理”，号召广大群众“快快觉悟起来，粉碎敌人的欺骗作用”。[①] 如在闽西，国民党造谣“说红军已与蒋介石妥协，闽西红军是土匪，说红军扰乱后方，共党杀人放火，说共产之后田园荒芜，说国民党也赞成分田了”。闽西南军政委员会对敌人的欺骗宣传先在党内及部队中进行充分讨论揭破，使每个同志彻底了解，然后再对群众宣传解释。向群众说明红军游击队是人民的军队，并不是像国民党所说的那样“扰乱后方”、“杀人放火”。相反的，国民党高唱的“复兴农村”、“建设新闽西新永定”等，事实却是整个闽西南农村的破产与毁灭，工人的失业，许多家庭的流离失所，从而使国民党在群众中的欺骗“破产”。[②]

闽东北有许多开展游击战争的好条件，山深、林密、人稀，便于部队隐蔽，且敌人正规力量薄弱。但当饶守坤与王助率领闽北红军独立师第二、三团从内线转到这一带后，却发现困难不少，当地群众长期受国民党和地主武装的欺骗宣传和反动会道门的愚弄，对红军不了解，甚至视之为洪水猛兽。所以红军“每到一个村庄，老百姓都跑到山里去，部队找不到地方住宿，行军没有向导，派人背着几袋银元出去，却买不回来一粒粮食”。红军游击队“转遍了白云山和五峰山周围的大小村庄，伤病员增多了，无处安置治疗；弹药消耗了，没处购买补充；指战员风餐露宿，疲惫不堪，别说站住脚，甚至连生存都受到威胁”。[③] 这使部队中出现对开辟新区的方针产生思想动摇的情况。饶守坤和王助很快意识到，造成该情况的原因是“对发动新区的群众信心不足，办法不多，没有尽快地让群众了解我们并同我们结合起来”。此前黄道曾指示：在新区一定要想方设法让群众了解我们，并取得群

① 《提高我们的阶级警觉性，识破敌人假冒红军的把戏》、《揭破与毁碎国民党的奇巧欺骗方式》，均载于《闽东红旗报》第10期，1934年11月5日。

② 《闽西南军政委员会关于目前新的形势与新的任务决议》（1936年1月5日），中国人民解放军历史资料丛书编审委员会：《南方三年游击战争·闽西游击区》，解放军出版社1991年版，第43页。

③ 饶守坤：《闽东北游击区的开创与发展》，中国人民解放军历史资料丛书编审委员会：《南方三年游击战争·闽北游击区》，解放军出版社1993年版，第286～287页。

众的支援，新区不比老区，一切都得从头开始，要有充分的思想准备，并要牢记“没有群众，就没有我们的红军游击队！”①

鉴于此，饶守坤和王助决定改变活动方式，真正深入到群众中去，把发动和争取群众作为开辟新区的首要任务。白天部队以连营为单位集中起来，随时准备迎击来犯之敌；晚上则深入村庄中去开展群众工作。有一次，饶守坤带便衣侦察班到位于建瓯、屏南、古田三县交界处的富地村，村里人绝大部分都跑了，只留下几个看家的老人。开始走访了几家，都受到冷遇，后来在村西头一位60多岁的老人很不情愿地让饶守坤等人进了屋。饶守坤围坐在炭火前与老人拉家常，再慢慢引到党的方针政策，向他说明红军是一支什么样的队伍。家常一直扯到下半夜，老人才渐渐消除了戒备。老人问：“听说有个姓草头黄的师长是专门帮助穷人的，你们和他是不是一样的队伍？”饶守坤感到，老人的问话说明以前黄立贵带领部队两次来这里的影响还没有消失，便马上回答说：“我们正是他的部队，红军是专为穷人打天下的！”老人听后紧紧握着饶守坤的手说：“早知你们是这样的队伍，我们就不跑了。”接着，老人忙着烧水、做饭，并表示一定把村里的人都喊回来。隔几天游击队再到富地村，情况完全变了，群众的目光显得友好，不少人主动接近红军游击队员，介绍附近的地理和政治情况，告诉队员们哪些是土豪地主，哪些是会道门以及他们的活动情况等。

正是通过这样实实在在地向各村群众宣传和解释，讲解各种政策，并以实际行动示范，游击队才得到群众的了解和信任。同时根据群众提供的线索，镇压了一批残害群众、罪大恶极的反动恶霸，将没收的财物和粮食分发给贫苦群众。这种实际行动是最好的宣传，不仅揭露了国民党的反动欺骗伎俩，而且使群众对红军游击队有了充分的认识，明白了红军是穷人的队伍，是真正为穷人谋利益的。这样，支持和帮助红军游击队的群众越来越多，许多群众甚至成为“堡垒户”。

在开辟新游击区过程中，部队行动多与地方工作相配合，重点做

---

① 饶守坤：《闽东北游击区的开创与发展》，中国人民解放军历史资料丛书编审委员会：《南方三年游击战争·闽北游击区》，解放军出版社1993年版，第287页。

好发动群众的工作。一般是由地方干部随游击队到一个新的村子，在那里住上一两夜，首先找贫雇农联系，培养一批贫雇农骨干，再通过他们串联。第二次再去时，进行检查工作，发展党员，成立支部，建立区委，拨给一些枪，成立游击队，再由此波浪式地向外发展，建立小块根据地。① 闽东独立师第二纵队进入浙南活动时，开始困难较多，不通当地方言，敌情地形不熟悉。群众们不了解，不敢与游击队接触。于是部队先组织懂些当地方言的战士去做群众工作，向群众宣传党和红军的主张。同时严格纪律，规定不得私拿群众东西，若有违反且后果严重者将予以严办。此外又把从地主土豪家里征收来的粮食等，晚上挨家挨户送上群众家门。有时请群众带路或探听消息也在经济上给些补偿。这样千方百计地打开群众工作局面，才使情况有了好转，群众主动向游击队报告敌人的动向，介绍大户人家的财产情况，有的还积极为游击队当向导，带队攻打反动民团和收缴地主枪支。②

为了做好发动群众的工作，就必须坚决镇压反动分子。这方面采取了几种办法：一是探知反动派来收捐时，派出游击队把反动派杀掉，再由群众鸣枪告警，假装上山，假装报告。二是利用打入反动组织中的同志，在反动派出发时在路上将其杀掉，向上报告是被红军游击队所杀；或者故意给反动分子写信，然后将他们的回信报给当地区公所，告他通“匪”，借区公所的“刀”杀掉反动派。三是“摸瓜”，即派人白天在圩集或夜晚到反动分子家中进行暗杀镇压。③ 这些活动震慑了反动分子，群众有了依靠，敢于帮助红军游击队。

开展群众斗争必须有相对稳定的根据地作为依托。为此，闽中游击队从实际出发，在常太和罗汉里进一步发动群众，开展斗争，打击

① 范式人：《回忆闽东三年游击战争》，中国人民解放军历史资料丛书编审委员会：《南方三年游击战争・闽东游击区》，解放军出版社 1993 年版，第 109 页。

② 陈挺：《闽东三年游击战争亲历记》，中国人民解放军历史资料丛书编审委员会：《南方三年游击战争・闽东游击区》，解放军出版社 1993 年版，第 136～137 页。

③ 《闽西南红军怎样粉碎敌人无数次的“清剿”》（1937 年 10 月 1 日），中国人民解放军历史资料丛书编审委员会：《南方三年游击战争・闽西游击区》，解放军出版社 1991 年版，第 274～275 页。

各种反动势力，加强根据地建设。二支队在常太地区首先对那些欺压群众、民愤较大的地主、土豪、铺差实施打击，然后动员群众，把广大农民组织起来成立农会，领导群众开展抗捐、抗税、抗租、抗粮运动。得到了实际利益的农民群众踊跃参加农会、少年儿童团和民族自卫团等，主动巡逻警戒，监视反动分子的举动。根据地的群众斗争很快波及莆田的广业和仙游的兴太两个山区。许多村庄的农民自发组织起来，开展“四抗”斗争，并要求红军游击队去支援。一支队组成地方工作队，到罗汉里根据地周围的游击区宣传发动群众，帮助建立秘密党支部，组织农会，领导群众开展抗税抗租斗争。在北郭、波兰等基点村还组建了武装自卫队，除负责站岗放哨、保卫村庄外，还为红军游击队搜集情报，运送粮食等，发挥了配合作用。通过这些斗争，使闽中游击区扩大到永泰、福清、闽侯、莆田四县的边区。

随着群众工作的开展，闽西南的群众斗争取得很大成绩。例如南路群众在游击队帮助之下，坚持反抗敌人修马路、编壮丁队，以及一切捐税租债的剥削；南路桃坑群众逼迫保长保回被捕的工作人员后，保长妻子被捕，于是群众又用全体搬逃的方式，威胁军队放人；永定下洋、下湖雷的群众用迟延办法抵抗修马路、编壮丁队；龙门群众威胁保甲长减报田亩数，以减少土地税的交纳；龙岩东南区群众用登山逃跑方式抵抗白军拉夫，用“当游击队去”的口号，威胁民团保甲长不敢编壮丁队，不敢收回土地；代英的杭中群众一致抗租不交，大阳区群众自动贴标语，一致不割禾，威迫地主减租等。[①] 但闽西南军政委员会也认识到，这还不能真正发动广泛的群众的游击战争，除个别部队外，一般游击队还只是单纯的武装活动，而不能成为群众斗争的发动者与组织者，不能处处配合群众的斗争。以前存在以游击队武装行动代替群众斗争的问题，而当今又偏重群众单方面的和平斗争。因此军政委员会提出，特别应该加紧与改善群众工作，使武装部队真正成

---

① 《闽西南军政委员会关于目前政治形势的分析与我们今后的任务决议》（1936 年 9 月 10 日），中国人民解放军历史资料丛书编审委员会：《南方三年游击战争·闽西游击区》，解放军出版社 1991 年版，第 143 页。

为群众的发动者与组织者，使武装行动与群众斗争，最密切地配合起来。[①] 此后在对群众的发动和组织，以及以游击武装配合群众斗争方面都取得较大的改善。

通过开展群众工作，各游击区的老根据地得到恢复和巩固，新区也得到迅速的发展。闽粤边游击区党组织和红军游击队在原有根据地基础上，在漳浦、云霄边境的梁山地区开辟了一块新的游击根据地，不仅恢复了靖和浦过去的游击区域，并且将原有的游击区域连成一片，方圆五六百里。闽北红军游击队到 1936 年底，亦开辟了大片游击区，东起周宁、庆元，西至泰宁、资溪，南抵将乐、古田，北到上饶、贵溪，遍及闽赣边界 26 个县的广大地区。闽北红军游击队由四个纵队发展为六个纵队。闽西党组织和红军游击队在原有游击区的基础上，以位于龙岩的适中、漳平的永福两地交界的岩南漳地区为依托，积极向漳平、南靖发展，并以上杭岩下山为基地成立了中共汀河工委，向汀江两岸发展，还在永定大埔之间成立了中共永（定）（大）埔工委。游击武装也得到迅速的发展，一、三、五、七支队连同各县义勇军、游击队将近 2000 人。游击范围西起瑞金、长汀的闽赣边境，东至漳平、南靖，北到永安、宁洋，南抵永定、大埔。而闽东游击区党组织和红军游击队已在南到福州附近，北至浙江的龙泉、庆元、泰顺、景宁、云和、平阳，西到屏南、古田、政和、松溪等，总计十七八个县，纵横约六七百里的广大地区建立了游击根据地。闽中党组织和红军游击队以常太、兴太、罗汉里游击根据地为依托，展开两翼，一翼向莆仙交界的山区，一翼向沿海平原地区发展。1936 年 8 月，又撤出根据地向莆（田）永（泰）边的山溪地区开辟新的游击区。11 月 23 日，闽中红军游击队从莆永边急行军至福清琯口，一举歼灭该处守敌，镇压了反动联保主任兼民团头子潘德仁，并利用敌人的电话制造“共军一千多人攻至琯口，迫近福州”的假象，使福州敌人大为恐慌，宣布全城

---

① 《闽西南军政委员会关于目前政治形势的分析与我们今后的任务决议》（1936 年 9 月 10 日），中国人民解放军历史资料丛书编审委员会：《南方三年游击战争·闽西游击区》，解放军出版社 1991 年版，第 144、149 页。

戒严三天。

至1936年底，除少数地区外，游击根据地已遍及福建大部分地区，而且各游击区有日趋汇合之势，为游击战争的胜利发展奠定了坚实的基础。

（三）建立与人民群众的血肉联系

针对国民党的屠杀政策，考虑到群众在这种情况下的困难，闽北红军游击队特别注意斗争的方式，采取的原则是以地下为主，白天尽量不和群众接触，晚上分散开来，到群众家里开展工作。允许群众搞两面政策，并原谅群众贴反共标语的行为。对个别动摇或告密者，除非造成很大危害，采取宽大的教育政策，不采取镇压办法，确实需要镇压的，过后也对其家属给予一定抚恤。这些政策都深得人心，广泛地争取了群众，得到了群众的同情和支持。①

闽西游击区的红八团、红九团及各县游击队，严格执行“三大纪律、八项注意”，遵守群众纪律。红八团第一次到龙岩外山前十八乡时，群众因受反动派的欺骗宣传，都跑到山上躲藏。当时正是收割稻子的时节，草坪上晾晒着许多谷子。但恰巧天色变暗要下大雨，眼看群众财产要受损失，战士们二话不说马上帮助收谷子，还帮助喂养群众家里的鸡和猪。在群众家里取了米菜煮饭吃，也按时价留钱留言。部队离开后，群众回村看到此种情景，都说没想到有这么好的部队。下次游击队再去时，大多数群众不再跑，而且主动与战士们交谈；第三次去时，群众更是热情地拉指战员们住到家里，帮助红军解决困难。

红八团在打击敌人时，也处处从群众利益出发，事事为群众安危着想，首先做到军事服从政治目的，克服单纯军事的错误观点，不计较一池一地之得失，不贪图多杀几个敌人，或多缴几支枪而损害群众的利益。要打则深入敌人据点或心脏里去打，或是到离村庄较远的地方打。会影响群众生命财产安全的仗坚决不打。每打一仗，首先考虑

① 饶守坤：《闽东北游击区的开创与发展》，中国人民解放军历史资料丛书编审委员会：《南方三年游击战争·闽北游击区》，解放军出版社1993年版，第289页。

要既能打击敌人，又能保护群众利益。在群众要求消灭白土民团时，红八团通过调查研究和侦察，采取“引蛇出洞”的办法，将敌引到离村三四里路远的外围来打，消灭民团，镇压了团总，缴获70多支枪，抓了60多个俘虏；南阳坝战斗也是这样，既消灭敌军一个排，缴获一挺机枪，还保护了群众的安全，博得人民群众对红军的拥护和热爱。[①]游击队每个班都配有一帆布帐，“有二枝柴刀、油纸等，随时随地可以搭屋落营，大概有二小时到半天工夫，可以将屋、床桌都弄好，这样可以不住民房”，既容易警戒放哨，又可避免群众受敌摧残。[②]

闽西南军政委员会推广红八团以实际行动去争取广大群众的好经验，要求“部队的一举一动，都须给群众好的影响，任何违犯工农的利益与脱离群众的现象，均须与之作无情的斗争，有些还须在群众面前征求群众意见，施行惩罚”[③]。

闽北独立师第六纵队在开辟将乐、泰宁、建宁新区时，为了打开局面，从加强群众工作入手，严明纪律，决不允许损害群众的利益。当时敌人封锁非常严密，部队供给十分困难，有的战士饿得头发昏，走不动路，但从不随便摘群众地里的一个瓜，拿群众家里的一粒粮。由于队伍纪律严明，对群众秋毫无犯，而且还极力保护群众的利益，渐渐得到老百姓的信任，百姓们主动为部队腾住房、站岗、放哨、通情况，上山采药给伤员治病。有几次在遇到敌人搜查时，群众都冒着被株连的危险掩护伤员。就这样，红军游击队扎根于群众，坚定地依靠群众，渡过了一个又一个险关。[④]

---

① 王胜、姜茂生、林辉才：《军民鱼水情》，中国人民解放军历史资料丛书编审委员会：《南方三年游击战争·闽西游击区》，解放军出版社1991年版，第484页。

② 《闽西南红军怎样粉碎敌人无数次的“清剿”》（1937年10月1日），中国人民解放军历史资料丛书编审委员会：《南方三年游击战争·闽西游击区》，解放军出版社1991年版，第274页。

③ 《闽西南军政委员会关于闽西南红色部队政治工作的检查和指示》（1936年1月5日），中国人民解放军历史资料丛书编审委员会：《南方三年游击战争·闽西游击区》，解放军出版社1991年版，第53页。

④ 马长炎：《转战闽西北》，中国人民解放军历史资料丛书编审委员会：《南方三年游击战争·闽北游击区》，解放军出版社1993年版，第249页。

闽西南三支队被群众认为“是我们自己的家人”[①]。方方在给中央的报告中指出，闽西南游击区着重教育游击小组的行动“必以民族与群众斗争要求面目出现，反对只为解决自己困难的‘土匪’行动”[②]。群众把红军游击队看成是自己的亲人和家人，总是想方设法给予保护和支持。闽中游击队还教育贫苦群众停止相互间的械斗，团结一致，共同对敌。

使群众得到利益并保护其利益，既体现在大的战略方针方面，也体现在日常小事方面，更体现在指战员们的一言一行中。保护群众的办法也是多种多样的。在资光贵游击区由于缺乏足够的武装力量来保护人民分得的胜利果实，分了田也很快会被地主土豪们夺回去，因此有的群众害怕敌人反攻倒算，分给土地也不敢要。为了使群众得到实实在在的利益，红军游击队改变了打土豪分田地的做法，将打土豪缴来的浮财分给农民，有时率领群众到地主、土豪的山上去伐树、砍竹，运到集市上卖钱，这样地主土豪不清楚谁家分了多少，也就没有办法追究。于是群众斗争热情又高涨了起来。[③] 在平和山内地区，红军游击队刚开展工作时，为了避免引起国民党军队的注意，使群众少受或不受损失，规定在当地不搞分田，只搞减租减息，部队只许在这里休整，不准在这里打仗。这种体谅群众的做法，使红军游击队得到群众的极大拥护，这一地区很快成为可靠的游击根据地。

有些红军指战员宁可牺牲自己，也不使群众遭殃。红八团两位侦察员，在执行任务时被敌人追捕，情急之下躲进东坑村接头户家。凶恶的敌人强迫全村群众交出红军侦察员，否则就要烧毁全村房屋。但数十名群众谁也不肯出卖侦察员，就在敌人要放火烧房时，侦察员站

---

① 《方方关于闽西南斗争和工作状况给中共中央的报告》（1937 年 6 月），中国人民解放军历史资料丛书编审委员会：《南方三年游击战争·闽西游击区》，解放军出版社 1991 年版，第 241 页。

② 《方方关于闽西南斗争和工作状况给中共中央的报告》（1937 年 6 月），中国人民解放军历史资料丛书编审委员会：《南方三年游击战争·闽西游击区》，解放军出版社 1991 年版，第 242 页。

③ 陈仁洪：《艰难的岁月》，中国人民解放军历史资料丛书编审委员会：《南方三年游击战争·闽北游击区》，解放军出版社 1993 年版，第 279 页。

出来，用自己的牺牲保护了群众的生命和财产。

1936 年 8 月，国民党军对常太根据地进行重兵“清剿”，党组织和红军游击队决定主动撤出。在以前的几次反“清剿”中，常太的漈川、外坑、金竹坑等基点村的群众，都是随红军游击队一起撤进山里隐蔽。但那几次敌人的兵力不多，本就不敢在红区驻留，只作了搜劫性的“清剿”，而这次却不一样，敌人不仅向常太合围，还扬言要“驻剿”和搜山，所以群众安全是一个不得不考虑的关键问题。部队最终还是决定军民一起撤出。于是在撤离前派出地方干部到常太背面的广业各联络点和接头户去联系安置工作，同时召开红区群众会议，让有亲友可投靠的群众暂时去投靠，无亲友投靠的则服从统一行动。因为做到有计划、有组织地撤退，游击队和群众都没有受到大的损失。①

群众要求帮助、要求撑腰的事情，游击队都尽力办好。如群众受不了反动派的摧残，要求红军游击队镇压那些反动分子，特别是罪大恶极的反动分子，游击队就去除暴安良。他们根据群众提供的线索，核实情况后，派出武装小组，对反动分子进行打击。得手以后，让群众去报告联保主任，说是红军游击队干的。这样既达到了镇压反动分子的目的，又不使群众受到牵连，使群众更加偏向和信任红军游击队。

正是因为党组织和红军游击队时时处处为群众着想，为群众谋利益，替群众想办法对付敌人，使游击区人民宁愿牺牲自己也要保护党组织和红军游击队，千方百计地支持游击战争。

面对敌人企图割断红军游击队与群众的联系、困死饿死红军指战员的险恶用意，广大群众冒着生命危险，想方设法支援红军游击队。自己生活困难，但仍省吃俭用，把从牙缝中抠省出来的粮食和盐送给红军游击队。群众发明了双层粪桶装米、串担装盐、大蒲包装饭等多种巧妙的办法，把红军游击队急需的粮食和盐及日常用品等，藏在竹筒中、灰堆里，或双层底的煤油箱内，冒着危险混过敌人哨卡盘查，

---

① 黄国璋：《回顾三年游击战争时期闽中党的活动》，中国人民解放军历史资料丛书编审委员会：《南方三年游击战争·闽赣边游击区、闽中游击区》，解放军出版社 1994 年版，第 385 页。

送到山上。有的群众筹集到粮食后，就以到溪边、池塘边淘米洗菜为借口，趁机把粮食藏在溪沿或水塘边的乱草丛中，然后通知游击队去取。有的群众与游击队约好，将装着粮食的口袋埋在垃圾堆或草木灰中；也有群众借下地干活的时机，偷偷把粮食埋在地里头，上面用石子或瓦片标注记号，让游击队好认取。有的把带上山预备干活后吃的饭送给游击队，自己却饿着肚子劳动。有的群众特意把新买、新做的衣服、鞋子、帽子等穿戴上山送给红军游击队，自己就穿着旧衣服或光着脚走回去。

游击队在山上，盐特别缺乏。梅村有一位群众想出一个办法，把毛竹的节打通，装进盐，当成篱笆桩子打在场院边或菜地上，再通知游击队拔走；还有一位群众把藤上的葫芦挖一个口，将瓤掏空，把咸菜装进去，让侦察员晚上摘走，这样也解决了盐的问题。有一次，到龙岩后田“清剿”的敌军，强迫群众往炮楼送粮送猪“慰劳”。接头户给游击队送来情报，游击队连夜埋伏在树林里，等送“慰劳品”的队伍经过时，故意朝天放枪，群众扔下粮车逃走。实际上群众正是用这种办法给游击队“送”慰劳品。

敌人妄图封锁红军游击队而实行的计口售粮和售盐的办法，也被游击队巧妙利用。在连城一个村子，当一个地主豪绅家正忙着准备过中秋时，游击队员突然闯进，强行买了几斤盐，然后在村子里贴出一张“感谢信”，上面写明：某月某日夜里，富户王老板卖给咸盐五斤半，这是对红军游击队的莫大支持，谨此感谢。以后又用同样办法向保长和甲长强制购买大米等。这些人怕被扣上“通匪”、“济匪”罪名只得保守秘密。此后游击队再向群众买粮买盐，敌人以“私通”罪名抓捕群众时，群众可以理直气壮申辩：“游击队要买粮，连保甲长都卖粮卖盐给他们，我们怎么敢不卖?”驳得敌人哑口无言，而且保甲长此后也对群众卖粮卖盐给游击队睁只眼闭只眼。这样一来，敌人实施的计口购粮和购盐的毒计就破产了。

游击区群众还想出种种巧妙的办法为红军游击队传送情报。闽东岗垅地区，以青年团员为骨干，贫农团、妇女会、少先队、劳动童子团等参加的联防瞭望哨，可以随时把方圆几十里的敌情变化通过暗语联络、标志信号传递到办事处。这样红军游击队就有了群众的千里眼、顺风耳，敌人的所有大小举动都在游击队的掌握之中，一旦发生什么情况，“群众的秘密哨便一山传一山，一卡递一卡地互相呼应，及时传报”①。群众有的将情报用暗语编成山歌传唱，有的则在秘密联络点用大小不等的石头摆成不同图形，向游击队通报敌情，游击队侦察员看后就能够准确地知道敌人兵力的分布情况，从而有针对性地制订作战计划。有了群众的帮助，闽东游击区的情报工作十分出色，只要将各种渠道传来的情报一汇总，敌人出发的时间、人数、路线都一清二楚，红军游击队就能及时了解敌情，捕捉战机，狠狠地打击和消灭敌人。②

闽东的畲族群众，对革命同样积极支持。“上山劳动时，特地把大米饭捏成一团，埋到小麻袋的甘薯丝饭中，而后背上挂着柴刀，肩上扛着一串担，担上吊着几圈捆条乔装砍柴，瞒过敌人的岗哨，把饭送上山去。有的把饭藏在扁篓底，佯装上山采野菜。有的把粮食埋到草木灰里，乔装上山追肥。总之，千方百计把粮食送上山给亲人”③。

每个畲族山村都是一座红色堡垒，遍布畲山的“红军洞”和“秘密寮”起过特殊的历史作用，既是闽东党政军机关的隐蔽办公场所，又是红军游击队指战员治病养伤的医务所，还是探查敌情变化、各游击区协同行动的交通联络站。许多畲族妇女和少年儿童不畏艰险，积极为红军游击队担任秘密交通员，传递情报，购买物品。为了找到闽东独立师设在白云山支脉竹洲山和屏峰山的后方医院和修枪厂，国民党军与当地民团多次对周边六个畲族村进行烧杀抢掠，畲民雷银俤等被抓，敌人向她们逼问红军医院和修枪厂的具体地址，所得结果都是三个字——“不知道”，敌人恼羞成怒，烧了她们的四幢房屋，并威胁要杀头，但仍一无所得。叶飞曾说过：闽东畲民具有两大特点，一是最保守秘密，对党很忠实，二是最团结，对革命斗争支持最大。闽东

---

① 陈挺：《闽东三年游击战争亲历记》，中国人民解放军历史资料丛书编审委员会：《南方三年游击战争·闽东游击区》，解放军出版社 1993 年版，第 123 页。

② 叶飞著：《叶飞回忆录》，解放军出版社 2007 年版，第 55 页。

③ 钟大湖：《三年游击战争中的闽东畲民》，中国人民解放军历史资料丛书编审委员会：《南方三年游击战争·闽东游击区》，解放军出版社 1993 年版，第 155 页。

党组织和红军在山上依靠畲族群众掩护才得以坚持。[①]

除了运送物资、传递情报，人民群众更是舍身照顾和保护红军游击队员及伤病员。福鼎县斗门畲族村群众雷能鹤护理两位红军伤病员达一年之久，但本身家庭极为困难，只得狠心先后将六岁的女儿和三岁的儿子卖给别人，用所得的钱买回粮食供给红军游击队。为了保护红军伤病员，他未满周岁的儿子惨死在敌人的刺刀下，但他丝毫没有动摇革命的决心。在福安岗面山中养病的闽东临时特委委员曾志，在一次敌人大搜山时无法行动，被一位怀中抱着孩子的畲族大嫂发现，这位大嫂毅然把怀中孩子放到路边草丛中，以并不强壮的身体背着曾志转移到深山中，保护了曾志。

许多群众更是为保护红军游击队而献出生命。龙岩后田村的陈客嫲是游击队的接头户，她总是不顾个人危险，想方设法支持红军游击队。有一次她用夹层粪桶将粮食送上山时，被哨卡敌人发现抓捕，敌人逼她说出游击队的驻地，她忍受着残酷的折磨，一个字也不透露。敌人技穷要枪毙她，她大义凛然道："红军游击队决不能饿死，我死了不要紧，红军游击队会给我报仇!"永定岐岭山下的接头户卢春兰，早上刚被迫"发誓"不再支持红军游击队，晚上又悄悄把米菜油盐送上山去，直至最后被杀害。[②] 上杭稔田的黄砂埔受到敌人的包围搜捕，年仅 14 岁的黄章太为掩护游击队伤员英勇献身。年逾花甲的黄坤廉，被捕后遭受严刑拷打，只字不吐，壮烈牺牲，保护了游击队的物资安全。

这样的例子不胜枚举，人民群众为游击战争的胜利作出了巨大贡献。正如卢胜所说：在游击战争的艰难岁月里，如果没有人民的支持、牺牲与贡献，不管有多少红军游击队都难以生存下去。人民，何止是载舟之水，简直就是"红军游击队的再生父母"[③]。

---

① 叶飞著：《叶飞回忆录》，解放军出版社 2007 年版，第 67 页。

② 王胜、姜茂生、林辉才：《军民鱼水情》，中国人民解放军历史资料丛书编审委员会：《南方三年游击战争·闽西游击区》，解放军出版社 1991 年版，第 485 页。

③ 卢胜：《在党的领导下坚持游击战争》，中国人民解放军历史资料丛书编审委员会：《南方三年游击战争·闽粤边游击区》，解放军出版社 1994 年版，第 266 页。

二、运用统一战线策略支持游击战争

（一）争取各阶层对游击战争的支持

统一战线是中国革命取得胜利的重要法宝，在新民主主义革命的各个不同时期都发挥了重要作用，三年游击战争时期也是如此。

1935 年春，在当时严峻的形势下，游击队曾提出打破国民党的“保甲锁链”号召，还发动群众拒绝进行户口登记，起来杀掉保甲长等。这种做法最初对鼓舞群众、震慑敌人产生了一定作用，但同时也给群众造成损失，对游击队行动也产生不利影响。特别是后来敌人采取更加凶残的屠杀政策，强迫群众签名“自新”。在敌人威逼之下，农村普通党员和基本群众产生很大顾虑，如果硬扛不签名，敌人必然会大开杀戒，群众生命将受到威胁；如果签名，又担心被戴上不坚定、“反水”的帽子。针对这一现实，闽粤边特委作出指示，可以采取灵活措施处理，凡是未暴露身份的党员可以和群众一起签名“自新”。这是一个非常大的策略转变，打消了人们的后顾之忧，“既保护了群众的利益，又密切了党员与革命群众的联系”①，从而使国民党企图利用“自新”政策来分化党群关系的阴谋无法得逞。

随后这种做法又被运用到反保甲制度、反移民并村、反经济封锁的斗争中。针对国民党当局强迫群众，特别是红军家属充当保甲长、民团、壮丁的实际情况，允许群众搞“白皮红心”的两面政策。如同壮丁队约定，当奉命来烧山、搜山时，须预先秘密通知红军游击队，或朝天打枪，以便红军游击队能够及时得知消息并成功转移。这样既应付了敌人，又保护了群众，更有利于支持红军游击队开展游击战争。

在“清剿”中，国民党军队常常强迫群众去搜山、砍树和烧山。群众对此也有应付办法，在搜山时故意大声叫喊，让红军游击队得知消息后及时转移。当群众被强迫放火烧山时，群众则假装忘记带火柴，

① 卢胜：《闽粤边区三年游击战争及其历史作用》，《福建党史通讯》1985 年第11 期。

或故意把火柴弄湿无法点燃。针对国民党强迫群众砍树的做法，龙岩东肖区委和岩永游击队便请宗族有威望的老人出面，组织一些人到乡公所请愿，说明所谓十年树木，山上的树长这么大不容易，而且靠山吃山，山是山区老百姓的命根和依靠，如果没有山没有树，老百姓就没有活路，房前屋后的风水林就更不能砍等要求。因为是上面的命令，乡长也不敢应允，于是就拖着。实在拖不下去时，就派一些妇女和老弱人员去应付，慢条斯理磨洋工，一天砍不倒几棵树。有时还与红军游击队约好，在砍树过程中放几枪，群众便乘机一哄而散。

针对国民党军队强迫修筑炮楼的情况，群众同样派一些老弱病残去，带着破锄头、漏土簸箕等工具，干活磨洋工，筑墙时表面实里面松，这样红军游击队在夜里很容易就扒掉了，使修一座炮楼要花很长时间。炮楼修成后，群众又被强迫站岗。对此群众也是实行两面政策，不在发现游击队时敲锣报信，反而在红军游击队离开后才鸣锣示警。甚至故意在夜里敲锣，使驻军不得安宁，造成“狼来了”的效应。而当红军游击队进村时，群众主动帮助站岗放哨，一旦发现敌人行踪，便发出“牛吃麦子啦”、“老鹰来了”之类的示警暗号，通知游击队。

对待保甲长、壮丁队的政策，也是从维护群众利益出发。这既是群众工作的需要，也是实行统一战线工作的转变。闽西南军政委员会了解到有不少人并非自愿担任保甲长或参加壮丁队，于是决定做争取工作。对保甲长区别不同对象，讲明利害关系，争取表现好的，团结中间分子，用各种办法打击作恶使坏的反动分子。同时派一批忠诚的共产党员或积极分子，打入国民党基层政权组织，充当联保主任、保甲长。对壮丁队则通过他们的家属或其中较好的分子，采取多种办法争取，并约定不准危害党组织和红军游击队的工作人员，不准摧残红军家属和群众；受敌人逼迫带路搜山时，可以照办，但须事先报告或打枪通知红军游击队；当红军游击队要通过其防守的乡村时，不得阻击，要等红军通过走远后才可以朝天放枪。这样，利用了敌人的组织形式和内部矛盾，达到掩护游击队活动和群众斗争的目的。对那些民愤极大的反动分子，群众强烈要求杀掉的，红军游击队就派出人员镇压。以至后来没有人敢当保甲长，只有红军家属或与红军游击队有联系的人才敢充当，并且事前须取得红军游击队同意。[①] 从而使“在民团壮丁队、土匪、白军中的工作有了很大的进步，在战斗中取得了很大的帮助”[②]。

争取保甲长和壮丁队的工作取得显著成绩。他们明里应付国民党当局，暗里掩护革命活动，帮助收集情报、筹借粮款、购买武器药品、安置伤病员等，不少壮丁队守卫的白色碉堡变为红军的秘密“赤色碉堡”。龙岩与杭中更是“能够利用保甲长来帮助群众斗争，创造了灵活的统一战线的新方法。这些统一战线的开始建立，就使党能够使用新的力量，来增加闽西革命胜利的保障”[③]，使之成为“闽西群众在长期斗争中行之有效的斗争方式”[④]，也成为其他各块游击根据地的普遍做法。

闽西南军政委员会根据中共中央指示，大胆运用抗日讨蒋的统一战线策略，提出对民团常备队“不是积极的瓦解”，而是要在“与红军游击队联合抗日讨蒋”等口号下的积极的争取，使民团常备队成为“现成的抗日讨蒋游击队”，敌人的保甲长成为红色的保甲长等。即使对民团上层分子，也可与其订立互不侵犯条约，要他们不压迫群众，不危害红军游击队，帮助红军游击队采买、侦察、联络其他民团等。[⑤] 经过几个月的努力，不论是在争取土匪、争取民团壮丁队，还是在争

① 张鼎丞、邓子恢、谭震林：《闽西三年游击战争》，中国人民解放军历史资料丛书编审委员会：《南方三年游击战争·闽西游击区》，解放军出版社 1991 年版，第 329 页。

② 《闽西南军政委员会关于闽西南红色部队政治工作的检查和指示》（1936 年 1 月 5 日），中国人民解放军历史资料丛书编审委员会：《南方三年游击战争·闽西游击区》，解放军出版社 1991 年版，第 47 页。

③ 《闽西南军政委员会一年来工作的检阅和目前形势与任务的报告》（1936 年），中国人民解放军历史资料丛书编审委员会：《南方三年游击战争·闽西游击区》，解放军出版社 1991 年版，第 182 页。

④ 张鼎丞、邓子恢、谭震林：《闽西三年游击战争》，中国人民解放军历史资料丛书编审委员会：《南方三年游击战争·闽西游击区》，解放军出版社 1991 年版，第 325 页。

⑤ 《闽西南军政委员会关于目前新的形势与新的任务决议》（1936 年 1 月 5 日），中国人民解放军历史资料丛书编审委员会：《南方三年游击战争·闽西游击区》，解放军出版社 1991 年版，第 39 页。

取保甲长、联络生产党等各方面，各种工作都取得了不少成绩。[①] 有约2000名保甲长及个别区长不仅可以向红军游击队报告敌人消息，替游击队采办粮食，保护伤病员，而且可以帮助红军游击队用假消息去调动敌人。壮丁队、碉楼不仅不能限制红军游击队的活动，而且替红军游击队放哨，甚至可以秘密参加作战，扰乱敌人。敌人化装成红军去侦察时，受到这些力量的打击，只能吃哑巴亏。这使保甲制度成为掩护群众斗争和红军游击队活动的“两面政权”，使一些由壮丁队驻守的“白色堡垒”变成红军游击队控制的“赤色堡垒”。

闽东游击区也认识到应根据斗争形势的发展，有针对性地采取相应的政策。虽然保甲制度是反动的，但是保甲长完全可以利用，对联保主任和保甲长的态度应具体分析，大部分只是应付敌人，还有一部分出身较为贫苦，带有被迫性质，比较靠拢游击队和群众，只有少部分属于作恶多端的顽固分子，对此应该区别对待。于是制订了争取中间分子、团结同情分子、镇压反动分子的政策，向持中间立场的保甲长讲明，可以做“两面派”，但要保护群众并为游击队提供情报；游击队进驻时要保密，只有等走后才可以报告。这种对策取得很好的效果，争取了大多数保甲长，通过他们帮助红军游击队探听敌情，购买物资，安置伤病员等。霞鼎县土步头、禅洋、九埞、赤岩等村保长，有的利用兼营小百货店的身份，公开到霞浦城关采购电池、蜡烛、鞋、香烟、鱼货等日用、食用品，运回后秘密售给地下交通同志送到游击队中去；有的还接受党组织委托，秘密惩办了一些投敌的叛徒；有的利用保甲长的特殊身份掩护革命同志，为游击队提供敌人活动的情报。[②] 古田县大甲珠洋的联保主任和程际村保长，经常为游击队购买紧缺的弹药和医药用品，还报告从古田、福州了解到的敌情。这种“白皮红心”政策，有利于工作的开展和游击战争的坚持。

---

① 邓子恢：《闽西南党在统一战线中的几个错误倾向》（1936年6月20日），中国人民解放军历史资料丛书编审委员会：《南方三年游击战争·闽西游击区》，解放军出版社1991年版，第106页。

② 冯阿尾等：《霞鼎三年》，中国人民解放军历史资料丛书编审委员会：《南方三年游击战争·闽东游击区》，解放军出版社1993年版，第181页。

在统一战线方面，闽北游击区在争取保甲长，分化瓦解敌人时，尽量缩小打击面，分别对甲长、保长和联保主任采取不同的政策和措施。甲长只要遵守红军游击队规定的三条，即不准欺压群众，尽量少派群众捐税；保障我方工作人员安全；红军游击队在当地活动时，不得向敌人报告，过后可以报告，其财产就受到保护，不予打击。对保长的要求更严，除上面三条外，另外增加三条：一、敌人来“清剿”时，尽早报告其部队番号以及人数、时间、方向等情报。带路要带到与红军游击队相反的方向；二、抽壮丁时尽量用钱到外地去购买，不准追查逃回的壮丁；三、设法送粮食给红军游击队。[①] 明确规定，如果有违反或破坏规定的保甲长，则给予严厉惩罚。而联保主任一般是由地主、富农担任，都比较反动，所以一般采取镇压手段予以打击，但对个别表现好的也按对保长的六条规定执行。当时处决了几个反动的、民愤极大的保长，并贴出布告，公布其罪状，以警告那些顽固的反动分子；同时对罪行比较轻的给予警告，经过教育后释放，以观后效。

在闽东北，通过做工作，有一半以上的保甲长都被争取过来，他们为红军游击队送情报、筹粮食、做掩护，对游击战争的坚持起了很好的策应作用。建瓯陈地有一位保长，没有大的罪过，而且与国民党军队有一些矛盾。为了争取他，红军游击队把他抓来，对他进行教育，要求他在红军游击队来时不准向敌人通风报信，按期给红军游击队筹集一定数量的粮食和食盐，敌人有什么活动还要及时报告。这位保长接受了这些条件，在这之后还能够信守承诺，为游击队做过不少工作。玉山东部有一位保长，原是穷苦人出身，但靠做生意发家后做过一些坏事，还与国民党内部官兵有许多联系。红军游击队先写信给他，让他记住自己曾是受苦人，并警告他，红军游击队对他的所作所为都有一笔账：做好事，红军和群众不会忘记；为非作歹，只有自取灭亡。这对他触动很大，他回信表示愿意痛改前非。经过几次派人去做工作，这位保长成为可以依靠的力量。红军游击队通过他，把工作一直做到

① 刘文学：《抚东游击战争的艰难历程》，中国人民解放军历史资料丛书编审委员会：《南方三年游击战争·闽北游击区》，解放军出版社1993年版，第269～270页。

了国民党军队内部。[①]

正是由于游击区党组织和红军游击队采取了争取保甲长、壮丁队的有效措施，对敌人的保甲制度起了瓦解作用，对打破敌人封锁产生重要的影响。许多保甲长纷纷秘密与红军游击队联系，表示他们当保甲长是被迫的，要求谅解他们的处境；曾做过坏事的保甲长也向红军游击队表示悔过。而壮丁队则纷纷与红军游击队联系，有的表示保持中立，有的要求订立互不侵犯协议。闽西新汀杭地区的新泉、南阳、旧县、才溪及永定东溪的民团壮丁队相继哗变，杀死反动的区乡所长、联保主任，烧毁炮楼，并参加打土豪、抗捐税等斗争。[②] 还有人逃离民团和壮丁队往他乡谋生。所有这些情况，都使国民党控制的地主武装日益减少。永定县原有五个中队的民团，结果被迫解散了三个中队。而仅存的民团和壮丁队，大多又被红军游击队所掌握；靖和浦五南区23座炮楼中，红军游击队控制的就达16座，壮丁队、守望队参加抗日义勇军的也达120多人。国民党企图控制民众、封锁红军游击队的保甲制度，渐渐成为党组织和红军游击队进行反“清剿”斗争的外围力量。

除了对保甲长的统战工作外，闽中党组织和游击队还十分重视对比较开明的上层人士开展工作，尽量争取团结他们。常太党城村有一个退隐在家的十九路军营长蔡春腾，在地方士绅中颇有影响，游击队通过工作与他建立友好关系，从而争取了一大批当地上层人士和保甲长。尔后，他的儿子蔡兆英也参加了游击队。正因为统战工作的成效，在常太还形成一种有趣现象，真正的红军游击队被国民党抓去的并不多，反而有不少保甲长被抓去坐牢，罪名是“窝匪不报”，可是关了一段时间，又不得不把他们放出来，一是因为没有这些人确凿“通匪”的证据，二是除这些人外没人愿意接任，最后还得请这些两面都有联

---

① 饶守坤：《闽东北游击区的开创与发展》，中国人民解放军历史资料丛书编审委员会：《南方三年游击战争·闽北游击区》，解放军出版社1993年版，第292～293页。

② 张鼎丞：《日益成熟着的反攻形势》（1936年7月9日），中国人民解放军历史资料丛书编审委员会：《南方三年游击战争·闽西游击区》，解放军出版社1991年版，第133页。

系的人来当保甲长。[①] 这些对于红军游击队和游击区工作的开展都是极为有利的。

闽东游击区在对待土豪的政策上也作出改变，一般都是出游击区抓土豪筹款，限定期限交钱，钱到就放回，第二次不再抓，但要求不准反动。[②] 而在游击区内则采取“借款”的办法。各县还根据土豪家庭情况作出一些更加细化的规定。福安规定向土豪派款，一般按其动产的20%为标准缴交。这样根据实际情况办事，考虑到了土豪的承受能力，既容易筹集到款项，又不致引起土豪的过度反对。

闽中游击区在发动农民开展“四抗”运动中，也实行分化争取政策。常太的地主大部分是小地主或替城里大地主收租的“二地主”。红军贴出布告宣布抗租，各村贫农团就召集地主通知他们不要收租了。对“二地主”来说，只要红军不为难他们，抗租对他们本人并无损失，只需向城里大地主报告一声，所以对抗租并不太反对，使抗租比较顺利。而抗捐抗税的斗争就比较尖锐复杂。许多保甲长经过争取教育后，都表示愿意靠拢红军。但有一些顽固的反动分子，自恃手里有武装，县里有后台关系，对红军的号召不理睬，有的甚至仍包捐包税，威胁群众。对于这类人，红军游击队坚决加以镇压。

为了争取更多力量，扩大统一战线，各游击区同时开展了兵运工作。闽西南军政委员会根据中共中央指示，要求同志们认识到在目前中国民族危机之下，在“武装保护中国”的旗帜下，应该努力争取白军大部分中下级军官，甚至一部分高级长官，因此“必须用极大力量来克服过去忽视兵运的错误，必须动员全党与赤色组织来进行白军工作”[③]。除了游击队喊话，散发传单标语，与堡垒士兵谈话，将没收猪

---

① 黄国璋：《回顾三年游击战争时期闽中党的活动》，中国人民解放军历史资料丛书编审委员会：《南方三年游击战争·闽赣边游击区、闽中游击区》，解放军出版社1994年版，第384～385页。

② 范式人：《回忆闽东三年游击战争》，中国人民解放军历史资料丛书编审委员会：《南方三年游击战争·闽东游击区》，解放军出版社1993年版，第108页。

③ 《闽西南军政委员会关于目前新的形势与新的任务决议》（1936年1月5日），中国人民解放军历史资料丛书编审委员会：《南方三年游击战争·闽西游击区》，解放军出版社1991年版，第38页。

肉、鸡、鸭等食品送给堡垒士兵外，还通过各种群众关系去接近士兵，找到各种方式开展宣传工作。经过宣传工作，在抗日救国统一战线影响下，“白军不仅仅是广大的士兵群众，且有中下级以及一部分高级军官，走向革命方面来，去反对蒋介石卖国贼”①。1936 年 2 月，驻闽东霞鼎地区的国民党七十八师 13 名士兵携 11 支步枪、四颗手榴弹、200 发子弹起义投诚。② 3 月，驻闽西永东和龙岩白沙的国民党军各一个连士兵相继杀死官长发生哗变；驻新泉的国民党军队士兵也发生哗变；闽西争取驻新祠炮楼的国民党军一个班投奔红军游击队。6 月 8 日，伍洪祥率红三支队第三大队一个排和短枪班，在独立三十七旅七一〇团二连一排三班士兵暴动策应下，攻克龙岩适中新祠堡垒，全歼守敌一个排，击毙排长。有六名士兵自愿参加红军游击队，并发表《告三十七旅兄弟书》，呼吁广大官兵迅速觉醒起来，团结起来，举行暴动，加入红军。

由于抗日号召被越来越多的官兵所接受和认可，“清剿”红军的国民党军队士气低落，逃亡成风。国民党五十二师驻龙岩龙门的一个连逃散殆尽。“一般的逃亡风声几乎无日无之，特别是三十七旅平均每连由七八十人减到四五十人。如保安第六团驻大洋坝部一连人补充了二十四人，同时就逃亡了三十八人”③。驻岩南漳县象山区的国民党军下级军官和士兵，听了红军游击队的喊话宣传后，以各种方式表达对红军游击队的同情、理解和支持。许多地方驻点守线的国民党军，发现红军游击队活动往来时不开枪，不报告，任凭安全通过。

（二）加强对绿林土匪的统战工作

福建因为受帝国主义侵略和封建统治，经济发展落后，造成土匪

---

① 张鼎丞：《日益成熟着的反攻形势》（1936 年 7 月 9 日），中国人民解放军历史资料丛书编审委员会：《南方三年游击战争·闽西游击区》，解放军出版社 1991 年版，第 132 页。

② 冯阿尾等：《霞鼎三年》，中国人民解放军历史资料丛书编审委员会：《南方三年游击战争·闽东游击区》，解放军出版社 1993 年版，第 181 页。

③ 张鼎丞：《日益成熟着的反攻形势》（1936 年 7 月 9 日），中国人民解放军历史资料丛书编审委员会：《南方三年游击战争·闽西游击区》，解放军出版社 1991 年版，第 133 页。

众多，会道门林立。这些土匪、刀会由于受国民党地方势力的控制和欺骗，加上自身的封建色彩，也经常与红军游击队作对。闽北独立师在开辟闽东北新区过程中，就曾吃过会道门的苦头。这里的地主民团和反动会道门活动猖狂，虽然装备较差，但人多势众，且熟悉地形与民情，对红军游击队的零星部队采取包围追击，对大部队则小股袭扰。红军行军的时候，常常被打冷枪。红军游击队被弄得日夜不安，几乎天天打仗。[①] 所以加强对绿林土匪的统战工作，与之建立一种特殊的关系，成为游击战争必须面对和加以解决的问题。

闽西游击区的岩连宁边区，山高林密，土匪众多。岩东的土匪大部原是赤美山、林雨膏所部，林部曾接受红四军收编，后因受不了约束逃回为匪。林死后，其旧部分为四五股在活动，每股四五十人，形成不可忽视的力量，且与附近的区乡长以至县政府一些官员都有关系，颇有影响。红军游击队想要在这一地区建立游击根据地，就必须处理好与土匪的关系。

1935 年 5 月间，罗忠毅和方方一起，率领第一作战分区的明光独立营，从永定重返岩连宁创建游击根据地。罗忠毅和方方等人认识到如果不能与土匪建立一种合作关系，就难以站稳脚跟，更谈不上建立稳固的游击根据地。他们根据实际情况分析认为，这些土匪曾经被红军收编过，对红军的政策和纪律有所了解，只不过受不了严格纪律和艰苦生活才又重操旧业，但如果提议双方建立一种互不侵犯的合作关系还是可能的，也有一定基础。于是提出，只要土匪不强奸妇女，不抽收群众保护费，不接受国民党军收编，在此前提下，游击队可以与土匪订立互不侵犯的条约。这一政策为开展争取与改造土匪的工作创造了条件。分区一位参谋叫黄治平，曾在这一带做泥水匠，走村串户是常事，与当地老百姓很熟悉。通过这层关系，和一位土匪头目成为结拜兄弟，争取到原来土匪占据的两个小村庄，并以此为落脚点，设立疗养所，安置了 40 多位伤病员，从而扎下了根基。

---

① 饶守坤：《闽东北游击区的开创与发展》，中国人民解放军历史资料丛书编审委员会：《南方三年游击战争·闽北游击区》，解放军出版社 1993 年版，第 286 页。

此后，红军游击队以严明纪律、强大的战斗力和说到做到的行动力，对土匪以礼相待，以义说服，争取到土匪的信任。土匪长期啸聚山林，最为缺乏的就是枪弹。红军游击队把缴获的部分枪支送给他们，有时顺便帮助和配合打击他们痛恨的当地民团或仇家，使土匪更加佩服。正因为对土匪采取正确政策，与其建立起有条件的友谊关系，所以得到土匪礼尚往来的帮助，红军游击队很快就在边区站稳了脚跟。同时分区司令部派出政工人员在其据点周围活动，并开展群众工作，建立联络点，组织地方游击小组，成立岩东区委和几个直属党支部，开辟了以大罗坪为中心的边区游击根据地。

在闽中游击区的莆田常太外坑村，曾担任过民军营长的雷觉苍，早期与共产党组织建立有统战关系，后遭国民党诱骗杀害，所部也被国民党收编，其子雷光熙被迫拥枪自保，并且一直想报仇雪恨。中共莆田县委分析认为，雷光熙与传统民军不同，具有较强的正义感，完全可以做争取工作。于是先后派人与他联系，说明形势，晓以利害，表达诚意。后来雷光熙加入革命队伍，献出所藏枪支弹药。通过雷光熙在这一带的影响，这块游击根据地得到巩固，并向山区和沿海发展。

在福清、永泰交界处山区的罗汉里，原来有一股土匪势力非常大，土匪头子叫刘春水，手下同伙有100多人，打家劫舍，扰乱乡里。国民党多次围剿没有成功，后以收编的名义将刘捕杀，但土匪势力并未根除。这一带方圆百里的深山密林，是打游击的好地方。为了开辟新游击区，1935年5月间，中共福清县委委派县委委员、福（清）长（乐）边区特别支部书记陈云飞，通过农村传统认“干亲”的办法顺利进入罗汉里开展群众工作。然后通过“干妈”的亲戚的关系，与刘春水的叔叔刘阿和结拜为兄弟。由此，游击队得以进入罗汉里，正式成立闽中游击支队。刘阿和及其手下十多人都被吸收到支队里。[①] 从此，游击支队有了稳固的落脚点，在积极开展革命宣传的同时，发动了广泛的

① 陈云飞：《罗汉里播火种——忆闽中游击支队的建立》，中国人民解放军历史资料丛书编审委员会：《南方三年游击战争·闽赣边游击区、闽中游击区》，解放军出版社1994版。

游击战争，给周边地主、民团以有力打击。至这年9月，游击区周边民团和土匪势力大部得到打击和肃清，游击支队迅速扩大到100多人，使永泰、福清、闽侯、莆田四县边区都成为游击区域。

但毕竟土匪成员极具流动性、破坏性和易变性，虽然短时期的合作有可能，长期关系也难以保证。为了有利于红军游击队开展土匪工作，必须制订出对土匪的具体政策。1936年1月5日，闽西南军政委员会《关于目前新的形势与新的任务决议》提出：对土匪不是采取消灭的策略，而是要争取土匪来增加抗日讨蒋的力量。要告诉他们，他们有被军阀收编的危险，忠告他们不要乱抢工农财物。认为在土匪不抢工农、不妨害红军游击队行动的条件之下，可与他们订立协定，逐渐争取他们到革命方面来。① 3月，闽西南军政委员会专门作出《关于争取土匪工作的决定》，提出土匪工作的总方针，是争取土匪“成为现成的抗日讨蒋游击队”。为此党组织要在土匪群众中进行耐心的、艰苦的宣传教育工作，同时按照各地土匪的实际情形，采取不同的策略，以决定建立联合战线的条件。红军游击队对土匪的帮助，除了从政治上加强教育外，在不妨碍游击队争取工农群众条件下，在军事上也可以提供适当帮助，如帮助解决某处民团、打击亲蒋反动土匪、消灭反动派等。因为帮助部分土匪，使其能够生存，这样也就等于帮助了红军游击队本身，帮助了革命。通过建立合作关系，当时闽西游击区与土匪武装的关系存在几种情况：有些可以公开配合游击队打白军民团杀反动派；有些可以成立抗日义勇军、自卫军，要游击队派人去指导；有些只能做到不打红军游击队，经过时不打枪，替游击队探消息、当采买等；有些只能秘密帮助调查土豪反动派，夜间配合行动。

正是在民族危亡的形势下，在红军游击队不断胜利的影响下，一般土匪群众抗日反蒋的情绪有所提高，并向红军游击队靠拢。如龙岩东方、南靖、漳平、华安一带土匪就纷纷与闽西南军政委员会及红军

---

① 《闽西南军政委员会关于目前新的形势与新的任务决议》（1936年1月5日），中国人民解放军历史资料丛书编审委员会：《南方三年游击战争·闽西游击区》，解放军出版社1991版，第39页。

游击队接头联络，提出接受红军领导，愿意配合红军游击队行动，有些甚至已经与红军订立了联合战线。[①]

红军游击队通过自身的行动，得到绿林土匪的信任，从而建立了互信关系，订立协定，变消极因素为有利条件。南靖张河山部，永定黄豺狗部，上杭林昔伍部，连南周锐部，岩东宁洋苏美山、林宗明、黄玉璋部，均被团结争取过来。红军游击队可以在张河山部控制区域内活动、驻扎，不仅相安无事，有时双方还配合行动。黄豺狗是被国民党逼得家破人亡而为匪的，在走投无路的境况下，他多次派人寻找共产党和红军游击队，找到了永定县委、县苏维埃政府驻抚市乡的工作团，要求派政治干部去指导。后黄部接受闽西南军政委员会改编，成为闽西南人民抗日讨蒋军第二十三大队。有时游击队的粮食油盐实在有了困难，一时难以从其他地方解决时，就到“土匪阿哥”的村子里去购买。特别是游击队员负伤或生病后，只得安置在山上或群众家里隐蔽养伤，但因为打仗，有时送不上给养和医药，也容易被敌人搜出来杀害。游击队通过统战关系，把伤病员安置在土匪控制的村子里隐蔽，一方面减轻了游击队的负担，方便了游击队行动，另一方面也减少了伤病员的困难和危险。[②]

在闽北与闽东交界的建瓯、政和、古田、屏南等县，大刀会势力极为强大，以建松政大刀会总坛主林熙明为首的大刀会武装，在各地设有十多个分堂，组建起300多人的武装队伍。这支大刀会经常与红军游击队作对，双方留下较深积怨。对此，闽北红军游击队采取打击与争取相结合的办法。1935年11月中旬，闽北独立师第二团在建瓯、屏南、古田三县交界处的富地村背面设伏，俘获林熙明手下100多名会徒，然后派人送信向林熙明说明共产党的主张、政策和红军的性质、任务，提出举行谈判解决问题的建议。经过谈判，双方缔结了联盟协

---

① 《闽西南军政委员会关于争取土匪工作的决定》(1936年3月25日)，中国人民解放军历史资料丛书编审委员会：《南方三年游击战争·闽西游击区》，解放军出版社1991版，第81页。

② 潘友宏：《回忆闽西三年游击战争中的供给工作》，中国人民解放军历史资料丛书编审委员会：《南方三年游击战争·闽西游击区》，解放军出版社1991年版，第482页。

议：第一，红军游击队与大刀会互不为敌，结成友好关系，共同对付国民党军和土匪。第二，红军赠送大刀会部分枪支弹药，各地大刀会给予红军游击队让路过境的方便。第三，红军派军分区参谋长周觉华驻大刀会总坛，协同双方合作联络事宜；第四，大刀会解决经济问题，不许勒索贫苦农民，只许搞财主富户。① 从协议可以看出，双方是一种合作的关系，如规定红军与大刀会互不节制，没有领属关系，各自自由行动。其中还有利益关系，如规定联合作战，所有获得战利品双方对半分成。林部还曾一度被红军收编，由林熙明任该部大队长。此后，红军游击队利用林熙明大刀会在当地群众中的地位和影响力，争取到该地区 1000 多名大刀会众对革命的同情和支持。

在争取大刀会的同时，游击队还对土匪进行分化瓦解。当时，闽东北的土匪数量众多，主要有两大类：一类是经济土匪，占山为王，打家劫舍为的是财；一类是政治土匪，实为国民党反动派的别动队，多为地主恶霸控制和利用，专干祸国殃民的坏事，与红军作对。对此，闽北红军游击队采取了不同的方针政策，对政治土匪坚决打击，绝不留情；对经济土匪则视情况进行争取和利用。当时古田西部的凤都一带有一股土匪，人数达两三百人，匪首张春光曾任国民党军队团长。红军游击队摸清其底细后，主动去信，要他保持中立。饶守坤带人到其地盘与他会面，商谈中提出："捞"财可以，但一不要捞穷人，要捞地主老财；二不要在游击区捞，要到国民党统治区去捞；三不要捞人，即不能抓老百姓去当土匪。张春光接受，并表示决不与红军为敌。张春光部还为红军游击队提供情报并协助打击国民党军队。屏南县老城东关一带有一股土匪，为首的是徐帮基，有二三十支枪。这股土匪除了到外地抢东西，还经商，有门路搞到布匹、药品、子弹和粮食。饶守坤带领闽北独立师二、三团开辟新区过程中，为解决部队的生活问题，派人与徐帮基接头，经调查和了解，感到此人在政治上不反动，也愿意为红军做事。于是决定争取，授予其武装以"屏南独立营"的番号，还派出五名干部战士到他的队伍中，进一步做争取工作。后来

① 范强：《政和革命斗争史话》，福建省地图出版社 2013 年版，第 51 页。

他们为红军游击队解决了一些布匹、药品和子弹等物品的供应问题。①

闽东临时特委也对大刀会采取区别对待的争取政策，对周墩溪底、岭头的30多个大刀会采用宣传教育的方式，做了大量深入细致的工作，绝大多数大刀会成员都被争取过来。但盘踞在下坑、咸村、梧桐坑、五凤楼等地的大刀会则受恶霸何孙同控制，与红军游击队作对，经常到碧岩等地骚扰。对此，闽东临时特委组织部长阮英平率领红军游击队，进行了两次武装打击，镇压了匪首何孙同及反动会徒60多人，使这一带大刀会势力迅速瓦解。这期间，闽东党组织还争取了宁德的高山、际头、里庵、奇头、象牛坑等地的大刀会，② 使其成为革命助力。

正是通过争取土匪、大刀会、保甲长等的工作，使敌我力量对比在无形中发生了巨大变化，为红军游击队渡过难关，取得最终胜利，发挥了重大作用。③

1936年，在国民党军队对常太游击根据地发动大规模"清剿"的严峻形势下，闽中特委决定撤出常太根据地，准备在与永泰交界的莆田北部山区建立新的游击据点。当时这里有一股以黄开元为首的土匪势力，为此，特委派黄国璋与黄开元谈判，双方达成"互不侵犯"的协议。同时黄国璋又在黄开元及其对手之间做协调工作，说服双方不再交手，达成和解意向，于是红军游击队得到双方的信任。接着黄国璋又联络岐山、上院、黄龙、洋尾等地大刀会进行谈判，订立互不干扰、彼此通气的协议。通过努力，游击队终于找到一块休整的立足之地，从而更好地保存了游击队的有生力量。④

在闽东游击区边沿地区，红军游击队对大刀会采取政治瓦解与武

---

① 饶守坤：《闽东北游击区的开创与发展》，中国人民解放军历史资料丛书编审委员会：《南方三年游击战争·闽北游击区》，解放军出版社1993年版，第291～292页。

② 孙礼明：《简论三年游击战争时期闽北闽东根据地的几个政策与策略问题》，《党史研究与教学》1984年第1期。

③ 饶守坤：《闽东北游击区的开创与发展》，中国人民解放军历史资料丛书编审委员会：《南方三年游击战争·闽北游击区》，解放军出版社1993年版，第293页。

④ 黄国璋：《回顾三年游击战争时期闽中党的活动》，中国人民解放军历史资料丛书编审委员会：《南方三年游击战争·闽赣边游击区、闽中游击区》，解放军出版社1994版，第386页。

装镇压相结合的政策，与他们订立协议：一是替游击队送消息，二是为游击队买子弹、电池、报纸，三是不许抢掠游击区的群众。① 处于政和、屏南、周宁交界处的洞宫山脉地区，盘踞着一股土匪武装，闽北和闽东红军游击队都与之建立联系。正是借助这块地盘，闽北、闽东两地红军游击队于 1936 年 2 月在洞宫山禾坪村胜利会师。随后于 4 月间，闽北、闽东特委及红军游击队领导人黄道、黄立贵、叶飞等，在洞宫山大窠村召开联席会议，商讨成立闽浙赣临时省委事宜。虽然未能实现统一领导，但通过与土匪的特殊统战关系，促成闽北与闽东两块游击根据地打通联系，有利于游击战争的开展。

开展与土匪的特殊统战工作，为建立和巩固游击根据地，渡过难关，粉碎国民党军队的“搜剿”，团结各阶层支持三年游击战争，进而实现合作抗日等，都发挥了重要作用。

三、经济文化方面的斗争

（一）开展多种形式的经济斗争

经济斗争是党领导开展革命斗争的一项重要内容，也是反“清剿”斗争的重要组成部分。在反“清剿”斗争初期，游击区党组织在经济斗争方面曾存在着两种偏向：一种是没有适应斗争形势的变化，及时改变经济斗争的形式和内容。如中共饶和埔县委便由于机械地继续执行苏区时期的经济政策，没有“刻苦忍耐的去建立群众工作，广泛的发动与组织群众日常细小的与抗捐、抗租、抗债、分米、分谷的斗争”，以解决群众生活上的疾苦，“而只是脱离群众的空喊与命令群众分田”，② 结果使斗争陷入了困境。另一种是对在国民党反攻倒算政策

① 范式人：《回忆闽东三年游击战争》，中国人民解放军历史资料丛书编审委员会：《南方三年游击战争·闽东游击区》，解放军出版社 1993 年版，第 108 页。

② 《中共闽粤边区特委关于解散饶和埔县委等问题给饶和埔县委的指示信》（1935 年 12 月 15 日），中国人民解放军历史资料丛书编审委员会：《南方三年游击战争·闽粤边游击区》，解放军出版社 1994 年版，第 47 页。

之下的群众斗争情绪估计不足，没有大胆地广泛发动群众开展经济斗争。所以经济斗争只局限于红军游击队的打土豪、没收财产等一些孤立的行动上，没有得到群众的有力配合。在经济斗争中，“群众除得了没收豪绅地主一些东西的利益外，抗租、抗债、抗捐的斗争是没有广泛的热烈的提出来，成为广泛群众行动的斗争纲领。因此，群众也就没有得到抗租、抗债、抗捐的利益，而且没收斗争也只限于进步分子，个别乡村的群众行动，还不是广泛的群众公开行动”①。其结果，群众性的斗争未广泛开展，有的地方存在先组织后斗争，只做大的斗争与游击战争，不去发动与领导日常的细小的斗争，或是只做小的斗争，控制群众的斗争情绪，使群众的斗争停留在狭小的、偷偷摸摸的阶段，这样使以经济斗争配合游击战争的作用被大大削弱。

在当时情况下，苏维埃政府分田分地的政策缺乏相对稳定的环境，农民因惧怕国民党和土豪劣绅的反攻倒算，不主张分田，因为即使分了土地，也无法保持。1935 年 4 月，潮澄饶县委在浮凤游击区开展土改分田，全区 79 个自然村 37000 人口，共分得耕地 58000 亩。饶和埔县委同时还在马坑分田，在“几个小社总共八十余户命令群众分田”。结果因为环境变得严酷，分田实行不下去。马坑“一开始分田群众就全部逃跑”②。于是闽粤边特委调整斗争策略，变分田分地为减租减息、分米分谷，较好地反映了游击战争环境下农民群众最为现实的要求。

由此，福建各游击区党组织根据实际情况，将原来苏区分田分地的土地政策，转变为以保住田地为主要内容的群众斗争。结合游击战争的广泛开展，着手探索适应新形势的经济政策，开展起了形式多样的经济斗争。

在游击战争初期，随着各苏区的陷落，国民党在县、区、乡、镇

---

① 《中共闽粤边区特委关于猛烈开展游击战争等问题给云和诏县委的指示信》（1936 年 1 月 6 日），中国人民解放军历史资料丛书编审委员会：《南方三年游击战争·闽粤边游击区》，解放军出版社 1994 年版，第 69 页。

② 《中共闽粤边区特委关于解散饶和埔县委等问题给饶和埔县委的指示信》（1935 年 12 月 15 日），中国人民解放军历史资料丛书编审委员会：《南方三年游击战争·闽粤边游击区》，解放军出版社 1994 年版，第 47 页。

组织“农村兴复委员会”，实施所谓恢复业权的工作，支持土豪劣绅对农民进行疯狂的反攻倒算，不仅要收回农民分得的土地，而且强行向农民补收往年的各种租税。据新中国成立后对永定、上杭、长汀、连城、漳平等县所作的调查，红军主力长征后被地主阶级收回土地的有267个乡，共53.36万人。① 有的地主还要农民补交1929年至1934年的租谷，致使不少农民倾家荡产。②

针对国民党、地主豪绅向农民收租夺田的做法，闽西游击区党组织领导农民开展了各种符合实际的保田斗争。龙岩县军政委员会发布布告和告群众书，提出“豪绅地主的田地已没收分配给贫苦工农者，不准收田”，号召群众“与红军一致联合起来，开展游击战争，捕杀豪绅地主，彻底粉碎保护豪绅地主收租收债的保甲制度，与饿死群众的收回土地的政策”。③ 1936年春，龙岩县军政委员会为反对县政府及豪绅地主收回土地，发布《告龙岩劳动群众及壮丁书》，号召群众“武装起来，组织起来，团结一致，反对收回土地，反对起耕，捉杀首先收回原耕、首先起耕的豪绅地主，活捉匪首邱企雍及其走狗农村兴复会主任，枪杀帮助豪绅地主收回土地的联保长”④。保田斗争中，游击队针对地主豪绅的不同态度，而采取相应的办法。经过分析，地主主要有三种，一种是既是地主又当官，或自恃靠山硬的，坚决要求收租，这种地主毕竟是少数；一种是苏区时期被清算过的，担心再吃大亏的；一种是观望的，能收则跟着收，收不来也不冒险，不当出头鸟，这种地主为数最多。对于为数最多的处于观望状态的地主，主要进行争取，

---

① 中共龙岩地区农委办：《龙岩专区三年来土地改革运动工作总结》，《福建省土地改革文献汇编》中，福建省人民政府土地改革委员会1953年编印，第320页。

② 孔永松、邱松庆：《闽粤赣边区财政经济简史》，厦门大学出版社1988年版，第93页。

③ 《龙岩县军政委员会为反对豪绅地主收回土地，保护冬收告群众书》（1935年10月），福建省档案馆等编：《福建军事斗争史料选编（1934.10—1938.2）》，内部资料，1983年，第46页。

④ 《龙岩县军政委员会为反对邱狗县长及豪绅地主收回土地告龙岩劳动群众及壮丁队书》（1936年3月），福建省档案馆等编：《福建军事斗争史料选编（1934.10—1938.2）》，内部资料，1983年，第158页。

对其施以一定的压力，使其不敢参与；对心有余悸，表示不再收租夺田的地主，则保证其人身安全；对顽固不化的地主则进行孤立，甚至采取镇压手段。[①] 当时的具体做法非常灵活，当“农村兴复委员会”强迫农民插标报田时，游击队便组织农民以“一磨二告三打”的办法进行对付，先由农民出面周旋，以“田是打乱平分的，分不清是谁的业权，谁也难以插标报田”为理由与之抗争。或者发动农民声称种的是自己的田，而不是地主的田，并抢先下种耕种，采取“磨”的办法来反对收回土地。到了实在拖延不下去时，群众则通过接头户，将豪绅地主的阴谋报告给红军游击队，红军游击队就召开接头户会议布置工作，由与会者回去后通过散发传单、张贴标语等办法，展开政治攻势，广泛宣传“收回土地者杀”等口号，同时组织袭击乡公所，造成威吓压力，吓退部分下乡收租的地主豪绅。另外就是在将要收成的时候，抢先收割，或隐瞒部分产量，使地主收不到或少收租谷。

为了支持农民的保田斗争，红军游击队有针对性地打击了一些顽固的反动分子。有一次，红军游击队埋伏在西溪乡李田坝村路边，将从城里来收租的四个地主镇压；1936 年 2 月，谭震林、蓝荣玉继贵竹坑保田斗争会议后，组织并指挥红军游击队袭击白砂大田乡公所，当场镇压了乡“农村兴复委员会”主席；红八团团长邱金声化装成国民党军官，带领 20 多人冒充国民党兵，在龙岩石松岭打击了为地主夺田收租撑腰的反动民团，收缴了 60 多支枪，镇压了极力支持地主收租夺田的民团团总和团副；有时，游击队还化装成民团，闯到“农村兴复委员会”，杀死主持工作的坏分子。红军游击队行动神出鬼没，使各区、乡“农村兴复委员会”分子感受到巨大的精神压力，人人自危，嚣张气焰有了很大收敛。在红军游击队的打击下，国民党的“农村兴复委员会”工作陷入瘫痪，从而有效地保卫了土地革命的成果。据统计，保存了土地革命果实的（指土地没有被夺回，仍属农民所有的）有龙岩、永定、上杭等县的共 15 个区、83 个乡，一直保留在当地农民

① 魏金水：《奇迹从何而来——忆闽西保卫土地革命果实的斗争》，《党史资料与研究》1983 年第 2 期。

手里的土地约有20万亩。后来闽西国共双方实现和谈，国民党当局在协议中保证一条："土地革命时期所分配的土地，应保持原状，而未分配土地的地区应实行减租减息。"[①] 保田斗争之所以能够取得胜利，关键在于有党组织的坚强领导、红军游击队武装的保证以及群众力量的大力发动。闽西游击区的保田斗争独具特色，通过斗争使闽西游击区成为中央主力红军长征后中国革命在南方唯一的保留部分土地革命果实的地区，保田成果坚持到全国解放，"创造了全国绝无仅有的奇迹，成为闽西20多年'红旗不倒'的重要标志之一"[②]。

中共闽东临时特委在1935年5月含溪会议后，便根据新的斗争形势，调整了经济斗争的政策，不再普遍提"苏维埃"、"分田地"等口号，仅在福（鼎）寿（宁）含溪、霞鼎一些相对稳定的中心区域成立苏维埃政府或革命委员会，并根据群众迫切要求，开展了分田斗争，或保留了分田的成果。1936年夏，福寿中心县委在泰城区横岗乡分田1400亩；瑞平泰中心县委仅鼎泰区在月湖、福洋、鹏山三个乡就分配了3400多亩耕地。而在大部分地区，则是把群众发动起来，成立分粮抗租斗争委员会，组织贫农团，组成游击队、肃反队，开展打土豪、分粮食、抗租、抗债、抗捐等斗争。[③] 1936年春，周墩县委和县革命委员会领导群众开展大规模的分粮斗争，在三个区的32个村分掉地主粮食4800多担；霞鼎泰县泰南区下排村苏维埃政府发动农民，没收分配地主存谷500多担；8月，泰南区委发动柘下村农民没收18户地主的粮食2.5万斤。

闽北游击区总是在国民党军队进行新的"清剿"之前，以红军游击队相配合，发动群众，抓紧开展打土豪筹款的斗争。行动前，先由当地群众调查清楚地主、土豪家的情况，如家里有多少土地，一年能

① 魏金水：《谈判桌上的斗争——忆闽西国共合作抗日谈判》，中共福建省委党史资料征集编写委员会研究室编：《从国共和谈到北上抗日》，福建人民出版社1985年版，第23页。

② 苏俊才：《闽西南游击区的保田斗争》，《苏区研究》2018年第1期。

③ 范式人：《回忆闽东三年游击战争》，中国人民解放军历史资料丛书编审委员会：《南方三年游击战争·闽东游击区》，解放军出版社1993年版，第108页。

收多少租子，谷仓中存有多少粮食，日常活动规律等，提出具体实施方案。在斗争中，非常注意发动群众工作的积极性，组织一部分群众带着箩筐、扁担、绳索等用具，随游击队一起行动。斗争成功后，得到的粮食、盐、衣服等物资，除军用和上缴外，也分给参加行动的农民和当地贫苦农民一部分。资光贵游击队采取夜间长途奔袭的办法，将土豪家人“请”上山，在其家中留下信，提出交钱放人的条件，并根据土豪家庭经济情况规定不同的数目，从200块至500块银圆不等，时间也给予宽限一两个月，如果暂时筹集不到现洋，可以分几次交款，也可以用米、盐、布匹等实物折算。同时规定，如果不按条件办，报告敌人或带敌人上山，红军游击队则要加倍惩罚，一切后果则由土豪家里负责等。[①] 通过打土豪筹款斗争，不仅解决了红军游击队的供应困难问题，更发动和团结了群众，提高了群众斗争的积极性和自信心。

在经济斗争中，党组织和红军游击队注意公开斗争和秘密斗争相结合。惩处土豪劣绅时，由群众秘密为红军游击队提供消息、引路等，待惩办土豪劣绅后，又由群众拿着红军游击队的布告，去向保甲长报告，以迷惑敌人，使反动派没有向群众进行报复的借口。在分粮分谷分肉的斗争中，要大乡的当过壮丁队的人先来分，使小乡的群众跟着他们来分，这样使大乡不敢向小乡反攻倒算。夜间分粮时，红军游击队先把地主豪绅关押起来，然后发动群众去分粮食，并虚张声势地高呼某队警戒，某队进行担粮，待群众分到粮食并收藏起来后，才把地主豪绅放出来。分粮后还把一些米谷撒到大路上，然后报告说是红军抢走了粮食。[②] 有时红军游击队有意公开向保甲长借粮买粮，使保甲长也犯了所谓“通共”、“济共”之罪，因而这些保甲长对群众配合红军游击队开展经济斗争也只得睁一眼闭一眼。在抗捐税时，党利用乡村中有势力的老人或保甲长，鸣锣号召群众开会讨论缴捐，最后却摆出

---

① 刘文学：《抚东游击战争的艰难历程》，中国人民解放军历史资料丛书编审委员会：《南方三年游击战争·闽北游击区》，解放军出版社1993年版，第268页。

② 《闽西南红军怎样粉碎敌人无数次的“清剿”》（1937年10月1日），中国人民解放军历史资料丛书编审委员会：《南方三年游击战争·闽西游击区》，解放军出版社1991年版，第274页。

各种困难表示无法缴捐，由保甲长代表全乡联合各乡做呈，要求减免或缓缴。而到底是拖是抗是减，则看捐税性质及群众意见而定，如壮丁队捐是每月要缴，不能免只能拖；屠宰捐就用私下秘密宰杀进行抗争；临时的购枪费等，就要求减。① 闽赣边游击区领导群众对地主开展斗争，如因农产收成不好提出减少租子等，在必要时用夜袭的方式打开地主的仓库，让群众将粮食分别挑走。打甲村仓库时，以乙村的群众为主，甲村的为辅，将粮食先挑至乙村，事后甲村参加者所应得的再从乙村挑回。② 这些灵活的斗争策略，不仅动员了勇敢进步分子参加斗争，连落后分子也动员了起来，既有效地打击了敌人，保护了群众，同时使群众在经济斗争中得到了利益。

由于国民党的反动统治，广大游击区的农村经济破产，各地军阀土匪剥削农民最普遍最残酷的方式，就是强迫收取名目繁多的苛捐杂税，此外，还有无限制重复收取的民团费等。反动政府“不管群众生死，穷凶极恶的加紧抽剥，一捐未了一税又来”③，造成广大群众根本没有活路。这些都是人民群众最为痛恨的，反对苛捐杂税是广大群众最为迫切的要求。

各游击区党组织和红军游击队根据农村实际情况，选择在年关、春荒、夏荒、秋收等农民受压迫剥削最严重、生活最为艰难的季节，组织开展经济斗争。在苏区陷落后的第一个年关，由于国民党军队的烧杀抢，农村经济受到严重的破坏，农民的收成只有往年的六至七成，豪绅地主的反攻倒算、催租逼债，使农民所得无几。而国民党当局名目繁多的苛捐杂税及持续不断的修路、开溪、筑炮楼等种种劳役，更使贫穷百姓苦不堪言。而在年关广大民众因“无钱过年、食菜根与匿

---

① 《方方关于闽西南斗争和工作状况给中共中央的报告》（1937 年 6 月），中国人民解放军历史资料丛书编审委员会：《南方三年游击战争·闽西游击区》，解放军出版社 1991 年版，第 235 页。

② 《钟民关于闽赣边三年游击战争的总结》（1945 年 8 月 9 日），中国人民解放军历史资料丛书编审委员会：《南方三年游击战争·闽赣边游击区、闽中游击区》，解放军出版社 1994 年版，第 79 页。

③ 张鼎丞：《日益成熟着的反攻形势》（1936 年 7 月 9 日），中国人民解放军历史资料丛书编审委员会：《南方三年游击战争·闽西游击区》，解放军出版社 1991 年版，第 134 页。

避债主不敢在家过年的痛苦”，斗争要求十分强烈。为此，闽粤边游击区党组织专门组织了年关和春荒斗争，要求各县委加强对年关斗争的布置和领导，提出具体、通俗、群众容易接受的斗争纲领，把斗争计划详细地传达到每个工作团、每个支部和每个群众中去。先在支部、农会中进行详细讨论，发挥支部和农会的核心领导作用，再深入到群众中进行宣传鼓动，在各乡组织抗债会，以至联络各乡成立抗债总会，指挥各乡的抗债斗争。并在领导以抗债、抗粮、抗捐、抗税和分粮、分米、分猪肉为内容的年关斗争时，注意武装群众的工作，提高群众的斗争情绪，组织群众成立自卫军和游击队，作为开展年关斗争的有力后盾，当广大的群众“情绪已跑（达）到武装冲突的（边缘）时候，就号召群众起来公开实行武装自卫，扩大游击队组织，采取游击战略来对付敌人，开展游击战争”①。在春荒斗争中，中共闽粤边特委及时地纠正所属各级党组织在经济斗争中脱离实际的做法，适时地提出“党必须根据当地的实际情形与群众的迫切要求，定出具体通俗的斗争纲领，组织与领导群众日常抗捐、抗税、抗债、抗粮、抗租、打土豪、分东西的斗争，在斗争中去武装群众，组织群众的自卫军游击队(或游击小组)，开展广泛的游击战争”②，而且将分米、分谷、抗捐、抗税的斗争密切地与反抽壮丁队，反对训练，反对围篱打栅、守夜放哨，反对强迫筑堡垒，反对拉夫的斗争联系起来，提高群众的斗争情绪。

云和诏游击区在1935年秋收斗争中，发动了几百个群众参加没收斗争，建立了一小队的游击队，发展了十余名红军游击队员，把群众斗争情绪大大提高起来，很大程度上转变了过去诏黄区的和平发展及取消群众斗争的观点。诏黄区群众自主抗田亩捐斗争、反对抽壮丁入城训练的斗争、没收豪绅地主东西的斗争，都取得一定效果。

---

① 何鸣：《怎样去发动年关斗争》（1935年12月28日），中国人民解放军历史资料丛书编审委员会：《南方三年游击战争·闽粤边游击区》，解放军出版社1994年版，第62页。

② 《中共闽粤边区特委关于猛烈开展游击战争等问题给云和诏县委的指示信》（1936年1月6日），中国人民解放军历史资料丛书编审委员会：《南方三年游击战争·闽粤边游击区》，解放军出版社1994年版，第70～71页。

各地游击队、肃反队同时坚决镇压了一批带敌人破坏根据地的反动分子和给敌人通风报信而拒绝为红军游击队报告敌情的反动保甲长。1935年秋收期间，霞鼎县游击队和第二区肃反队根据群众要求，逮捕了杨家溪、上泥、过洋三个村的五个地主及其家属20余人，把地主逼租讨债的嚣张气焰打压了下去。斗争使福鼎县秋收租谷受到很大影响，第二区巽城一陈姓地主，本来年收租谷有2000担，但当年仅收100余担；第三区赛岐乡一陈姓小地主本来可收200担，仅收到170斤。“其余斤粒无收，或收百分之一、千分之一者，为数甚多”[①]。到1935年冬后，霞鼎各地区经抗租、抗债斗争，平均抗交50%左右租债，捐税钱粮几乎全部抗掉。“五抗”斗争取得较大胜利，广大贫苦群众得到较大的利益，更加靠拢党组织，积极支持革命，拥护红军游击队。[②]

由于群众工作做得好，靖和浦根据地内群众抗捐、抗税、抗债、分米谷，反对组织壮丁队，反对编保甲，反对筑炮楼、开公路，反对移民，向地主、富农要求发肥料、种子、耕牛的斗争及武装群众的游击战争广泛地开展起来。1936年初，二区区委决定开展抗捐抗税减租减息的斗争，发动群众向国民党政府申诉，反映捐款摊派太重，不合理，要求只交一部分，拖欠一部分；对于田租则由佃户公开向地主说收成不好，不能全交，而内部则按照党的政策作三七减租来掌握，利息也是按此标准交。因为有红三团和义勇军作后盾，人民群众敢于斗争，善于斗争，这些斗争基本都取得了胜利。

1936年春夏之际，由于国民党政府的摧残剥削，一般工农贫苦群众陷入无饭吃、无工做、无担挑、无钱赚的境地。再加上当局和土豪劣绅收回农民土地，强迫抽收名目繁多的捐税，强征苦工劳役，而且强迫移民并村，闽西农民群众出现无田可种、无种可下、无牛可耕、无肥可施，甚至无家可归的状态。群众的唯一出路，就是一致团结起

---

① 《〈福建民报〉报道福鼎红军游击队发动抗租斗争》（1935年11月27日），中国人民解放军历史资料丛书编审委员会：《南方三年游击战争·闽东游击区》，解放军出版社1993年版，第479页。

② 冯阿尾等：《霞鼎三年》，中国人民解放军历史资料丛书编审委员会：《南方三年游击战争·闽东游击区》，解放军出版社1993年版，第178页。

来进行抗捐抗税等斗争。为此，闽西南军政委员会发布了《关于春荒斗争的决定》，发动和领导群众开展以解决口粮、土地及春耕资金为内容的春荒斗争，要求“各处红军游击队必须更有计划有步骤的去配合和帮助群众斗争，收缴反动武装，打击收捐队及关卡”①，并将合法的经济斗争转变为武装斗争。随后闽西南军政委员会还发布《关于反捐税斗争大纲》、《关于向豪绅地主借谷分粮斗争大纲》等文件。有的县也发出《为春荒斗争告群众书》、《为反对缴纳土地税告全永民众书》，制订突击计划，并检查完成情况。

当时主要采取合法斗争的形式，领导农民集体向豪绅地主借粮，向区乡公所借谷子，强迫地主富农租耕牛，要求减少牛租牛税，利用合作社名义向地主富农强行借款，然后转借给贫苦农民，以及发动无田可耕及田不够种的农民，向区乡公所要田耕、要饭吃，反对地主强占土地等。过去红军游击队把各处没收的豪绅地主的粮食，分给贫苦群众，但这种做法“只是比较小的地方比较少数群众得到利益”，“没有争取更广大的群众，没有去组织广大群众自己的行动”，因此造成“分来的谷子，在红军去后，又被反革命抢回去，有些还自己偷偷送还给他”的情况，这样不仅使群众利益得不到保证，而且“斗争不能得到更大的开展”。② 正是吸取这种做法的教训，利用合法方式，发动更多群众，在游击武装的帮助与配合下，进行公开向地主借谷分粮的斗争。在此基础上，引导农民开展破仓分谷子、没收粮食、没收耕牛农具的斗争，以解决农民春荒中的口粮、春耕中的资金等问题。

而在城市中，党主要领导工人开展要求加工资、加米贴、发失业津贴，以及反对开除工人的斗争。组织船夫、苦力、码头工人等，开展要求工作，要求失业救济，要求加船钱、加米贴，反对军阀封船，

---

① 《闽西南军政委员会关于春荒斗争的决定》（1936 年 2 月 5 日），中国人民解放军历史资料丛书编审委员会：《南方三年游击战争·闽西游击区》，解放军出版社 1991 年版，第 66 页。

② 《闽西南军政委员会关于向豪绅地主借谷分粮斗争大纲》（1936 年 4 月 21 日），中国人民解放军历史资料丛书编审委员会：《南方三年游击战争·闽西游击区》，解放军出版社 1991 年版，第 95 页。

反对抽船捐，反对抬高米价等斗争。

随着这些日常经济斗争的开展，群众在斗争中得到利益，从而增强了斗争信心和热情。群众参加过几次秘密的分粮斗争后，逐渐组织起村里的游击小组，最后逐渐公开建立起游击队，有的还参加到红军游击队中。从而使群众性有组织有计划的经济斗争逐渐成为反“清剿”斗争的重要组成部分。同时在经济斗争中，党组织注意“把过去苏维埃领导群众春耕运动，提高土地生产，进行经济建设等成绩”[①]，与国民党“清剿”政策下人民的悲惨生活相对照，使广大群众认识到只有推翻豪绅地主阶级的统治，才能根本解决工农群众的经济问题。并注意在各种日常经济斗争中体现党的主张，使党的经济政策成为发动群众的重要武器，引导群众的经济斗争逐渐上升为政治斗争。

在党的正确领导，以及红军游击队开展了胜利的游击战争的鼓舞下，群众斗争情绪日益高涨。在1936年春荒夏荒时节，抢粮、抗捐、抗税的斗争更是普遍、激烈地开展起来。永定东溪二三百人的公开抢粮斗争，岩南漳、龙岩各区乡广大群众向地主富农进行分粮借谷斗争，岩南漳群众反移民斗争、焚毁炮楼的行动，上杭白砂群众抢粮斗争，杭代大阳区、卢（芦）丰区壮丁队反对集中训练的斗争等都如火如荼地开展起来。各县、区、乡所进行的“反对收回土地”、“反对捐税”、“反对筑马路、做炮楼”等斗争运用适当的方式，取得较大胜利。而且很多地区已从和平合法的斗争发展到激烈的武装斗争形式；从过去只是依赖红军、等待红军来帮助的想法，变成迫切要求红军发武器来武装自己，组建游击队游击组，自主进行打土豪杀反动分子的斗争，进入了真正群众的游击战争阶段。[②] 岩南漳及华安借谷分粮、抗捐抗税、分田分山的群众性斗争风起云涌。据统计，在六七两个月中，参加借

① 《闽西南军政委员会关于春荒斗争的决定》（1936年2月5日），中国人民解放军历史资料丛书编审委员会：《南方三年游击战争·闽西游击区》，解放军出版社1991年版，第67页。

② 张鼎丞：《日益成熟着的反攻形势》（1936年7月9日），中国人民解放军历史资料丛书编审委员会：《南方三年游击战争·闽西游击区》，解放军出版社1991年版，第135～136页。

谷分粮斗争的群众共有2000余人，打倒土豪87人，镇压反革命分子87人。[①]

由于游击区党组织所领导的这一系列形式多样的经济斗争，适应于斗争的实际，符合群众的利益和要求，得到广大群众的积极响应，使党的经济政策转化为群众性的经济斗争，有力地打击了地主阶级的封建剥削和压迫。龙岩的豪绅地主因担心“红军会多起来”而不敢收回农民手中的土地，“情愿找其他出路维持生活”；而小地主和富农看到有权有势的大地主都不敢收回土地，自己“更不要去想土地了”。永定丰稔区有的豪绅地主甚至因惧怕群众的经济斗争，主动将已收回的土地送给群众耕种。还有一些地主富农给工农群众讲好话，或寄信给红军游击队来讨好。[②] 这些都有力地打破了国民党当局企图利用经济手段配合军事“清剿”以消灭红军游击队的阴谋。

（二）发展生产合作与保证后勤供应

为坚持游击战争，各游击区党组织和红军游击队转变政策和做法，执行正确的方针政策，打破国民党实行的经济封锁，建立合作社，帮助农民群众发展生产。

闽西游击区为解决经济困难，在初期曾拦截过商人载货的汽车，没收了一些物品。后来纠正了这一做法，提出保护商人、争取商人的政策，有时接收商家的物品也照价给钱。这样就逐渐与商人建立了联系，不仅产生了好的政治影响，也解决了游击队的实际困难。资光贵游击区也结合斗争实际，改“分田地”为“分东西”。每次红军游击队都把在敌后地区打土豪缴获的银圆、粮食、衣服等物资，除留下部分自用外，剩余的全部分给贫苦农民。这些做法深得群众拥护，对于缓

① 《岩南漳军政委员会关于六七两个月工作的检查与今后五十天工作的决定》（1936年8月10日），章宏九、郑学秋等著：《闽西三年游击战争》，鹭江出版社1993年版，第127页。又见龙岩市委党史资料征集研究委员会：《龙岩人民革命史》，厦门大学出版社1989年版，第217页。

② 张鼎丞：《日益成熟着的反攻形势》（1936年7月9日），中国人民解放军历史资料丛书编审委员会：《南方三年游击战争·闽西游击区》，解放军出版社1991年版，第135页。

解因国民党的经济封锁而产生的供应困难状况起了较大作用。

闽赣边游击区也有对付国民党实行经济封锁的办法，如在从瑞金至长汀的公路上，“经常有大批米油运出，并运回盐来。我们最初即在途中布置武装，将米油运至我山里，给以长汀之价。后来群众也不怕，经常地卖粮食给我们，敌虽明知亦无法封锁”，这种办法成为游击队所需粮食油盐的主要来源。而日用品的供给，如电池、衣服、鞋袜及药品、军服等，都是从瑞金至长汀沿途中的小商店购买。所以除开始半年生活比较困难外，后来的经济状况一般都比较好。①

闽东游击区对敌人的经济封锁展开了有力反击，号召群众不给国民党当局交粮缴税，不给地主交租还债，不把粮食运到白区。根据区域不同，采取不同的对策和办法，在武装力量薄弱的地区，发动群众采取“推、拖、避”的办法进行斗争；在红军游击队经常活动的地区，则以武力镇压催粮、索税、逼租、讨债的反动派，保护群众的利益。

在游击区光靠抓土豪筹款不能完全解决经济困难，更重要的还是组织群众发展生产，促进商业往来，增加财政收入。闽东特委福寿办事处和福寿中心县委在商业政策和财经开支方面作出一些新的规定，采取了一些有效措施。商业政策方面明确提出：买卖公平，不还价钱，不收税，不伤害白区来的小商贩利益，保证白区商贩在苏区内的经商安全。对根据地群众经商，给予扶持。如甲坑的缪进法、缪奇弟缺乏资本，区苏维埃政府就给若干贷款。这样一来，偏僻的甲坑骤然出现了一个小街市，经常有十多个货郎担出入该村。为了活跃市场便于金融流通，福寿县苏维埃政府还印发了半角、一角票券，以供零用，并由中心区财政负责收兑。这种票券信用高，甚至流通到敌军据点犀溪。②

1935 年冬，闽东在一些成立苏维埃政府的乡村，还进行了分田，

---

① 《钟民关于闽赣边三年游击战争的总结》（1945 年 8 月 9 日），中国人民解放军历史资料丛书编审委员会：《南方三年游击战争·闽赣边游击区、闽中游击区》，解放军出版社 1994 年版，第 82 页。

② 许威：《福寿岗垅根据地的恢复与巩固》，中国人民解放军历史资料丛书编审委员会：《南方三年游击战争·闽东游击区》，解放军出版社 1993 年版，第 167 页。

把那些在敌人“清剿”中被还乡地主豪绅反攻倒算回去的田地重新分给农民。农民群众有了土地，在党组织和游击队的帮助保护下积极发展生产，满足根据地人民和红军游击队的物质需要。[①] 霞鼎中心县委领导与支持群众回村发展生产。春耕季节，各县、区委工作团根据指示，发动被迫移民并村的群众搬回自己的村庄进行生产。中心县委将从闽东特委争取和自筹的款项拨给各县、区群众买粮食、修盖房子，以安顿群众。桃坑受摧残最为严重，中心县委拨款将被毁房子重新修建起来，同时用于扶持群众恢复发展农副业生产。县委还到福鼎一带买回两头耕牛，供革命基点村群众使用，并给生活极其困难的人买来小猪、鸡、鸭等喂养，以支持群众发展农副业生产。因此，1936 年霞鼎地区迎来丰收年。[②] 农副业生产的发展，不仅改善了群众的生活，而且有力支援了红军游击队的斗争。中心县委还坚决执行保护小商贩政策，允许大批可靠的小商贩来往根据地，自由、公平贸易，而且通过地下交通站，与行河、土步头、柏洋等地商人建立合作关系，拨给一定的经费，支持他们办好商店，保证根据地军需、民用物品的供应。行河林阿春商店，经常依靠群众（主要是妇女）到白色据点柏洋、上万采购货物。[③]

为打破国民党对游击区的经济封锁，闽粤边区特委延续苏区的传统，先后在靖和浦、饶和埔游击区创办苏区合作社。从 1934 年起，创办了诏安的马东乡消费合作社，饶平的双善合作社，平和的石门、欧寮、三坪、山前、茅坪、象湖合作社，漳浦的车本、龙岭、小山城合作社，以及南靖的科岭、坑下合作社。这些合作社主要属于消费合作社性质，资金来源除党组织和红军游击队资助及拨给部分战利品外，主要依靠群众自愿认股认捐方式筹集。据不完全统计，在闽粤边游击

① 许威：《福寿岗垅根据地的恢复与巩固》，中国人民解放军历史资料丛书编审委员会：《南方三年游击战争·闽东游击区》，解放军出版社 1993 年版，第 168 页。

② 中共霞浦县委党史研究室编著：《霞浦人民革命史》，中共党史出版社 2009 年版，第 126 页。

③ 冯阿尾等：《霞鼎三年》，中国人民解放军历史资料丛书编审委员会：《南方三年游击战争·闽东游击区》，解放军出版社 1993 年版，第 182～183 页。

根据地，1934 年至 1935 年期间，共创办这样的合作社 11 家。[①]

在游击战争时期，由于国民党军队对游击区不断发动军事“清剿”，合作社遭到严重破坏，给游击区军民的物资供应和日常生活造成了严重困难。为了解决这一问题，游击区适应形势的变化，协助创办了一批流动的合作社，就是以货郎为主要形式，成为担在肩上的合作社。云和诏游击队为货郎张福池解决缺乏本钱的问题，帮助筹集资金，使他能够挑着货担走村串巷，经常来往于乌山脚下的林畲、进水、水晶坪等地，为红军游击队采购物资。当时仅靖和浦边区的平和县河东区，就有 19 家这种新型的合作社。[②] 同时在国民党统治区选点设立地下转运站，以正常业务为掩护，暗中专门为游击队代购物资。漳浦县象牙庄的一陈姓小店，根据需要从游击区搬到国统区重新开张，不仅经常为游击队代购各种紧缺物资，而且为游击队搜集情报，传递信息。

为保证物资的顺畅流动，合作社的干部、售货员或货郎，付出艰辛的努力，经常冒着生命危险，起早摸黑，走村串巷，不少人为此流血牺牲。采购员张水核曾多次为游击队购买枪支弹药，有一次被警察抓走，关了一个多月才被释放；欧寮合作社售货员林锦成，在回程途中遭遇土匪抢劫，人被绑在树上。他磨断捆绑的绳索，追踪土匪，直至夺回货担，使合作社的货物没有丝毫损失。

合作社是闽粤边军民在三年游击战争时期在经济上的一个创举。一大批“游击性质”的合作社，与游击区和国统区的小店铺都建立了联系，甚至直接深入普通群众的家中，从而构成一张宏大的物资流动网，对于有效打破敌人严密的经济封锁、为游击根据地开展游击战争提供良好的物质基础、保障根据地军民的生活等，都发挥了不可低估的重要作用。

随着敌人控制力量的逐渐削弱，闽北游击区各项工作又活跃起来，开始领导和组织群众恢复生产，重建家园。闽西南各部队在领导群众

---

① 卢胜：《在党的领导下坚持游击战争》，中国人民解放军历史资料丛书编审委员会：《南方三年游击战争·闽粤边游击区》，解放军出版社 1994 年版，第 261 页。

② 卢胜：《在党的领导下坚持游击战争》，中国人民解放军历史资料丛书编审委员会：《南方三年游击战争·闽粤边游击区》，解放军出版社 1994 年版，第 261 页。

开展斗争的同时，尽可能“给据点周围群众以经济上的帮助”，借款给群众购买春耕所需的各种物资，并禁止屠杀耕牛，还把从土豪劣绅家中夺来的耕牛送给群众用于春耕生产。

游击区的对外贸易也很有起色。为打破敌人的经济封锁，霞鼎中心县委执行保护小商贩政策，允许大批可靠的小商贩到游击区自由开展贸易，还通过交通站开设商店，与商人建立合作关系，互通有无，进行商品交换，采购电池、电筒、蜡烛、食盐、粮食等，保证军用和民用生活所需。① 在闽东区域，为了打破赤白对立状态，采取“买卖公平，不伤害白区来的商人利益”的商业政策，对商旅不随便检查，允许白区商人来往，来卖货的，按贩货发票付给工钱和一定利润，对于大商店也不随便没收，从而得到商人们的拥护。因此挑担做生意的多了起来，物资也丰富了起来。而且争取从一些土匪的渠道，获得了不少物资。当时国民党实行食盐专卖，城市一元只能买 5 斤盐，而游击区一元可以买 20 斤盐。② 1936 年初，闽北游击区团结了一批江西广丰的商人，红军游击队保证他们正当的贸易，买卖公平，他们也很高兴。闽北兵工厂军工生产所需的火药（用生产鞭炮的硝作为代用品），也都是从江西广丰的洋口一带经过岭阳关挑来的。闽中游击区为了筹款买粮，经常组织部分队员上山砍伐杉木、毛竹，拖到溪边，扎成木排、竹排，顺着一都溪放到永泰大樟，然后再委托商贩出售。③ 这些做法解决了红军游击队的物资供应困难的问题，对于粉碎国民党对游击区实行的经济封锁起了重要作用。

三年游击战争时期，因为部队经常转移，无法开展正常的后勤供给工作。在敌人连续的“清剿”中，部队许多天弄不到粮食、吃不上饭是常事，只好采野果、挖竹笋、捕动物充饥。为解决后勤供应问题，

---

① 中共霞浦县委党史研究室编著：《霞浦人民革命史》，中共党史出版社 2009 年版，第 126 页。

② 范式人：《回忆闽东三年游击战争》，中国人民解放军历史资料丛书编审委员会：《南方三年游击战争·闽东游击区》，解放军出版社 1993 年版，第 108 页。

③ 许春来：《在罗汉里根据地》，中国人民解放军历史资料丛书编审委员会：《南方三年游击战争·闽赣边游击区、闽中游击区》，解放军出版社 1994 年版，第 464 页。

闽中游击支队对剥削群众的富户，采取强制摊派的办法，要他们限期向游击队交纳粮款。对于普通群众，则挨家挨户做思想工作，耐心动员他们献粮或借粮支持游击队。

由于游击战争的环境，大部分游击区缺乏可靠而稳定的物资来源，除了依靠群众外，从战斗中夺取敌人的物资就成为解决供给的主要方式。有时游击队行动，很大程度上是为了得到弹药和物资补给。“游击队，莫停留，坐守空山真发愁。多打仗，打胜仗，有枪有弹不缺粮。”这首歌谣就是当时情况的真实写照。

闽东游击区党组织提出“前方作战，一切全靠后方接济，我们后方如没负起任务，前方就糟糕。红军是共产党的实力，红军健全，能够消灭敌人，主要是我们能够接济一切，他们没有内顾之忧”①。所以闽东游击区抓土豪以筹集钱粮物资的工作是依靠各地党支部、秘密交通员提供线索，侦察对象，由肃反队抓捕，再交区委财政委员审理的。其原则包括：抓土豪必须到白区抓；要能找到筹款百元以上的对象；红军、游击队和革命同志经常来往要道的村庄，不准抓土豪。在根据地内或边缘地区，则以发饷单的方式来进行筹款，对象确定后，由县、区财政誊印饷单，按其生活状况，征收二三十元或粮食三五十斤，通知其按规定时间、地点送交补助粮款。② 这些措施和办法，对于解决根据地的财政困难起了很大作用。岗垅地区则从贫农团中抽出部分骨干，组成临时特别队，负责抓小的、易抓的土豪。区游击队则负责抓大的、难抓的土豪。1935 年至 1936 年，岗垅地区筹款达 2 万元以上。其中山诸清村完成任务最为出色，经常受到特委寿宁办事处和

① 《闽东特委寿宁办事处关于当前敌情、经济、扩大红军等问题给福寿县委的信》(1935 年 8 月 30 日)，中国人民解放军历史资料丛书编审委员会：《南方三年游击战争·闽东游击区》，解放军出版社 1993 年版，第 51 页。

② 冯阿尾等：《霞鼎三年》，中国人民解放军历史资料丛书编审委员会：《南方三年游击战争·闽东游击区》，解放军出版社 1993 年版，第 178 页。也有说根据地外抓土豪的对象是能筹款 50 元以上者；根据地内不抓土豪，但对富裕户可以借款，按其财产的 20%～30%计。参见许威：《福寿岗垅根据地的恢复与巩固》，中国人民解放军历史资料丛书编审委员会：《南方三年游击战争·闽东游击区》，解放军出版社 1993 年版，第167 页。

福寿县委的表扬。[1] 闽东特委还加强后勤管理，严格执行财经纪律，交通公费“要照一切情形来决定。……同时对机关复杂，用费的不节省，做人情等一切毛病，均要从速通令杜绝”[2]。

在游击战争的环境下，闽东的后方工作做得相当出色。在各地山区建立“秘密寮”等，不仅经济比较充裕，前方伙食不至匮乏，战士生活未受大影响，而且伤病战士也得到较为妥当的安排与照顾。这些对于扩大红军队伍，坚持三年游击战争等都起到重要作用。

（三）文化宣传方面的斗争

在游击战争的艰苦环境下，宣传工作依然十分重要。为此，各游击区延续苏区时期的做法，尽可能地开展一些宣传教育工作。

创办红色宣传报刊是进行文化斗争的有力措施。1934 年 10 月 21 日，中共福建省委为适应新的斗争形势，将省委机关报《战斗报》和福建军区的《战线报》合并，创办了《红色福建》，并努力使之成为“全福建红色战士与工农群众唯一爱读的刊物”[3]。后来，闽西南军政委员会创办了《捷报》，着重反映各地游击队的斗争情况，以使其“发扬各地丰富的斗争经验，真正成为闽西南革命斗争的宣传者和领导者”[4]。《捷报》刊载了《福建各地红军游击队胜利消息》、《上杭才溪乡壮丁队暴动》、《全省游击战争猛烈发展》等文章，激励了游击队指战员和革命群众。

1935 年 10 月 3 日，中共闽粤边特委创办了内部机关报《战斗》，刊登了大量文章，反映闽粤边游击区的政治、经济、军事、文化等方面情况，及时总结各地斗争经验，公布教训，批评错误，成为特委的喉舌。其中刊载的不少文章，具有较高的理论水平，有很强的政治敏

---

① 许威：《福寿岗垅根据地的恢复与巩固》，中国人民解放军历史资料丛书编审委员会：《南方三年游击战争·闽东游击区》，解放军出版社 1993 年版，第 167 页。

② 《中共闽东特委寿宁办事处给福寿县委的信》，《闽东党史资料》第一辑，中共福安地委党史资料办公室翻印，1957 年 10 月，第 73 页。

③ 《写在前面的话》，《红色福建》创刊号，1934 年 10 月 21 日。

④ 《本报启事》，《捷报》第 6 期，1936 年 6 月。

感性和号召力，对各地制定并执行游击战争的方针政策发挥了重要的指导作用。《战斗》共出版八期，直至1937年才停办。随后又出版了面向工农群众、进行对外宣传的《工农报》，每期印制千份，专以短小的消息报道为主，更易于发挥其面向民众的作用，向游击区内外宣传共产党的主张，阐释共产党抗日民族统一战线的方针政策，介绍游击区军民的生存状态和精神面貌，鼓舞游击区革命群众的斗争决心。①

中央主力红军踏上长征路后，国民党当局企图以此打击广大群众对共产党和红军的信仰，摧毁人民的意志，大肆宣扬"剿匪胜利"，召开"祝捷"大会，在群众中散布谣言，说红军已经被消灭、赤区已经被荡平、红军长征是穷途末路，将重蹈太平天国石达开部覆辙等，妄想消磨游击区红军指战员和广大群众坚持革命的意志。

针对国民党的图谋，各游击区向广大工农群众进行了强有力的宣传，用事实揭穿国民党的无耻欺骗宣传，指出革命斗争形势正在继续朝有利方向发展，红军留下的力量和种子还在，红军游击队开展游击战争具有有利的条件。红军不仅没有被消灭，红军长征也不是逃跑，更不会是穷途末路，而是为了把苏维埃种子播撒到全国各省，是为了北上抗日，在新的地区创造抗日根据地。正在长征途中的红军，在各个战场获得空前的胜利，就是雄辩的证明。《战斗》和《工农报》都对国民党的无耻谰言进行了有力驳斥，指出：中央红军长征根本不能说是失败，而是获得突破国民党对中央苏区重重包围封锁的伟大胜利，长征是为了创造新的革命根据地，同其他苏区红军更好地取得配合与一致行动，争取中国苏维埃革命在全国的最后胜利。② 这对国民党的欺骗宣传是有力的回击，而对革命群众则是极大的鼓舞，坚定了广大的工农群众革命斗争的决心。

1936年5月，闽西南军政委员会创办了机关报《红旗》，龙岩县军政委员会创办了机关报《龙岩苏维埃小报》等。《红旗》的文章具有理

---

① 郭祥、钟健英：《三年游击战争时期闽粤边党的报刊活动及作用》，《党史研究与教学》1991年第1期。

② 黄会聪：《新的情形与新的策略下右倾机会主义的动摇》，《战斗》第1期，1935年10月30日。

论性、指导性很强的特点，成为部队进行政治学习和群众工作的材料。有些报刊针对群众文化水平不高的特点，进行了通俗易懂的宣传。如《捷报》就利用歌谣的形式，来宣传当时党和红军所面临的中心任务。①

为了保证各地斗争的顺利开展，党刊党报不断地刊发介绍如何反对国民党“清剿”、如何争取最广泛的抗日力量等内容的文章和材料，如反保甲制度，反移民并村，争取土匪为抗日力量，对白军进行喊话等，从而对各地斗争的开展起到了重要的指导作用。党刊党报是进行对敌斗争的重要武器。② 通过报刊宣传，消除干部群众的悲观情绪，鼓舞斗志，坚定信心。同时对于蒋介石所采取的“剿共”卖国的政策，也予以尖锐的抨击。

红军游击队还十分重视文化在对敌斗争中的作用，把煽动性强的传单、标语、口号、画报散发到白军、民团中去，并编了不少以争取民团为内容的民歌，如：

团丁本是工农兵，无食无穿家里贫，土豪劣绅来骗你，打生打死保别人。

团丁阿哥要认清，十三块钱卖了身，遇到红军来打仗，一家老幼急伤心。

你也穷来我也穷，穷人痛苦一般同，团丁要想除痛苦，快快起来助工农。

帮助工农法子多，先杀劣绅与土豪，土豪劣绅杀干净，那（哪）怕军阀枪炮多。

经过不断的争取工作，许多白军士兵都起义当了红军。上杭的大洋坝、丰稔市、永定的岐坑都是利用争取过来的团丁里应外合消灭敌人的。③

中共闽粤边区特委要求独立营的指挥员，“必须具有艰苦卓绝的精

---

① 《目前工作任务歌》，《捷报》第6期，1936年6月。

② 钟健英、吴国安：《三年游击战争时期闽西党的报刊活动及作用》，《党史研究与教学》1991年第2期。

③ 刘永生：《三年游击战争片断回忆》，中共龙岩地委党史办公室编：《闽西三年游击战争（闽西革命斗争史资料第三辑）》，福建人民出版社1960年版。

神与百折不挠的坚决。在学习、意识上，尤应为全体指战员的模范”。因此，要求不仅是在工作上来考验自己，而且要更多学习各种政治的、军事的理论，真正运用理论来充实自己的头脑，这样才能更好地克服工作上的困难。[①] 根据这些指示和实际斗争需要，特委十分重视在部队中的政治思想工作和教育训练。队伍中每日都上军事课与政治课，开办研究会、读报班、识字班、写字班、批评会，晚上经常举办游艺会等，活跃战士们的文化生活。红军游击队中的党团员占30%左右，大部分的党团员能起领导与模范作用。[②] 因此，在恶劣的环境下，战士们的精神面貌却很好，打起仗来生龙活虎。[③] 这体现出苏区时期确立的军魂犹存。

黄道就经常利用晚上大家没有行动、比较空闲的时候，给指战员们上课，讲哲学，讲政治经济学，讲中国历史、十月革命以及创建革命根据地的故事等。他常说：“别看我们今天被围困在这大山里，总有一天我们会打败帝国主义和国民党反动派，建设新国家。到那时，革命任务更重了，没有文化不行。”为了学习文化，他还编了一本字帖，供大家临摹。黄道还经常亲自填写歌词，在部队中教唱，如他填写的《满江红》词：“中华民族，到今朝，万分危急。向北望，满蒙华北，已非畴昔。暴日铁蹄遍地踏，傀儡组织如林立。看同胞，痛苦已受尽，作奴隶。不抵抗，轻退出。睦邻令，更无耻。还有那，辱国的‘协定’、‘和议’。大好河山频出卖，爱国同胞横遭逮。这是谁，甘心作汉奸？蒋介石。”这些不仅丰富了大家的文化生活，为紧张的游击生活增添了趣味，而且很好地起到教育战士不忘国耻、团结战斗的激励作用。

在三年游击战争的艰苦岁月，革命歌曲就是最好的鼓舞号角。有

① 《中共闽粤边区特委关于组织群众、扩大武装、瓦解白军等问题给独立营的指示信》（1936 年 5 月 4 日），中国人民解放军历史资料丛书编审委员会：《南方三年游击战争·闽粤边游击区》，解放军出版社 1994 年版，第 109～110 页。

② 《黄会聪关于闽粤边区两年余情况致陈云等转中共中央的报告》（1937 年 4 月 20 日），中国人民解放军历史资料丛书编审委员会：《南方三年游击战争·闽粤边游击区》，解放军出版社 1994 年版，第 212～214 页。

③ 卢胜：《在党的领导下坚持游击战争》，中国人民解放军历史资料丛书编审委员会：《南方三年游击战争·闽粤边游击区》，解放军出版社 1994 年版，第 266 页。

的歌词写道："赤脚奔走丛山间，单衣短裤过寒冬；吃着野菜饮清泉，睡着大地盖青天；生活虽苦心欢乐，共产主义在明天！"① 闽西妇女最会编唱山歌，她们怀着革命乐观主义精神，把艰难困苦置之度外，将革命胜利的坚定信念编入山歌中传唱："日头落山心莫慌，夜里没日有月光，月光没了有星子，星子没了天大光。不怕雨来不怕风，不怕天寒又地冻。待到梅花报春讯，深山树木尽退冬。"② 闽粤边区特委委员张华云在饶和埔诏游击区，就通过改编山歌，把革命内容用这种群众易懂的方式进行宣传，增强了民众坚持革命斗争的信心。畲族群众也以自己的歌声鼓舞红军指战员和群众。各游击区还印刷了许多歌谣小册子，如潮澄饶地区的《革命潮曲》、闽南的《挑夫十唱》等，通俗易懂、朗朗上口，很受群众的欢迎。这些都发挥了很好的鼓舞斗志的作用。

1936 年五一节这天，在艰苦的游击战争环境下，闽北分区政治部还举办了纪念会。除了分区委书记黄道和政治部卢文卿作了政治报告和讲话外，晚上还搭起戏台，举行文艺演出。演出前，各单位互相拉歌，会场充溢着欢欣鼓舞的气氛。节目有根据"铁杵磨成针"的民间故事自编自演的独幕戏，鼓励指战员们要有比故事中人更加坚强的革命意志，冲破一切困难，为无产阶级革命事业奋斗到底；还有红军和工人农民联合起来打碎国民党"乌龟壳"的节目，歌中唱道："共产党领导真正好，工农群众拥护真正多；红军打仗真不错，粉碎了国民党的乌龟壳。我们真快乐，我们真快乐！"③ 第二天还举行直属机关演讲比赛，演讲的题目是"国际劳动节的意义和我们的当前任务"。题目虽然大，但各单位都早已普遍学过，所以都讲得不错。下午举行政治测验。这些文化生活，活跃了气氛，为单调的游击生活增添了色彩，更

---

① 刘德高：《回忆红二团在游击战争中的斗争生活片断》，中国人民解放军历史资料丛书编审委员会：《南方三年游击战争·闽北游击区》，解放军出版社 1993 年版，第 308 页。

② 张昭娣：《忆汀瑞边游击队的历程》，中国人民解放军历史资料丛书编审委员会：《南方三年游击战争·闽赣边游击区、闽中游击区》，解放军出版社 1994 年版，第 204 页。

③ 王文波：《从无线电队到兵工厂》，中国人民解放军历史资料丛书编审委员会：《南方三年游击战争·闽北游击区》，解放军出版社 1993 年版，第 338～339 页。

重要的是借此鼓舞了指战员们的斗志。

闽粤边游击区还实行义务教育，创办平民学校、民众夜校，以革命歌谣、斗争故事为体裁，自编教材，帮助苏区群众认字，提高阶级觉悟。

由于宣传教育文化工作的积极开展，当时从部队到地方，从领导到群众，政治空气非常浓厚、活跃，上下一心，充满了为革命事业共同奋斗的必胜信念。但总体来说，在时刻面临国民党军队“清剿”的恶劣形势下，开展文化活动和斗争的条件有限，限制了游击队的文化斗争，再加上资料缺乏，所以难以有较为全面的反映。

第四章　统一思想与加强游击区的各项建设

随着福建各块游击根据地的开辟，各级党组织在反对国民党军事“清剿”、创建游击根据地、领导群众开展游击战争的同时，特别重视加强游击区的各项建设，发展壮大党的组织，加强党的领导，培养党和红军游击队干部队伍，实现干部地方化，加强人民军队建设和政治思想工作，以及加强交通线路和医院、兵工厂等建设。同时，在游击区进行了反叛徒斗争、反倾向斗争等，特别是在统一思想和组织方面作出很大努力，当然其间也存在着过火和肃反的严重扩大化问题。这些建设对于巩固和发展游击根据地起了重要作用。

一、加强政治建设与巩固组织力量

（一）加强组织和干部队伍建设

由于国民党的反动“清剿”，各块游击区的党组织受到严重破坏，干部牺牲多，党员数量急剧减少，党组织十分不健全。如闽粤边地区靖和浦的党组织“是远远的落在客观环境的后面，党的组织力量的削弱，是到了惊人的地步”[①]。在国民党军发动第二期“清剿”后，永定可以说没有支部了，上杭只存三四个，龙岩存十余个。这使党的领导核心作用不能发挥。在闽西，“党的支部还是限在非常狭隘的地区，支

① 《中共靖和浦县委第五次扩大会议的决议》（1935 年 6 月 5 日），中国人民解放军历史资料丛书编审委员会：《南方三年游击战争·闽粤边游击区》，解放军出版社 1994 年版，第 35 页。

部生活未建立，党员很少活动，不敢向新党员开门，有些地方党员与非党员分不清（如代英），党的公开干部非常缺乏，特别是巩固党的组织不注意，秘密工作太差，致党常常受到破坏，党员牺牲跑散（如龙岩），甚至指导机关被破坏（如永定县区机关都被破坏），妨碍整个工作与影响到群众情绪的低落”[①]。闽东游击区有的县委“好像完全被动一样，要等到群众自动起来才进行工作，完全没主动去执行”，“县委确也没系统组织，县委、区委、支部，皆各自为政，群众虽然情绪很好，但党没布置没策略，所以不能使群众起来斗争”。[②]

各游击区党组织在反“清剿”斗争实践中，很快认识到，“加紧扩大与巩固党的组织，是争取游击战争与土地革命胜利的先决条件”[③]，并把加强党的建设，实现党的组织形式的转变，作为向游击战争策略转变的重要内容。

在靖和浦县委，尽管到 1935 年 6 月，党的组织方面已发展了三倍于从前的党员，建立了模范支部，但仍然存在错误和缺点。1935 年 6 月 5 日，中共靖和浦县委第五次扩大会议进行了深刻检讨，认为存在的问题包括：对白区群众斗争情绪估计不足，不敢深入白区广泛组织群众，领导群众开展日常的抗捐、抗税、抗租斗争；采取严重保守策略，在敌人进攻中表现出右倾机会主义，不相信群众的力量，认为没有红军到来，无法粉碎敌人的进攻。红三团和义勇军“不能坚决的冲出敌人的封锁线外，猛烈的向外，尤其是有军事意义的□□地方开展游击战争，组织与领导群众起来抗捐、抗税、抗租、分米、分谷、分田的斗争，创造新的游击区域”。同时还表现出非阶级路线，忽视了调查工作，致使将富农当土豪打，侵犯中农的利益，造成严重的“赤白”对

① 《闽西南军政委员会关于目前新的形势与新的任务决议》（1936 年 1 月 5 日），中国人民解放军历史资料丛书编审委员会：《南方三年游击战争·闽西游击区》，解放军出版社 1991 年版，第 41 页。

② 《福寿县执行委员会扩大会议》（1935 年 8 月 24 日），《闽东党史资料》第二辑，中共福安地委党史资料办公室翻印，1958 年 10 月，第 20 页。

③ 《中共靖和浦县委第五次扩大会议的决议》（1935 年 6 月 5 日），中国人民解放军历史资料丛书编审委员会：《南方三年游击战争·闽粤边游击区》，解放军出版社 1994 年版，第 35 页。

立。工作中还存在严重的官僚主义，没有直接地、经常地检查每次决议的执行，没有实际地去了解下层情形。县委缺乏集中领导，走马观花式的巡视，对于下层实际的困难没有深刻去了解与帮助解决。[①] 于是大会号召全体同志坚决起来开展反对一切机会主义的斗争，无情地开展反官僚主义斗争。

决议对加强党的建设，发挥党的作用提出了具体要求，就是全党必须以最大的决心和注意力来发展和巩固党的组织，在平时的斗争中，坚决吸收表现积极的、有觉悟的工人、贫农和雇农入党。在游击区的每个工作团，各个党支部，都必须制定组织发展的计划，创建新的支部。并针对国民党进行移民并村以加强反动统治的做法，提出到大社(村)中去建立党与群众的基础，创造大社党团支部的计划，重视将党组织向大社巩固与发展。要求发展党员应与举办流动训练和教育新党员的工作配合进行，必须依靠工厂和农村支部。发展党的组织要与反叛徒斗争、检举内奸、提高全体党员的政治水平和阶级警惕性、严守铁的纪律等措施结合起来，以巩固并壮大党的组织，加强党的马列主义水平的教育。同时要求改变党的领导方式，在批评与自我批评的精神下，暴露每个不正确的领导方式，以教育全党，并坚决地同包办支部甚至取消支部的观念和方式作无情的斗争。相信支部的力量，发挥支部同志的积极性，养成支部独立工作的能力。[②]

在会议中及会后，靖和浦县委都对“左”、右倾观点进行了揭发和批判，指出这些倾向的前途是非常危险的，这种错误和行为如果不转变，就可能跑到公开脱离党脱离革命战线，甚至投降到反革命的营垒中去。

针对基层党组织遭受严重破坏，组织松散，党员数量少，未能充

---

① 《中共靖和浦县委第五次扩大会议的决议》(1935 年 6 月 5 日)，中国人民解放军历史资料丛书编审委员会：《南方三年游击战争·闽粤边游击区》，解放军出版社 1994 年版，第 28～30 页。

② 《中共靖和浦县委第五次扩大会议的决议》(1935 年 6 月 5 日)，中国人民解放军历史资料丛书编审委员会：《南方三年游击战争·闽粤边游击区》，解放军出版社 1994 年版，第 35 页。

分发挥作用的实际情况，各游击区党组织着手进行恢复和健全党的基层组织，发展党员的工作。云和诏县委贯彻中央关于“党应该时刻依照环境的变化来改变自己的组织”[①] 的指示，按照各县区的党组织与各个机关应该立即精减缩小，将大部分干部及非必需的工作人员，调派到游击队与游击组及地方工作中去的要求，提拔几位同志参加县委，减少县委区委机关中一般的非必要的工作人员，派到游击队与群众中去，提高党的纪律，肃清一切自由主义与一切消极怠工分子，并严格检查同志的阶级成分及日常工作，并注意教育同志，严密党的组织。[②]

闽粤边特委对云和诏新区的党建工作极为重视。1936 年 1 月 6 日，特委再次指示各县委，强调在游击战争中扩大和巩固党的组织的重要性，要求在每次有组织的斗争中，都必须牢记要“扩大与巩固党的组织，有计划的去发展党团员与建立党团支部的组织”。在每个支部的计划中要适当分配并且及时检查每个同志的工作，启发同志的积极性与创造性，尽可能定期组织支部干事训练班、新同志训练班及流动训练班，用党的理论与实际去武装每个同志的头脑，使其自觉树立为党工作的责任心。同时，坚决与包办支部、取消支部、甚至不相信支部同志力量的方式与观念作斗争，对于上级党组织的每个决议都要在支部活动中进行解释与组织讨论，使支部能真正发挥核心的作用，把党的每一个政策主张及时有效地传达到群众中去，发挥引领作用。县委、区委工作团都要争取模范支部的建立，尤其是大的村庄及交通要点的支部建立。[③]

到 1936 年 2 月，靖和浦“恢复了二、五、三区及云和的组织，建

---

① 《中共中央给苏区中央分局的训令——红军主力突围转移、中央苏区广泛发展游击战争》（1934 年 10 月 8 日），中共中央文献研究室、中央档案馆编：《建党以来重要文献选编（1921—1949）》（第 11 册），中央文献出版社 2011 年版，第 576 页。

② 《中共闽粤边区特委关于猛烈开展游击战争等问题给云和诏县委的指示信》（1936 年 1 月 6 日），中国人民解放军历史资料丛书编审委员会：《南方三年游击战争·闽粤边游击区》，解放军出版社 1994 年版，第 76 页。

③ 《中共闽粤边区特委关于猛烈开展游击战争等问题给云和诏县委的指示信》（1936 年 1 月 6 日），中国人民解放军历史资料丛书编审委员会：《南方三年游击战争·闽粤边游击区》，解放军出版社 1994 年版，第 75 页。

立了双格、浦云、浦南的新阵地，扩大了五南的组织，建立了党的新基础”①。二区在发动群众斗争中，因势利导，把一些斗争坚决、立场坚定、符合党员条件的农会会员吸收入党。不仅恢复了原先建立的洋尾溪、坊坑、石门、官园、浮山、东头、山边、坑仔、塘仔、割后等十个支部，有30多名党员，而且新建立了石坑、后洞、水磨、卢厝、柴桥坑、荔枝林等六个支部，发展了19名党员。②

1936年2月，靖和浦县委召开区书联席会议，决定在游击根据地内开展发展组织的革命竞赛。会上五南与云和、靖浦与浦西、占春与双格、浦南与浦云八个区互相订立革命竞赛条约，定出各个区在2月至4月间到大社发展党员与群众组织及建立党团支部的具体数字。五南区要完成建立党团支部十六个，提拔新干部六人，建立四个大社党与群众的组织基础；云和区要完成建立党团支部十个，提拔新干部四人，建立四个大社党与群众的组织基础。靖浦区要完成建立党团支部十二个，提拔新干部三人，建立五个大社党与群众的组织基础；浦西区要完成建立党团支部六个，提拔新干部二人，建立三个大社党与组织基础。占春区要完成建立三大社党团支部六个，提拔新干部二人，建立三个大社党与群众的组织基础；双格区要完成建立三大社党团支部六个，提拔新干部二人，建立三个大社党与群众的组织基础。浦南区建立党团支部十二个，提拔新干部六人，建立四个大社党与群众的组织基础；浦云区要完成建立党团支部十个，提拔新干部三人，建立四个大社党与群众的组织基础。③ 还提出在竞赛中每半个月必须互相报告竞赛工作成绩一次，要实在，绝不能欺骗、隐瞒、夸大。

为使条约得到落实，县委、区委把建立党组织与发动、宣传、武

---

① 《中共靖和浦县委半年来的工作总结及春荒工作的决定》（1936年2月1日），中共福建省龙溪地委党史办公室、中共广东省汕头市委党史办公室：《闽粤边区三年游击战争史料汇编》第一辑，内部资料，1985年，第119页。

② 中共漳州市委党史研究室著：《闽粤边区三年游击战争史》，中央文献出版社1999年版，第98页。

③ 《靖和浦区书联席会议上的革命竞赛条约》（1936年2月20日），中国人民解放军历史资料丛书编审委员会：《南方三年游击战争·闽粤边游击区》，解放军出版社1994年版，第99～102页。

装群众紧密结合，重点开展大社群众工作。针对部分党员中存在的“大乡社地主豪绅力量强，不敢去接近群众”的想法，通过撰写文章、谈话等，提高党员的思想认识，教育党员同志认识到，“斗争的发动中心应放在大社去，只有大社群众斗争发动起来，才能推动广大群众的斗争与争取斗争的胜利”，“只有刻苦的去建立大社工作，发动大社的群众斗争，才能使敌人无法实行其移民政策与使敌人的炮垒政策失去作用”。同时“要坚决的反对以为大社的豪绅地主的统治力量强，无法打进大社（去）工作的机会主义观点”。① 此后，党员和工作团的同志利用各种机会接近大社群众，利用各种关系打进各大乡社，进行宣传发动，组织春耕委员会、抗捐团、救难会、贫人会、分粮会、同心会等各种群众团体。在开展群众斗争中，党的组织得到巩固和发展。但是，由于这种规定数量的计划并不是从实际出发，是难以完全实现的。各区革命竞赛的结果，靖浦区完成62%，五南区完成58%，浦云区完成57%，云和区完成55%，浦西区完成30%，浦南区完成26%，双格区完成15%，占春区仅完成1%。②

在闽东，1935年4月底，许旺在柘荣完店召集会议，成立霞鼎中心县委，下辖霞鼎、霞鼎泰、福霞、安福四个县委。根据会议布置，各县委大力开展工作，积极恢复各县所属的根据地，恢复区委，建立党支部和发展党员。当时四个县的14个区均建立了区委会，配备了区委工作团。按照成分好（贫雇农成分）、社会关系纯（亲戚朋友中没有反动派）、工作肯干，铁面无私、保守秘密等条件发展党员，建立与恢复党支部，加强党对农村游击根据地的领导。霞鼎县当时在一区的桃坑、上泥、芦西坑、岚中杨家溪、南楼，三区的步竹、大湾、马兰溪、湖头、土步头等村子建立了46个党支部，拥有130余个党员。③

---

① 《中共靖和浦县委半年来的工作总结及春荒工作的决定》（1936年2月1日），中共福建省龙溪地委党史办公室、中共广东省汕头市委党史办公室：《闽粤边区三年游击战争史料汇编》第一辑，内部资料，1985年，第124页。

② 《靖和浦各区革命竞赛的总结》（1936年5月20日），中国人民解放军历史资料丛书编审委员会：《南方三年游击战争·闽粤边游击区》，解放军出版社1994年版，第120页。

③ 冯阿尾等：《霞鼎三年》，中国人民解放军历史资料丛书编审委员会：《南方三年游击战争·闽东游击区》，解放军出版社1993年版，第177页。

1935年秋，设在福安北区的福寿县委机关迁到岗垅含溪，并改为福寿中心县委。在特委苏区办事处和福寿中心县委机关领导下，以岗垅为中心的福寿游击根据地恢复发展很快，先后在岗垅及其周围区域恢复和重建了九个区委、区苏维埃政府和38个党支部。仅在岗垅地区就重建和新建了甲坑、郑家坑、谢坑、山诸清、含溪、院洋、洪岭、汤洋、考坑九个党支部和村苏维埃政府。①

同时，随着游击区向浙南发展，闽东临时特委及福寿、福鼎县委也十分重视向浙南拓展组织。从1934年12月开始，福寿县委所属的含溪区委先后在泰顺境内建立马迹岭、长僻、岩坑等九个支部。1935年4月间，在九个支部基础上成立中共泰南区委。随后福寿县委分别建立中共泰东区委和泰城区委。8月，闽东临时特委柘荣楮坪扩大会议决定以泰顺西部、中部地区的党组织为基础，成立中共寿泰县委，泰顺第一次出现党的县级领导机构。福鼎县委于1934年开始向浙江泰顺、平阳发展组织。1935年6月，中共鼎平县委成立。10月下旬，闽东特委常委阮英平、委员郑宗毓率领独立师一部到鼎平地区活动，特委抽调郑丹甫、周钦明、陈辉、周建生、林辉山等一批干部进入泰顺的月湖、富垟、彭溪一带开展工作，组织得到进一步发展。

到1936年上半年，中共闽东特委已建立了霞鼎中心县委，福霞、霞鼎、安福、霞鼎泰、安德、福寿、福鼎、鼎平、周墩等县委。仅宁屏古、福寿、霞鼎三个地区就建立了260多个支部，发展党员1000多人。

闽北的建阳县委所辖地区多数是老苏区，虽有党员在活动，但遭受国民党摧残后，组织很不健全。西南战区书记汪林兴便派出干部到建阳恢复基层党组织。左丰美和邱有贵等组织党员以亲友串门、村子串村子的办法，发展了几十名党员，建立了十几个党支部，建立了通往崇安的交通站。② 在开辟新区过程中，邵顺建县委注意让受苦深、忠

---

① 许威：《福寿岗垅根据地的恢复与巩固》，中国人民解放军历史资料丛书编审委员会：《南方三年游击战争·闽东游击区》，解放军出版社1993年版，第166页。

② 左丰美：《坚持崇浦阳游击斗争》，中国人民解放军历史资料丛书编审委员会：《南方三年游击战争·闽北游击区》，解放军出版社1993年版，第217页。

诚老实，对共产党有相当认识、敢于献身革命、有一定活动能力的贫农、雇农、手工业工人参加共产党组织。经过活动，先后在建阳书坊的南门丁厝、西门丁厝、花园岭、贵溪、华家山、东游和邵武的上方等地，发展了一批秘密党员，建立起党的支部或党的小组，开展起党的工作。①

此时，资光贵游击区扩大到金溪、资溪、光泽、贵溪等县，共产党员发展到200多人，建立了昌坪、马斜、丰上、闵坑、茶山、下张、横坑、五里山、下源、上源、窖下、冷水坑、饶桥、高埠等党支部，增设了茶山、马斜、闵坑、金资贵四个区委，成立了资光贵中心县委，吴先喜任书记，刘文学任副书记。

闽西南军政委员会一成立，便着手恢复党的组织系统，及时成立了永定、永东、上杭、龙岩等四个县委，随后又成立岩南漳县委；以上杭岩下山为基础，成立汀河工委，向汀河两岸发展；在永定、大埔之间成立永埔工委，并使“县以下有区委，许多乡村有支部”②。但在当时的艰难环境下，组织发展也存在较大困难。龙岩党组织只完成目标数的三分之一，除一个区外，其他各区党员的发展非常之少。党的支部生活还很散漫，一般不能按时开会，不能讨论当地群众斗争。主要原因是干部看到敌人力量削弱、红军胜利而产生了依靠军事来恢复苏区的观点，因而放松了艰苦的组织工作。另一方面则是对群众情绪估计不足，产生不相信群众的关门主义。党的白区区委领导系统没有建立，没有找到更多的能公开活动的群众领袖，只依靠几个不能公开活动的工作团同志去活动，使党的活动范围极端缩小，组织发展困难。③

---

①　林敏：《邵顺建游击区的开辟及其斗争》，中国人民解放军历史资料丛书编审委员会：《南方三年游击战争·闽北游击区》，解放军出版社1993年版，第235页。

②　张鼎丞、邓子恢、谭震林：《闽西三年游击战争》，中国人民解放军历史资料丛书编审委员会：《南方三年游击战争·闽西游击区》，解放军出版社1991年版，第330页。

③　《闽西南军政委员会一年来工作的检阅和目前形势与任务的报告》（1936年），中国人民解放军历史资料丛书编审委员会：《南方三年游击战争·闽西游击区》，解放军出版社1991年版，第184页。

为此，闽西南军政委员会提出：要大批吸收新的坚决勇敢的积极分子来扩大党的组织，特别是吸收工人雇农加强党的无产阶级基础，同时要大胆地向知识分子敞开大门；建立生产支部，建立大乡村与城市支部，恢复旧的组织，健全支部生活。一切工作一切斗争都要在支部中讨论，使支部成为群众斗争、群众生活的核心，创造模范支部，创造有独立领导能力的支部；注意巩固党的组织，审慎吸收党员，严防投机分子特别是敌人侦探混进组织中，改善秘密工作，提高党的纪律；注意培养党的干部，特别是培养公开活动的干部；县区委至少要有三人经常开会，检查和讨论整个工作，以保证党的集中领导等。① 要求白区党组织努力开阔视野，向大乡镇、城市以及国民党军队、壮丁队中发展党的组织。

因为红军的胜利，党领导了斗争，而且运用统一战线策略，党组织也得到了扩大与发展。永定县委有了转变，代英县委真正建立了集体领导，普遍建立了白区区委，找到了不少当地能公开活动的群众领袖，而在原来的工作团基础上成立中心区委，以推动各区委进行工作，“代英党和群众工作的发展，就成为这一时期闽西的模范”②。龙岩、南漳县委也比以前加强了，永东县委建立了特区委的领导，随后党的组织又有很大发展。杭代党的支部在半年内扩大了六倍，党员增加了三倍以上；闽西党各县支部平均都扩大两倍左右，党员平均增加一倍以上，新的区委增多一倍以上。而且这些支部，绝大多数在反动统治区域能够公开活动，并在大乡村与城市发展起来，有不少支部开展了支部生活，能起到发动群众的核心作用，能领导斗争。同时在这一时期提拔与培养了不少新干部，充实各级党委会，各县区集体领导逐渐健

---

① 《闽西南军政委员会关于目前新的形势与新的任务决议》（1936 年 1 月 5 日），中国人民解放军历史资料丛书编审委员会：《南方三年游击战争·闽西游击区》，解放军出版社 1991 年版，第 42 页。

② 《闽西南军政委员会一年来工作的检阅和目前形势与任务的报告》（1936 年），中国人民解放军历史资料丛书编审委员会：《南方三年游击战争·闽西游击区》，解放军出版社 1991 年版，第 182～184 页。

全起来。[1]

岩南漳边区在 1936 年六七月间，建立党支部 18 个、青年团支部 15 个，发展党员 157 名、团员 94 名，十个区中的七个区有 820 人新参加群众性组织，并培养、提拔新干部 16 人，从而缓解了扩大游击根据地缺乏干部的困难。[2]

在广泛地恢复和发展党组织的同时，各游击区党组织又不断加强党的建设，提升党员素质，以更好地发挥党员的先锋模范作用和党支部的战斗堡垒作用。游击区党组织十分重视加强广大党员群众的理论学习，“用马克思列宁主义的革命理论去充实干部”，以革命的道理去武装广大党员群众的头脑。中共闽粤边特委向各级党组织提出：要反对党内一般干部借口实际工作太多，而忽视理论学习的态度，同时要求各级党组织，要普遍地建立政治讨论会制度，通过各种政治讨论，来提高每位同志的政治思想和文化水平。[3] 重视组织广大党员群众学习和讨论党报党刊，是福建各游击区党组织为发挥党报党刊的作用，提高党员干部群众的理论水平，加强对党的各项方针政策的认识和理解而采取的重要措施。中共闽粤边特委提出要求：各地各级党的负责同志，要经常督促与检查党员同志特别是干部阅看党的文件与党报，对有些文化水平确实低、难以看懂文件的同志要给予帮助，请看得懂文件的同志读给他听，并作出通俗的解释，以提高各位党员同志的政治理论水平。[4]

---

① 张鼎丞：《日益成熟着的反攻形势》（1936 年 7 月 9 日），中国人民解放军历史资料丛书编审委员会：《南方三年游击战争·闽西游击区》，解放军出版社 1991 年版，第 137～138 页。

② 《岩南漳军政委员会关于六七两个月工作的检查与今后五十天工作的决定》（1936 年 8 月 10 日），参见章宏九、郑学秋等著：《闽西三年游击战争》，鹭江出版社 1993 年版，第 127 页。

③ 黄会聪：《提拔新的干部是党目前的战斗任务》（1936 年 2 月 5 日），中国人民解放军历史资料丛书编审委员会：《南方三年游击战争·闽粤边游击区》，解放军出版社 1994 年版，第 97 页。

④ 黄会聪：《提拔新的干部是党目前的战斗任务》（1936 年 2 月 5 日），中国人民解放军历史资料丛书编审委员会：《南方三年游击战争·闽粤边游击区》，解放军出版社 1994 年版，第 97 页。

同时重视发挥党组织的领导作用。闽西南军政委员会提出："在春荒斗争中，注意发展党的组织，特别要注意建立我们在大乡村与城市工作，建立支部的领导作用。"[①] 闽粤边特委提出：各级党部应设法建立新同志训练班，教给一般新同志以初步党员的常识。要求对于支部工作也须有彻底的转变，纠正对支部包办代替与放任的领导方式，要站在教育与帮助的立场上，经常检查和领导支部的工作，帮助解决困难，并调动党员的积极性，使每个支部都能独立工作，每个党员都能在斗争中起核心作用。同时，"要使支部生活健全，各县委、区委应训练一批的支部巡视员，专门来巡视各支部的工作，而加强对支部的领导"。[②] 闽粤边特委"根据形势制订出种种措施，加强了党对红军游击队和游击区建设的领导，使闽粤边的革命形势在失去党中央领导的时期内得以继续发展，党组织和红军游击队的力量也不断壮大"[③]。闽西南军政委员会针对有些党支部工作活跃，斗争坚决，而一些支部工作消沉，群众情绪冷淡的情况，调查发现此与支部的领导成分有很大关系。前一种支部领导成分多系贫雇农，后一种支部领导成分多系中农，这种支部即使在1936年也是畏首畏尾，工作难有起色。于是开展了一次整党，对落后支部的领导成分进行调整，扩大贫雇农成分党员在班子中的比重，有意识地培养和提拔积极分子，将主要工作交由那些经过实际工作考验，斗争坚决、有工作能力的优秀党员担任。经过整顿，改变了过去发展不平衡的状况，推进了落后地区的工作，支部成为群众斗争的领导核心。

各游击区还重视对党员加强教育。闽东游击区印发了《中国共产党员守则》，主要内容包括：遵守党纪、严守秘密、缴纳党费、按时到

---

① 《闽西南军政委员会关于春荒斗争的决定》（1936年2月5日），中国人民解放军历史资料丛书编审委员会：《南方三年游击战争·闽西游击区》，解放军出版社1991年版，第67页。

② 黄会聪：《闽粤边区党一年来工作的总结及今后的任务》（1936年6月6日），中国人民解放军历史资料丛书编审委员会：《南方三年游击战争·闽粤边游击区》，解放军出版社1994年版，第137～138页。

③ 卢胜：《在党的领导下坚持游击战争》，中国人民解放军历史资料丛书编审委员会：《南方三年游击战争·闽粤边游击区》，解放军出版社1994年版，第266页。

会、自我批评、努力学习、坚持原则、不失立场、埋头苦干、照顾全局、团结紧张、严肃活泼、牺牲个人、永不叛变。[①] 要求全体党员一定要了解、诵熟并坚决去奉行，从而有针对性地开展党员党性教育。

各游击区党组织也十分注重发挥红军游击队中党员的模范带头作用。针对红军游击队中虽然有一些党的组织，但党员不能起核心作用的状况，各游击区党组织相继采取措施，在红军游击队中广泛地建立党团支部，并要求“在支部会中必须及时的检查党团员的落后现象，在作战、行军、日常勤务、自动遵守纪律、学习精神、卫生六个标准上党团员都应是群众的模范”，“必须使每个党团员都成为英勇、坚决和遵守革命纪律的模范”。[②] 党员比非党员的工农群众更要严格地负责，这对于游击队中的党团员更为重要。只有耐心向党团员进行说服解释工作，坚决洗刷坏分子出党，提高党团员对革命纪律自觉的负责心，才能真正消灭少数党团员的落后现象。在红军游击队中大力发展党团员，当时红三团和独立营等部队中党团员的人数所占比例普遍达到30％以上，做到连有党支部，排有党小组。虽然部队经常处于转移或战斗状态中，但还是注重加强理论学习，坚持每日上政治课，并不时召开问题研究会，开办读报班和识字写字班，在党员中开展对中央文件的讨论，充分了解和正确贯彻党的各项政策。使绝大多数的党团员都能紧密地团结在党组织的周围，在革命斗争中很好地发挥先锋模范和带动作用。

这一系列行之有效的措施，使基层党组织的战斗力日益提高，党员的先锋模范作用和党支部的战斗堡垒作用得到有效发挥。闽西南党组织原来发展不平衡的状况得到明显改善，落后地区的工作得到有力推动，经过整顿，党支部的发展更加健全。至1936年6月的一年期间，闽粤边建立了150个左右的新支部，发展了上千名新党员。在反对筑炮

---

① 《中国共产党员守则》，中共福安地委党史资料办公室翻印：《闽东党史资料》第一辑，1957年10月，第58页。

② 《中共闽粤边区特委关于猛烈开展游击战争等问题给云和诏县委的指示信》(1936年1月6日)，中国人民解放军历史资料丛书编审委员会：《南方三年游击战争・闽粤边游击区》，解放军出版社1994年版，第72页。

垒、开公路及抗捐抗税的斗争中，大部分的支部能够在群众中起领导作用，充分地表现出支部党员同志的顽强与坚决，“已成为党在农村中领导农民的可靠骨干”①。闽西游击区党的组织扩大至数百支部，并建立起领导系统。② 其他各块游击区党组织也得到发展。

为了革命事业的发展，党中央对干部的培养极为重视，曾指出：党的各级领导机关必须采取实际办法培养党的工作干部，因为“在彻底实现党的政治路线上，有独立工作能力的优秀干部，有着决定一切的意义”③。随着游击根据地的扩大、游击队与地方武装的建立、群众组织与斗争的发展，在各方面都迫切需要大批干部。再加上残酷的斗争环境下，干部的被捕牺牲比较多，所以解决干部问题更为迫切。闽粤边特委书记黄会聪提出：提拔新的干部是党目前的战斗任务。为此“要打倒阻止提拔新干部，发扬新干部的积极性的敌人——右倾机会主义与自尊自大的官僚主义者”，坚决从开展游击战争中，从领导农民抗捐、抗租的斗争中，从发动工人斗争中，从反日反蒋的运动中，去提拔干部。在选拔干部时，要注意成分，但不能把成分当作唯一的标准。发现和选拔干部后，还要注重对干部的教育培养和使用，从日常工作锻炼干部；以马克思列宁主义理论教育，有系统地教育干部。要求从特委到支部委员，都要清楚了解自己的干部，特别是了解干部在日常工作中的能力和状况，并且根据各条战线和工作岗位的需要，适当调动与分配干部的工作。④ 各地贯彻这一指示，注意克服不相信新的力量、新的干部的倾向，大胆地吸收在斗争中涌现出来的工人、雇农、

① 黄会聪：《闽粤边区党一年来工作的总结及今后的任务》（1936 年 6 月 6 日），中国人民解放军历史资料丛书编审委员会：《南方三年游击战争·闽粤边游击区》，解放军出版社 1994 年版，第 128 页。

② 《闽西南军政委员会综合报告》（1937 年），中国人民解放军历史资料丛书编审委员会：《南方三年游击战争·闽西游击区》，解放军出版社 1991 年版，第 296 页。

③ 《中共中央关于抗日救亡运动的新形势与民主共和国的决议》（1936 年 9 月 17 日中共中央政治局通过），中共中央文献研究室、中央档案馆编：《建党以来重要文献选编》第 13 册，中央文献出版社 2011 年版，第 287 页。

④ 黄会聪：《提拔新的干部是党目前的战斗任务》（1936 年 2 月 5 日），中国人民解放军历史资料丛书编审委员会：《南方三年游击战争·闽粤边游击区》，解放军出版社 1994 年版，第 94～98 页。

贫农和有觉悟的斗争积极分子，加强干部队伍。同时将有经验的、负责的、在群众中有威信的、百折不挠坚决斗争的同志，提拔到县委、特委负领导的责任，以此来保证各项工作的开展。

1936 年 3 月，霞鼎中心县委在芦西坑（今属柘荣县）召开各县委负责人会议，会议决定调整各县负责人，由洪阿尾、陈细胡、林大目、许阿佃分别担任霞鼎、霞鼎泰、福霞、安福县委书记。会议在认真总结教训基础上，作出三点决定，其中第一点是大力培养提拔干部，发展党员。此后，在霞鼎中心县委领导下，各县委开展了多项有效工作。在加强党的组织建设方面，各县委首先从原区委委员中提拔区委书记，从农村党支部中提拔区委工作团干部，充实了区一级党的领导机构。当时仅霞鼎、安福两县就提拔区委及工作团、肃反队干部 80 余人；霞鼎泰排头二区区委从清潭、排头、山后梨坪党支部中提拔七人参加区委工作团。同时由工作团分赴农村恢复党的支部。各地按照出身好、家庭社会关系清白、政治可靠、工作努力、革命坚决等条件，有选择地发展了一批党员。至是年冬，霞鼎地区恢复和发展了 14 个区委，90 多个支部，有党员 360 多名。①

（二）大力实行干部地方化

三年游击战争期间，各游击区党组织都极为重视干部地方化问题。这是吸取土地革命战争后期“左”的错误做法教训的结果。

干部地方化就是强调要使用本地干部，及改造外来干部使之地方化。② 在中央红军即将踏上长征路之际，为了部署留下部队在苏区坚持开展游击战争，中共中央提出要“派遣政治上坚定的地方干部，有些游击战争经验的干部去担负领导”③。红军长征后，虽然项英领导的中

---

① 中共霞浦县委党史研究室编著：《霞浦人民革命史》，中共党史出版社 2009 年版，第 122～123 页。

② 方方：《三年游击战争》，中国人民解放军历史资料丛书编审委员会：《南方三年游击战争·闽西游击区》，解放军出版社 1991 年版，第 383 页。

③ 《中共中央给苏区中央分局的训令——红军主力突围转移、中央苏区广泛发展游击战争》（1934 年 10 月 8 日），中共中央文献研究室、中央档案馆编：《建党以来重要文献选编（1921—1949）》（第 11 册），中央文献出版社 2011 年版，第 577 页。

央分局在实现战略转变方面犹豫不决，但为开展游击战争，也派出一批得力干部分散转移到各地去加强领导。如派原任福建省苏维埃政府主席的张鼎丞、闽西群众领袖邓子恢及长期在闽西工作、担任福建军区政委的谭震林回闽西领导游击战争。这些当地成长起来的领导干部，对当地风土人情非常熟悉，能与群众打成一片，在群众中很有威望，能够起到稳定人心、鼓舞斗志的作用，能够较快适应恶劣的斗争环境，发动和组织群众，形成主心骨，改变原来各自为战的状态，以统一领导游击战争的开展。

福建各块游击区都十分注重干部地方化这个问题。一方面积极培养和提拔使用在当地群众中有影响、有能力的干部担任负责人，以领导群众斗争。闽西游击区坚持正确的干部路线，提出要创造能了解群众、深入群众、能和群众打成一片的干部，[①] 将忠实于党的政治路线、有能力和办法克服困难的干部大胆提拔到负责岗位，注意在日常的具体工作中，特别是每次斗争中给予干部帮助和培养，使大批新的干部快速成长起来。

闽东一直是一块比较独立的苏区和游击区，在培养和使用地方干部方面更为重视，这在坚持原有游击区和开辟新的游击区方面发挥了重要作用。闽东宁屏古地区的阮英平、福寿地区的范式人、霞鼎地区的许旺、鼎平地区的郑宗毓等，以及下级组织的负责人，大部分都是土生土长的本地人。1935 年 11 月，闽东特委作出开辟闽浙边游击根据地的决策，于是派特委委员阮英平、郑宗毓率领红军独立团向福鼎、泰顺、平阳三县交界地带开辟新区。当时就抽调特委机关的郑丹甫、周义群，福鼎上东区的周钦明（又名刘祖文）、谢卿城，占脚的李正玉，硐洋的李桂玉，战坪洋的温德奎，五岱的陈辉，柘坑下的陈德胜等十几个当地干部，[②] 跟随独立团一起开展工作。在开展游击战争过程

① 《闽西南军政委员会关于闽西南目前政治形势和党的任务决议》（1937 年 2 月 28 日），中国人民解放军历史资料丛书编审委员会：《南方三年游击战争·闽西游击区》，解放军出版社 1991 年版，第 211 页。

② 郑丹甫：《闽浙边根据地的创建与发展》，中国人民解放军历史资料丛书编审委员会：《南方三年游击战争·闽东游击区》，解放军出版社 1993 年版，第 239 页。

中，一大批地方干部得到锻炼成长，后来都相继担负起区、县的领导职务。各地党组织和红军游击队中，本地的干部就更多。本地干部不仅在语言上、生活习惯上和群众没有差别，尤其是感情上相通，立场一致，有利于取得群众信任，有效地领导群众开展游击战争。

闽赣边游击区因为战略转变得慢，未将大批地方干部分散到各地去领导游击队，干部牺牲很大，造成后来游击队活动时找不到地方干部，与群众难以取得联系，吃饭都感到困难，留下惨痛教训。后来从多方面找到地方干部，才重新建立了地方党组织，逐渐与群众建立了联系，给养也才逐渐跟上了。① 因此，地方干部是闽赣边游击区能够坚持的重要因素。

在开辟资光贵游击新区时，除了主力部队外，还有 30 多名地方干部，这些地方干部都是国民党占领前夕，撤退出来的区委书记和县委委员等各级领导干部，其中贵溪的数量最多，资溪的次之。② 这些地方干部以邵光独立团的武装作后盾，及时分散到各地，配合独立师第四团的军事行动，积极开展群众工作，为各级组织的建立和游击战争的开展发挥了重要作用。

在开辟邵顺建游击区的过程中，建阳书坊南门丁厝一带的老党员陈凤鸣和郑明仔起了极为重要的作用。因为他们是本地人，又是贫苦农民出身的知识分子，对当地情况非常熟悉，人缘关系也很好，当地群众都十分信任他们，拥护他们。在开展工作过程中，老党员们提供了不少情报，提出了许多切合当地实际的好建议，尽心尽力地做了许多发动组织工作，成为开辟游击新区的依靠力量。③

闽赣游击区红军指战员在最为困难的情况下，向地方干部学到了

---

① 《钟民关于闽赣边三年游击战争的总结》（1945 年 8 月 9 日），中国人民解放军历史资料丛书编审委员会：《南方三年游击战争・闽赣边游击区、闽中游击区》，解放军出版社 1994 年版，第 75～78 页。

② 刘文学：《抚东游击战争的艰难历程》，中国人民解放军历史资料丛书编审委员会：《南方三年游击战争・闽北游击区》，解放军出版社 1993 年版，第 259 页。

③ 林敏：《邵顺建游击区的开辟及其斗争》，中国人民解放军历史资料丛书编审委员会：《南方三年游击战争・闽北游击区》，解放军出版社 1993 年版，第 235 页。

在山上搭棚子的办法来解决住宿问题。决定要发展哪个地区后，先找到该地区的地方干部，再从部队中挑选出与该地区的群众或地方干部相识的人，派到那个地区去开展群众工作，[①] 以此打开局面。闽东游击区为了开辟新的地区，也是以地方工作配合部队行动，派出地方干部随部队到那里，先接触贫雇农，培养一批骨干，然后再发展党员，成立支部，建立区委，帮助成立游击队，再波浪式地向外发展，逐渐建立小块的游击根据地。[②] 闽中游击区在成立第一支队时，研究支队长人选时就考虑增补两个本地人当副支队长，开始提出雷光熙和王铁成，但党内还有争议，因为比俩人资格老的还大有人在。但历史证明这一选择是对的，两个“确系新生力量”，雷光熙以后进步很快，终于成为一名优秀的军事指挥员，[③] 在游击战争中发挥了重要作用。正是经过这样的工作，新区才逐渐开辟起来。

另一方面是外来干部实现地方化。革命事业要最终取得成功，需要有大批来自五湖四海的干部，既需要本地干部，也需要大量的外来干部，因为各方面的干部都既有其优点和长处，同时也存在缺点和短处，必须互相补充，才能形成最好的结构、达到最佳的组合，才能领导革命无往而不胜。但引进外来干部，就必须使外来干部地方化。外来干部地方化，客观上是革命事业的需要和恶劣环境使然，主观上来说，外来干部作为一名共产党员、党的领导干部，都具有较高素质和水平，许多同志都经受过严峻的考验，都能自觉按党员标准要求自己，能够全心全意为人民群众谋利益，为人民的翻身解放而奉献一切，所以更遑论地方化了。但如何才能实现地方化呢？就是要做到把工作的地方当成自己的家乡，热爱工作地人民的生活和风俗习惯，特别是要

---

① 《钟民关于闽赣边三年游击战争的总结》（1945 年 8 月 9 日），中国人民解放军历史资料丛书编审委员会：《南方三年游击战争・闽赣边游击区、闽中游击区》，解放军出版社 1994 年版，第 79 页。

② 范式人：《回忆闽东三年游击战争》，中国人民解放军历史资料丛书编审委员会：《南方三年游击战争・闽东游击区》，解放军出版社 1993 年版，第 109 页。

③ 黄国璋：《回顾三年游击战争时期闽中党的活动》，中国人民解放军历史资料丛书编审委员会：《南方三年游击战争・闽赣边游击区、闽中游击区》，解放军出版社 1994 年版，第 382～383 页。

虚心向本地干部学习，和本地干部群众真正打成一片。[①] 在游击战争那种艰苦而复杂的环境下，各游击区特别注重干部的地方化，强调外来干部不管在哪个地方，都应和那里的人民群众融合到一起，学习当地群众的方言，认同和尊重当地群众的生活习惯，与当地的群众建立感情。同时在工作中尊重和帮助当地的干部，多作自我批评，主动搞好干部之间的关系，达到共同提高，实现集体领导的目的。

福建各游击区在实现外来干部地方化方面做得很出色。有许多外来的领导干部通过自身努力，在斗争中与当地干部和群众融为一体，亲如家人，真正实现地方化。如闽西南的谭震林、方方，闽东的叶飞，闽北的黄道、黄立贵，闽粤边的黄会聪、何鸣、何浚等，都成为干部地方化的优秀代表。谭震林是红四军第四纵队和福建军区的老领导，他虽然是湖南人，但自 1929 年以来一直在闽西工作，闽西成了他的第二故乡，“他对闽西的一山一水，一草一木，一人一事都了如指掌”[②]，可以说，谭震林等同志成功实现地方化，已经得到了干部和群众的信任。[③] 当然这种地方化也有一个过程，特别是要求外来干部要有好的群众观念和群众意识。方方在岩连宁一带，经常随部队做地方工作，协同工作团到各地开展基层工作，能从实际出发，与人民群众打成一片，尊重地方同志，所以与群众关系密切，建立了深厚的情谊。战士们都承认，政治委员（指方方）和战士们共生死、同甘苦。这样地方化了的干部，才能得到指战员和群众的真心拥护和爱戴，起到领导和团结作用。

叶飞出身闽南，还是马来西亚归侨，但他得到闽东游击区干部和群众的极端信任，成为“自己人”，群众都亲切地称他为“小叶”；闽北游击区的黄道、黄立贵、吴先喜等，虽都是江西人，但他们长期率部转战

---

① 方方：《三年游击战争》，中国人民解放军历史资料丛书编审委员会：《南方三年游击战争·闽西游击区》，解放军出版社 1991 年版，第 383 页。

② 陈茂辉：《共擎南方一角天》，《张鼎丞传》编纂委员会编：《回忆张鼎丞》，福建人民出版社 1991 年版，第 142 页。

③ 张鼎丞：《中国共产党创建闽西革命根据地》，福建人民出版社 1982 年版，第 80 页。

在闽北的土地上，与闽北人民结下深厚友谊，深得干部群众信赖。黄道被尊称为“老大哥”，“做到了与群众生死关切打成一片”①。黄立贵“关心群众，联系群众，群众观念之强是令人敬佩的”。闽粤边游击区的黄会聪、何鸣、何浚等都是海南人，但长期在闽粤边领导革命斗争，能团结当地干部，密切联系群众，在干部群众中树立了较高威信。

干部是革命胜利的重要因素，实现干部地方化的最重要目的，就是为了增进彼此之间的团结合作，形成本地干部与外来干部之间互相尊重、互相支持的局面，形成特别有战斗力的领导集体。也只有实现干部地方化，才有利于消除彼此之间的隔阂和矛盾分歧，实现干部之间的友爱团结，使外来干部和本地干部能彼此互为补充，发挥各自长处，同心协力干好革命工作。

闽粤边地理位置靠近广东，而且与潮汕、海南（当时属广东）等地语言相通，所以从革命开始，就形成与广东的密切联系，许多干部都来自广东。不仅许多特委、县委领导班子成员是广东干部，而且许多区级干部也同样如此。如云和诏“各区委的主持同志十分之九都是外来干部”，同时“各区委有提拔了一些当地的积极同志起来参加区委与学习领导工作”。云和诏县委“每次工作的计划都能百分之百的完成，甚至有时超过”。② 闽粤边游击区十分注意外来干部与本地干部、部队干部与地方干部的团结问题，多数同志都具有较好的民主作风，有事能通气，互相尊重；能坚持党的原则，敢于同错误倾向作斗争。因而，调动了同志们的积极性，增强了队伍的战斗力。③

不少人都认为闽东革命是“土生土长的”，依靠本地干部发挥了重要作用，正是大批在群众中享有威信的当地干部的共同努力，才打下

① 陈毅：《纪念黄道同志》（1943 年 9 月），中国人民解放军历史资料丛书编审委员会：《南方三年游击战争·闽北游击区》，解放军出版社 1993 年版，第 60 页。

② 《黄会聪关于闽粤边区党和红军的情况给中共中央的报告》（1936 年 11 月 22 日），中国人民解放军历史资料丛书编审委员会：《南方三年游击战争·闽粤边游击区》，解放军出版社 1994 年版，第 166 页。

③ 何浚：《中共闽粤边特委成立前后》，闽南红三团老战士编委会编：《闽南红三团》，东方出版社 1993 年版，第 33～34 页。

闽东革命坚实的群众基础。但是外来干部同样对闽东革命作出重大的贡献，如果没有叶飞、赖金彪等大批外来干部在闽东党、苏维埃政府及红军中的坚强领导，闽东三年游击战争就不能坚持直至胜利。[①]

根据对《中国共产党福建省组织史资料》列入县团级以上干部名单的统计，三年游击战争时期福建各游击区总共有 337 名县团级干部，除了有 85 人籍贯不明外，福建籍有 179 人（其中 13 人为本省外地），占已知籍贯干部总数的 71%，外省籍 73 人，占已知籍贯干部总数的 29%。闽东、闽中、闽西游击区当地干部占多数。如闽东游击区，县团级以上干部总数 122 人，籍贯不明的 30 人，福建籍干部 85 人，其中仅 5 人是本省外地，其余 80 人均属闽东人；闽中游击区县团级以上干部总数 25 人，其中有 23 人为当地干部；闽西游击区县团以上干部总数 76 人，除 12 人籍贯不明外，当地干部 47 人。而闽粤边、闽北游击区则是外地干部占多数，闽粤边游击区县团以上干部总数 45 人，除 12 人籍贯不明外，外省干部有 23 人；闽北游击区县团以上干部总数 69 人，除 30 人籍贯不明外，外地干部有 25 人。这组数字充分表明，福建三年游击战争是依靠当地干部和外来干部一起坚持下来的。

干部地方化政策的实行，使不管是党政干部还是红军游击队的指挥员，都完全得到群众的信任。张鼎丞等在三年游击战争时期切身体验到："干部地方化是保持党与群众联系的重要经验。"[②] 地方干部与当地群众联系非常密切，对群众的心理和想法比较了解，能够站在群众立场考虑问题，群众信任他们，能够对他们讲真话，反映真实情况。闽东当地的干部和游击队指战员，虽然绝大多数文化水平较低，但懂民情，通方言，跟当地人民有着天然的血肉联系。广大群众所熟悉的许多干部，都和群众同甘共苦，在任何严峻的形势下，都没有离开过群众，都能坚持领导群众开展斗争，在当地有较高威信和较强号召力，因而极大地提高了广大群众的斗争信心，共同坚持群众性游击战争直

① 陈挺：《回忆闽东红军斗争历史》，中共福建省委党史资料征集研究委员会编：《福建党史资料》第 3 辑，1984 年，第 170 页。

② 张鼎丞：《中国共产党创建闽西革命根据地》，福建人民出版社 1982 年版，第 80 页。

到取得胜利。

（三）强化思想政治工作

在三年游击战争中，由于斗争环境极其恶劣，在部分党员和红军游击队指战员中，一度流露出“悲观失望、抱怨丧气的情绪与倾向”①；更为严重的是，由于敌人疯狂的进攻，残酷的屠杀，以及瓦解政策，欺骗宣传，出现一些动摇分子脱党、叛变革命的现象。在游击战争状态下，更要加强政治思想工作，这也成为各级党组织和红军游击队领导人的共识。为此，各游击区党组织重视加强党的政治思想工作，把消除在敌人进攻面前惊慌和悲观失望的情绪，坚定斗争的信念作为政治思想工作的首要任务。

各游击区都非常强调加强党对红军游击队和游击战争的领导。闽西南红军游击队都设有政治委员、政治处主任、指导员、支委等，以加强部队的政治思想工作，更好地实现党的领导。闽东特委办事处也非常注重各级党组织对红军游击队的领导。要求福寿县委“把县委威信提高来领导”游击支队，对县有关人员及游击支队“要抓紧领导，不要任他们乱搞”，在领导方面希望“每一个同志负起冲锋抱牺牲的精神，不怕一切困难努力前进”，这样“凭敌人有什么利（厉）害的武器，谅来也抵不住我们”。②

各游击区把政治思想工作与解决斗争的实际困难有机结合起来，以激发广大党员解决困难、克服困难和战胜困难的革命斗志。有一段时期，闽西南游击区红军游击队被围困在丛山峻岭之中，与群众的联系十分困难，经常过着“无粮、无衣、无房”的“三无”生活，以树干为柱、竹片为墙、箬叶为瓦搭成的竹寮就是红军游击队的家。游击队指战员们以坚定的信心，克服各种困难。当时传唱这样一首歌：“游

---

① 黄会聪：《新的情势与新的策略下右倾机会主义的动摇》（1935 年 10 月 5 日），福建省档案馆、广东省档案馆编：《闽粤赣边区革命历史档案汇编》第 1 辑，档案出版社 1987 年版，第 417 页。

② 《中共闽东特委寿宁办事处给福寿县委的信》，《闽东党史资料》第一辑，中共福安地委党史资料办公室翻印，1957 年 10 月，第 66～67、72 页。

击队员真辛苦，寒冬腊月穿短裤。竹梢树皮当米饭，山洞茅寮作屋住。日夜转战走小路，英勇杀敌为何故？为了革命早成功，人民都过好生活。”① 体现了革命英雄主义和乐观主义精神。闽北红军医院没有粮食，便发动战士上山挖山粉草根，并开展挖山粉竞赛，寓政治教育于解决困难的实际之中。

红军游击队的文书，把反“扫荡”中的许多模范事迹，以及其他斗争事迹，编成顺口溜，作为教育材料，向部队与群众演唱，以扩大宣传，鼓舞斗志。明光独立营的一个广昌籍炊事班长和两个炊事员与队伍失去联系后，三个人靠仅剩的一根火柴烧着火堆，埋起火种，以野菜山果果腹熬过一个多月，最终找到了部队。红九团对这种克服困难坚持斗争的事迹及时予以表扬和推广，并编成山歌：“广昌佬，真正好！个半月，全靠什么来活命？——竹笋，苦菜和野草。我们一心要革命，要温饱，胜利的红旗，永远飘扬永不倒。”红九团有位通讯员陈胜辉大腿受伤，伤口腐烂，但他始终坚持行军战斗没有掉队。他的事迹也被编成山歌，以鼓励战友：“陈胜辉，带花在大腿，皮肿肉烂又生虫，天天行军不掉队，无西药，就用白开水，苦菜贴上去，杀菌生肌气力伟，工农的子弟，什么困难都能粉碎。”②

在游击战争中，粮食供应经常断绝，山里凡是能够下肚的东西游击队员们差不多都吃过，苦菜、杜鹃花、山粉、野真真、野锥栗、野山楂、蛇、田鼠，甚至树根。指战员们不改乐观精神，响亮提出“要问粮食在哪里，在山上，在田里，在溪边，到处都有，大家去采吧。粮食多得很，漫山遍野都是”的豪言壮语。

“部队本身内部的团结，思想和政治上的加强教育，乃是巩固部队的基本条件”③，这也是坚持三年游击战争的重要保证。王助说过：“越

---

① 潘友宏：《回忆闽西三年游击战争中的供给工作》，中国人民解放军历史资料丛书编审委员会：《南方三年游击战争·闽西游击区》，解放军出版社1991年版，第478页。

② 方方：《三年游击战争》，中共福建省委党史资料征集研究委员会编：《福建党史资料》第2辑，1983年，第120页。

③ 《钟民关于闽赣边三年游击战争的总结》（1945年8月9日），中国人民解放军历史资料丛书编审委员会：《南方三年游击战争·闽赣边游击区、闽中游击区》，解放军出版社1994年版，第84页。

是艰难的时候，我们领导干部越要关心体贴每一个战士，每一个战士都是一颗革命种子！”① 他每到一个地方，总是对伤病员嘘寒问暖，和他们促膝谈心，做耐心细致的宣传教育工作，鼓舞大家与困难作斗争的信心和勇气。在艰苦的日子里，许多领导干部总是吃苦在前，总是把困难留给自己，以身作则，起到很好的示范作用，极大地鼓舞了红军战士们。闽赣省委机关转移到光泽与建阳交界的猪母岗时，在山高林密的深山中，每天需要派人到几十里外的大洲挑粮食，有时粮食供应不上，只得靠野菜充饥。指战员们都已经习惯了这种神农尝百草的生活，而且官兵一致，大家毫无怨言。黄道等领导人与大家同甘共苦，始终以澎湃的革命热情、坚定的革命信念、顽强的革命斗志和高度的革命乐观主义精神，感染、教育和激励着大家。一次断粮，炊事员煮了一大盆又苦又涩、无油无盐的野菜，大家都感到难以下咽。黄道也盛了一碗，笑着问大家：“你们说说，什么时候最快活？”大家一下来了精神，有的说：“打个胜仗最快活。”也有人说：“跑路累了，睡一觉最快活。”黄道说：“你们讲得都对，不过要我说呀，肚子饿了，吃碗野菜最快活。”一句话说得大家哈哈大笑，苦涩的野菜就这样被大家吃光了。正如黄道所说：经受过人所未经受的艰难困苦的生活，尝过人所未尝过的咸酸苦辣的味道。② 这正是红军指战员们能够做到艰苦奋斗，始终保持革命乐观主义精神的写照。黄道还称赞野菜是革命菜，说将来革命成功了，要把那些野菜陈列到纪念馆里，让子孙后代看看先辈们是怎样革命的。

由于领导干部以身作则，使部队中养成干群一致、官兵一致、民主平等、阶级友爱的良好作风。指挥员关心战士，有盐同咸，无盐同淡，从来不肯多受照顾。张鼎丞看到红九团指战员们都是光着脚行军，一问才得知，苏区时期有群众支持，战士们可以靠分得的伙食尾子买布打草鞋，而当时因为好久没有打土豪，无伙食尾子可分，也就买不

---

① 陈小津主编：《南方三年游击战争》，解放军出版社 1993 年版，第 537 页。

② 黄知真：《黄道与三年游击战争》，中国人民解放军历史资料丛书编审委员会：《南方三年游击战争·闽北游击区》，解放军出版社 1993 年版，第 89 页。

了布，战士只好赤脚。张鼎丞觉得这不是小问题，战士们天天要爬山越岭，行军打仗，没有草鞋不行。于是想办法给每位战士发五毛钱草鞋费。部队利用这个机会，开展了互相关心，团结友爱的教育。[①] 有时好不容易得到少量米饭，每位指战员都不会独自吃下，最后每人吃一口。就连谁拾到一个烟头，也是多人分着吸。闽北红军兵工厂年轻人多，每天派人上山采集食物比较容易，而红色医院大多数是伤病员，医生护士也不多，根本无法采到足够的食物。于是兵工厂发挥阶级友爱，军工同志带着野菜去慰问红军医院的伤病员。有一天，红二团从百里外的邵武地区派人给司令部送来几斤米和十几斤牛肉，黄道当即命令管理员将这些送给伤病员。伤病员们坚决不收，派人送回，但黄道还是把这些东西送回医院给伤病员们。指战员们深深感受到革命队伍的温暖，更加坚定了革命到底的决心。

领导人在艰苦奋斗方面作出表率，并在游击区大力开展反贪污浪费的斗争。要求统一财政，执行预结算制度。经常检查各部队各县区党政机关财政收入支付账目，一切开支必须经过上级批准。在经常性检查中一旦发现贪污浪费分子，不仅指出其错误，还在报纸上公布，并按照苏维埃中央政府惩办贪污浪费的条例进行制裁。这样“使各部队全体指战员及各级党政机关全体工作人员自动自觉的廉洁的爱护抗日救国斗争经费的每一文钱”[②]。

闽中游击队撤出常太根据地后，隐蔽在莆田庄边的赤石、赤溪一带山区休整，因为离开了根据地，生活十分艰苦，粮食供应不上，只好上山挖野菜找野果充饥。少数同志受不了这种磨难，思想产生动摇，向领导提出离队自谋生路，待形势缓和后再归队的要求。针对这种思想，刘突军一面派人到山（杉）溪开辟新的据点，一面对战士们进行政治教育。他对大家说：目前国民党到处搞白色恐怖，全县各地都在

---

① 王直：《赤胆忠心为人民》，《张鼎丞传》编纂委员会编：《回忆张鼎丞》，福建人民出版社 1991 年版，第 102 页。

② 张鼎丞：《必须粉碎机会主义与游击主义，才能顺利执行新策略来开展财政经济战线上胜利的斗争》，中国人民解放军历史资料丛书编审委员会：《南方三年游击战争·闽西游击区》，解放军出版社 1991 年版，第 191 页。

“清乡”，如果大家分散而去，就会有被一个个抓捕去的危险。干革命就要干到底，绝不能半途而废，否则不但革命不会成功，而且自己也会吃亏。困难是暂时的，只要大家团结一致，困难是可以克服的。要坚定信念，服从党的指挥。他还讲了许多英雄人物的斗争事迹，鼓舞大家的斗志，使大家增强了斗争信心。①

在红军游击队中建立政治委员制度和政治工作机关，提高了红色战士的政治觉悟与军事技术。大部分指战员能自觉遵守纪律，不执行命令与游击主义现象大大减少。在艰难困苦中仍能坚持在一定地区活动。许多部队的党、团员起了坚强的领导作用，在被敌人冲散追击后能主动归队继续作战，一直到取得胜利。② 在困难的条件下，红军游击队指战员们保持坚定的信心，誓死不投降不叛变。闽北游击区的一位战士，被冻饿到临牺牲前对连长要求，在革命胜利后，要告诉他的父母，他们的儿子没有给他们丢脸！③ 许多指战员们都是为革命奋斗到最后一息，献出宝贵的生命。

为了适应抗日民族统一战线斗争的需要，各游击区党组织进一步加强抗日形势下的政治思想工作。闽西南军政委员会发布《关于闽西南红色部队政治工作的检查和指示》，对党的政治工作提出了新的要求，指出在部队加强政治工作，是保证红色部队保存和巩固自己的有生力量，并不断扩大和强大起来，真正成为抗日讨蒋生力军的重要保证。指示要求在部队中有计划、有准备地召集各种会议，充分解释全国抗日讨蒋新形势和任务，解释红军部队编为抗日讨蒋军的意义，估计面临的困难，克服部队中新的动摇与新的恐慌情绪；介绍全国革命发展的新形势，特别是指出红军在川陕的胜利和全国革命形势的发展，

---

① 华金俊：《从常太到莆永边》，中国人民解放军历史资料丛书编审委员会：《南方三年游击战争·闽赣边游击区、闽中游击区》，解放军出版社 1994 年版，第 472 页。

② 《闽西南军政委员会关于闽西南红色部队政治工作的检查和指示》（1936 年 1 月 5 日），中国人民解放军历史资料丛书编审委员会：《南方三年游击战争·闽西游击区》，解放军出版社 1991 年版，第 47 页。

③ 宣金堂：《火种》，中国人民解放军历史资料丛书编审委员会：《南方三年游击战争·闽北游击区》，解放军出版社 1993 年版，第 244 页。

对闽西南影响与帮助等，从而“从政治上提高党团员、红色战士以及一般群众政治坚定信心与对革命胜利的信心”①。教育与启发每个指战员，团结一心，英勇地坚决地独立地开展游击战争。同时经常地不间断地进行政治教育，灵活地应用各种不同的情况，进行宣传教育工作。全体指战员与政治工作人员也要学习与提高游击战争的战术，提高军事技术，使红军的军事技术与战术素养，与红军的政治自觉齐头并进，以此提高红军战斗力。注意提高革命的警惕性，严防敌人政治上的进攻与破坏，在干部中严格审查，开展个别教育与思想斗争。依靠支部去团结和教育红色战士，消灭一切不良现象，使之成为有政治觉悟的、坚韧的、勇敢的和有纪律的红色战士，使他们在每个战斗中都能顺利完成自己的任务。②

在斗争中也发现部队中存在一些不良倾向，如不执行命令，虚报工作，泄露秘密，浪费公款，乱收人员，乱打土豪，破坏红军纪律，散布悲观失望情绪，煽动与组织逃跑与拖枪投敌等。对此在部队开展思想政治工作，学习有关政策，耐心进行说服教育。闽粤边特委提出：坚决执行党和苏维埃的政策，对于游击队破坏和违背苏维埃秩序与法令的行为，即使是微小的，亦须坚决进行斗争；并采取行政的严厉办法，处置一切破坏革命纪律、侵犯群众利益的首恶分子，对其进行公审以教育群众。只有这样才能保障在游击队行动中没有乱打土豪，把中农当作富农，把富农当作土豪打的非阶级路线，以免造成赤白对立的危险。③ 此外必须在部队中加强军事政治教育，在军事教育方面，主要是练习散兵瞄准射击，利用地形、地物，夜间动作与刺杀等。在政

---

① 《闽西南军政委员会关于目前政治形势的分析与我们今后的任务决议》（1936 年 9 月 10 日），中国人民解放军历史资料丛书编审委员会：《南方三年游击战争·闽西游击区》，解放军出版社 1991 年版，第 148 页。

② 《闽西南军政委员会关于闽西南红色部队政治工作的检查和指示》（1936 年 1 月 5 日），中国人民解放军历史资料丛书编审委员会：《南方三年游击战争·闽西游击区》，解放军出版社 1991 年版，第 49～51 页。

③ 《中共闽粤边区特委关于猛烈开展游击战争等问题给云和诏县委的指示信》（1936 年 1 月 6 日），中国人民解放军历史资料丛书编审委员会：《南方三年游击战争·闽粤边游击区》，解放军出版社 1994 年版，第 72～73 页。

治教育方面，主要的是搜集各种材料，来提高战斗员的阶级觉悟，使之了解目前国内战争的形势，普及游击队的任务，宣传“三大纪律，八项注意”。县委必须经常派人在队伍中检查与指示工作，坚定指战员必胜的信心。必须肃清在队伍中的一切悲观失望、动摇恐慌的失败情绪。

为了加强部队政治工作，红三支队制订了七天训练计划，政治教育分为干部和战士，每天一次，时间为一小时，材料是《红旗》上的文章。每天开支部会、小组会各一次，上一次党小组长的课，内容包括支部工作、支部的组织健全和改善支部生活等。还对政治人员、侦察员、青年战士进行特别教育，政治人员要多次讨论战时政治工作。此外还有文化教育、军事教育等。① 闽北红军连队中编了一些小报，经常登载战斗经验，记载群众斗争，传达红军胜利的消息，刊载军事政治问答，批评个人不良倾向等。这些报刊，发挥了对战士的教育作用。红军部队经过教育，执行政策比过去好了，纪律性也提高了，即使部队急需粮食，也是付钱再拿，如果老百姓不在，粮食拿走时，照市价留下钱，并压一张纸条说明情况。②

因为部队的政治工作取得进步，闽西南红七支队半年来没有发生逃跑的现象，部队中党的领导力加强，在发挥党团员的模范作用、对卫生工作的注意、生活的改善等方面，都有极大的进步。红四支队在红五月的扩红计划中超额完成任务，全支队增加一倍以上的兵力。红三支队也增加了不少新战士。红军游击队能够运用游击战术，积极进行游击战争。其他如行军宿营、警戒侦察，都有极大进步。部队对地方群众的工作加强了。红军指战员都极其留心群众利益，积极领导和帮助群众斗争，红军游击队争取到了广大群众的支持。三、四、五支队创造了新基点，扩大了游击区域。红军游击队确实在军事上、政治

---

① 温含珍：《红三支队的政治工作》，中国人民解放军历史资料丛书编审委员会：《南方三年游击战争·闽西游击区》，解放军出版社 1991 年版，第 172～173 页。

② 刘文学：《抚东游击战争的艰难历程》，中国人民解放军历史资料丛书编审委员会：《南方三年游击战争·闽北游击区》，解放军出版社 1993 年版，第 257～258 页。

上都加强了、进步了。①

正是依靠政治工作，部队加强了团结，得到了巩固，保持着顽强战斗的信心和勇气，战胜了一切困难，坚持斗争到底。

(四) 反叛徒斗争

这期间各游击区还开展了反叛徒斗争，以坚定指战员的理想信念。因为条件恶化，有些经受不住严峻考验的动摇分子叛变了革命。1935年3月，闽北军分区司令员李德胜向国民党驻军投降，并带领国民党军队“清剿”红军游击队，还受国民党驱使，企图用种种手段诱骗红军游击队下山。中共闽东特委鼎平办事处书记谢作霖，福寿独立营政委方耿，还有安福独立营营长、安德独立营营长和政委、罗源独立营参谋长等，在斗争形势紧张之时，信念动摇，成为可耻的叛徒。甚至连闽东独立师师长冯品泰也产生动摇，给敌人写信企图叛变投敌。

由于叛徒的出卖，闽东苏区创始人及领导者相继遇害。1935年2月，闽东苏维埃政府主席马立峰在柘洋陈家山牺牲。3月，闽东临时特委代理书记詹如柏在化装寻找独立师途中被捕牺牲。5月，闽东苏维埃政府副主席叶秀蕃在深山养伤的住处遭敌包围袭击，不幸牺牲。坚持安南永地区的游击队内部也相继出现叛徒，使游击队不断遭到国民党军队的包围和追击，红二支队政委李剑光被叛徒暗杀牺牲。

为了巩固队伍，各游击区对叛徒进行了坚决打击。叶飞和范式人等特委领导得知冯品泰写给敌人信的内容后，商量决定对冯立即实施处决。叶秀蕃的牺牲引起范式人警觉，经查是福寿县一区游击队队长缪矮播出卖，引敌偷袭所致。范式人派人把叛徒变节的消息火速转告给各交通站和中共福寿县委、含溪区委，同时派人对叛徒实施抓捕处决。

中共闽北分区委针对因李德胜叛变在党内军内引起的混乱，从加

① 张鼎丞：《日益成熟着的反攻形势》（1936年7月9日），中国人民解放军历史资料丛书编审委员会：《南方三年游击战争·闽西游击区》，解放军出版社1991年版，第136～137页。

强政治思想教育入手，在党内和军队中开展了反叛徒斗争。分区委书记黄道向党员作了题为《反叛徒，提高革命信心，坚持革命斗争》的报告，指出李德胜的叛变虽然使革命蒙受了损失，但是清除了叛徒，使革命队伍更加纯洁。为了进一步振奋部队的革命精神，深入开展反叛徒斗争，黄道还亲自创作了一首《骂叛徒李德胜歌》，在部队中广为传唱，鼓励指战员们要心如铁，任何艰苦不变心；为着工农的利益，不顾一切地牺牲，取得最后的胜利。

闽中党组织为了纯洁革命队伍，抓住典型，召开揭露内奸林景坤的会议，特委书记王于洁在会上作了《全党提高警惕，加强打狗团工作》的讲话，要求各级党团组织都要进行一次严格的审查，对于不可靠分子，一律清除出党。并以林景坤叛党为例子，进行了一次加强党性的教育，教育党员要守纪律，要符合党员条件，要忠于党，做到即使被捕了也不能叛变。

最为严重的是时任闽西南军政委员会参谋长朱森的叛变。1935 年 5 月间，朱森在奉命到龙岩同红八团联络的时候叛变投敌，投靠国民党第二绥靖区司令官李默庵。李默庵根据朱森提供的情报，制订了“破坏计划”，并利用朱森进行反革命宣传，让他写信给第一分区领导人“诱降”，还委任朱森为“游击纵队”司令，让其带领一个团兵力，破坏岩永、岩宁沿线的交通站和接头处。因此地下交通站受到严重破坏，革命基点村遭受摧残，在永丰一带活动的原永东特区委书记黄权耀和金丰游击队队长陈子豪及部分革命群众被捕。随后，朱森策划收买原南路游击队政委郑兆桂等叛变，致使原永定县苏维埃政府主席、南路区委巡视员廖永辉被捕受害，南路游击队也遭受惨重损失。在朱森的诱惑下，部分动摇分子也叛变革命，引发一连串的恶性事件。曾任龙岩县工作委员会主任和中共龙岩县委组织部长的陈金才、龙岩游击大队政委陈仁竹、铁山区委书记黄永海等叛逃，龙岩县委书记离队出走，使龙岩的革命斗争受到重大损失。永定发生游击队战士击毙击伤同志、拖枪投敌事件。永定高陂北山常备队队长被收买投敌后，带领 100 多人袭击永太游击队驻地，致使永定县苏维埃政府主席许永荣和游击队队长张东秀牺牲，太平区苏维埃政府主席等多人遭杀害。

同年11月，永定县苏维埃政府主席江利发叛变，随后带领敌第十师五十六团所部及金砂民团200多人，从高南竹、喇钹岗、古木督水口等三路包围袭击闽西南军政委员会和永定县委、县苏维埃政府所在地古木督衰坑窠。造成闽西南军政委员会警卫班全体战士壮烈牺牲，军政委党务部长郭义为、参谋长杜石公等人被俘，郭义为后遭杀害，酿成严重的“古木督事件”。当时张鼎丞、温仰春、范乐春和机关人员因事先转移别处而幸免于难，否则后果不堪设想。江利发还伪造张贴“一千余自新分子”的公开信，进行欺骗宣传。

叛徒的可耻行为和欺骗宣传，对当地的革命事业造成极大的危害。闽西南军政委员会采取了有力措施，开展了反叛徒斗争。首先是加强宣传教育，揭穿叛徒的丑恶嘴脸。第一作战分区的方方得知朱森叛变消息后，立即召集龙岩县军政委员会及工作团领导同志紧急会议，说明朱森的叛变诚然是一个严重威胁，但是红军游击队的战士有阶级觉悟，有扎实的群众基础，所以叛徒起不了多大作用，认为“只要我们更团结，更依靠农民，更灵活、刻苦地战斗，我们一定可以活捉朱匪来审判的”①。对于江利发的诱降行为，张鼎丞及永定党政军领导人马永昌、范钦洪、刘永生、范乐春等专门发出《为驳斥叛徒江利发等的信告永定群众书》，逐条驳斥叛徒信中的欺骗宣传，指出“伟大的共产党，他有千千万万群众的拥护，有英勇无敌的红军游击队，有灵活巧妙的工作方法”，因此叛徒们的“阴谋是徒劳的”，是不能得逞的，号召“大家起来，捕杀坚决反革命的叛徒”。

其次是组织“狙击队”、“打狗队”严惩叛徒。第一作战分区挑选神枪手组成“狙击队”，第三作战分区组织“打狗小分队”，捕捉战机，专门对付可耻的叛徒。先是由狙击队员将拖枪投敌的十八团机枪连连长正法。接着，龙岩县军政委员会派出两个武装班，镇压了张品英等叛徒。6月间，叛徒陈金才带领的国民党军20多人到中甲“追剿”。龙岩游击队第二大队在从中甲至龙岩城的必经之路马山设伏，全歼国民

---

① 方方：《三年游击战争》，中国人民解放军历史资料丛书编审委员会：《南方三年游击战争·闽西游击区》，解放军出版社1991年版，第367页。

党军，活捉陈金才并予以处决，为民除害。龙岩红坊上洋游击队潜入戏场，将正在看戏的进贝联保主任廖雪先及叛变后担任田心民团团长的黄作基击毙，叛徒陈仁竹因害怕而逃亡海外。

在反叛徒斗争中，各游击区也十分注意把握分寸，并与群众斗争相结合。闽西南军政委员会指出：加紧肃反与反叛徒斗争，与发动群众斗争、巩固党的组织是不能分离的。应系统地去发动广大群众起来进行肃反工作与反叛徒斗争，使广大群众了解这是为了群众的利益，“而不是我们报仇”。为此，“对那些不积极反革命的叛徒与自首分子，不应采取扑杀政策，而应该发动群众起来反对他，并采取分化策略，促成他们内部分裂，对主要叛徒也不应无条件的没收全家，对被叛徒指证，强迫去自首而又不破坏党及群众工作的党员，不应视为自首分子，应向他们解释，免他恐慌，并设法争取他们再来革命”①。闽西南军政委员会特别强调要抓住每个叛变“自首”现象来开展斗争，教育干部与广大群众，从而在事前来防止和消灭叛变“自首”现象。如果一切只在事后简单惩办，而不注意教育工作，或者过分夸大叛徒行为，甚至不相信自己干部，那么很可能导致更多人成为叛徒。② 这种区别对待的做法产生了好的效果。

二、统一思想和组织的努力及其教训

（一）进行反倾向斗争

在游击战争的环境下，由于各级党组织和红军游击队长期处于分散游击状态，导致自由主义作风滋长，存在各种不正确的倾向，如在

---

① 《闽西南军政委员会关于目前新的形势与新的任务决议》（1936 年 1 月 5 日），中国人民解放军历史资料丛书编审委员会：《南方三年游击战争·闽西游击区》，解放军出版社 1991 年版，第 42 页。

② 《闽西南军政委员会关于目前政治形势的分析与我们今后的任务决议》（1936 年 9 月 10 日），中国人民解放军历史资料丛书编审委员会：《南方三年游击战争·闽西游击区》，解放军出版社 1991 年版，第 151 页。

开展游击战争、领导群众斗争、扩大红军、建立抗日统一战线、反对国民党编壮丁队及提拔和培养干部等方面，都存在着右的和“左”的错误倾向。右的方面表现为“对敌人新的‘清剿’表示惊慌失措，退却逃跑，以至叛变投敌，部队极大缩小（如南路及永定各区游击队）”①；过分估计敌人力量，看轻自己，不相信群众力量；认为群众不敢斗争，斗争无法发动，不能扩大红军，群众怕加入红军等。而“左”的倾向则是对敌人“清剿”估计不足，轻敌，过分估计自己的力量，因此在战略上采取强攻堡垒，吸引敌人硬碰硬打；采取冒险行动，忽视侦察警戒工作，不善于隐蔽自己，不充分准备给养，缺乏政治教育与群众工作。这种过左的英雄主义，使部队易遭敌包围袭击，损失了最宝贵的有生力量；② 对群众斗争盲目乐观，认为可以立刻发动，从而放松艰苦耐心的工作。

另外还存在游击主义的错误。所谓游击主义，其表现主要是：不执行命令、借口“机动”而违背整个军事部署的原则、破坏新的经济政策、不提高军事政治水平、忽视后方机关的整理和弹药医药的补充、浪费贪污等。③ 闽粤边独立营曾经也“充满着游击主义的行动方式，不是在白区与敌人硬拼（如丁洋埔之役），即是在乌山等敌人的打击（坪水之役）”④。

闽粤边游击区针对党内存在的错误思想倾向，开展了坚决斗争。中共闽粤边特委向各级党组织提出“猛烈的在全党开展反对机会主义

① 《闽西南军政委员会关于目前新的形势与新的任务决议》（1936 年 1 月 5 日），中国人民解放军历史资料丛书编审委员会：《南方三年游击战争・闽西游击区》，解放军出版社 1991 年版，第 36～37 页。注：南路指福建省永定、平和、南靖县交界地区。

② 《闽西南军政委员会关于目前新的形势与新的任务决议》（1936 年 1 月 5 日），中国人民解放军历史资料丛书编审委员会：《南方三年游击战争・闽西游击区》，解放军出版社 1991 年版，第 37 页。

③ 《闽西南军政委员会关于闽西南目前政治形势和党的任务决议》（1937 年 2 月 28 日），中国人民解放军历史资料丛书编审委员会：《南方三年游击战争・闽西游击区》，解放军出版社 1991 年版，第 209 页。

④ 《中共闽粤边区特委关于组织群众、扩大武装、瓦解白军等问题给独立营的指示信》（1936 年 5 月 4 日），中国人民解放军历史资料丛书编审委员会：《南方三年游击战争・闽粤边游击区》，解放军出版社 1994 年版，第 107 页。

的两条路线斗争，克服一切动摇，克服机会主义和自由主义”。第一，立即将反机会主义斗争开展到全体党员中去，在斗争的过程中，检查每一个同志的思想，检查每一件具体的工作；第二，紧密联系到争取群众的方式，联系到研究每一次群众斗争、每一次组织和鼓动群众工作，来检查在争取群众方面的策略、口号、斗争方式和组织形式是否正确；第三，真正坚定为党的路线而斗争，工作积极，与群众联系密切，将得到信任的同志引进各级指导机关中，并对不称职的指导机关实行改造；第四，在反对机会主义的斗争中，把许多原则上的问题向党员群众作充分的解释，对于一般党员个别的倾向和错误，应当尽量作教育和说服工作；第五，对于少数不承认自己的错误，不服从党的决议的顽固的机会主义分子，要坚决清除出党；第六，必须同时反对一切“左”的空谈论者。①

为了实现对游击战争的集中统一领导，保证各项方针政策和决议得到贯彻执行，在党内开展批评教育和反倾向斗争是完全正常的，也是有必要的。闽西南军政委员会指出：这些“左”、右倾机会主义客观上削弱了抗日讨蒋的生力军，克服右倾危险与“左”倾现象，是巩固闽西南红色武装的主要前提。必须清醒认识到，敌人兵力大大超过我们，我们还没有足够的力量与敌人作大规模的战斗，必须站在保存有生力量这个重要意义上更细心、更灵活地来研究运用巧妙的游击战术，开拓更宽广的活动地区，不断创造新的据点。② 闽西南军政委员会针对当时存在的一些问题，先后在党内开展了批评斗争。

最早是开展了与谢育才的斗争。谢育才在红九团受敌人追击时不执行党的保存有生力量的政策，仍然采取硬拼硬打的办法，不断指挥部队去攻击土围子，被敌人跟踪时又不能摆脱敌人，最后在困难时期

---

① 黄会聪：《新的情势与新的策略下右倾机会主义的动摇》（1935 年 10 月 5 日），福建省档案馆、广东省档案馆编：《闽粤赣边区革命历史档案汇编》第 1 辑，档案出版社 1987 年版，第 425～427 页。

② 《闽西南军政委员会关于目前新的形势与新的任务决议》（1936 年 1 月 5 日），中国人民解放军历史资料丛书编审委员会：《南方三年游击战争·闽西游击区》，解放军出版社 1991 年版，第 37 页。

擅自离开队伍，使九团遭受很大损失，由四五百人锐减到只有约100人。[①] 军政委经过研究，作出《关于撤销谢育才同志四分区兼四支队政委职务，开展反右倾机会主义退却逃跑斗争的决定》，认为红九团不能取得更大更多的胜利，反而受到不应有的最严重损失，这是谢育才及吴胜机会主义与英雄主义所导致的结果。因为对敌人“清剿”严重估计不足，与敌人硬打硬碰，强攻堡垒，导致在战斗中受到很大损伤，削弱了最宝贵的有生力量。而且在受打击后自行离开队伍，置部队存亡于不顾。他们对开展群众的游击战争的意义没有真正了解，一切军事行动不是广泛地建立在群众斗争的基础上，而是以单纯的军事行动，企图去代替一切群众的行动。另外，英雄主义与英雄思想在部队中特别盛行，深入艰苦的政治工作完全被忽视，对红军铁的纪律方面很不注意，认为部队打胜仗就行了，对一切侵犯群众、损害群众利益的行为都不太注意，使得很多地区的群众不满意。根据这些表现，军政委决定撤销谢育才军政委员会及四分区四支队政委职务，开除吴胜的党籍。[②] 经过批评帮助，谢育才接受批评，而且在实际工作中有了大的转变。

此后，又开展了与邱金声的斗争。因受旧军队影响，邱金声在红八团及三分区工作时，看不起政治委员，反对政治委员制度，无组织观念。闽西南军政委员会从三分区调枪与布置工作时，邱金声不经政委许可，公开出通令禁止调枪送上级，与军政委对立。[③] 邱金声在接受批评后，在两广事变期间，率领第三支队主力向漳平、南靖一带活动发展。但军政委因为对形势估计失误，没有趁敌人内部分裂、闽西空

---

① 《方方关于闽西南斗争和工作状况给中共中央的报告》（1937年6月），中国人民解放军历史资料丛书编审委员会：《南方三年游击战争·闽西游击区》，解放军出版社1991年版，第245页。

② 《关于撤销谢育才同志四分区兼四支队政委职务　开展反右倾机会主义退却逃跑斗争的决定》（1936年3月20日），古田会议纪念馆编：《闽西革命史文献资料》第9辑，2013年，第80～82页。

③ 《方方关于闽西南斗争和工作状况给中共中央的报告》（1937年6月），中国人民解放军历史资料丛书编审委员会：《南方三年游击战争·闽西游击区》，解放军出版社1991年版，第245～246页。

虚之际，动员全部力量猛烈扩展新地区，反而下令邱金声率领部队集中待命。邱金声坚持不同意见，拒不执行命令。军政委以此为由作出撤销邱金声职务处分。邱金声表示接受。后来证明，邱金声不执行上级命令，从遵守组织纪律上看是欠妥，而从形势发展看，游击区应该向外发展，他的意见是对的，军政委要他集中待命以至坐失时机则是错误的。[①] 从邱金声被撤职后的表现看也是很好，从而证明他是一个好同志。

实行抗日民族统一战线后，形势和任务要求各级党组织必须进一步加强党的建设，扩大党的群众基础，使党在抗日民族统一战线中发挥核心领导作用。但当时在党内对抗日民族统一战线方面也表现出"左"、右两种不正确的倾向。"左"倾关门主义，就是"根本拒绝统一战线与对统一战线的消极，认为苏维埃红军所提的反日反蒋的作战协定的号召至多是用来揭破国民党的造谣污蔑，而不是要实行与国民党军阀订协定"[②]。有些党部对统一战线采取消极的态度，没有积极去团结一切反日反蒋的力量，没有在抗日救亡统一战线的基础上去广泛地组织群众、武装群众，甚至认为农村中农民只要抗捐、抗租，而不需要抗日。[③]

在闽西，有的同志以为统一战线不过是工作的过渡桥梁，统一战线工作开展后就可以进行土地革命，进行了土地革命，就可以不要统一战线了；有的同志以为统一战线只是一种宣传鼓动工作，而不了解它已经成为党的主要任务了；此外，还存在着严重的等待主义，以为发了宣传品，发了信，别人就会来和我们进行统一战线，而没有积极

---

① 张鼎丞、邓子恢、谭震林：《闽西三年游击战争》，中国人民解放军历史资料丛书编审委员会：《南方三年游击战争·闽西游击区》，解放军出版社 1991 年版，第 334～335 页。

② 黄会聪：《坚决的为着开展反日的统一战线与创造反蒋的统一战线而斗争》（1935 年 12 月 25 日），中国人民解放军历史资料丛书编审委员会：《南方三年游击战争·闽粤边游击区》，解放军出版社 1994 年版，第 55 页。

③ 黄会聪：《闽粤边区党一年来工作的总结及今后的任务》（1936 年 6 月 6 日），中国人民解放军历史资料丛书编审委员会：《南方三年游击战争·闽粤边游击区》，解放军出版社 1994 年版，第 130 页。

地从实际各方面去开展工作。[1]

当时闽西表现较为突出，首先，有的组织对新形势下中国革命的基础扩大和阶级力量变化认识不足，不敢放手扩大力量。永定县抚市乡地主兼商人黄豺狗有几十人枪，几次派人找红军队伍，还找到抚市工作团，要求派人去指导，但抚市工作团及永东县委都不敢前去，怕他反复无常。[2] 此外，这种认识不足还表现在对待白军工作方面，不敢去接近白军，变相停止开展白军工作。国民党军三十七旅驻龙岩象山堡垒一个班，几次派人找红军，与游击队员结拜，举行起义，杀死排长，拉过来七支枪，八个手榴弹，有四人投到红军中，显示出白军官兵抗日反蒋情绪的普遍高涨。但游击队在白军中只限于"争取白军士兵到红军中来"的口号，而没有更进一步提出抗日反蒋反法西斯的口号，去争取白军士兵和中下级官长，举行抗日反蒋哗变，进行抗日救国工作或与红军联合抗日反蒋等。第二，不了解统一战线的任务是要把一切新的力量集中到抗日反蒋方面，来配合红军游击队开展群众斗争。第三是对生产党的发展表现害怕。当时这一地区生产党武装发展很快，于是永东党组织内部产生"生产党武装再发展下去，力量将超过我们"的不正确的想法和担心，便不敢再联络生产党。其实这种担心是没必要的，其力量是完全可以争取的。这些都是"左"的关门主义表现。

另一种就是右倾机会主义，其主要表现就是牺牲工农阶级的利益去与其他阶级妥协，而没有站在工农群众的基本利益之上，去与一切友军结成联合战线。有的同志认为某一军阀愿意妥协，那就表示这个军阀倾向革命，应该立刻停止对他们的一切斗争，甚至还要在政治方

---

① 《方方关于闽西南斗争和工作状况给中共中央的报告》（1937 年 6 月），中国人民解放军历史资料丛书编审委员会：《南方三年游击战争·闽西游击区》，解放军出版社 1991 年版，第 240 页。

② 邓子恢：《闽西南党在统一战线中的几个错误倾向》（1936 年 6 月 20 日），中国人民解放军历史资料丛书编审委员会：《南方三年游击战争·闽西游击区》，解放军出版社 1991 年版，第 107 页。

面向他让步。[①] 有的同志以为新策略可以放弃反对封建斗争，要无条件联合富农。群众斗争应分阶段，救国会纲领可以做苏维埃纲领，红军改名抗日联军等。[②] 南漳县岭下区委认为要与小地主、小富农联络，便不敢发动分粮斗争，反而责怪南福区委到他们那里去打土豪。[③]

对于抗日统一战线的错误倾向问题，中央的指示是非常明确的：一方面是反对不愿深入到反日反蒋的广大群众中去的“左”倾关门主义，另一方面是反对一切看不见反日反蒋的广大群众力量，只看见敌人力量大而悲观失望的分子。[④] 因此，必须既同党内主要危险——“左”的关门主义倾向做坚决斗争，又“丝毫也不要放松反对右倾机会主义的斗争”[⑤]。

各游击区党组织对于这两种倾向都进行了严肃的斗争。闽粤边特委书记黄会聪指出，“左”倾关门主义者的说法，“完全是不了解由于全国民族的危机，由于白军士兵群众迫切的要求抗日与革命化，和群众反日反蒋斗争的高涨”，所以个别军阀“有接受我们的号召的可能”。[⑥]“左”的行为“阻止了党去争取千百万的群众到抗日救亡的旗帜下面来。这一‘左’倾关门主义如不即刻给以彻底的粉碎，要完成抗

---

① 黄会聪：《坚决的为着开展反日的统一战线与创造反蒋的统一战线而斗争》（1935年12月25日），中国人民解放军历史资料丛书编审委员会：《南方三年游击战争·闽粤边游击区》，解放军出版社1994年版，第55～56页。

② 《闽西南军政委员会综合报告》（1937年），中国人民解放军历史资料丛书编审委员会：《南方三年游击战争·闽西游击区》，解放军出版社1991年版，第300页。

③ 邓子恢：《闽西南党在统一战线中的几个错误倾向》（1936年6月20日），中国人民解放军历史资料丛书编审委员会：《南方三年游击战争·闽西游击区》，解放军出版社1991年版，第109页。

④ 《中共中央为目前反日讨蒋的秘密指示信》（1935年10月），中共中央文献研究室、中央档案馆编：《建党以来重要文献选编（1921—1949）》（第12册），中央文献出版社2011年版，第436～437页。

⑤ 《中共中央关于目前政治形势与党的任务的决议》（1935年12月25日中央政治局瓦窑堡会议通过），中共中央文献研究室、中央档案馆编：《建党以来重要文献选编（1921—1949）》（第12册），中央文献出版社2011年版，第547～548页。

⑥ 黄会聪：《坚决的为着开展反日的统一战线与创造反蒋的统一战线而斗争》（1935年12月25日），中国人民解放军历史资料丛书编审委员会：《南方三年游击战争·闽粤边游击区》，解放军出版社1994年版，第55页。

日救亡的统一战线，动员全体人民对日作战，那是绝对不可能的”。所以“必须在思想上、实际工作中开展反对‘左’右倾的斗争，彻底的在党中克服在反日救亡问题上的‘左’倾关门主义与制止右倾机会主义的投降政策的发生”[①]。

1936 年 6 月，闽西南军政委员会就关于反对右倾机会主义斗争的问题给杭代县军政委发去指示信，认为杭代县在军事上犯着保守主义，没有广泛地开展游击战争；在统一战线策略运用上，采取了投降政策，只是对上层分子拉拢，幻想与杭代统治者钟绍葵进行联合战线，放弃了在群众切身利益斗争中去争取地区群众到我们这边来；没有抓住群众当前的迫切要求，来布置大规模的斗争；对扩红工作和兵运工作也有所忽视。其根源就是机会主义，对群众情绪估计不足，对敌人力量过分夸大，对自己力量估计不够，以及存在着官僚主义。[②]

对于这些问题，党中央也有明确指示，强调在扩大抗日民族统一战线的过程中，必须保持党在政治上与组织上的独立性，不断巩固苏维埃与红军，坚决及时纠正右的机会主义倾向，加强对广大下层群众的日常经济和政治斗争的领导。[③] 同时，党中央也认为，彻底实现民族统一战线策略的主要危险，依然是“左”的关门主义倾向，指出“正确的党内思想斗争的发展，将是完成党的一切政治任务的有力武器”[④]。可见，反倾向斗争是符合中央精神的，是非常有必要的。

闽西南军政委员会提出，要防止在抗日统一战线中忽视工农贫民

---

① 黄会聪：《闽粤边区党一年来工作的总结及今后的任务》（1936 年 6 月 6 日），中国人民解放军历史资料丛书编审委员会：《南方三年游击战争·闽粤边游击区》，解放军出版社 1994 年版，第 130、138 页。

② 《闽西南军政委员会关于反对右倾机会主义斗争问题给杭代县的指示信》（1936 年 6 月 24 日），中国人民解放军历史资料丛书编审委员会：《南方三年游击战争·闽西游击区》，解放军出版社 1991 年版，第 123～125 页。

③ 《中共中央关于抗日救亡运动的新形势与民主共和国的决议》（1936 年 9 月 17 日中共中央政治局通过），中共中央文献研究室、中央档案馆编：《建党以来重要文献选编（1921—1949）》（第 13 册），中央文献出版社 2011 年版，第 287 页。

④ 《中央关于抗日救亡运动的新形势与民主共和国的决议》（1936 年 9 月 17 日中共中央政治局通过），中共中央文献研究室、中央档案馆编：《建党以来重要文献选编（1921—1949）》（第 13 册），中央文献出版社 2011 年版，第 287～288 页。

的切身利益斗争的领导，认为春荒斗争会妨碍党的新策略的执行的右倾机会主义，另一方面也要防止“左”的破坏新策略的执行的倾向。因为右倾和“左”倾的错误都会妨碍抗日救国统一战线的开展。①

针对关门主义、报复思想等“左”的错误倾向，闽西南军政委员会曾经指出：必须大胆地学习运用统一战线的策略，不要把口号只限于土地革命与恢复苏区，不要只限于争取工农阶级，必须团结更宽广的群众，来与一切阶级、党派、军队、团体、个人联合行动。② 随着“联蒋抗日”方针的实施，闽西南军政委员会更认识到：中国共产党不仅是工农阶级利益的代表者，而且是中国最大多数人民利益的代表者、全民族的代表者，因此不能只停留在工农阶级，要把一切的革命同盟者吸收到统一战线中来。千万不要随便提出“反对”、“打倒”的口号，尤其不应该随便执行没收捕杀的命令，以加重阶级之间的敌对现象。党必须用最大力量克服任何方式的报复主义，纠正个别部队中残杀俘虏的错误现象，切实执行新的土地政策，纠正一切过左行为。③

针对右的错误倾向，闽西南军政委员会也提出：我们要与各阶级建立抗日讨蒋的联合战线，但这并不是说要放弃工农阶级的利益，要缓和阶级斗争来与他们妥协，相反的要更大地去发动关乎群众切身利益的斗争，使他们在生活上得到改善。党必须更坚决更勇敢地去领导广大工农贫苦群众的斗争。④ 随着抗日民族统一战线方针的转变，这种认识更加清晰。游击区党组织指出：在民族危机的情况下，党的策略

---

① 《闽西南军政委员会关于春荒斗争的决定》（1937 年 3 月 1 日），福建省档案馆、广东省档案馆编：《闽粤赣边区革命历史档案汇编》第 2 辑，档案出版社 1987 年版，第 306 页。

② 《闽西南军政委员会关于目前新的形势与新的任务决议》（1936 年 1 月 5 日），中国人民解放军历史资料丛书编审委员会：《南方三年游击战争·闽西游击区》，解放军出版社 1991 年版，第 37～38 页

③ 《闽西南军政委员会为停止内战一致抗日给各部队各级党的信》（1937 年 5 月 25 日），中国人民解放军历史资料丛书编审委员会：《南方三年游击战争·闽西游击区》，解放军出版社 1991 年版，第 229 页。

④ 《闽西南军政委员会关于目前新的形势与新的任务决议》（1936 年 1 月 5 日），中国人民解放军历史资料丛书编审委员会：《南方三年游击战争·闽西游击区》，解放军出版社 1991 年版，第 40 页。

转变既是为着民族的利益，也是为着阶级的利益。“只有依靠于广大劳动群众的斗争力量，从斗争中去获得工农生活的改善，从斗争中去获得工农的解放与自由……唯有这样的斗争才能发动工农阶级革命的积极性，才能表现工农阶级的力量，才能巩固基本的党派性的阵营，才能推动统一战线中的动摇分子在前进的党领导下去完成民族解放的任务”①。

当时任闽西南军政委委员、政治部主任兼第二纵队政委的简载文，对军政委在粤军入闽后采取的策略有不同意见。他认为军政委 10 月 26 日决议是过左和过于乐观的，粤军战斗力强，永定是东江的门户，因此主张分兵避战，保存实力。从后来情况看，这些意见还是基本正确的，但当时遭到军政委多数同志的反对。但简载文回到三分区后，不执行军政委的部署，也没有对部队做政治工作，任意调走部队，消极避战，在队伍中造成恐慌的情绪。“造成四支队、永和靖的严重游击主义，财政紊乱达到极点，贪污腐化普遍发现，队伍中不建立党与政治工作，不执行命令”② 等情况。于是闽西南军政委开展了对简载文的斗争，说他放弃原有游击区无目的地流窜，在三个月中不管常委如何督促发表意见，他都置之不理，甚至“破坏既定军事部署，不开展群众斗争，顽抗调干部增强南线工作，造成四支队新战士大批的动摇逃跑。在岩南漳的几个月一枪不打，造成极严重的反水现象，地方工作大部塌台”，所以已经形成以简载文为首“而得到分委助长的机会主义”。而且认为“（北线）分委也没有坚决为总的路线——十月廿六日决议而斗争，特别对简同志错误的揭发，反助长简同志错误倾向的发展”，因此“这不只是路线问题，而且包括了破坏组织违抗命令的严重现象”。③

① 《反对以机会主义观点来接受党的新策略》（1937 年 2 月 10 日），福建省档案馆、广东省档案馆编：《闽粤赣边区革命历史档案汇编》第 2 辑，档案出版社 1987 年版，第 276～277 页。

② 《方方关于闽西南斗争和工作状况给中共中央的报告》（1937 年 6 月），中国人民解放军历史资料丛书编审委员会：《南方三年游击战争·闽西游击区》，解放军出版社 1991 年版，第 246 页。

③ 《闽西南军政委员会综合报告》（1937 年），中国人民解放军历史资料丛书编审委员会：《南方三年游击战争·闽西游击区》，解放军出版社 1991 年版，第 298～299 页。

于是宣布撤销简载文闽西南军政委委员及政治部主任职务，并给分委以警告。

其实党内存在不同意见和分歧是难免的，即使是在军政委员会内部也是如此。当时邓子恢也经常有不同认识和意见，如他认为统一战线只是一种宣传鼓动工作，是不能发生效力的；同时也认为新策略对富农就是和过去对中农一样。提出应该从抗捐税着手，然后才能发展到分粮，而不是根据客观环境、群众斗争情绪、主观力量来决定的。①经过做工作，邓子恢承认错误，回到了正确路线上来。

这种党内斗争虽然是必要的，也在一定程度上起到了一些作用，有助于实现党的统一领导等。但从当时情况看，闽西南军政委员会自身存在一些“左”的倾向，把一些不同的意见分歧上升到路线高度，甚至把一些正确意见作为错误倾向来斗争，这是很不妥当的，而且打击了军政委员、红军指战员的积极性和主动性，造成不必要的损失。对于这种党内斗争，不少当年的领导人都有过深刻反思。方方就认为，当时“对于干部的错误的处分，多采取组织手续，少用弄通思想帮助其克服错误。不知在那样艰苦的环境里，一切问题在于依靠群众坚持对敌斗争，除此以外，什么错误都是小的非原则性的问题，应该从团结干部，爱护干部出发，耐心的去帮助干部的改造，随便处分干部是不应该的”②。只有耐心帮助干部改造，使其认识并改正错误，达到团结目的，才能有益于革命事业的发展。

（二）加强组织领导作用

在游击战争环境下，必须更加强调党对红军游击队的领导，处理好党组织与游击队的关系。闽赣边游击区领导认识到游击队应“给地方党以帮助，与地方党取得最密切的联系，乃是在艰困情况下坚持斗

① 《方方关于闽西南斗争和工作状况给中共中央的报告》（1937 年 6 月），中国人民解放军历史资料丛书编审委员会：《南方三年游击战争·闽西游击区》，解放军出版社 1991 年版，第 240 页。

② 方方：《三年游击战争》，中国人民解放军历史资料丛书编审委员会：《南方三年游击战争·闽西游击区》，解放军出版社 1991 年版，第 383～384 页。

争的重要因素之一，决不是靠单纯军事所能办到的”[①]。不仅闽赣边游击区，其他游击区也是如此。有一段时间，闽粤边部队与地方党组织关系不好，造成部队既没有粮食，也不了解情况，行动都很困难。为了解决这一问题，闽粤边特委第五次扩大会议专门讨论部队和地方关系问题，重视加强与地方党的联系，平时活动也在地方党委统一领导下进行。于是部队与地方党的关系出现“空前未有的团结”，双方互相支持，得到很多线索，对敌情了如指掌，活动也就多起来了，革命力量日益壮大。[②]

从反倾向斗争更可以看出，加强党组织建设，特别是达到思想和组织上高度统一的重要性。福建各游击区虽然在各项工作中取得很大成绩，但仍然存在着缺点和错误倾向，从而影响了游击战争的开展。这些错误主要表现在下列各方面：一是党内保守主义还部分地存在着，死守在人口稀少与高山僻地打圈子，不愿意把工作的中心转移到人烟稠密的大乡去；二是关门主义，忽视群众的组织工作，不敢在斗争中把广大的农民群众组织到农会中来，在发展党员时不能坚决地吸收在斗争中表现勇敢积极的雇农贫农与有觉悟的中农到党中来，使党的组织落在游击战争的开展与群众斗争情绪的后面；三是领导方式还没有彻底转变，官僚主义的作风，还是在各级党部存在，对支部的领导不是包办就是放任，执行上级决议时没有经过支部的讨论与动员，巡视制度、工作检查制与个人负责制尚未很好建立；四是警惕性非常不够，对秘密工作也较为忽视，在一些党与农会的组织中，混进了许多富农、流氓、土匪分子，使革命受到内外夹攻，组织受到敌人摧残。[③] 闽西游击区也存在类似问题，“党与群众组织基础，还非常薄弱……党的组织

---

① 《钟民关于闽赣边三年游击战争的总结》（1945 年 8 月 9 日），中国人民解放军历史资料丛书编审委员会：《南方三年游击战争·闽赣边游击区、闽中游击区》，解放军出版社 1994 年版，第 84 页。

② 朱曼平：《闽粤边三年游击战争概况》，闽南红三团老战士编委会编：《闽南红三团》，东方出版社 1993 年版，第 161 页。

③ 黄会聪：《闽粤边区党一年来工作的总结及今后的任务》（1936 年 6 月 6 日），中国人民解放军历史资料丛书编审委员会：《南方三年游击战争·闽粤边游击区》，解放军出版社 1994 年版，第 127～131 页。

涣散，特别是支部生活没有建立，甚至没有支部。被毁坏地方党的恢复很慢，这就使我们一切工作无从进行，党的决议无从实现”①。

为此，要巩固与扩大党的组织，因为这是保证党完成光荣任务与争取革命胜利的先决条件。各游击根据地均要求定出发展党员、建立新支部与教育训练新同志的工作计划，“坚决的打开党的门户，勇敢的在农民斗争与反日救亡的运动中，吸收一般勇敢忠实的工农与革命的学生知识分子到党中来，尤其是要用最大的努力在工农群众中建立党的支部”②。各级党部应设法建立新同志训练班，来给一般新同志普及初步党员的常识，设法建立各种干部训练班，以便培训各种干部而供给各个战线。对于支部工作也须彻底转变，即刻纠正对支部包办代替与放任不管的领导方式，要站在教育与帮助的立场上，经常去检查与指示支部同志的工作，为他们解决一切困难，并启发同志的积极性，使每个支部都能独立工作，每个同志都能在群众中起核心作用。为使支部生活健全，各县委、区委应训练一批支部巡视员，专门来巡视各支部工作，从而加强对支部的领导。根据这一精神，中共靖和浦县委被要求在1936年秋收斗争的三个月中，发展1000名新党员，建立100个新支部。各红军部队和抗日义勇军要争取党团员占50%的比例。③ 闽西南军政委员会提出“要扩大党的组织，吸收斗争坚决及进步分子入党，洗刷动摇不可靠分子，被破坏地方迅速恢复，特别要建立与健全支部组织，建立生产支部（党员能公开活动），克服散漫有支部离开群众的状态”，“百倍加强与改善秘密工作，保证党的组织，特别是指导

---

① 《闽西南军政委员会关于目前政治形势的分析与我们今后的任务决议》（1936年9月10日），中国人民解放军历史资料丛书编审委员会：《南方三年游击战争·闽西游击区》，解放军出版社1991年版，第145页。

② 黄会聪：《闽粤边区党一年来工作的总结及今后的任务》（1936年6月6日），中国人民解放军历史资料丛书编审委员会：《南方三年游击战争·闽粤边游击区》，解放军出版社1994年版，第137页。

③ 黄会聪：《闽粤边区党一年来工作的总结及今后的任务》（1936年6月6日），中国人民解放军历史资料丛书编审委员会：《南方三年游击战争·闽粤边游击区》，解放军出版社1994年版，第137页。

机关的安全”。[①]

为了加强支部的作用，闽粤边特委针对支部不能按期开会，党员从未受过党的初步常识的训练，区委负责同志多不识字、从未受过支部生活的教育等问题，决定在区委开展识字运动，同时帮助区委同志健全支部工作等。经过两个多月的努力，取得相当成绩，靖和浦的七个支部可以单独开展工作，也相当活跃。特委同时决定区委每个同志都参加一个指定的支部生活，帮助健全支部；由区委同志领导支部进行工作，改变过去单靠区委同志去开展的做法；区委同志和支部干事会都应直接过问支部工作，加强督促。[②]

至1936年10月，云和诏各区委领导下的支部达到100个左右，党员发展到500多人。到11月，靖和浦全县党员总共有500人左右，支部则有100个左右。到1937年三四月间，靖和浦县委领导下总共有140余个支部，党员总共有700余人，区委总共八个，及一个小溪市工作团。[③] 由于党员党龄都比较短，所以政治水平都很低，农民占99%，多数不识字。但大部分的支部是能按时开会，能够在群众中起领导作用的，在领导群众斗争中，充分表现出支部的作用与同志对待斗争的坚决与勇敢。[④]

到1936年秋收斗争以后，闽西“发展了支部四百左右，党员三千多名，区委五六十个，区委以上各县有军政委，如龙岩、永定、上杭、岩南漳、岩永靖、岩连宁、永（定）（平）和（南）靖、永埔八个县，

---

① 《闽西南军政委员会关于目前政治形势的分析与我们今后的任务决议》（1936年9月10日），中国人民解放军历史资料丛书编审委员会：《南方三年游击战争·闽西游击区》，解放军出版社1991年版，第150页。

② 《中共闽粤边区特委关于黄会聪赴沪后闽粤边区三个月来的工作情况给中央局的报告》（1937年1月26日），中国人民解放军历史资料丛书编审委员会：《南方三年游击战争·闽粤边游击区》，解放军出版社1994年版，第183～184页。

③ 《黄会聪关于闽粤边区两年余情况致陈云等转中共中央的报告》（1937年4月20日），中国人民解放军历史资料丛书编审委员会：《南方三年游击战争·闽粤边游击区》，解放军出版社1994年版，第202页。

④ 《黄会聪关于闽粤边区党和红军的情况给中共中央的报告》（1936年11月22日），中国人民解放军历史资料丛书编审委员会：《南方三年游击战争·闽粤边游击区》，解放军出版社1994年版，第161页。

除永埔外都有常委及各部组织”。各县都已经有经常性的工作计划，设有会议制度，检查工作，对区乡工作进行指示与推动，即使环境恶劣也没有停止。虽然支部大部分成员不能主动开会，要有区委来参加才有会议，但工作方式上已有较大转变，能“在每次会议中讨论某一斗争口号在本乡的实现办法，……而且能分工去进行领导群众”。[①] 至1936年冬，闽东游击区仅福寿、宁屏古、霞鼎三个地区就新建立了260多个支部，发展党员1000多名。

各游击区在斗争中十分重视并不断加强党的集体领导。在1936年12月前，闽西南军政委员会完全没有建立集体领导。1935年是由于环境不允许，但1936年却主要是因为委员会忽视了这一问题，而且发生了一些工作上的意见分歧。特别是这期间各块游击区主要领导都是分开活动的，各自领导一块游击区，实际上也难以实现集体领导。闽粤边特委组织也很不健全，除黄会聪主持工作外，另有两位常委兼县委书记，一位常委在红军中负责指挥，彼此较分散，集中起来比较困难。因此，特委会议也常常是一个月甚至一个多月才开一次，集体领导几乎是不可能的。[②] 针对此情况，各游击区努力采取措施改变。1936年12月以后，闽西南军政委员会“常委的工作是建立了，一切问题都能够集体的解决，对各县工作也能不断根据报告给以书面指示，附近的县份、部队，并能不断去参加他们的会议，检查他们工作，或要其负责人到闽西南来讨论工作”[③]。

1937年春，闽西南军政委员会决议提出：扩大党与巩固党的组织，为扩大党员两万人而斗争，从各种斗争中向着英勇、坚决、积极的工

---

① 《方方关于闽西南斗争和工作状况给中共中央的报告》（1937年6月），中国人民解放军历史资料丛书编审委员会：《南方三年游击战争·闽西游击区》，解放军出版社1991年版，第244～245页。

② 《黄会聪关于闽粤边区党和红军的情况给中共中央的报告》（1936年11月22日），中国人民解放军历史资料丛书编审委员会：《南方三年游击战争·闽粤边游击区》，解放军出版社1994年版，第168页。

③ 《方方关于闽西南斗争和工作状况给中共中央的报告》（1937年6月），中国人民解放军历史资料丛书编审委员会：《南方三年游击战争·闽西游击区》，解放军出版社1991年版，第244页。

人、贫农、劳动妇女开门，并大胆吸收愿为党的主张忠实奋斗的小资产阶级知识分子。[①] 在1937年春荒斗争中，闽西南军政委员会提出“各级党各红军部队，应该抓紧在春荒斗争中积极的发展比现有的增加三倍至五倍党员的数量”，而且发展党的组织“应极端注意阶级成份(分)，及斗争中表现积极坚决的进步分子，不要贪便宜的收那些政治动摇的自新自首分子再混进党来。要在春荒斗争中发展新的支部，并建立支部生活”，“提拔与培养大批新的干部”。[②]

闽西南在开展与简载文的斗争后，张鼎丞深入上杭、永定巡视，对如何培养干部、选拔干部和克服干部队伍中的不良倾向与作风提出意见。他认为，正是苏区时期坚持了以“工农成分、政治表现、工作能力和斗争经验、群众工作与群众信仰”为条件的正确干部路线，奠定了闽西南干部基础，所以在两年来反“清剿”中，“党仍然不疲倦的积极的冲破了一切困难，开展了胜利的群众游击战争”。培养与提拔新的干部是闽西南党组织任务中的重要工作，但这方面仍然发生了一些问题。如新汀杭起用新自首分子为区委委员或支部书记，永和靖起用不少消极腐化分子为区委委员或工作团成员，岩永靖起用那些老实无能的分子，龙岩留恋动摇分子。于是在形势严峻时，这些分子都发生动摇，甚至叛变来破坏党和群众工作。有鉴于此，张鼎丞提出，要创造“思想稳定、有政治锻炼的人……（他们）要能在复杂的情况下迅速地和勇敢地采取最负责的决定”；要创造“优秀的有能力来与困难作斗争的工作人员”来执行党的一切决议；要创造“是群众工作员的革命家”的干部，善于深入群众、领导群众，和群众打成一片；要创造“为保存党组织的完整，牺牲一已肉体，为着整个阶级利益”着想的干部。为此，要从群众斗争、阶级观念、日常生活的观察中大胆提拔，

---

① 《闽西南军政委员会关于闽西南目前政治形势和党的任务决议》（1937年2月28日），中国人民解放军历史资料丛书编审委员会：《南方三年游击战争·闽西游击区》，解放军出版社1991年版，第211页。

② 《闽西南军政委员会关于春荒斗争的决定》（1937年3月1日），福建省档案馆、广东省档案馆编：《闽粤赣边区革命历史档案汇编》第2辑，档案出版社1987年版，第304～305页。

从抗捐抗税斗争中，从分粮分谷斗争中，从抗日讨蒋与武装斗争中来提拔干部。[①] 总之就是要培养“布尔什维克的、顽强的、刻苦的、群众的、阶级的干部”，这样的干部才是完成闽西南党光荣任务的骨干。

在新的形势下，党组织得到较快的发展。闽中特委在广（业）常（太）兴（太）边区成立工委。至 1936 年底，工委先后建立了 17 个基层党支部，发展新党员 50 多人。至 1937 年 3 月后，闽中特委辖有三个中心县委（县委），四个区委，16 个支部，90 名党员。[②] 这期间，闽赣省委辖有四个特委，19 个中心县委（县委），28 个区委，60 个支部，1334 名党员。[③] 中共闽粤边特委所属的党组织，仅在 1936 年 6 月至 1937 年 6 月的一年中，便重建了 150 多个党支部，发展新党员 1000 多人。至 1937 年 6 月，闽粤边特委辖有四个县委，16 个区委，245 个支部，1250 名党员。[④] 至 1937 年七七事变止，中共闽粤边特委下辖有潮澄饶、云和诏、平和、漳浦等县委及漳州、厦门工委。闽西南军政委员会在龙岩、岩连宁、岩永靖、杭代、永定、永和靖、永埔等地建立了军政委员会，并辖有龙岩中心县委，永定、永埔、汀瑞等县委和汀连工委。中共闽赣省委下辖有闽北特委、闽中特委、抚东特委和闽东北特委，共有崇安、建阳、资光贵、金资贵、资溪、贵南、建松政、建瓯等县委或中心县委。中共闽东特委则辖有霞鼎、周墩、福寿、罗古宁、寿泰景庆等中心县委，和宁德、周墩、政屏等县委。中共闽中工委辖有莆田、福清等县委，和晋南工委、惠安特支等。

（三）肃反扩大化及其纠正

在探索革命斗争的过程中，难免存在一些失误，有曲折。肃反扩

---

① 张鼎丞：《我们要怎样准备布尔什维克的干部开展新的斗争局面》（1937 年 2 月 10 日），中国人民解放军历史资料丛书编审委员会：《南方三年游击战争・闽西游击区》，解放军出版社 1991 年版，第 195～198 页。

② 中共福建省委组织部、中共福建省委党史研究室、福建省档案馆：《中国共产党福建省组织史资料（1926 年 2 月～1987 年 12 月）》，福建人民出版社 1992 年版，第 255 页。

③ 中共福建省委组织部、中共福建省委党史研究室、福建省档案馆：《中国共产党福建省组织史资料（1926 年 2 月～1987 年 12 月）》，福建人民出版社 1992 年版，第 232 页。

④ 中共福建省委组织部、中共福建省委党史研究室、福建省档案馆：《中国共产党福建省组织史资料（1926 年 2 月～1987 年 12 月）》，福建人民出版社 1992 年版，第 206 页。

大化就是其中的典型事例。红军游击队的肃反，也受到中央苏区时期“左”的错误影响。受中央苏区肃“AB团”和闽西苏区肃“社会民主党”的后续影响，闽粤边游击区也开展了错误的肃反。1936年春，在总结潮澄饶、饶和埔游击区遭受失利的原因和教训时，闽粤边特委从“左”的观念出发，在没有可靠证据的情况下，轻率怀疑党组织和红军游击队内部存在“AB团”和“社会民主党”的活动，认为“饶和浦工作大部分倒台的原因”，是由于右倾机会主义与官僚主义的领导，致使“社会民主党能够混在党中进行反革命阴谋，破坏革命工作”，并由此认为在饶和埔游击队中“社会民主党”分子几乎占其一半，饶和埔县委也被“社会民主党”控制。

闽粤边肃反的直接导火索是几块游击区存在的矛盾。边区独立营成立后，一些原来从浮凤苏区转过来的红军战士急于要回去，夺回被国民党军占领的家园，加上对被改编为独立营，负责开辟闽南新区的决定有抵触，因而强调语言不通，生活习惯不同，要求保留原来部队建制，不要混编。同时也有少数人对严酷的斗争失去信心，流露出悲观情绪。红军游击队中存在这种难舍故土的地方主义观念，急于夺回根据地的想法以及在斗争环境下的悲观情绪，都是可以理解的，应该通过细致的思想政治工作来增强战士们的信心，缓解矛盾。但是当时特委驻云和诏特派员张敏、独立营政委吴金和政治处负责人陈老诏却将其视为“社会民主党”企图组织红军哗变。于是向特委报告，说在云和诏县委和独立营发现“托派”与“社会民主党”故意破坏党的路线的阴谋，要展开肃反。

由于肃反过程中不重证据，处置随意，存在严刑逼供，导致了严重扩大化。结果造成“红一支队中十分之八的指挥员，和十分之六的战士都被供为‘社党’而被扣留；云和诏的党组织中，区一级的干部也有十分之四被供为‘社党’而被扣留”[①]。在云和诏县域内，十分之

① 《黄会聪关于闽粤边区党和红军的情况给中共中央的报告》（1936年11月22日），中国人民解放军历史资料丛书编审委员会：《南方三年游击战争·闽粤边游击区》，解放军出版社1994年版，第166页。

七的区级干部、十分之五的独立营中队长、排长及队员被扣留，被扣留人员中有95%都受过严刑拷打、强行逼供，以至于全部都承认是“社会民主党”。① 特别是一些主要负责干部都遭到错杀，如原饶和埔县委委员、后调任闽粤边区特委委员的谢卓元、张华云夫妇，被认为是“托派”和“社党”首魁而被杀害；饶和埔县委负责人余丁仁被作为“社党首魁”开除党籍，后在被押解特委机关途中被杀害；原红三大队政委贝必锡和政治部主任浦益多，对这种肃反做法有不同意见，也被诬为带头“抵抗党的命令”、“散布悲观失望的谣言”，是暗藏的“社会民主党”为首分子，被拘捕冤杀；此外还有原潮澄饶县委书记陈信胜、特委刊物负责人李敬波、原浮凤苏区共青团书记黄秋练等也被错杀。

肃反造成严重后果，第一批被扣押的130多名区一级干部和红军战士中，有七八十人遭杀害。由于不少基层干部被杀害，一些区的工作塌台，使县委派下去的工作团难以开展工作。因为有被诬供的危险，造成人心惶惶，云和诏县委书记蔡蔚林携款逃往香港，潮澄饶红军第一大队队长卢秋桂弃枪离队出走。不仅不少干部唯恐被人乱供而纷纷外逃，一般同志与红军战士也人人自危，逃走者甚多。第一支队也减员很大，“仅存六七十人”，严重削弱了红军游击队的战斗力量。

闽北的肃反可以追溯到苏区时期，1932年五六月间从赣东北开始，后来波及闽北。闽北肃反自1932年7月至1938年2月，历时五年有余。1935年2月，闽北军分区司令员李德胜叛变后，肃反气氛更为浓厚。平时话语中有怨气、作风不紧张、任务完成不好的人，都有可能被认为是“改组派”而遭错杀。直到1937年10月，闽东北特委还在抓“改组派”、“AB团”，在水吉濠村集中整编时，还有乱抓乱杀。当时仅凭口供就把建松政中心县委供给部长夏润珍、三纵队四支队班长袁如松和中心县委文书宣金堂抓起来，说是“AB团”反革命分子。后经建松政中心县委书记翁立义说情才被取保释放。② 肃反扩大化，使闽北游

① 《黄会聪关于闽粤边区两年余情况致陈云等转中共中央的报告》（1937年4月20日），中国人民解放军历史资料丛书编审委员会：《南方三年游击战争·闽粤边游击区》，解放军出版社1994年版，第207、212页。

② 《宣金堂同志口述记录稿》，中共南平地委党史办公室：《闽北党史回忆集》第2期，1959年，第102～103页。

击区不少干部和指战员蒙冤。

与此同时，闽东游击区也开展了肃“AB团”的斗争。闽浙边临时省委成立后，省委领导主观臆断认为，中央苏区基础那么好，还存在“AB团”、“社会民主党”，那么闽东游击区不可能没有，于是决定成立保卫局主管肃反工作，并派出干部组成肃反队开展肃反。闽东特委本来对此不接受，但鉴于苏区党政领导人马立峰、詹如柏、施震、叶秀蕃等相继因叛徒出卖而牺牲，也认为肃反是必要的，于是从1936年二三月开始，在闽东游击区开展了肃“AB团”运动。在肃反运动中，一些平时对革命流露出悲观情绪、斗争中思想消沉者，酒后失言讲过怪话、发过牢骚者，对领导提过意见者，或没完成任务、未能及时归队者等，都被怀疑或认定为“AB团”分子。而且肃反队权力很大，经常撇开被审查人员所在组织的领导和群众，不作细致调查，不看重证据，随意采取逼供的办法，甚至有些审问人员借机公报私仇，使问题更加复杂。5月，闽东独立师第二纵队队长陈挺率部到寿宁郑家坑，肃反队按名单在第二纵队队员中抓扣五六十人，其中不少人被处置。调到闽北的第三纵队，指战员大部分是闽东人，因为思念家乡，加上语言不通，讲了一些牢骚话，结果纵队队长缪英弟等指战员被错杀，余部被收编。第一纵队队长范义生在战斗中牺牲，于是纵队被怀疑有问题，指战员被捆绑扣押，大部分被处决，致使纵队基本解体。至1936年上半年，军队中被错杀的有500人（不包括福鼎在内）。这场持续半年之久的肃反从军队波及地方，声势越来越大，受牵连者越来越多。仅福安被错杀的干部、军人、群众就有587人。[①] 特别是一批久经考验的党和红军的领导干部也未能幸免，其中有闽东特委委员、浙南特委书记郑宗毓，闽东特委委员、福寿中心县委书记詹嫩弟，闽东特委委员阮肖远，宁德县委书记陈鸿，福寿县委书记廖明出，安福县委书记张阿尒及闽东独立师第一纵队政委詹金书（詹如柏之弟）等。其中不少被错杀的同志“经历过革命斗争的严峻考验，同群众关系密切，工作能

① 中共福安市委党史研究室著：《福安人民革命史》，中共党史出版社2001年版，第262页。

力较强，能独挡（当）一面，把他们杀了，对党员和群众的斗争情绪打击很大”[①]。肃反错误给游击区革命斗争造成了严重的损失。

直到1936年秋，叶飞、范式人意识到肃“AB团”造成的严重后果，发觉这样不对头，怎么一个个誓死不叛变的革命同志，都成了反革命，于是经商议后毅然决定停止这场错误的肃反。叶飞说：“闽东苏区肃反的这个错误，本来我们可以避免，如果一直‘土’下去，我们就没有这个事……就那么‘洋’了一下，坏了。”[②] 闽东肃反完全是开了“洋荤”而造成的恶果，这是用血的代价才换来的经验教训。肃“AB团”也影响到闽东游击区反“清剿”军事斗争的开展，在几个月时间里，闽东特委几位负责人把主要精力花在这个问题上，打仗也少了，哪怕是有一些游击活动，也只是被动地应付敌人。[③]

当时闽北游击区“过去没抓改组派，我们打一仗胜一仗，我们现在抓改组派，打一仗败一仗”，于是不少领导干部逐渐认识到肃反扩大化问题的严重性，改变肃反中的错误做法，制止了乱捕乱杀现象。

云和诏县委负责印刷工作的卢叨也被逼供打成“社党”，他知道这完全是无中生有的，当看到黄会聪《论独立营与云和诏党的肃反工作》一文后，便以一位共产党员敢于实事求是的态度和勇于坚持真理的精神，冒着生命危险，给特委写了申诉信，信中详细地反映了在云和诏县委、独立营中肃反扩大化的错误情况。特委书记黄会聪看到申诉信后，高度重视，立即调卢叨与县委负责肃反工作的张敏、陈老诏到特委当面调查取证。结果表明卢叨反映的情况属实。于是特委恢复卢叨的党籍并分配实际工作，指示云和诏县委对被扣留的五六十人重新进行审查，发现多数是被诬供、逼供、乱供而造成的。黄会聪以特委名义发出指示，要求立即着手纠正肃反中存在的错误，将被扣留的同志全部释放。将县委政治保卫局负责同志撤职，将特委代表张敏调回，

---

① 陈挺：《回忆闽东党内肃“AB团”问题》，《闽东党史资料与研究》，1983年第2期。

② 叶飞：《闽东三年游击战争概况及肃清AB团问题》，《闽东党史资料与研究》1983年第3期。

③ 《范式人同志回忆闽东党的斗争历史》，《闽东党史资料》第67号，1957年7月20日。

将这一错误在党中宣布，以安定人心。对于肃反扩大化的教训，闽粤边特委进行了分析，指出之所以在肃反中犯了非常严重的错误，主要是由于独立营、云和诏诸负责同志，“夸大了社会民主党的利（厉）害与力量，而对于一般同志与革命群众顽强的几年的英勇斗争及对党的忠实与热烈拥护的精神，是估计不足的所致”①。同时对一些做法提出严厉批评。这样，肃反扩大化错误才被彻底纠正。

（四）“南阳事件”的教训

由于闽东游击区和浙南游击区受到错误肃反的影响，两块游击区领导人之间产生猜疑，再加上在开展游击战争战略上的意见分歧，双方采取了不正确的处理方式，最终使闽浙边正常的党内争论演变为非正常的严重事件。

闽浙边临时省委成立后，开始时闽东和浙南关系较为密切，闽东主动将鼎平地区和鼎平独立团划给刘英、粟裕管辖，使浙南游击区范围扩大到浙闽边境东段，扩大了活动空间。而挺进师抽调一些军事和保卫干部到闽东，帮助闽东游击区和闽东独立师的工作。但挺进师“左”的错误也影响到闽东方面，双方不可避免地在工作中产生意见分歧。刘英批评闽东独立师存在右倾保守主义，不敢向白区开展游击战争，以建立新的游击根据地，并指令闽东红军离开闽东到浙西南开展游击战争，建立新的游击根据地。② 对此批评和要求，叶飞和特委其他同志都感到难以接受，认为闽东游击区如果没有独立师作为坚强后盾，就无法坚持，甚至有丧失的危险。当时浙西南就是在这一问题上出现失误，在龙泉、丽水、龙游一带仍采取苏区的一套做法，从而使根据地和部队都受到很大损失，始终难以摆脱国民党军队的跟踪追击。闽东正是吸取这一教训，根据自身实际，以稳固的游击根据地作为依托，从而摆脱被动挨打的局面。如果按刘英的意见，离开闽东，就会失去

---

① 黄会聪：《论独立营与云和诏党的肃反工作》（1936年5月9日），中国人民解放军历史资料丛书编审委员会：《南方三年游击战争·闽粤边游击区》，解放军出版社1994年版，第114页。

② 叶飞著：《叶飞回忆录》，解放军出版社2007年版，第60～61页。

依托，不仅自身难以保存，更不可能到白区开展游击战争，去创建新的游击区。粟裕也赞成叶飞等人的意见，认为挺进师就是吃了没有根据地的苦头，闽东部队不能离开闽东根据地。

在当时的情况下，产生这种意见分歧是很正常的，完全可以也应该在党内进行协商解决，这样对于游击战争的开展是更为有利的。但它又是关系到游击战争开展方针的大问题，在当时缺乏民主基础的情况下，终于造成误会，酿成后来的祸端。

由于分歧难以在省委内部得到解决，粟裕提出与闽北地区联系，请黄道主持建立闽浙赣临时省委来解决。其实刘英也有类似的设想。于是，叶飞在1936年2月与闽北独立师取得联系后，在政和县洞宫山与黄道等领导人进行了会谈，提出了建立闽浙赣省委的问题。但因为客观条件不成熟，这一提议未能达成一致。在分歧未能解决的情况下，叶飞不得不宣布退出闽浙边临时省委。

1936年初秋，刘英在没有说明原因的情况下，向粟裕写信下令扣押叶飞并押送省委。同时还派出一队武装监督。尽管粟裕感到这种做法不妥，但命令难违，于是写信约叶飞到浙江庆元南阳会面。叶飞和第三纵队队长陈挺带领部队如约而至，没想到被抓捕缴械。在押赴省委途中，遭到国民党军突然袭击，叶飞乘机跳下十几丈高的悬崖，恰巧挂在一棵树上，幸免于难，但他的腿被押送战士打伤。这就是“南阳事件”。事件发生后，叶飞和阮英平被开除党籍，粟裕也受到隔离审查。①

“南阳事件”是在党内斗争不正常的状况下发生的，又因为与党中央及上级组织失去联系，各块游击区领导人自身威信力和影响力也不够，且多少存在不信任问题，所以容易产生意见分歧并且难以解决。这起事件导致闽浙边临时省委的彻底破裂，对闽浙边的三年游击战争产生非常不利的影响。粟裕就认为：由于双方都有些本位主义、山头主义，从浙南方面来说，还有以主力自居的思想，又由于受“左”倾冒险主义肃反扩大化的影响，互相错抓了人，错杀了人，双方发生了

① 叶飞著：《叶飞回忆录》，解放军出版社2007年版，第64页。

误会，互相都有气。在这种情况下，临时省委未能按照党的原则予以妥善解决，反而用处理敌我矛盾的方法来处理党内矛盾，致使矛盾激化，导致了闽浙边临时省委的解体。① 好在双方领导人都是党培养多年的干部，红军游击队又是受党领导的革命队伍，为着共同的革命目标而能够冷静应对，在事件发生后处置得当，以革命利益为重，才避免了更大的灾祸和更大的损失。

三、交通线路及医院、兵工厂等的建设

（一）交通线路建设

革命时期党长期处于秘密工作状态，为了做好上传下达的通讯联系，对交通线的建设极为重视，即使在苏区时期也是如此。福建党组织建立了与上海党中央的密切交通联系，后来中央苏区建立了从上海经香港再到大埔、永定至长汀、瑞金的红色交通线，在传送机密文件、护送领导干部和运送紧缺物资等方面发挥了极大作用。此外还有苏区与苏区之间、苏区内部的交通线。中央红军长征后，虽然大部分线路遭到破坏，但有些交通线还是得以保持下来，而在游击战争环境下，各游击区也十分重视交通线的建设。

1934 年 7 月上旬，闽粤边临时特委在平和县欧寮楼仔村设立交通总站，站长由吴运琳担任，总站下辖十几个交通站。交通线主要有三条：一条是从总站到靖和浦县委及其所辖的五个区委和四个工作团，再由峨嵋山交通站到山内后溪，经秀芦延伸到闽西交通站，这是闽粤边与闽西联络的主要线路；一条是从总站到漳州工委和厦门市委交通站，主要与白区联系；一条是从总站到坪水、乌山交通站，延伸到广东，到饶和埔诏县委和潮澄饶县委交通站。后来，交通站根据需要，又有所增加。1935 年春，因工作需要，特委决定在龙溪县南乡洋坪建

① 粟裕：《回忆浙南三年游击战争》，中共福建省委党史研究室、中共浙江省委党史研究室合编：《闽浙皖赣革命根据地》下，中共党史出版社 1991 年版，第 319～320 页。

立交通分站，从部队抽调经过战斗考验、立场坚定、政治可靠的连级干部莫丁贵任站长。洋坪分站成为总站与漳州市工委交通站、厦门市委交通站的中转站。后来又因漳浦一带工作的开展，梁山游击根据地的开辟，红军游击队活动的需要，特委决定开辟一条通过国民党统治区的新交通线，从总站出发到岭后村，过后坑寨、后埔，到下车村直达下布，再转送梁山、后井站。交通线的建立，不仅为传送敌人的"清剿"情报立下赫赫战功，还护送了大批干部进出边区。三年游击战争中，仅洋坪交通分站，就共接送外来干部300多人次，其中从马来西亚、新加坡到闽粤边区工作的就有将近200人。从漳州、厦门、永春、安溪、南安等地抽调的100多名干部、学生、工人和医务人员，也是通过这条交通线转到闽粤边游击区的，从而大大增强了闽粤边游击区机关、红军游击队的领导骨干力量。[①] 交通总站存在的两年多时间里，通过传送文件和情报等，对闽粤边特委加强对各县区党组织工作的领导，及时掌握敌我双方的情况，指挥红军游击队和义勇军取得粉碎敌人"清剿"的胜利，开辟新的游击根据地和扩大红军武装力量，都起了重要作用。同时，交通站也通过自身努力，为边区发展党员，建立基层党支部和其他群众组织，解决经济和给养困难，做出了一定程度的贡献。

1935年4月，根据形势的变化，闽西南军政委员会决定，把苏区时期成立的闽西工农通讯社，改建为闽西南武装交通站，以更好地保持闽西与上海中央机关的联系，同时通过交通站，与各个分区、各个县委建立交通联络。交通站站长由雷德兴担任，并从红八团、红九团和地方游击队中抽调一批班、排、连级干部和立场坚定的共产党员担任交通站工作。总站下面按三个作战分区，设立三个大站，每个大站又设有小站，并在各县、区设立交通站。这样全闽西特别是几块游击区之间，建立起了严密的交通网络。

三分区交通站是个中心站，向西直接与闽西南军政委员会联系；

---

① 吴运琳：《闽粤边区三年游击战争时期交通工作情况》，《福建党史通讯》，1986年第5期。

向东与岩永靖县委、岩南漳县委联系；向西北与岩连宁一分区交通站联结。朱森的叛变使交通站受到破坏，于是将分区交通站与龙岩县委交通站合并，由姜茂生任站长。开辟了三条秘密交通线：第一条以龙岩后田西山为中心，向东经白土圩南面，穿过漳龙公路封锁线，绕东山、黄坑、陈山到雁石以西；向北经企头圩、仪集坑、洋背，与一分区交通线连接起来；向西经孔夫、红流、枫林、苦竹坑、岩背、陈东坑、焦坑，与永定金丰大山相接。第二条经盂头岭东，过公路经陈坑、李家山、中甲、白岩前、罗家山、邱地到达雁石西；向北经南坑、根竹园、半岭、小连坑，与一分区交通线连接；向西经才水坑、上和、坑头、冷水坑、陈东坑到达焦坑。第三条从分区交通站起，经石门炉、山坑、上莒州、林坑园、竹子坂、龙车，然后朝东北方向经罗家山、刘坑，到雁石北面的高池附近；向西由石门炉到大洋、竹子炉、田地、小吴坑、岩太、陈东坑，接金丰大山。①

1936 年夏，闽西南军政委员会在龙岩山坑召开交通站工作会议，总结推广交通站工作的先进经验，重新确立交通工作必须遵循的原则和纪律，部署此后交通工作任务。会上，第三分区介绍了经验，主要有：第一，为了安全起见，必须多开辟几条交通线；第二，做好群众工作，做好基点村接头户工作；第三，采用白区党的秘密工作方法，同接头户建立单线联系；第四，严格遵守铁的纪律；第五，工作要小心谨慎。主持会议的张鼎丞赞扬了这些做法和经验，指出：交通工作是党的命脉，是通往各地的血管。除了要搞好群众工作，开辟安全可靠的交通线等外，还可以采取内线与外线相结合，武装与非武装相结合等方式，队伍要扩大一些。

但由于环境恶劣，交通线还是难以保证完全畅通，总是时断时续，不但各县委各团队与闽西南军政委员会交通不密切，就连县区联系都经常隔断，使上级指示无法传达下去，而下面情形也无法上报，对斗争造成极大妨碍。所以闽西南军政委员会提出，建立健全的交通工作，

① 姜茂生：《忆第三分区交通站》，中国人民解放军历史资料丛书编审委员会：《南方三年游击战争·闽西游击区》，解放军出版社 1991 年版，第 467 页。

有非常重要的政治意义。要求各级党组织必须用最大力量建立交通工作，立刻指定最负责最坚定的同志负责。组织武装交通队，交通员必须是最坚定、勇敢、灵活的同志，要有经常的政治教育与技术研究，经常检查其工作。[1] 由于工作和保密的需要，后来又开辟了一条到岩南漳的新线路，从山坑穿过公路到上莒州，然后从林坑园、小娘坑爬上老鼠山，再过中甲转到岩南漳，这条路都是山道，虽然难走但很安全。1936 年冬，交通站就通过这条线路，护送邓子恢带领的军政委政治部机关干部十余人，携带印刷设备，到岩南漳边区指导开展游击战争工作。[2]

这些经验的推广和工作的开展，使闽西南游击区交通线路建设更加有效，交通站工作更为活跃。除了传送党的信件，护送来往干部，传达指示，了解敌情外，还负责采办物资，协助办好被服厂、医疗所、看守所。此外，交通站还壮大了武装，镇压乡村一些反动分子，配合部队作战。

为了使闽西和闽粤边两块游击队保持密切的交通联系，1936 年底，闽粤边特委在平和大芹山区的后溪村建立了交通站，闽西南军政委员会也在平和秀芦东山村建立了交通站。这样，两块游击区之间的交通更好地保持了畅通，在三年游击战争中发挥了重要作用。

闽东游击区的宁屏古办事处成立后，在福安、周墩交界的竹洲山成立了苎园坪畲村中心交通站，主要交通路线是以苎园坪畲村为中心，北经首洋抵达周墩，南经竹洲山九个畲村，又经白鼻岩、龙溪抵达穆阳，沟通这一地区的各个游击区域。在宁德南岗、半山、灵山、葛藤坪、猴盾、天峰亭、石壁头、狮子头、后门楼、长贝坑、巫家山、金竹湾等畲村，建立了“秘密寮”交通网络，沟通了宁屏古边区游击区域之间的联系。[3] 1935 年冬，在屏南天湖山成立的宁屏古县委交通站，

---

① 《闽西南军政委员会关于目前政治形势的分析与我们今后的任务决议》（1936 年 9 月 10 日），中国人民解放军历史资料丛书编审委员会：《南方三年游击战争・闽西游击区》，解放军出版社 1991 年版，第 151 页。

② 姜茂生：《切不断的交通线》，中共福建省委党史资料征集研究委员会编：《福建党史资料》第五辑，1986 年，第 270～273 页。

③ 钟大湖：《三年游击战争中的闽东畲民》，中国人民解放军历史资料丛书编审委员会：《南方三年游击战争・闽东游击区》，解放军出版社 1993 年版，第 153 页。

开辟了从宁德县进入屏南玉洋、天湖山、交陈、坑里仔、洋里、半溪里到达古田县的横洋、崎坑的交通线。在霞鼎地区，枫岔头战斗后，“许旺派人到陈罗洋、南山后、墓下、甲埔、董墩百丈际等地，恢复和建立秘密交通站，接通了霞鼎到福霞、安福、霞鼎泰等地的交通线”。当时在各交通要口建立交通站，发展接头户，在各村设秘密交通员。霞鼎中心县委在霞鼎一区桃坑、二区龟洋和三区的步竹牛栏格和蔡家山、柘洋野猪楼、李家山等地分设了若干个交通总站，保证中心县委和各县委之间的通讯、联络。① 随着游击区的开辟，闽东特委还派吴华禄到政屏边区，在下潭头村建立交通站。桐霞县委成立后，在福鼎浮柳设立了白石交通站，沟通福鼎、霞浦、福安和浙南的联系。闽东游击区还利用地处沿海的地理优势，在宁德海边的三都、斗帽等地建立了秘密交通站，并通过沿海船民开辟了直达福州、长乐的地下航线，为解决物资供应发挥了重要作用。

1935 年 8 月后，饶守坤、王助率领部队进入闽东北，建立游击区后，在屏南中秋村建立了闽东北交通总站，主要任务就是负责搜集和传递情报，筹集粮款，接待过往红军和游击队员等。后来在各村分设九个交通分站，22 个联络点。这些交通站沟通了闽北与闽东的密切联系。

交通线和交通站的建设，有力地保证了各游击区的信息交流和联系，为游击战争的坚持发挥了重要作用。

（二）医院和兵工厂等建设

各游击区为了保证物资供应，满足医治伤病员的需要，十分注意做好后勤保障。闽粤边红军游击队在尪仔石山、乌山、梁山等游击根据地建立了简易的被服厂、印刷厂、后方伤兵医院等，闽北红军游击队在崇安岚头、廓前、光泽大洲等地建立供应站，这些都对解决部队的给养问题起了很大的作用。

---

① 冯阿尾等：《霞鼎三年》，中国人民解放军历史资料丛书编审委员会：《南方三年游击战争·闽东游击区》，解放军出版社 1993 年版，第 177 页。

转入游击战争环境后，闽北红色医院及其调养所（也称“中医院”）也迁入深山密林之中。为躲避敌人的破坏，保护伤病员的安全，医院主要选择在交通不便、目标隐蔽的偏僻山村或在古木参天、云雾环绕的山谷，红色医院院址先后有大安的陶观厂、陈家垄、大安源，分水关附近的马家坪，江西铅山县的石垄等；中医院的院址先后有大安境内的张山头、上东坑及樟村境内的龙东门等。为适应形势变化，医院进行了精简，改为医疗所，根据伤员轻重，分为三个所。中医院有医生、护士、看护兵 30 多人。1936 年冬，闽北局势更为艰难，中医院无力接收伤病员，于是实行化整为零的办法，将医务人员和伤病员分成若干个组分散活动，医院曾先后分散到江西广丰境内的北坑、福建崇安境内的大浑和岚谷等山头，跟随部队打游击。① 就这样，依靠群众的支持，坚持到了全国抗战爆发，完成了历史使命。

闽东红军游击队的后方医院的院址，大部分选择建在山高林密、交通不便的畲乡，广大畲乡也成为红军游击队筹集给养、安置伤员的重要后方基地。闽东特委根据斗争的需要，要求各县利用闽东山区有利的自然条件，在深山密林、地险人稀的地区建立红军游击队后方医院。先后在宁德虎贝天峰院，霞浦西胜龙潭、五斗以及周墩苎园坪，福鼎的梅洋、龟洋等畲族山区，建立了规模大小不等的 30 多个后方医院。如周墩特种区从 1934 年至 1936 年先后在桐子坑的西岔大村头，苎园坪下的清水壑、梨树湾、大石岩等地的深山中搭起十几座草寮或利用山上造土纸的简易厂房，办起九所红军医院和医疗站。1935 年福鼎县在黄岐村后山大石洞办了红军医院。霞浦、宁德分别在龙潭、山头洋、步竹和白岩头、天峰院办了六所医院和医疗所。

1935 年春，安德县委将红军医院搬迁到咸坑村彭家山后面的横拦路上，搭起一座大草棚，可容纳 80 余人，配有医生、护士 20 多人，被称为“宁德西医”。在医院附近还设立两座秘密草寮，能住 100 多个伤

---

① 宣金堂、程添福、杨金福：《回忆闽北红色医院》，中国人民解放军历史资料丛书编审委员会：《南方三年游击战争·闽北游击区》，解放军出版社 1993 年版，第 348～353 页。

病员。西岔大村头的三个草寮也可接收100多个伤病员。福寿县岗垅红军医院在1935年8月一次就接收了70多位伤病员，1936年医治了数百名伤病员。[①]

为了解决医生缺乏问题，游击队争取了一些国民党统治区的医生为红军游击队服务。当时宁德县霍童镇有座医院。游击队佯装袭击医院，把章阿春医生和他的母亲“抓捕”到西岔头红军后方医院，争取了他们为红军服务。此外还通过秘密渠道从外地聘请了五名中草药医师。当时药品的取得也十分困难，红军医院只能用青草药，请中医等挖掘民间简易有效的“单方”、“秘方”。为了解决药品和医疗器械问题，闽东独立师第三纵队在1936年1月还组织了攻打屏南棠口教堂医院的战斗，得到一大批药品，解了燃眉之急。

在游击战争状态下，枪械和弹药的补充是一大难题。苏区时期每块根据地基本都建立有兵工厂，但多数没有坚持下来。如闽西的福建军区兵工厂和新汀县苏维埃兵工厂都在1935年4月间遭敌围攻而解散，只有永定苏维埃兵工厂坚持下来，但规模较小，只有十几名工人。

闽北独立师的兵工厂基本保持下来，但规模从300人缩小到五六十人，建制由五个科减少到只剩下修械和子弹两个科，一些大的机械设备都被埋藏。1935年4月，兵工厂先是转移到桐木关里的北坑，主要是修枪、造子弹。当时原料的取得十分困难，就改用锡制造子弹头，锡的来源一是靠老根据地群众的支援，二是靠游击队收缴的酒具、烛台、香炉等，每月可翻造2000至3000发子弹，确保了游击战争的需要。但因敌人不断“清剿”，兵工厂又必须转移，最后到达福建崇安与江西上饶交界温岭关下的地源，兵工厂设在地源河上游关子里的大坑。这里是一个比较稳固的游击根据地，十分安全，兵工厂在此一驻就是五个月，军工人员抓住有利环境，加紧生产，成绩出色。[②] 1936年初，

---

① 林烈泰等：《努力创办红军医院》，中国人民解放军历史资料丛书编审委员会：《南方三年游击战争·闽东游击区》，解放军出版社1993年版，第322～323页。

② 黄瑛：《回忆闽北兵工厂》，中国人民解放军历史资料丛书编审委员会：《南方三年游击战争·闽北游击区》，解放军出版社1993年版，第341页。

兵工厂又转移到岚谷横源附近的高畲村，坚持生产。虽然经常转移，但军工人员团结一心，生产积极性很高。为适应实际需要，工厂又把修枪师傅分散到各个部队，仅留下30多人造子弹。尽管环境条件较差，但大家精力充沛，保证做到子弹壳一到，马上动手翻制。兵工厂在没有固定厂址的情况下保持建制，坚持生产，这是闽北军工生产的独创。闽北兵工厂在游击重点区域遍撒军工生产网，尽管环境恶劣，斗争艰苦，而且几经转移，但军工之火不灭，枪弹来源不绝，成为闽北红军游击队除打仗缴获之外，弹药补充的重要来源，从而保证了红军游击队能够在艰难的条件下坚持战斗。①

1934年10月下旬，闽东临时特委在柘荣县龙井坑成立闽东独立师修械所，共有33名工人，其中大多是党组织从福州、长乐动员来的技术工人。中央红军长征后，国民党新十师发动“清剿”，龙井坑修械所被破坏，部分转移至白岩下和溪尾等地，1935年初搬至福安与周墩交界的竹洲山，在畲族聚居的周墩苎园坪村东北部暗垄的一位山洞里办起修械所。后来虽然屡次遭敌破坏，但很快恢复重建，一直坚持到第二次国共合作。为了解决红军游击队武器弹药供应的困难，闽东临时特委还在“红军洞”和“秘密寮”里办起兵工厂和修械所，自己动手修理、制造枪支弹药。在霞浦县的大湾、马兰溪村，福鼎县的梅洋、龟洋村等深山密林中都建有修枪厂。据初步估计，闽东各县在偏僻的寺庙内、家庭密寮中先后开设了兵工厂、修械所共计15个，被服厂六个，制造和维修了大量步枪，生产了大量子弹、土雷、土手榴弹、刀矛和夏服、冬服等。②

1936年，随着游击战争的发展，红军游击队的壮大，军装的需求量大大增加。福鼎县委积极筹集经费，通过大山岚的一位同情革命的饭店老板，陆续从浙江温州买回一批“力士鞋”和一批蓝色士林布，

---

① 沈崇文：《游击战争时期的闽北兵工厂》，中国人民解放军历史资料丛书编审委员会：《南方三年游击战争·闽北游击区》，解放军出版社1993年版，第345～347页。

② 林依标等：《开设后方工厂　保证前线补给》，中国人民解放军历史资料丛书编审委员会：《南方三年游击战争·闽东游击区》，解放军出版社1993年版，第329～331页。

黑色、灰色斜纹布等，在柏柳村一座寺庙中办起被服厂，解决了红军游击队穿衣着装问题。

游击区这些医院和兵工厂、修械所、被服厂等的设立，为红军游击队提供了重要的物资和后勤保证，为三年游击战争的胜利坚持发挥了不可缺少的作用。

第五章　反“清剿”中游击区的战略配合与支持

中国政治经济的发展状况，决定了中国革命发展的不平衡性，所以在土地革命战争时期，全国形成以中央苏区为首的十多块独立的苏区，各苏区都能够以革命事业为重，贯彻执行党中央的方针政策和指示，有意识地实行战略上的相互配合作用。南方三年游击战争期间，福建各游击区也是如此，尽管在国民党军队的“清剿”和封锁下，各块游击区被分割包围，中断了联系，形成各自为战的局面，但各游击区的领导人具有革命大局意识，重视战略配合，并力图建立相互联系。随着游击战争的开展，战略支点得到巩固，每块大的游击区中又形成若干较小的游击区，所以不管是在各大块游击区之间，还是在各小块游击区内部，红军游击队的游击活动都起到战略和战术上相互配合、相互支持的作用。

一、游击区之间的战略配合

（一）闽东与闽浙边、闽北游击区的联系

福建是东南沿海的山地省份，境内群山环抱，沟壑纵横，特别是形成许多与山脉走向相交的关隘，成为重要的交通通道和军事要冲。这种地理特点对游击战争的开展影响很大，崇山峻岭一方面使各个地区相互隔绝，自成一体，但另一方面，由于许多山脉横跨数县或周边乡镇地界，老百姓之间的往来非常密切，而且沾亲带故。如闽东寿宁、福鼎与浙江泰顺、庆元、平阳相邻，闽东屏南、古田、周宁与闽北的政和、建瓯接壤。闽北的崇安、光泽、浦城等与江西的资溪、铅山、

贵溪等相依，翻过一座山就是邻县或邻省地界。这种状况对红军游击队开展游击战争极为有利，连绵深山成为藏龙卧虎之地，红军游击队钻入群山之中，就如同蛟龙入海，踪迹难寻。但对国民党军队的“清剿”却造成困难，“以地形关系政令推行每感不及，民众组织训练不能按事实之要求而达到相当程度”①。尽管在“清剿”计划或命令中一再强调各部队和地方要“协剿”、协防，要求四个清剿区“破除省界，逐次紧缩封锁，绝黄吴诸股窜路，以追剿队深入跟追”②，但行动步调总是难以一致。这样就给各游击区的红军游击队开展游击活动，加强各游击区之间的联系，粉碎敌人的“清剿”提供了有利条件和机会。

1935 年 2 月，中共闽浙赣省委根据中央政治局的电示，以北上抗日先遣队的先头部队为基础，组建挺进师，原红七军团参谋长粟裕任师长，原北上抗日先遣队政治部主任刘英任政治委员。其基本任务是：深入浙皖，广泛开展游击战争，创造新的根据地，打通与闽北、闽东的联系，取得有力的配合，打击、吸收和牵制敌人，从战略上配合主力红军行动，保卫闽浙赣基本地区和邻近根据地。其任务非常明确，就是要与闽北和闽东建立密切联系，以取得战略上的有力配合。

在 1935 年 3 月间，粟裕、刘英率领红军挺进师进入闽北苏区，并配合闽北红军给予敌“清剿”部队数次有力打击。为了与闽北的党和红军取得工作上、行动上更有力的配合，双方领导人召开联席会议，会商了此后彼此之间的联系与配合问题。会议建议闽北分区委迅速组建红军游击队，挺进到顺昌、光泽、将乐一线，进而向建瓯、政和、松溪、浦城发展，以形成闽东、闽北、浙西南三角形的发展态势。此后挺进师经闽北转到闽浙边区活动，也注意与闽东、闽北建立联系。

---

① 《闽赣浙皖边区“清剿”总指挥部“清剿”工作经过详报》（1935 年 12 月），中国人民解放军历史资料丛书编审委员会：《南方三年游击战争·综合篇》，解放军出版社 1995 年版，第 1345 页。

② 《闽赣浙皖边区“清剿”总指挥部“清剿”工作经过详报》（1935 年 12 月），中国人民解放军历史资料丛书编审委员会：《南方三年游击战争·综合篇》，解放军出版社 1995 年版，第 1347 页。

挺进师根据各方计划及闽东与中央失去联络的情况，有将中央指示等转给闽东的必要，同时也感觉闽东、闽北在数年斗争中，彼此还未取得联络，于是决定在周边活动一个时期，“首先将闽东闽北之联系来一个迅速打通和配合友军行动”①。于是派出第四纵队第十、十一支队渡龙泉河南下，到达庆元、龙泉以南，云和、寿宁、政和、泰顺之东北活动，开展广泛的游击战争，歼灭了部分保安团队和地主武装。国民党新十师得到情报后调整部署，以阻截挺进师进闽东。② 当时的《福建民报》、《江声报》等经常有类似报道：“粟裕、刘英两股匪众，近日流窜闽浙两省边境。……由汤巽附近向东南流窜浙边宣平、遂昌、龙泉、景宁、松阳、武义、泰顺、庆元各县，且与范铁民黄立贵各股互相响应，利用当地山路崎岖，交通不便，此剿彼窜”，“闽东残匪刘英、叶飞、任铁锋、冯品泰各股，近又谋联合行动”。③ 正因为挺进师在闽浙边采取积极勇敢的行动，给进攻闽北、闽东的国民党部队造成有力的威慑与打击，为了减轻这种威胁，国民党当局不得不从进攻闽北红军的部队中抽调两个团以上的兵力，从进攻闽东游击区的部队中抽调三个团的兵力，专门用以对付挺进师。④ 此后，“惟潜匿在福鼎、霞浦两县交界之谢作霖匪，近乘八七师刘安祺旅调防之机，又勾浙匪……势甚猖獗”⑤。叶飞率领百余人向距周墩 12 里的陈家墩游击，此时由浙南来的红军游击队 200 余人，到达距此 20 余里的江家地，“似有联合追袭

① 刘英：《坚持浙闽边三年斗争的回忆》，中国人民解放军历史资料丛书编审委员会：《南方三年游击战争・浙南游击区》，解放军出版社 1993 年版，第 112～113 页。

② 《新十师所部阻截挺进师进闽东》（1935 年 4 月），中国人民解放军历史资料丛书编审委员会：《南方三年游击战争・闽东游击区》，解放军出版社 1993 年版，第 415 页。

③ 《〈福建民报〉〈江声报〉报道浙南红军挺进师、闽东独立师协同作战》（1935 年 6 月），中国人民解放军历史资料丛书编审委员会：《南方三年游击战争・闽东游击区》，解放军出版社 1993 年版，第 474 页。

④ 刘英：《坚持浙闽边三年斗争的回忆》，中国人民解放军历史资料丛书编审委员会：《南方三年游击战争・浙南游击区》，解放军出版社 1993 年版，第 115 页。

⑤ 《〈江声报〉报道霞鼎地区游击武装日渐发展壮大》（1935 年 10 月 28 日），中国人民解放军历史资料丛书编审委员会：《南方三年游击战争・闽东游击区》，解放军出版社 1993 年版，第 476 页。

周墩企图”[①]。这些说明游击区的互动是非常密切的，这不仅有助于粉碎敌军对游击区的“清剿”，而且对游击战争的开展发挥了重要的战略配合作用。

正是考虑到这种战略位置的优势，中共闽东临时特委制订并坚持波浪式地向外发展、开辟新区的战略方针，不断派出部队向闽浙边境发展，并力图与挺进师会合。1935 年 4 月间，活动在寿宁岗垅一带的范式人，获悉粟裕、刘英率领北上抗日先遣队余部在边界活动的消息，便率领独立师二团转战到浙江境内寻找，但未能联系上。此后仍以福寿游击根据地为依托，加紧向闽浙边开展工作，向浙江的泰顺、景宁、庆元、龙泉、丽水一带扩展。八九月间，先后建立中共寿泰、景庆县委和鼎平中心县委，建立游击区。同时向屏南、周宁、政和边界开展工作。闽东党组织和红军游击队对闽浙边游击根据地的开辟，为打通闽东和浙西南两块游击区的联系打下了一定基础。

8 月间，为了应对国民党军队对浙西南游击区的大规模“清剿”，挺进师主力有计划地主动撤出浙西南中心区，转战于闽浙边境的庆元、景宁、政和、松溪，以及寿宁、屏南一带，从而开创了浙西南游击区的新局面。9 月，面对国民党罗卓英部以及地方保安部队、民团等约 40 个团兵力的“清剿”，挺进师政委会作出决定：主力南下，直至浙闽边庆元、景宁、泰顺、寿宁之线。为了使闽东、闽北、浙西南的党和部队取得行动上更有力的配合，政委会应尽一切可能与闽北、闽东的党召开联席会议，建立党内外总的领导机关。[②] 随即挺进师第四纵队根据政委会决定挥师闽北境内，与闽北独立师一部会合，然后与闽北独立师第四团第一营在崇安岚谷实行整编，成立闽北独立师第二纵队，坚持在邵顺建地区开展游击战争。同时粟裕、刘英率领挺进师主力南下，进入闽东境内，10 月与转战于福寿地区的闽东独立师第二纵队在寿宁

---

① 《〈福建民报〉报道红军游击队联合袭击周墩》（1935 年 11 月 3 日），中国人民解放军历史资料丛书编审委员会：《南方三年游击战争・闽东游击区》，解放军出版社 1993 年版，第 477 页。

② 刘英：《坚持浙闽边三年斗争的回忆》，中国人民解放军历史资料丛书编审委员会：《南方三年游击战争・浙南游击区》，解放军出版社 1993 年版，第 123 页。

郑家坑胜利会师。双方一致认为，国民党为了协调对闽、赣、浙、皖四省边区的“清剿”行动，达到全部消灭红军游击队的目的，已经组建了“闽赣浙皖四省边区清剿总指挥部”以实现统一指挥。而浙西南与闽北、闽东三块游击区却没有建立紧密联系，处于各自为战的境地，这对于粉碎敌人的协同“清剿”是非常不利的。形势迫切要求改变这种局面，如果三块游击区能顺应局势发展，趁此机会建立密切联系，形成统一的力量对付敌人的“清剿”，那局面将大为改观，即使一时尚难统一行动，但只要能在战略上互相策应、相互配合，一定可以给予敌人更加沉重的打击。① 另外，因为转入游击战争后，与中央分局及闽浙赣省委都失去联系，也根本得不到上级指示，造成各游击区在行动上的不一致，给游击战争的开展造成损失。为了加强全面的领导和军事上的集中指挥，各方均认为有恢复中共闽浙赣省委的必要，于是双方同意在尚未与闽北建立联系之前，先成立中共闽浙边临时省委，以统一领导和部署闽浙边的反“清剿”斗争。协商的结果，由两块游击区的主要领导人刘英、粟裕、叶飞、阮英平、范式人、许信焜等组成临时省委，刘英任书记，粟裕任组织部长，叶飞任宣传部长兼团省委书记。同时成立闽浙边临时省军区，粟裕任司令员，刘英任政治委员。11 月 7 日，双方领导人在浙江泰顺县玉西乡白柯湾村举行联席会议，正式确定由刘英、粟裕、叶飞、黄富武、刘达云、阮英平、范式人、许信焜、洪家云、方志富、许旺 11 人为临时省委委员，组成临时省委，下辖浙西南和闽东两个特委。同时对红军独立师领导人作出调整，调挺进师政委会秘书许信焜和第三纵队队长王武礼分别担任闽东独立师的师长和参谋长。

刚成立的中共闽浙边临时省委确定了与闽北党组织和红军游击队取得联系的行动计划。根据联席会议的精神，中共闽浙边临时省委致信中共闽北分区委，通报了中共闽浙边临时省委的成立经过及浙南开展游击斗争情况，并提出在适当时机建立中共闽浙赣边临时省委，统

---

① 粟裕：《回忆浙南三年游击战争》，中国人民解放军历史资料丛书编审委员会：《南方三年游击战争・浙南游击区》，解放军出版社 1993 年版，第 150 页。

辖闽北、闽东、浙西南的建议，并建议闽北应积极地与浙西南及闽东打通联系。同时刘英也给叶飞写信，提出设想，要求闽东加以精确的布置，与鼎平独立团工作地区取得联系，向西北则与浙西南部队取得联络，向东南则打通与鼎平地区的联系。而浙西南独立师则进至处、景、云、温、平、泰、庆①间辗转，不停开展广泛的游击战争。② 其目的就是争取浙南与闽东、浙西南及闽北的松、政、建、屏的游击区打成一片，以求得行动上的一致配合。

为了革命取得胜利的共同目标，三块游击区的领导人想法可谓不谋而合。其实，1934 年底或 1935 年初，中央曾有过指示：要闽北队伍注意和闽东叶飞的游击队取得联系，并告之闽东游击队活动在寿宁、福安一带。③ 8 月黄龙岩会议后，闽北红军游击队分三路打出外线，其中一路向建松政开辟新区的同时，明确提出“相机打通与闽东叶飞部队、浙西南粟裕部队的联系”④。当时正是由于闽东、浙西南红军游击队活动的加强，打击与分散了敌人力量，使闽北老地区情况比较好，闽东北游击根据地也打开了局面。根据这一情况，1935 年 10 月间，由黄立贵、曾镜冰率独立师一团，从建阳经东峰、玉山、迪口、临川等地，到达富地村与闽东北军分区饶守坤所率队伍会合。11 月中旬，黄立贵率红一团进入闽东的屏南，在上楼乡遭受国民党军第五十六师两个营及李惠民民团的包围，红一团指战员英勇战斗，一天中打退国民党军六次冲锋，毙伤国民党军 400 多人，至夜突出包围。随后，黄立贵指挥所部在岩溪坑设伏，消灭敌军两个连，取得重大胜利。此时，闽东红军独立师第二纵队得知闽北红军的消息后，在陈挺率领下，向屏南上楼村进发。《福建民报》曾报道黄立贵率百余人进至建瓯上坑及屏

---

①　分别指浙江省的处州（今丽水）、景宁、云和、温州、平阳、泰顺、庆元。

②　《刘英关于中共闽浙边临时省委的人事、宣传、组织等问题给叶飞的信》（1936 年 3 月 14 日），中国人民解放军历史资料丛书编审委员会：《南方三年游击战争·浙南游击区》，解放军出版社 1993 年版，第 58 页。

③　曾镜冰：《闽北的三年游击战争（节选）》，中国人民解放军历史资料丛书编审委员会：《南方三年游击战争·闽北游击区》，解放军出版社 1993 年版，第 152 页。

④　陈仁洪：《从闽北到皖南》，福建人民出版社 1985 年版，第 96 页。

南上楼、富竹口一带，闽东独立师一部也到达屏南东路官寿兜及降龙各地。[1] 随即两部红军在柯坑村胜利会师，双方介绍了各自地区游击战争与开展新区活动的情况，达成一些共识，建立了联系。

1936 年 1 月，黄立贵率部由建瓯迪口出发，再次挺进闽东。在古田一带组织群众打土豪，进行抗丁、抗租、抗粮等斗争，打击地主反动民团，开辟了后溪、半山游击区。1 月下旬，闽北红军独立师所部在政屏游击队配合下，袭扰屏南双溪的县城，扩大了影响。然后部队转入政和县花桥，进驻洞宫山禾坪村一带活动，攻下周宁县楼坪乡公所和下楼坪乡公所，缴枪几十支，镇压了地主，并开仓放粮。

这些活动造成很大声势，也为闽东红军游击队通报了消息。此时叶飞正急于与闽北黄道建立联系。因为闽浙边临时省委内部产生的原则分歧无法在内部解决，粟裕认为只有等建立闽浙赣临时省委，由黄道来主持才有办法，并提议由叶飞负责设法与闽北游击区的黄道取得联系。于是叶飞率警卫连由屏南向北，绕道经周宁，转到政和县洞宫山区，最后在禾坪村与闽北游击区红军会师。双方通报了各自开展游击斗争的情况，交换了意见，商定了召开联席会议的具体事宜。

1936 年 4 月，闽北游击区领导人黄道、吴先喜等，与闽东游击区领导人叶飞、阮英平等，在洞宫山仰头村、大窠村举行联席会议。会议共开三天，双方介绍了开展游击战争的情况，交换了意见，取得基本一致的认识。叶飞除重点通报闽东几年的斗争情况外，着重讲述了闽东特委与浙西南刘英在关于游击斗争方针上的主要分歧，以及双方都提出成立闽浙赣临时省委的意愿，提议由黄道担任书记，“以统一领导闽北、闽东和浙西南的斗争”[2]。叶飞特别说明这是他和粟裕的一致意见，而且刘英也有相同提议。黄道感到此时成立闽浙赣省委的条件还不成熟，而且刘英、粟裕没有参加，不能作出具体决定，请叶飞将他的看法代为转告。希望闽浙边临时省委能够在内部解决问题，统一

---

① 《〈福建民报〉报道闽东独立师一部转战屏南》（1935 年 11 月 25 日），中国人民解放军历史资料丛书编审委员会：《南方三年游击战争·闽东游击区》，解放军出版社 1993 年版，第 478 页。

② 叶飞著：《叶飞回忆录》，解放军出版社 2007 年版，第 62 页。

意见。在建立统一领导问题上，决定成立中共闽赣省委，黄道任书记，调卢文卿到闽东独立师工作。

尽管后来因各种原因，闽赣省委未能完全实现统一领导，闽北和闽东依然是各自领导本地区的游击战争，但是经过会商，两块游击区的认识更加一致，联系更加密切，实现了战略上的相互配合，对三年游击战争的开展具有重要意义。

（二）“狡兔三窟”的闽东游击战

闽东游击区执行“向外发展新区，对内恢复老区”的方针，以原有根据地为依托，在其周围的新区逐一建立游击基点，确保生存空间和回旋余地。每次行动前，先派人到白区做开辟工作，秘密发动群众，发展党员、建立党组织，摸清社情、军情，然后红军游击队迅速离开根据地，插入这些地区，公开打击敌军或反动武装，筹款缴枪武装自己，把没收的浮财分给当地群众。当周围敌人出动后，红军游击队再返回根据地，或到另外一块根据地隐蔽。

红军游击队反复运用这种策略，在新区建立起零星的游击基点，时机一旦成熟又开辟成片，形成新的游击区。独立师第一纵队先后在福寿后溪头、泮溪，霞鼎桃坑、杉洋、王宿地、玛圩等地建立 50 多个基点，成立了中共含溪中心区委，并恢复了中共福寿县委和基层党组织。福寿办事处下辖 38 个党支部，有党员 200 多名。第二纵队在周墩一带恢复了碧岩、茶广、梧柏洋、芹太丘、桐子坑等 20 多个村苏维埃政权，在此基础上成立了周墩县革命委员会，建立了中共周墩中心县委，后又向鼎平方向发展，成立了中共鼎平中心县委。第三纵队在政屏边区先后建立了岩后、仰头、文山、牛淦山、车盘等十余个党支部，成立了中共政屏中心区委和政屏游击队。至此，闽东地区形成了四块巩固的游击根据地：以寿宁为中心的福寿根据地；以宁德为中心的宁屏古根据地；以霞浦为中心的霞鼎根据地；以福鼎为中心的鼎平根据地。每个地区各有一个纵队或独立团坚持原地斗争。后来，叶飞向粟裕介绍闽东游击战争采取的斗争策略，主要就是依靠建立的四块根据地，以及大大小小的游击区，采取灵活机动的行动。由于红军游击队的行动有广阔空间，部队每次行动，总是积极主动，先在这块根据地或游击区打出旗号公开活动一段时间，等敌人发觉，调集兵力要来进攻时，游击队的任务已基本完成，再从容自如地转移到另一块根据地隐蔽休整。而且游击队都是夜间行动，一夜走七八十里山路是常事，加上有群众的掩护，敌人根本摸不清红军游击队的行踪。粟裕深有感慨地说："这办法好，这叫作'狡兔三窟'，'窟'就是根据地，没有'窟'，兔就狡不起来。"① 这种斗争策略是闽东游击区党组织和红军游击队用鲜血和生命摸索总结出来的。

闽东游击区经过艰苦斗争和努力，粉碎国民党军队多次"清剿"，打破了敌人在经济上的严密封锁，不仅在孤立的沿海游击区内站稳了脚跟，并且得到很大发展。闽东独立师还挺进到屏南、古田，闽北政和及浙江边境泰顺、庆元、景宁等地开展游击活动，重建了 12 个县的政权，开辟了大片新的游击区。

闽东游击区和浙南游击区的游击战争形成互相呼应的态势，引起国民党军政当局的恐慌。1936 年 1 月，国民党调整闽浙边区的"清剿"部署，闽东被划为第二绥靖区。2 月，调第五十六师从鼎平地区起，经浙江平阳、丽水、龙泉至庆元设置封锁线；第九师二十五旅到闽东，在福鼎至寿宁、福安至霞浦布下两道封锁线。福建省水警总队也派艇开抵闽东沿海"协剿"。

在全省范围内，为了防止省内各游击区的相互配合，福建当局于 4 月调整全省防区，驻闽绥靖区由四个缩减为三个，第一区为闽西闽北，第二区为闽北闽东，第三区为闽南闽西。② 从所管辖的防区可以明显看出，与以前有很大的不同，就是不再单独分区，而是将两个区联合起来，以更有利于国民党军队之间的配合协防。

在国民党军开始新一轮"清剿"的形势下，不管是浙南还是闽东的领导人，都认识到要加强游击区的相互配合。刘英在致叶飞的信中

---

① 叶飞著：《叶飞回忆录》，解放军出版社 2007 年版，第 61 页。

② 《〈福建民报〉报道省绥靖区各区防务重新分配》（1936 年 4 月 11 日），中国人民解放军历史资料丛书编审委员会：《南方三年游击战争·闽东游击区》，解放军出版社 1993 年版，第 430 页。

指出：“尤需将浙闽联系打成一片，与进行普遍的各种革命组织和发动群众的斗争。”[①] 在对两地干部进行调配交流的同时，要求鼎平独立团等主力部队，在福鼎、霞浦、平阳、泰顺间积极行动。

根据上述设想，粟裕、刘英率领挺进师进入浙南开辟新的游击根据地。1936 年 2 月下旬，以师长粟裕、政治委员谢文清率领的浙西南独立师，在泰顺县国岭伏击福建保安团部队，全歼第一团一个连，缴获重机枪一挺，长短枪 50 余支。随后，挺进师一部进到鼎平泰交界地区，与闽东特委所属的鼎泰区委书记郑丹甫会合，建立了联系。3 月，浙西南独立师一部和广浦独立营，在浙江省龙泉县青草坪歼灭福建省浦城县保安团一个连。4 月上旬，浙西南独立师在缙云的下丁，遭受国民党第四十六军秘书处长陈仿荀等组织的民团的袭击，英勇击溃其进攻后，将陈仿荀和大土豪李志仁抓获并处决。3 至 5 月间，刘英率领省委特务队，在地方干部和游击队的配合下，先后在福鼎王家山，泰顺车头、排头等地，击溃了福建、浙江保安团的多次进攻。此后，浙西南独立师和地方游击队继续转战在浙闽边境。7 月 9 日，粟裕率部在福鼎青山岭歼灭福建保安第四团一个连，缴枪 20 余支。8 月 19 日，挺进师在福鼎前岐李家山与浙江保安团一个连遭遇，经激战全歼该敌，缴枪 100 余支及一批弹药。8 月 23 日，粟裕率部攻打福鼎县城，占领了城北街，没收了布店的布匹。9 月 1 日，挺进师在泰顺东兴歼灭浙江保安团 340 余人，缴枪 200 多支。10 月 13 日，刘英、粟裕率领挺进师 200 多人，在当地游击队配合下，在福鼎县龟仔山歼灭浙江保安第四团一个营 80 人，俘敌副营长一名。这些战斗和行动，极大地牵制和打击了国民党军队的力量，对闽东和闽北游击战争起了很好的配合支持作用。

在闽东游击区，闽东独立师第二纵队大部分时间以福寿中心县委辖下的寿庆泰根据地为依托，在闽浙边积极开展游击活动。其任务就

---

① 《刘英关于中共闽浙边临时省委人事安排等项决议给叶飞的信》（1936 年 2 月 14 日），中国人民解放军历史资料丛书编审委员会：《南方三年游击战争·闽东游击区》，解放军出版社 1993 年版，第 56 页。

是牵制国民党军，配合挺进师的行动，扩大红军影响，为部队和特委机关筹款。[①] 部队向西打到闽北的政和、松溪，向北打到浙南的庆元、景宁、泰顺，有力地巩固了福寿和寿庆泰游击根据地，并向浙南和闽东北发展了广大的新游击区域。

1936 年 2 月，独立师第二纵队在含溪伏击国民党军一个连，毙俘敌 40 人。二三月间，陈挺支队从庆元县的大墺圩奔袭景宁县沙湾镇，抓住了 20 多个地主老财，向他们筹集款项。此后，陈挺率部随粟裕转战浙西南的遂昌、顺阳、龙泉一带，开展游击战争。这期间，第一纵队 100 多人和挺进师一部 100 多人，包围了驻扎在里村的国民党浙江省保安团一个排，干脆利落地消灭了敌人，缴步枪 30 支。[②] 但因这一带缺乏群众基础，敌人重兵围追，难以立足，坚持一个多月后退回闽东。4 月，闽东独立师 300 余人，攻入宁德赤溪的班竹、宣洋。[③] 5 月 12 日，独立师第一、三纵队，在下湾岔阻击国民党保安旅团，毙敌 100 多人，伤敌数十人。7 月间，为了粉碎国民党军对霞鼎根据地的“清剿”，陈挺决定带部队转移。在撤离时，红军游击队根据敌军主要兵力在“清剿”根据地，霞浦县城空虚的情况，组成突袭小分队，化装成农民，攻打霞浦城关东门外的塔尾街联保队。打死一个联防兵，缴获 17 支长枪。战绩虽小，但震惊了敌人，迫使其将“清剿”游击根据地的国民党军撤回部分队伍守城。7 月初，叶飞率领闽东独立师第一纵队，在宁屏边击溃省保安第四团熊执中部的进攻。7 月中旬，阮英平率领独立师 100 多人，在政屏游击队的配合下，在政和仰头村伏击国民党第八十师一部和民团，毙伤敌近百人。7 月 23 日，在阮英平部署下，第三纵队直插周墩下坑，伏击“十六坛”大刀会法兵，击毙匪首及法兵 60 多人，彻底铲除了“十六坛”大刀会的势力。8 月，独立师第二纵队和

① 陈挺：《闽东三年游击战争亲历记》，中国人民解放军历史资料丛书编审委员会：《南方三年游击战争·闽东游击区》，解放军出版社 1993 年版，第 136 页。

② 缪小宁著：《闽东苏维埃 1934》下，中共党史出版社 2014 年版，第 725 页。

③ 《〈福建民报〉报道闽东独立师一部袭取班竹宣洋》（1936 年 5 月 25 日），中国人民解放军历史资料丛书编审委员会：《南方三年游击战争·闽东游击区》，解放军出版社 1993 年版，第 486 页。

游击队在范式人和陈挺率领下，以闽浙边界的寿宁岗垄地区为依托，利用这一带群众基础好、地形熟悉的有利条件，在仙宫岗伏击国民党军一个连，毙伤俘连长以下官兵60多人，缴获长短枪70多支。同时叶飞与阮英平指挥第二、三纵队联合行动，攻击宁德莒州，打死打伤民团十几人。

这期间，叶飞等率领闽东独立师，经古田、闽清、闽侯，直逼福州。“罗源前秋曾一度被匪攻陷，县长被杀”，“复由宁德窜来一股，携有自动枪及步枪百余支，西北各乡团悉被缴械，本月三日侵入洋坪、阳头各乡……”① 闽东独立师所部还进攻罗源、连江等，开展政治攻势，争取了部分守军投降。至此，闽东游击区范围扩大到北至浙江的龙泉、青田、庆元，西达闽北政和，东及东海之滨，南抵福州附近的广大区域。

（三）闽北游击区的内外线配合作战

闽北游击区红军游击队打出外线，开辟建松政、邵顺建、资光贵三块新的游击区，加上原来的崇（安）浦（城）（建）阳老区，形成四块游击区。在战略上可以密切配合，内线外线互相支援，红军游击队往返穿插，形成行动自如的局面，游击战争的开展更加有声有色。

洞宫山会议后，黄道率部队回到岚谷，按照双方商定的意见，主持召开闽北党政军领导干部会议，宣布成立中共闽赣省委，将闽北根据地划分为四个分区，分别成立分区委和军分区：第一分区（亦称闽北分区），下辖崇安、建阳、广浦、铅山、广丰县委和西南战区委员会，汪林兴任分区委书记，熊家财为军分区司令员；第二分区（亦称闽中分区），下辖邵顺建、邵（武）将（乐）泰（宁）、建泰县委和邵光特区委，黄立贵任分区委书记兼军分区司令员、政治委员；第三分区（亦称抚东分区），下辖资光贵中心县委，吴先喜任分区委书记兼军

① 《〈福建民报〉报道红军游击队深入罗源县境，主动出击发展神速》（1936年7月5、6日），中国人民解放军历史资料丛书编审委员会：《南方三年游击战争·闽东游击区》，解放军出版社1993年版，第488页。

分区司令员、政治委员，刘文学为副政治委员；第四分区（亦称闽东北分区），下辖建松政中心县委、迪口县委，王助任分区委书记，饶守坤为军分区司令员，左丰美任政治部主任。独立师所属各团一律改为纵队建制。闽赣省军区政治部等发布《闽赣省军区政治部布告》等，号召各游击区军民积极开展游击战争。

据老同志回忆，如果将闽赣省比作一只大磨盘，那么，第一分区则是这只大磨盘的中心，而第二分区、第三分区、第四分区等三大块游击根据地，就好比是这只大磨盘从中心向外的延伸，外延围绕着磨盘中心旋转，从而形成中心统领外围，外围又支持中心的局面。① 依据这种态势，闽北独立师主力部队灵活机动，纵横穿插，辗转各块游击区，不仅有力地调动了敌人，也给予各块游击区很大的帮助和支持，有利于打破国民党军队的“清剿”，巩固和发展游击区。

此前，因黄立贵率原一团主力东进闽东北，邵顺建地区军事力量比较薄弱，原朱坊联保主任傅炳炳在拿口国民党驻军的诱骗下反叛，策反了区游击队，杀死区游击队长，放火烧毁民房，抓走许多革命群众。1936 年 6 月，黄立贵率部回到邵顺建地区后，决定攻打拿口，救出被捕群众，保卫朱坊。黄立贵率领第二纵队从书坊出发，围困拿口。国民党驻军仓皇出逃，红军顺利攻入镇内，救出被捕群众，并在当地没收和分配了一批土豪的粮食、物资给群众。

6 月下旬，黄立贵率二纵队攻打邵武城。邵武地处武夷山南麓，是闽赣两省交通咽喉，水陆交通发达，有“八闽屏障铁邵武”之称。苏区时期中央红军曾攻打过邵武，但未攻克，可见其易守难攻的程度。黄立贵攻打邵武的目的，是为了围城打援。黄立贵将部队埋伏在城东牛公山附近，然后派几个小分队隔河向城里打枪，想引敌出城。但敌军坚守不出，部队只得撤离，目的没有达到。更没想到两路敌军星夜泅水过河追击，对红军游击队形成夹击，结果使红军指战员受到较大损失。为了吸取教训，黄立贵在第二纵队的指战员中开展了如何牵制

---

① 刘文学：《抚东游击战争的艰难历程》，中国人民解放军历史资料丛书编审委员会：《南方三年游击战争·闽北游击区》，解放军出版社 1993 年版，第 259 页。

敌人、分散敌人力量、巩固游击老根据地的讨论，提高了大家对省委关于到外线作战的战略方针的认识，扭转了一些同志只愿在根据地打仗，不愿到外线作战的思想。

1936 年 7 月，吴先喜为传达洞宫山会议精神，率独立师第四纵队再次来到资光贵地区开展游击活动。此时“进剿”的国民党军大部分集中在金溪、贵溪一线，资溪县城仅有保安民团驻防。吴先喜当机立断，率第四纵队果敢出击，全歼守城民团 70 多人，攻占资溪县城。但部队撤出县城转移途中陷入国民党军包围，经血战才突出重围，部队损失三分之一，吴先喜也负了伤。

鉴于资光贵游击区较为紧张的形势，独立师师长黄立贵决定派陈仁洪率第二纵队一支队去增援资光贵游击区的斗争。1936 年 8 月，陈仁洪率领部队从崇安出发，向资光贵方向挺进，想打通与吴先喜、刘文学率领的第四纵队的联系，但因国民党军队封锁严密，只得折回崇安。8 月底，部队又向建阳、建瓯、顺昌、洋口、水口的深山进军。在这一地区利用敌人内部矛盾，开展政治工作，分化、瓦解土匪和道会势力，使革命斗争形势有所发展。

9 月，陈仁洪率所部翻过武夷山进入江西境内。此时形势已非常紧张，国民党搞移民并村，每个大的村子都驻有几十甚至上百人的民团武装，小村子的房屋被烧毁，只留下一处处断墙残壁，田园荒芜，野草丛生。红军游击队一直无法打听到吴先喜及部队的消息。后来为了引起注意，决定攻打冷水坑。冷水坑驻有国民党地方保安武装 100 多人，平时大部分驻在村里，少数驻在村西边山上的大碉堡里。一支队先用一个排，趁敌人午休时，发起攻击，很快就将村里的几十个敌人解决了。之后游击队还打开了土豪的粮仓、商店，将粮食、布匹尽数分发给受苦的群众。然后部队压制住碉堡中敌人的火力，撤出了冷水坑。

因为战斗的影响，一支队与在贵溪县板石坑养伤的吴先喜取得联系，两支队伍会合，再次整编为第四纵队。经过扩编后，四纵队连同贵南游击队和其他一些地方武装，大约有近 500 人。部队吸取攻城后被围受损的教训，重申以隐蔽斗争为主的方针，要求部队走到哪里，就在哪里发动群众。同时发展组织，做好争取保甲长和一般地主豪绅的工作。吴先喜提出，不能调动国民党的大部队，调动民团小部队也好。要主动出击外线，把国民党部队牵出去，使他们搞不准红军游击队究竟在哪儿，以减轻根据地的压力。活动可以按 20 天到 1 个月为一个周期。按此要求，10 月间，第四纵队第一支队采取长途奔袭的办法，从下午出发，一个晚上走了 100 多里山路，攻打了位于白区中心、距光泽县城 30 多里的华桥民团，全歼防守民团 70 余人，抓到十几个土豪并罚了款。①

此后资光贵游击区得到了很大发展，鼎盛时期，游击区北到贵溪龙虎山、上清宫，西到金溪黄通，南到资溪高埠，东南到光泽柴家，东到贵溪闵坑、文坊，包括四县边界广大地域。建立昌坪、马斜、闵坑、横坑、上源、冷水坑、高埠等十多个党支部；还成立茶山、马斜、闵坑、金资贵四个区委和资光贵中心县委。

西安事变后，蒋介石玩弄“北和南剿”的伎俩，重新集结部队对南方各游击区发动进攻。刘建绪接替张发奎就任闽浙赣皖边区主任公署主任，纠集国民党军第六十三师、四十五师、三师、八十师、十六师、七十五师、七十六师及地方保安团，重新部署“清剿”，还悬赏 5000 银圆重金，要缉拿闽北苏区党和红军领导人黄道、黄立贵等。

1937 年上半年，国民党军对资光贵游击区的“清剿”变本加厉，不仅时间长，部队多，而且极残酷，在根据地周边建立多条封锁线，企图使红军游击队寸步难行。开始，红军游击队缺乏思想准备，没有避其锋芒，致使遭受重大损失。1937 年 2 月间，吴先喜率部在光泽柴家活动时，受到国民党军队重兵包围，在突围中，吴先喜和十几个战士壮烈牺牲。此后，红军游击队充分利用敌人内部矛盾和各路“清剿”部队行动上的不一致，以及武夷山深山密林的有利地形，在敌军之间灵活开展游击。在福建敌人“清剿”厉害时就翻过白蛇岭到江西的资溪、贵溪一带活动，若被江西敌人压迫得无法立足时，就调头向南，

① 陈仁洪：《艰难的岁月》，中国人民解放军历史资料丛书编审委员会：《南方三年游击战争·闽北游击区》，解放军出版社 1993 年版，第 278 页。

翻过武夷山到光泽一带活动，这样顽强坚持游击战争。

而在闽东北，早在 1936 年 8 月，黄立贵就率部挺进将（乐）建（宁）泰（宁）地区活动。随着队伍扩大，独立师于 1936 年 8 月和 10 月先后增建了第五纵队和第六纵队。此后，在曾昭铭、马长炎、柴金林等率领下，两个纵队转战将乐、建宁、泰宁地区，开辟将建泰游击区，建立了建泰和邵将泰两个县委。

1937 年初，第二纵队到达将乐、泰宁、邵武等地区开展游击活动。随后与在此地区活动的五纵队会合，并肩作战，并计划经过宁化，与张鼎丞领导的闽西南游击区打通联系，但因敌人派重兵围堵，计划未能实现。

在闽东北游击区，1936 年 6 月，闽东北特委与军分区在建瓯富地的榧村正式成立。7 月间，饶守坤率一个连到浦城以北地区活动，遇到粟裕率领的浙南红军游击队。双方联合歼灭了当地保安团的一个连，俘敌 80 余人，缴枪百余支。战后双方还商议了以后相互配合、相互支援等问题。[①] 8 月，红军游击队和大刀会一起袭击了屏南县城，烧毁敌碉堡，缴获部分衣物。随后部队急行 80 里，奔袭葛畲，消灭敌人一个壮丁队。此后又连续行动 20 多天，横扫筹岭、大嵩、富地、千仙岗等地的国民党驻军和民团。12 月，饶守坤、左丰美率领红军一个连，在建瓯陈家山到富地途中设伏，截击国民党第七十五师某营先头排，消灭 30 多人，缴获两挺机枪和 30 多支步枪。第三纵队还在庆元县竹口村伏击国民党浙江保安队，毙敌 100 多人。这些战斗，消灭了敌人，缴获大批物资，开辟了屏（南）（建）瓯古（田）延（南平）边界的游击区。

经过努力，闽东北游击区红军的力量由开始时的 700 多人，一度发展到 1000 多人，与国民党正规军、地方保安团队、民团、大刀会等作战数百次。游击区的基本地区由开始的建（瓯）浦（城）松（溪）三县交界处的仙山岗一带，逐步发展到以前宝岱为中心的政和南部，以

---

① 饶守坤：《闽东北游击区的开创与发展》，中国人民解放军历史资料丛书编审委员会：《南方三年游击战争·闽北游击区》，解放军出版社 1993 年版，第 298 页。

富地为中心的建（瓯）屏（南）古（田），以迪口为中心的建（瓯）南（平）古（田）等几块小游击区。

到1936年底，闽北独立师第二、三团开辟了广大的游击区，范围包括福建的政和、松溪、建瓯、周宁、寿宁、古田、屏南，以及浦城千仙岗以南，浙江的龙泉、庆元以西的大片区域，从而打开了闽北、闽东红军联系的通道。将建泰与邵顺建两块游击区连成一片，标志着闽中游击根据地基本形成，成为闽北开展游击战的又一个重要支点。

此时闽北游击区达到鼎盛时期，范围扩展到闽北的崇安、建阳、浦城、松溪、政和、建瓯、顺昌、邵武、光泽、泰宁、建宁、将乐、南平，闽东的寿宁、周宁、屏南、古田，浙江龙泉、江山、庆元，江西铅山、广丰、上饶、金溪、资溪、贵溪等26个县的广大区域，独立师由四个纵队发展到六个纵队，近6000人。闽北、闽东与浙南游击区形成战略配合的局势，大量调动和牵制了敌人的有生力量，有力地支援了闽北苏区及其他的根据地的斗争，为中央要求的打通闽北和闽东两块根据地联系并进一步打通与浙西南的联系，发挥了重要作用。①

1937年1月22日，闽东北大刀会得到福建保安团第八团第三大队将进攻宝岱村的情报。独立师第一纵队与大刀会商定联合作战，由红军游击队与敌军正面接触，逐渐将其引入埋伏地带，大刀会从侧面夹击。经过一小时激战，歼灭近百名保安团丁，敌营长被打成重伤，缴获上百支枪和大批弹药。政和宝岱战斗，是闽东北游击战争中，在敌强我弱形势下，把握有利战机，以局部优势兵力消灭敌人的一次成功战例，也是坚持实行统一战线，积极争取和利用大刀会力量，联合反对国民党进攻的一次典型战斗，在闽东北乃至整个闽北都有着一定的影响。②

随着形势好转，红军游击队在各块游击区之间穿插转移更加自如，活动更加自由。1937年3月，黄立贵率第六纵队也来到邵将泰地区。

---

① 饶守坤：《闽东北游击区的开创与发展》，中国人民解放军历史资料丛书编审委员会：《南方三年游击战争·闽北游击区》，解放军出版社1993年版，第283页。

② 饶守坤：《闽东北游击区的开创与发展》，中国人民解放军历史资料丛书编审委员会：《南方三年游击战争·闽北游击区》，解放军出版社1993年版，第297页。

此时三个纵队合计400余人，进行了整编，将第五纵队并入第二、六纵队。整编后，黄立贵率新编第二纵队往邵武、光泽、黎川方向活动。马长炎、邱子明率第六纵队到将乐、泰宁、建宁等地开展游击。敌人调动大批军队前来“清剿”，双方先后在将乐孔村、何坑、九千山等地激战，其中九千山战斗最为激烈，二纵队有20多人负伤。

黄立贵牺牲后，敌人到处散布“闽北红军被消灭了”的谣言。为了粉碎敌人的造谣，第六纵队在邵武连续打了几仗，消灭了几股敌人。当敌人主力发觉并赶来时，部队又挥师西进，到达资光贵地区，找到了刘文学的部队。随后部队又东进，与省委胜利会师。

二、游击区内的相互支持

（一）闽西“撑起南方一角天”

与闽北、闽东一样，闽西、闽粤边和闽中也具有优越的地理环境。闽西、闽赣边属武夷山脉中南端，东靠博平岭，南与粤东毗邻，西与赣南接壤，北与建宁、泰宁相连，全区境内有玳瑁山、金丰大山、双髻山、梅花山、猪仔崇等，峻岭纵横，绵亘起伏；闽粤边与广东交界，境内有乌山、梁山、厄仔石山、大芹山、狮子山、桑埔山、凤凰山等，山峰相连，遍布石洞，地势险峻；闽中虽然靠近沿海，但也有戴云山脉的分支或延伸，西部与永泰等县交界，境内有瑞云山、罗汉里等，也是高山连绵。这种地理环境有效地阻隔了国民党军队的“清剿”，而红军游击队以山为家，非常熟悉地形，不仅有了广阔的回旋余地和游击战争的战场，有利于游击战争的开展，而且也为各块游击区红军游击队的相互支持提供了有利条件。

1936年初，闽西南地区的国民党军又对游击区发动了第三期“清剿”。当时虽然因第八十三师、三十六师、九师、十师先后被调走，其兵力大为削弱，但在“清剿”过程中，国民党军队的手段更为残酷，普遍实行土围子政策（全村筑土城，只一道门出入），强迫移民，烧屋搜山，集中限制粮食供给，强迫壮丁队监视红军行动，在各地增筑炮楼、马路等。军事上实行“追剿”堵截，侦察埋伏。同时严格执行保甲制度，摧残红军家属，大批屠杀革命群众，加紧欺骗宣传。这些在第一二期“清剿”中使用过的手段，被变本加厉地执行。为防范红军游击队袭击，维持漳龙公路运输，新十师重新规定了警戒办法，严令其驻碉守点、巡逻护路部队增设哨位，也搞流动游击，以相互策应，确保安全。为配合“清剿”，闽西国民党各县政府强化了保甲制度，龙岩县组织 67 个联保，375 保，3128 甲；① 上杭县在各区乡组织了 501 保、5673 甲，并修筑起炮楼碉堡 121 座。② 省保安十四团钟绍葵部为了便于进攻红军游击队，强迫民众修筑杭岩、杭新、杭峰三条公路。

此时红军游击队已经积累了相当多的反“清剿”经验，各分区红军游击队贯彻闽西南军政委员会第二次会议精神，执行有关命令和部署，形成既独立作战，又相互配合，机动灵活地打击敌人，给“进剿”的国民党军队以有力打击。

1936 年春节前后，第三分区所属的红三支队、龙岩独立营、岩南漳游击队等武装，再次集结在漳平永福的朗车、村头、世旺一带山村进行整训。1 月下旬，整训结束后，部队开抵新楼过坑埋伏隐蔽，寻机歼敌。一天，派出部分武装到永福圩抓土豪、打哨所，国民党保安团以为是乡村游击组，于是出动一个中队及当地民团共 100 余人进行追击，被引入包围圈，全部被歼。

2 月 9 日，红三支队与龙岩独立营互相配合，采用“引蛇出洞”的战术，以游击小组为单位到白土镇袭击税收人员，国民党军第三十七旅一个连及当地民团被诱出镇追赶，遭到伏击。经激战，游击队击毙省政府派驻白土的土地督察员、叛徒朱文昭及国民党军官兵 17 人，俘虏 70 多人。三天后，又在东坑、岩山头与前来增援的国民党军第八十师一个团发生遭遇战，红三支队以牺牲一人的代价，毙伤敌军近百人。

① 郑丰稔总纂：《龙岩县志·政治》卷九，厦门风行印刷社 1945 年印，第 8 页。转引自游海华著：《重构与整合——1934～1937 年赣南闽西社会重建研究》，经济日报出版社 2008 年版，第 74 页。

② 《国民党上杭县初步调查》，《福建统计月刊》第 3 卷，1936 年 9 月 1 日。

这些战斗震动龙岩城。张鼎丞称赞“这是埋伏袭击与顽强抵御战术的进步”①。

在此前后，红一支队在岩连宁边区消灭国民党军第五十二师从连城赶来配合作战的一个加强连。随即又攻占龙岩之溪口、涂潭，消灭地主武装200余人和驻守在铜钵山后的第三师一个排。

在红军游击队打击下，国民党军不敢再贸然出动，各区乡民团更是龟缩碉堡不敢下乡。闽西南各地党组织和红军游击队运用合法与非法斗争相结合，形势逐渐好转，大片游击根据地得到恢复。红军游击队不仅可以在一些山区公开活动，便衣武装还可以在大乡村自由出入，甚至可以住到一些碉堡中去。红色政权和红军游击队力量发展壮大，先后成立以魏金水为主席的岩南漳县军政委员会，以阮文松为主席的永东县军政委员会，以郑树昌为主席的永埔县军政委员会，以李天辉为主席的永和靖县军政委员会，以罗步云为主席的岩连宁县军政委员会，以钟辉元为主席的新汀杭县军政委员会，以李明康为主席的岩永靖县军政委员会。

3月，岩南漳游击队和龙岩游击第二大队在永福合编为岩南漳独立营（一说第二个龙岩独立营），营长陈德清，政委王荣春，下辖两个连。四五月间，又组织闽西南抗日讨蒋军岩南漳游击支队，支队长陈义村，政委陈团金，下辖四个大队和一个岩东游击队，共130余人。岩南漳独立营及县游击支队在乡村游击组配合下，歼灭永福邓家坊、和溪坂场民团，到处打击敌人，烧毁炮楼土堡，有力地支援配合了红三支队的游击作战。

红三支队在东坑、岩山头战斗给敌人以沉重打击后，避实就虚，仅留下一个连会同龙岩独立营，经岩西北进入岩连杭汀交界的贴长、梅花十八洞一带，协助岩连宁第一分区部分武装开辟新基点。同时，主力南移至岩永靖、永和靖、永埔地区，与永东、永埔、永和、南溪、

① 张鼎丞：《日益成熟着的反攻形势》（1936年7月9日），中国人民解放军历史资料丛书编审委员会：《南方三年游击战争·闽西游击区》，解放军出版社1991年版，第136页。

太平区、岩永靖、适中等游击队联合行动，一道作战，打击国民党军队及地方反动武装。3 月初，红三支队主力经岩南之适中进抵永定、南靖接壤的苦竹、科岭、下斜、丁心洋一带，在当地游击队配合下，消灭多支民团壮丁队，焚毁炮楼、堡垒。

3 月下旬，永东地区永东、南溪游击队与原红三支队第四连和南靖奎洋起义的自卫队等，在永定湖坑黄龙坪整编为中国工农红军闽西南抗日讨蒋第四支队（简称红四支队）。随即袭击大溪乡，烧毁碉堡两座，毙敌多人。后至岐岭、筀竹等地镇压反革命，捣毁敌军事设施。不久又攻克下洋月流乡联保办事处，击毙联保主任等六人，缴枪十余支，并于夜间奔袭南靖下板寮，接连攻克民团和地主恶霸盘踞的三座大土楼，歼敌一个排，击毙民团长，俘虏 20 余人。

4 月，熊兆仁率领红四支队第三大队，从金丰南顶坪出发，连夜行军数十里，化装袭击夺取永定、平和、大埔三县交界处的三梅州民团据守的大土楼，击毙民团长赖廷辉，俘虏 20 余人，缴枪 30 余支，烧毁了反动据点。接着又伏击往湖山"进剿"的国民党军新十师七十二团一部，敌伤亡营长以下 18 人。16 日，红四支队 70 余人化装袭击抚市康公庵第二联保办事处，击毙联保主任张俊超等三人，俘虏三人，缴枪 15 支，烧毁炮楼。张鼎丞赞扬红四支队三梅州和康公庵两仗的胜利"是远突击和伪装袭击的进步"①。

红三支队、红四支队及多支地方游击队，于 4 月下旬集中活动于永和靖边区之平和象湖、永定中心洋、南靖科岭一带，旨在向南发展，打通与埔东岩上的联系，扩大游击区，将闽西、粤东连成一片。

仅红四支队在 1936 年上半年，就缴获敌人步枪 120 余支、花机关枪一支、子弹数千发，取得辉煌战绩。② 并在第三分区的直接指挥下，

---

① 张鼎丞：《日益成熟着的反攻形势》（1936 年 7 月 9 日），中国人民解放军历史资料丛书编审委员会：《南方三年游击战争・闽西游击区》，解放军出版社 1991 年版，第 136 页。

② 张鼎丞：《日益成熟着的反攻形势》（1936 年 7 月 9 日），中国人民解放军历史资料丛书编审委员会：《南方三年游击战争・闽西游击区》，解放军出版社 1991 年版，第 137 页。

和红三支队、各地方游击队一道，创立了新基点，开辟了游击区。总之，红军游击队在军事上、政治上都得到加强，获得进步，不仅在战斗中取得许多胜利，而且在行军宿营、警戒侦察等方面也都有极大进步。

在岩连宁边区，至5月底，红一支队四个武装班，在红三大队一个连和龙岩独立营、龙岩游击支队配合下，开辟了贴长、梅花十八洞一带的地方工作，建立了新基点。主力部队几经奋战，全部扫除了万安与铜钵间的障碍，将岩连宁、岩西北连成一片，巩固扩大了游击根据地。7月，以龙岩独立营为基础整编而成的红二支队，率领龙岩游击队开赴岩连宁、岩西北地区，归第一分区指挥。红二支队与红一支队并肩战斗，向北发展，用挖地道爆破战术，攻克岩西北涂潭一座大土楼，歼灭迁驻于此的溪口区公所及其反动武装，同时攻占梅村乡公所。然后挺进连南，向莒溪、庙前、新泉、朋口等地出击，消灭民团壮丁队，摧毁地方反动势力，有力地促进了连南地方党组织的恢复和工作的开展。

5月，第二分区将闽西南军政委员会特务大队与永埔游击队合编成立中国工农红军闽西南抗日讨蒋军第五支队（红五支队），支队长刘永生，政治委员熊梦辉，全支队共200余人。6月，红五支队夜袭永定黄龙坪，攻破民团固守的一座三层大土楼，歼敌20余人，击毙民团团长，缴枪10余支。

同时，红七支队和杭代县军政委员会也趁国民党军兵力空虚之机，积极向新区发展，开辟了新汀杭边界新区，特别是开展旧县河一带包括才溪、南阳、张芬、泰拔、湖子里、蓝家渡等地的工作，使这块三县边界根据地得到巩固，从而与岩下山、双髻山、灌阳山老据点相互依托，彼此支援。8月6日，红七支队、大阳区游击队、永定太平区游击队近百人联合行动，内外策应，袭击了大阳坝炮楼，歼灭驻守民团一个中队；红七支队在上杭草鞋岭袭击敌第三师一个排，缴获轻机枪一支和步枪多支。此后第一大队在溪口莲塘与敌发生激战，击毙敌官兵二三十人。

两广事变期间，邱金声、伍洪祥率红三支队主力出击漳平、华安、南靖，经常和抗日讨蒋军岩南漳游击支队所属各大队及乡村游击队、游击组配合行动，频频打击敌人，继续向外扩展。从6月至8月，岩南漳、岩永靖、永和靖不仅进行分田，建立苏区，而且部队也扩大了七八百人，游击小组发展到4000余人。①

当时新岭至龙岩公路沿线驻有国民党军第三师十六团四个连，还有一个营部和一个连驻小池，这些部队经常在当地壮丁队配合下“搜剿”红军游击队。为反击敌军的残酷“清剿”，调动岩永、岩漳之敌，援助兄弟部队作战，并发展岩西北湖邦、万山的工作，红军游击队决定给予坚决的打击。9月22日，红一支队远途行军近百里，于拂晓前进入黄坊通白石坑大路边设伏。红二支队一个排将驻小池的敌军诱入伏击地后，红军用机枪、步枪发起猛烈的射击，投掷手榴弹，然后发起冲锋，干净利索地全歼国民党军一个连及一个营部，缴获大批枪支。这次战斗，使岩漳及杭代队伍行动取得更密切的配合，一支队全体红色战士又一次认识到伏击敌人这一战术的正确。②

这期间，闽西南军政委员会仍坚持与闽粤边建立联系，但想了很多办法都遇到阻碍，只能从一些国民党统治区的报刊上得知一些消息。正好闽西有些到闽南做工的工人回家，军政委从这些工人中了解到闽粤边游击区的情况，并将写给闽粤边特委的信交工人转送。闽西南军政委员会在信中提出：希望与闽粤边加强联系，共同向南靖、平和、靖和边、饶和埔边发展，打成一片。③ 此后双方关系进一步密切，在行动上互相呼应配合。

10月，军政委将部队编为五个支队，并重新调整了部署。一支队位于岩南漳、岩连宁之间，其任务为开展岩东的雁石、白砂一线工作，

---

① 《方方关于闽西南斗争和工作状况给中共中央的报告》（1937年6月），中国人民解放军历史资料丛书编审委员会：《南方三年游击战争·闽西游击区》，解放军出版社1991年版，第236页。

② 《红一支队在粉碎敌人新的进攻中一个光荣的战斗报告》（1936年11月7日），中国人民解放军历史资料丛书编审委员会：《南方三年游击战争·闽西游击区》，解放军出版社1991年版，第169页。

③ 《闽西南军政委员会给闽粤边特委信》（1936年9月5日），古田会议纪念馆编：《闽西革命史文献资料》第9辑，2013年，第201页。

使龙岩、岩南漳、岩连宁的工作打成一片，向漳平发展。三支队位于岩永靖之间，其任务为开展岩永边（抚市、龙潭、田地一线）工作，由梅林长校（靖属圩市）向南靖发展，与永和靖联系。四支队位于永定、永埔之间，开展永定与上杭工作的联系，向梅蕉埔（松源一线）发展。五支队位于永和靖（下洋、大小芦溪一线）之间，向平和、南靖发展，以取得与闽粤边游击区的联系。七支队位于代英一带（芦丰一带），向着河西中部及旧县河以北才溪南阳发展。①

各支队在中央的“进攻反对冒险，防御反对保守，转移反对逃跑”的原则下，采取“隐蔽窥伺敌人，分散迷醉敌人，埋伏消灭敌人，突击战胜敌人”的战术，反对放弃根据地无目的无任务的逃跑退却的流窜及“左”倾轻敌的错误，不断取得游击战争的胜利。9 月至 11 月间，红七支队主动出击，连续摧毁洪山寺区公所、大池头乡公所、坵辉联保处，打退国民党军第三师一个连，打败第三区及庐丰、大埠、汤湖、中畲等处民团壮丁队，焚烧张塔、坪口等处炮楼两座。共计缴获步枪 19 支，子弹千余发，军用品不计其数。②

（二）“避实击虚”的闽粤边游击战

闽西南龙岩、永定、漳平与闽粤边南靖、平和、漳浦及广东大埔、饶平等县接壤，山连山，水依水。闽西中央苏区与闽粤边苏区历来具有比较密切的联系，但随着革命形势的恶化，联系也中断了。进入游击战争状态后，两块游击区的领导人都认识到要恢复与打通双方的联系，以便更好地发挥互相配合的作用，不约而同地制订了相向而行推进游击区发展的战略计划并采取实际的行动。闽粤边红军游击队按照特委“使闽粤边与闽西连成一片”的战略方针，在巩固靖和浦等老游击根据地的同时，还发展了云和诏游击根据地，并积极向饶和埔和闽

---

① 《方方关于闽西南斗争和工作状况给中共中央的报告》（1937 年 6 月），中国人民解放军历史资料丛书编审委员会：《南方三年游击战争·闽西游击区》，解放军出版社 1991 年版，第 241～242 页。

② 杭代县军政委员会：《捷报——红七支队向外发展中继续不断伟大胜利》（1936 年 11 月 7 日），古田会议纪念馆编：《闽西革命史文献资料》第 9 辑，2013 年，第 215 页。

西方向发展。同时闽西南军政委员会也提出“争取闽西与闽南游击区打成一片”的要求。

在1935年反“清剿”期间，闽西游击区的红九团下闽南游击，转战闽西南七八个县域，进行过多次激烈战斗，消灭了敌人大批有生力量，开辟了永和埔、永东、岩永靖、平和、南靖、饶和埔等边区，帮助建立边区的党组织和工作委员会，建立起永东、岩永靖、永和埔、饶和埔、埔北游击队（支队），共有近千人。[①] 这些活动，有力地配合和支持了闽粤边游击战争的开展。1935年9月，红三团与红九团部队在平和县三坪村胜利会师。会师后，红九团领导吴胜、赖荣传与闽粤边特委书记黄会聪及红三团领导张长水、何鸣就开辟闽粤边区游击战争等问题进行了商讨，还向闽粤边特委传达了苏区中央局和闽西南军政委员会的指示精神。红九团负责人根据闽西南军政委员会第一次会议精神和军政委指示，提出闽南地区划归闽西南军政委员会统一领导的问题。闽粤边特委认为，特委建立时已明确归中央直接领导，若改变闽南的组织关系，应报中央批准，提出暂不改变组织关系，但双方应该加强联系，互相应援，共同开展游击战争。此后两支游击队在游击战争中取长补短，重新开辟了一条红色交通线，使两块游击区互相支持，互为呼应，为坚持游击战争的胜利创造了条件。

随着闽粤边梁山、乌山、大芹山等游击根据地的相继建立，云和诏、靖和浦、饶和埔、潮澄饶游击区域连成一片，为在反对国民党“清剿”中几块游击区形成互相配合、互相呼应的战略态势创造了条件。

闽粤边区抗日武装也得到发展。两广事变后，为贯彻抗日方针，团结更多抗日力量，推动游击战争的开展，闽粤边特委对所属红军游击队进行整编，改称中国人民红军闽南抗日支队，共三个支队。第一支队支队长卢胜、政委吴金，约250余人，主要活动在云和诏游击区。第三支队支队长张长水、政委何鸣，约350人，主要活动在靖和浦游击

---

① 谢育才：《红军独立第九团下闽南》，中国人民解放军历史资料丛书编审委员会：《南方三年游击战争·闽西游击区》，解放军出版社1991年版，第402页。

区。第五支队支队长李金盛、政治部主任刘炳勋，约160余人，主要活动在诏安、饶平边界一带。

特委提出，要更广泛开展游击战争，巩固与扩大抗日阵地及创造新的游击区域，争取与闽西南游击区打成一片。要求各地党组织将游击区中的群众严密组织起来，武装起来，普遍建立农民抗日自卫军，领导群众起来反对起炮楼、反对开公路、反对移民，以至为争取抗捐、抗租、抗税的彻底胜利，及广泛地开展分米分谷的没收斗争而直接与敌人武装作战，来配合红军与人民抗日义勇军粉碎敌人的进攻。各红军支队、各县抗日义勇军要互相呼应地有计划地掌握着主动地位，坚决地向敌人的弱点进攻，更猛烈地向外开展群众的游击战争。特委尤其要求迅速地争取与闽西南游击区打成一片，以便使闽西南与闽粤边区的红军会合起来，①“积极的与西南抗日救国军互相呼应的向蒋介石部队进攻”②。

1936年春，闽粤边特委开始开辟灶山游击根据地的工作。红三团第三连在林少克连长和高黎明指导员率领下，第一次挺进灶山地区，接连攻下水磨、寨仔等村，镇压了反动地主和保长，将没收的财物分发给贫苦农民，激发起群众参加斗争的积极性。此后，第三连和抗日义勇军第三大队又两次进入灶山，消灭了水尾、苦竹、赤岭、石椅、湖西等地的地主和土匪武装，发动群众建立农会，领导开展了抗捐、抗税、抗租的斗争。这些活动打下了良好群众基础，使灶山游击根据地得到巩固。

根据特委关于进一步扩大游击战争的指示，1936年6月25日，张长水率红抗三支队100多人，一举攻下五寨乡公所和联防队驻地，击毙反动乡长，俘敌20多人，缴枪20多支。但在攻打白泉村时，由于掌握

① 黄会聪：《闽粤边区党一年来工作的总结及今后的任务》（1936年6月6日），中国人民解放军历史资料丛书编审委员会：《南方三年游击战争·闽粤边游击区》，解放军出版社1994年版，第134页。

② 《中共闽粤边区特委关于西南政府实行抗日讨蒋战争与加强党在抗日讨蒋战争中的领导给各级党部的信》（1936年6月20日），中国人民解放军历史资料丛书编审委员会：《南方三年游击战争·闽粤边游击区》，解放军出版社1994年版，第141页。

敌情不够，保密工作不到位，采取强攻办法，先派一个连攻打未能奏效，再派驳壳枪班支援，仍未攻下，形成对峙局面。此时敌保安团几路援兵赶到，且抢占山头制高点，用机枪向游击队扫射。张长水率部英勇冲锋，身负重伤，不幸牺牲。还有一位排长、13 名战士牺牲，40 多人负伤。队伍被冲散后只得撤回梁山。原来设想将红抗三个支队会合，集中力量展开更大规模军事行动的计划未能实施。7 月中旬，红抗三支队第三中队攻打湖西小屿村，打垮乡丁，缴获长短枪十余支，子弹上百发，银圆 500 多元。

此时，红抗一支队活跃在云和诏游击区，四处袭击敌人。诏安金溪圩附近有座圆林灰寨，四周筑起高高的围墙，驻有一支 200 多人的地主武装。反动势力倚靠坚固堡垒和武装，平时欺压百姓，鱼肉乡里，与红军游击队作对，卖力进行经济封锁等，成为顽固的联防据点。8 月间，红抗一支队在当地义勇军的配合下，几次强攻未克，于是决定智取。趁着夜色掩护，指战员先把用水浸湿的 50 多条棉被铺在围墙上，然后进行地道作业。楼里的敌人开始不以为意，后来才感到情况不妙，遂集中火力射击，但子弹打在棉被上失去杀伤力，只能眼睁睁看着红军战士们挖地道。地道挖好后，红军战士将棺材装满炸药，准备引爆。于是红军游击队发起政治攻势，派金溪圩的一个地主进寨，向守寨敌人发出最后通牒，命令他们投降，讲明如负隅顽抗，则立即炸掉圆楼。在此情况下，地主和反动民团团长只得缴械投降。此役共缴获长短枪 100 多支，沉重打击了反动分子的嚣张气焰。随后，红抗一支队又清除诏安官陂、北坑一带敌据点，将云和诏游击根据地向平原地区扩展。

为调动“清剿”游击根据地的敌军，1936 年 8 月下旬，闽粤边特委召开军事会议，决定出其不意，长途奔袭处于敌之后方的云霄县城。这样，不仅能调动敌人，而且可以达到营救被捕党员和革命群众，解决部队给养等目的。按照部署，9 月 3 日（农历七月十八日），正是云霄城关居民过中元节（又称普渡节）的日子。当天正巧云霄县县长孙永年带保安队到何地催捐逼债，留守县城的保安队仅 60 多人。而刚调防的国民党军只有第七十五师一个连驻守。这给红军游击队的行动创造了有利条件。上午 7 时许，卢胜率领 40 多人组成的便衣队，化装陆续潜入城内。城外则由何鸣率领红抗一、三支队主力埋伏在县城西门外；红抗三支队中队长陈高顺带领一个中队埋伏在县城北门附近，负责接应。城内便衣队兵分两路，一路直指洪利钱庄，一路负责配合与掩护。但因队员出现状况，行动被迫提前。队员迅速占领钱庄，强迫经理交出钥匙，收缴全部银圆和现钞。城外接应部队听到城内枪声大作，情知有变，一部用火力压制守敌，一部接应城内队员。此时敌人已有准备，奇袭破狱已不可能，卢胜只得率部队撤出县城。袭击云霄县城的行动，大大地震惊了敌人，敌人不得不将向平和游击根据地“清剿”的部队调回，这样有力地配合了红三团的反“清剿”行动，粉碎了国民党军队的“清剿”。

这期间，闽粤边所属靖和浦、云和诏、潮澄饶游击区域已连成一片，红军游击队的活动范围，南可到广东饶平，北可到漳州城，东可到漳浦与诏安海岸，西则到平和，纵横约五六百里。[①] 而且闽南红军积极向闽西一带推进，使因为红九团从闽粤边回到闽西而断绝的关系又接上了，闽粤边特委还将得到的中央文件及特委文件和刊物等送给闽西南军政委员会。两块游击区“建立密切的交通路线”，“关系是很密切的”，从此，闽西南与闽粤边区之红军，不但在行动上更加自由与互相呼应，而且能够在广大的领域上与人口稠密的地方，组织广大民众，联合一切的抗日力量，实现全民的一致抗日。[②] 这些对于游击战争的开展和相互配合都是很有利的。

（三）“双星辉映”的闽中游击战

闽中游击区，开始分别处在莆田和福清两个中心县委的领导下开展斗争，先后创建和开辟了常太和罗汉里游击根据地。1935 年 3 月，

---

① 《黄会聪关于闽粤边区党和红军的情况给中共中央的报告》（1936 年 11 月 22 日），中国人民解放军历史资料丛书编审委员会：《南方三年游击战争·闽粤边游击区》，解放军出版社 1994 年版，第 158 页。

② 《黄会聪关于闽粤边区两年余情况致陈云等转中共中央的综合报告》（1937 年 4 月 20 日），中国人民解放军历史资料丛书编审委员会：《南方三年游击战争·闽粤边游击区》，解放军出版社 1994 年版，第 218、198 页。

原属闽东特委管辖的连江县委和西南团遭国民党重兵“清剿”，连受损失，县委书记魏耿、西南团团长杨采衡和青年团书记陈云飞率幸存的20多名骨干，从霞浦西洋岛乘帆船渡海到达福清，加入福清游击大队。为了统一领导闽中地区的革命斗争，改变福清、莆田中心县委及其所属游击队单独坚持的局面，1935年5月，中共莆田和福清两个中心县委在福清西区的樟溪（又称掌溪，今长征）召开联席会议，讨论闽中地区的形势，制定斗争的方针和策略。与会同志一致认为，闽中地区的当务之急，是两个中心县委应立即联合起来，实行统一领导，只有这样才能形成一个拳头，更有力地打击敌人，渡过难关。经过讨论，意见得到统一，决定重建中共闽中特委，推选莆田中心县委书记王于洁任特委书记，黄孝敏、潘涛、刘突军、余长钺为特委委员；将福清和莆田两支游击队分别整编为闽中工农游击队第一支队和第二支队。此后在中共闽中特委的领导下，分别以罗汉里和常太两块游击根据地为依托，依靠基本群众，发展武装力量，相互配合支持，积极开展游击战争。

国民党当局对于闽中常太、兴太和罗汉里游击根据地的创建极度不安，企图趁其立足未稳之际将其拔除。面对敌人的“清剿”，闽中两支游击队以山地为依托，开展了灵活机动的游击战。1935年9月，闽中工农游击队第一支队袭击了永泰一都民团和联保处，歼灭敌人，缴枪十多支。随后又迅速向琯口、东山、龟山、下坡、北郭、波兰、墩下及闽侯的西台、时洋一带扩展。

在闽中特委领导下，两块游击根据地互相策应，红军游击队四处打击敌人。当时莆永边区的农村濒临破产，但田赋负担仍然很重，特别是田赋处凭借粮务队武装敲诈百姓，引起公愤。10月5日，刘突军和吴德标率一支队大部，行军数小时，奔袭莆田大洋乡田赋处，毙俘粮务队十多人，镇压铺差方春霖。随后，为了解决经济问题，杨采衡率部到根据地外围的一都东山打土豪。这里有一座古堡式的大围屋，称东关寨，寨子建在半山上，寨墙用岩石垒砌，墙高壁厚，还有防火设施，非常坚固。驻在里面的是何姓地主一个家族，地主得知消息后跑到永泰向国民党保安队报告。正当游击队在寨子里搜缴粮食、焚烧田契的时候，国民党军包抄而来。游击队凭借古堡坚守，打退敌保安团多次进攻，形成相持局面。直到夜幕降临敌人退却，游击队趁黑夜掩护撤回罗汉里。为策应一支队的反“清剿”斗争，二支队在常太游击根据地周围进行打土豪、攻民团、杀恶霸的斗争，迫使国民党军来回奔忙，疲惫不堪。12 月，刘突军率一支队主力袭击了闽侯县大义乡民团，解除团丁武装，缴枪 20 多支，解救被敌人扣押的壮丁六七十人。

1936 年 2 月，国民党驻军第四十九团一部及保安队、壮丁队等共 500 余人，分四路进攻常太根据地。根据地军民利用山地与敌周旋。而第一支队则沿福厦公路开展行动，攻破闽侯县沪屿镇的紫来庵，占领沪屿镇，毙敌九名，缴枪 40 余支，还缴获大量物资分给群众。2 月 23 日，吴德标、杨采衡率第一支队 70 多名精干队员在福厦路相思岭地段的河村桥设伏，伏击当局银行运钞车队，当场击毙押车宪兵两名，缴获一批金银和钞票，俘虏福建省银行副总经理韩疆士、国民党第五次全国代表大会推荐代表郑其妙及大田县县长萨桓等七名要员。[①]

河村桥伏击战震惊了国民党福建当局，省主席陈仪调动宪兵第四团，省保安第一、五团和当地驻军第四十九团，共 3000 多兵力，向罗汉里根据地发动了疯狂进攻。第一支队除留少部分坚持隐蔽游击外，其余分为三个小队，分别由刘突军、吴德标、杨采衡率领分散隐蔽，与敌周旋。刘突军率队转战到下堡溪畔时，被敌军发现行踪，敌军集中兵力从竹桥向游击队猛扑过来。刘突军下令一部抢占险要地势阻击过桥之敌，一部带领伤病员火速后撤。游击队居高临下，以排枪加手榴弹给过桥之敌以痛击，受到打击的敌军纷纷后退，于是前进后退的敌军挤成一团，造成竹桥垮塌，数十名敌军落水而亡。

罗汉里反“清剿”斗争在极其险恶的环境中坚持了近两个月，各路隐蔽力量基本保存下来。后因为游击队出现叛徒，闽中特委决定红军游击队向莆永边转移。虽然根据地暂时放弃，但敌人消灭第一支队的计划彻底失败。接着，为了迷惑和调动敌人，第一支队采取避实击

---

① 杨采衡：《闽中红军游击队三年游击战争的历程》，中共中央党史研究室编：《红军长征纪实丛书·南方三年游击战争卷》二，中共党史出版社 2016 年版，第 846 页。

虚的策略，向莆田海边的平原地带出击。1936年6月中旬，刘突军亲率20多名精干突击队员，以急行军的速度，袭击了驻守长岭据点的敌一个排保安队，缴枪18支。24日，刘突军又率80多名游击队员，对黄石镇上的国民党莆田第三区公署发动攻击，毙伤敌人多名，缴枪30多支。战斗取得胜利后，游击队公开亮出旗帜，在大街上进行“反蒋抗日”宣传，揭露国民党对日本侵略的不抵抗政策。

1936年7月下旬，国民党第四十九团又调集700多人，从莆仙两面夹攻常太根据地的中心区域。为避敌锋芒，特委决定军民转移至广业区的白沙、庄边一带隐蔽。与此同时，第二支队还进至莆永边开辟了山（杉）溪游击据点。游击队设计拔除了山溪附近的蕉坪岗楼，俘敌30多人，缴枪20多支，还打退了永泰县保安队的进攻。10月下旬，刚换防的国民党军四七八团从三面向山溪包围。红军游击队得知后有计划地从山溪撤到莆永边的宁里、旗插安一带。这一带全是高山峻岭，从宁里向东北经过后溪，可至罗汉里根据地，向西南经过庄边、白沙，又可直达常太根据地，所以也是一块很好的根据地。此前，特委曾派方子民在这一带组织农会，发展党员，建立支部，打下了群众工作基础。[①] 红军游击队以此为中心，不断开展游击活动，打击敌人。为转移敌人视线，11月下旬，由雷光熙率领一支队伍杀回马枪，转攻常太马口铺；另由吴德标率一支百余人的队伍，奔袭福清琯口镇，镇压了与人民作对的联保主任潘德仁，还散发抗日救国传单，高呼抗日口号。[②]

各游击区不管是从战略上的互相配合，还是战术上的互相支持，都为集中有限力量，粉碎国民党军队的“清剿”，巩固和坚持三年游击战争作出重要贡献。

---

① 黄国璋：《回顾三年游击战争时期闽中党的活动》，中共中央党史研究室编：《红军长征纪实丛书·南方三年游击战争卷》二，中共党史出版社2016年版，第874页。

② 《〈福清民报〉、〈新福清〉关于红军游击队奔袭福清琯口镇的报道》（1936年11月27日、12月19日），中国人民解放军历史资料丛书编审委员会：《南方三年游击战争·闽赣边游击区、闽中游击区》，解放军出版社1994年版，第555页。

第六章　福建各游击区的国共和谈与斗争

1935年5月华北事变后，日本帝国主义加快全面侵华步伐，中华民族到了生死存亡的危急关头，民族矛盾上升为主要矛盾。"历来被日本帝国主义视为其势力范围，而又濒临其侵华重要基地台湾的福建"[①]首当其冲，处于危急之中。在中共中央确立联合国内各党派及社会各界抗日反蒋力量，组成抗日反蒋统一战线，促成中国革命由土地革命战争向抗日民族战争转变的同时，福建各游击区也审时度势，树起抗日讨蒋的旗帜。西安事变后，在中共抗日民族统一战线政策的感召和全国风起云涌抗日救亡运动的压力下，蒋介石不得不接受中共联合抗日的主张，同意就合作抗日问题举行国共和谈。为贯彻中央抗日民族统一战线方针，福建各游击区纷纷从"抗日反蒋"向"联蒋抗日"转变。然蒋介石此时并未放弃限制、削弱以至消灭共产党和红军的企图，实行"北和南剿"政策，甚至幻想在短期内消灭南方红军游击队。故而在福建各地进行国共谈判的同时，国民党军队仍在不断制造事端，使谈判与斗争交织在一起。历史证明，国共谈判与合作的实现，必然要经过许多尖锐复杂、迂回曲折的斗争。

一、从抗日讨蒋到"联蒋抗日"的转变

（一）闽西南抗日讨蒋旗帜下的宣传攻势

在国民党军队不断加强对福建各游击区进行"清剿"之时，随着

① 中共福建省委党史研究室著：《中共福建地方史（新民主主义革命时期）》（下），中央文献出版社1993年版，第761页。

日本帝国主义侵华步伐的加快，中国政治形势发生了重要变化。1935年，由于国民党实行不抵抗主义和妥协退让政策，日本帝国主义继侵占东北，扶植伪满洲国之后，开始策划“华北分离”，制造了蚕食侵犯华北地区的一系列事件，如“察东事件”、“河北事件”、签订《何梅协定》和《秦土协定》等，统称“华北事变”。中日民族矛盾日益成为中国社会的主要矛盾。国民党统治集团内部此时急剧分化，全国性抗日救亡运动持续高涨，为国共两党转变政策，实现第二次合作提供了可能。

危急关头，中国共产党率先举起抗日大旗，并加强宣传攻势。九一八事变后，中共中央立即发表宣言，号召全国民众坚决抵抗；① 1933年榆关失守后，中革军委宣布在“共同抗日”三条件下，红军愿与其他武装力量订立作战协定；② 1934年7月，派北上抗日先遣队挺进浙皖抗日前线，用实际行动大力宣传抗日；红军主力长征也是以北上抗日相号召。这些都给包括在南方坚持游击战争的领导者们留下了深刻印象。1935年“华北事变”期间，中共中央又连续发表《为反对日本并吞华北与蒋介石卖国宣言》、《为抗日救国告全体同胞书》（《八一宣言》）和《抗日救国宣言》等，明确提出目前反日讨蒋是党的主要任务，统一战线是抗日反蒋的总的策略，③ 指出：红军胜利抵达陕北，将开启民族革命战争新的历史阶段；④ 号召立即停止内战，集

① 《中国共产党为日本帝国主义强暴占领东三省事件宣言》（1931年9月20日），中共中央文献研究室、中央档案馆编：《建党以来重要文献选编（1921—1949）》第8册，中央文献出版社2011年版，第548页。

② 《中华苏维埃临时中央政府、中国工农红军革命军事委员会宣言》（1933年1月17日），中共中央文献研究室、中央档案馆编：《建党以来重要文献选编（1921—1949）》第10册，中央文献出版社2011年版，第28页。

③ 《中华苏维埃共和国中央政府、中国工农红军革命军事委员会为反对日本并吞华北与蒋介石卖国宣言》（1935年6月15日），中共中央文献研究室、中央档案馆编：《建党以来重要文献选编（1921—1949）》第12册，中央文献出版社2011年版，第208～210页。

④ 《中共中央为日本帝国主义并吞华北及蒋介石出卖华北出卖中国宣言》（1935年11月13日），中共中央文献研究室、中央档案馆编：《建党以来重要文献选编（1921—1949）》第12册，中央文献出版社2011年版，第445页。

中全部力量为抗战救国而奋斗；[①] 提出不论派别、武装、团体、类别，只要愿意抗日反蒋，红军都愿意同他们订立协定，组织统一的国防政府和抗日联军。[②] 这些宣言在社会各阶层中引起强烈反响，推动一二·九学生运动的发展，在全国迅速掀起抗日救亡运动的新高潮。

1935 年 12 月，中央政治局会议通过《关于目前政治形势与党的任务的决议》，明确指出我们的任务是要建立最广泛的抗日民族统一战线，团结一切反日革命力量和反日同盟者。[③] 随后，毛泽东在报告中指出：我们一定不要关门主义，我们要的是反对日本帝国主义及其走狗的民族革命统一战线；并将“工农共和国”改为“人民共和国”。[④] 此后，中共中央加强对统一战线工作的领导，一方面积极促进全国抗日救亡运动的发展；另一方面在国民党上层军政人士中进行统战工作，宣传党的抗日民族统一战线的主张，开展争取同盟者的工作。

在整个中华民族危机下，福建局势同样危急万分，因为福建处在台湾对面，是南中国的要区，日本的南进战略，福建首当其冲。日舰公然在闽粤海域游弋，对厦门、漳州、汕头等城市虎视眈眈。日本间谍、特务及其操纵的汉奸组织在闽南、粤东沿海一带四处活动，为所谓的“福建自治”、“华南自治”摇旗呐喊。各地的土匪、流氓、奸商、劣绅等受日本帝国主义利用，到处建立走私机关，并组织各种傀儡组织，积极在闽南之安溪、惠安、南安、海澄、石码、漳州、南靖、漳浦、诏安等县大肆活动，准备组织傀儡政府，作为日本帝国主义占领

---

① 《中国苏维埃政府、中国共产党中央为抗日救国告全体同胞书》（1935 年 8 月 1 日），中共中央文献研究室、中央档案馆编：《建党以来重要文献选编（1921—1949）》第 12 册，中央文献出版社 2011 年版，第 265～266 页。

② 《中华苏维埃共和国中央政府、中国工农红军革命军事委员会抗日救国宣言》（1935 年 11 月 28 日），中共中央文献研究室、中央档案馆编：《建党以来重要文献选编（1921—1949）》第 12 册，中央文献出版社 2011 年版，第 474 页。

③ 《中共中央关于目前政治形势与党的任务的决议》（1935 年 12 月 25 日），中共中央文献研究室、中央档案馆编：《建党以来重要文献选编（1921—1949）》第 12 册，中央文献出版社 2011 年版，第 531～551 页。

④ 毛泽东：《论反对日本帝国主义的策略》，中共中央文献研究室、中央档案馆编：《建党以来重要文献选编（1921—1949）》第 12 册，中央文献出版社 2011 年版，第 564 页。

福建的工具。[①] 而且福建当局承认李厚基借款，秘密割让厦门给日本，让日本人在安溪取得开采铁矿的权利，取得在福建的航空权（台湾至福州线已开航）。同时，福建国民党军队不调往福州、厦门巩固国防，却调回内地向红军游击队进攻。直至华北事变后，国民政府才开始调整对日政策，并作出部署，先后从闽西南调出四个正规师的部队北上，福建游击区的压力才有所减轻。

在中共中央确立联络国内各主张抗日反蒋力量，组成抗日反蒋统一战线的同时，闽西南军政委员会也急切希望获得中央的指示。1935年11月，闽西南军政委员会通过派往上海的地下交通员，从中共中央交通站得到中央《八一宣言》和关于开展反日讨蒋统一战线[②]等文件。根据中央要求，福建红军要联合国民党军及团结地方民众，武装保卫福建，配合全国抗日讨蒋的革命形势。为贯彻中央文件精神，1936年1月1日闽西南军政委员会在上杭双髻山召开第二次全体会议，决定结合地方实际，在闽西南地区建立抗日讨蒋统一战线，重新部署队伍，规划作战区域。闽西南军政委员会内部进行了调整，以张鼎丞、邓子恢、谭震林等为委员，张鼎丞任主席，邓子恢、谭震林任副主席，提出要“领导闽西南全体红色武装及赤色群众，联合闽西南一切抗日反蒋部队及人民”，发展游击战争，创建抗日根据地，“彻底粉碎日本帝国主义及其走狗蒋鼎文、李默庵的残酷‘清剿’，为完成武装保卫福建，武装保卫漳州厦门的光荣任务而斗争”。[③]

1月5日，闽西南军政委员会通过《关于目前新的形势与新的任务的决议》，提出：在民族危亡、福建危机的形势下，武装保卫福建、保

① 《中共闽粤边区特委为向日作战与讨伐卖国贼蒋介石宣言》（1936年6月23日），中国人民解放军历史资料丛书编审委员会：《南方三年游击战争·闽粤边游击区》，解放军出版社1994年版，第143页。

② 这是当时的通俗称法，实为《中共中央为目前反日讨蒋的秘密指示信》，中共中央文献研究室、中央档案馆编：《建党以来重要文献选编（1921—1949）》第12册，中央文献出版社2011年版，第429～437页。

③ 《闽西南军政委员会为加强抗日讨蒋的领导重新改组的布告》（1936年1月3日），中国人民解放军历史资料丛书编审委员会：《南方三年游击战争·闽西游击区》，解放军出版社1991年版，第32页。

卫漳州厦门就成为闽西南党目前动员广大群众最中心最有力的口号。而广泛开展群众的游击战争，彻底粉碎日本帝国主义及其走狗的“清剿”，扩大和培养抗日武装力量，创建抗日根据地，更成为闽西南目前抗日讨蒋最具体的战斗任务。决议要求闽西南各级党组织动员起来，进行各项中心工作：一、在党内外群众中，进行深入的广泛的政治动员。指出蒋介石南京政府卖国残民罪行，解释红军北上抗日与抗日讨蒋的主张，特别要指出福建的危机，从而提升民族思想，提高党内外抗日讨蒋的积极性与坚定性。二、更大地巩固和发展红色武装。克服右倾危险和“左”倾现象，避免与敌人硬碰硬，灵活运用游击战术，开拓更宽广的活动地区，不断创造新的据点。更有系统地艰苦地加紧部队中的政治工作，更积极更耐心地进行群众工作，争取广大群众，培养更多的群众武装。争取民团、壮丁队，使之转变成为抗日武装。三、大胆运用统一战线策略，用抗日讨蒋，武装保卫福建、保卫漳厦等口号，团结广大群众，与一切阶级、党派、军队、团体、个人联合行动，建立抗日讨蒋联合战线。四、积极开展白军士兵工作，争取民团常备队变成抗日讨蒋游击队，争取土匪到抗日讨蒋与土地革命方面来。同时也不放松士兵团丁本身利益的斗争。五、关心群众切身利益。在农村开展反对捐税、收回土地、收租逼债、烧山搜山、移民并村等；在工人中要求增加工资，反对老板开除工人等。争取和团结广大群众，使每一个斗争真正成为最广大群众的行动。六、巩固和发展党的组织。大量发展党员，加强党的无产阶级基础，创造模范支部，耐心地培养知识分子干部和工农干部等。七、加紧肃反与反叛徒斗争。八、进行系统的宣传工作。① 这次会议改变与修订了土地革命的基本任务，确定了抗日反蒋统一战线方针，并提出一系列具体政策措施，开创了闽西游击区抗日斗争的新阶段。

为了适应形势，决定闽西南红军游击队改称为中国工农红军闽西

---

① 《闽西南军政委员会关于目前新的形势与新的任务决议》（1936 年 1 月 5 日），中国人民解放军历史资料丛书编审委员会：《南方三年游击战争·闽西游击区》，解放军出版社 1991 年版，第 36～43 页。

南抗日讨蒋军，并重新调整部署和区划，变更活动地区。将原有区域重新划分为四个作战分区，红军游击队编成支队。岩连宁地区为第一分区，司令员罗忠毅，政治委员方方。下辖一、二两个支队：第一支队支队长刘汉，政治委员邱尚聪，政治部主任王荣春；第二支队支队长李炳和，政治委员吴作球。永定、杭代、永埔、新汀杭地区为第二分区，司令员简载文，政治委员黄火星。下辖五、七两个支队：第五支队支队长刘永生，政委熊梦辉；第七支队支队长钟辉元，政委黄火星兼。龙岩、岩南漳、岩永靖地区为第三分区，司令员邱金声，政治委员伍洪祥。下辖第三、四两个支队：第三支队支队长邱金声兼，政治委员伍洪祥兼；第四支队支队长阮文松，政治委员李赤标。永和埔靖地区为第四分区。各县游击队改称为人民抗日讨蒋游击队或义勇军。

同时，闽西南军政委员会大力开展抗日讨蒋宣传工作。1936 年 1 月 5 日，发布《关于闽西南民众抗日讨蒋纲领的布告》，进一步阐明党的抗日救国纲领。先在部队和地方党组织中开展学习，使每一位红军指战员都成为政治工作宣传员，然后依靠他们对外扩大宣传。还发出《关于党在学生知识分子及城市小资产阶级中抗日工作的指示》，提出工作中心是“组织以学生教职员为骨干的救国运动”，由学生教职员组织宣传队，经常下乡宣传，唤起全闽西群众的爱国热情。然后组织各界救国会、民卫会，同时通过文化团体（如俱乐部、足球队、音乐队、书报社、诗社、研究会）及封建关系等组织方式（如同乡会某县学会等）以团结一切思想相同、嗜好相同、利害相同的分子，来发展各种各样的组织，来推动抗日救国工作的进行。[①] 闽西南军政委员会还发出《为反对闽南傀儡自治告闽西南民众书》，号召民众“一致团结起来，组织起来，站在一条战线上来共同抵抗日本及其走狗的进攻”，“一切工人、农民、贫民、学生、教员、医师、军政各界，必须马上起来，开会、抗议，成立救国会，游行示威，罢工、罢课、罢操、罢市，来

---

① 《闽西南军政委员会关于党在学生知识分子及城市小资产阶级中抗日工作的指示》（1936 年 3 月 25 日），中国人民解放军历史资料丛书编审委员会：《南方三年游击战争·闽西游击区》，解放军出版社 1991 年版，第 79 页。

反对日本走狗的闽南自治，反对日本占领福建”。[①] 还在机关报《捷报》上刊载《闽南伪自治酝酿已久军事行动将爆发》等报道，并组建了闽西南抗日战讯社，创办专门宣传抗日的《抗日战讯》等，发挥了很好的宣传鼓动作用。

闽西南军政委员会于 1936 年一二月间先后发出《告闽西南民团壮丁队书》、《告三十七旅官兵书》、《争取民团壮丁队标语》。同时各县区也采取了行动，大造声势。龙岩县军政委员会发出《告龙岩、南靖、漳平壮丁队书》、《告中央军三十七旅官兵书》；南漳县军政委员会发出《关于抗日讨蒋布告》；杭代县太平中区军政委员会与红七支队第二大队共同发布《告太平区工农劳苦群众书》；永东县军政委员会发布抗日讨蒋布告；永定县苏维埃政府发出布告及写信等，向国民党官兵、各保安团队、民团壮丁队、区乡所长和保甲长呼吁以民族利益为重，团结抗日，共赴国难，号召他们在抗日反蒋的共同目标下，实现对红军游击队的停火、息战、谈判、联合，齐心协力挽救中华民族于危亡之中。这些宣传，首先是政治口号上针对日军对漳厦进攻的急迫而提出武装保卫福建，武装保卫漳厦，扩大抗日的宣传运动。厦门《星光日报》、《江声报》和汕头的《星华日报》等报刊也经常登载党组织和红军游击队的抗日宣言、布告等，说明红军游击队不仅开展土地革命，还是民族解放的先锋。红军游击队也表现出真诚的态度。例如，有一次，来进攻的敌人被消灭缴械，红军游击队除发给俘虏回去的路费外，还以口头和书面形式指出这场战斗是被迫自卫的，红军游击队绝不因这种胜利而快乐，反而因不能一道抗日还在内战而感到痛心，希望这种事不要再发生。红军游击队的做法，在国民党军和群众中起到很好的宣传作用。

闽西南军政委员会适时由国内革命战争向民族革命战争的战略转变，符合历史发展潮流，为抗日民族统一战线在闽西南地区的建立创

---

① 《闽西南军政委员会为反对闽南傀儡自治告闽西南民众书》（1936 年 6 月 9 日），中国人民解放军历史资料丛书编审委员会：《南方三年游击战争·闽西游击区》，解放军出版社 1991 年版，第 104 页。

造了条件。[①] 闽西南军政委员会加紧抗日反蒋宣传，把中华苏维埃人民共和国中央政府宣言、上海中央局告群众书及军政委员会宣言等到处散发，张贴抗日反蒋标语，经常向群众宣传解释；在群众中组织抗日义勇军、抗日游击队、民族武装自卫委员会分会，发起签名运动，创造反日反蒋的统一战线；通过各种线索，与一切反日反蒋部队团体党派订立共同行动的协定，[②] 团结一切可以团结的力量；维护工农群众的根本利益，积极领导群众开展反迫害反捐税等斗争，[③] 要求乡区公所将屯仓谷、土地税谷，地主富农将多余的粮食拿出来救荒，要求取消米税及禁止垄断粮食，争取被移民并村的群众回家春耕，要求政府发给耕牛农具肥料，以及反对预征土地税，取消过去无力缴纳负累的捐税，反对妨碍春耕的戒严，反对放火烧山砍树毁灭生产等。闽西南军政委员会经过广泛宣传和实际行动，打击了地方反动势力的气焰，使红军游击队抗日反蒋的爱国行为获得民众的广泛认同和支持。

（二）沿海抗日救亡与义勇军的建立

闽粤边游击区是日军南侵的首要区域之一，较早感受到日本帝国主义侵略的威胁，民众抗日救亡的要求也更为迫切。早在1934年3月，厦门中心市委就指示漳州党组织，正确地组织群众开展反日反国民党的统一战线和革命运动，是漳州党当前战斗任务之一。[④] 转入游击战争后，闽粤边特委因靠近福建、广东沿海城市，地理便利，从汕头、厦门、漳州等地出版的报刊中，较快地了解到中共中央对抗日战争基本

---

① 阎景堂主编：《南方三年游击战争史》，解放军出版社1997年版，第134页。

② 《闽西南军政委员会关于目前政治形势的分析与我们今后的任务决议》（1936年9月10日），中国人民解放军历史资料丛书编审委员会：《南方三年游击战争·闽西游击区》，解放军出版社1991年版，第150页。

③ 张鼎丞、邓子恢、谭震林：《闽西三年游击战争》，中国人民解放军历史资料丛书编审委员会：《南方三年游击战争·闽西游击区》，解放军出版社1991年版，第332页。

④ 《中共厦门中心市委给漳州中心县委指示信》（1934年3月30日），中央档案馆、福建省档案馆：《福建革命历史文件汇集（厦门中心市委文件）》（一九三三年——一九三五），1984年，第247页。

方针的变化。1935 年 6 月 5 日，中共闽粤边特委责成召开的中共靖和浦县委第五次扩大会议，就讨论了抗日民族统一战线的问题，指出，必须抓紧时间“武装群众，组织群众”，加强党对民间各种抗日团体和武装力量的领导。① 虽然决议以建立“下层统一战线”为主，但对于与党中央失去联系的闽粤边特委来说，能够有这样的分析与认识实属难能可贵。

中共闽粤边特委获悉中共中央关于“抗日反蒋”统一战线方针精神后，特委书记黄会聪于 1935 年 12 月 20 日在特委机关报发表文章，指出党目前最重要的任务之一，是要建立抗日反蒋统一战线。“不应当站在群众外面空喊，我们首先重要的是参加与组织一切群众的反日运动，争取与群众打在一起”；要毫不犹豫、迅速地到一切国民党反革命派别所领导的有群众的抗日会，各学校、各黄色工会内有群众的反日的和爱国的组织中加紧活动；特别是要深入各反蒋派军队中，建立下层统一战线，推动军队上层转向反蒋。文章还指出，必须克服党内拒绝统一战线与消极对待统一战线的错误态度。“因为这种蠢笨的关门主义办法，非但不能组织广大的群众到反日反蒋的旗帜下”，反而给反革命派别以机会，破坏反日反蒋的团结。最后郑重指出：“谁放弃与忽视反日反蒋运动，谁就是等于汉奸！谁对于反日反蒋统一战线的消极与拒绝，谁就是破坏反日反蒋的团结！”②

1936 年 4 月 10 日，黄会聪又发表文章，进一步指出，日本强占华北，积极掠夺福建，策动傀儡组织，使福建民众面临亡国奴的命运，中国民族危机更加紧迫，但也造成了全国抗日救亡运动的新局面。因此，要正确运用统一战线，在抗日反蒋旗帜下，在福建开展更广泛的

---

① 《中共靖和浦县委第五次扩大会议的决议》（1935 年 6 月 5 日），中国人民解放军历史资料丛书编审委员会：《南方三年游击战争·闽粤边游击区》，解放军出版社 1994 年版，第 33 页。

② 黄会聪：《坚决的为着开展反日的统一战线与创造反蒋的统一战线而斗争》（1935 年 12 月 25 日），中国人民解放军历史资料丛书编审委员会：《南方三年游击战争·闽粤边游击区》，解放军出版社 1994 年版，第 51～56 页。

民族革命战争。[1] 不久，黄会聪再次提出：要组织与武装群众，团结一切反日反蒋力量，巩固与扩大抗日统一战线。[2]

闽粤边特委提出在闽粤边建立抗日反蒋统一战线方针后，就为其实现而积极奋斗。特委首先在党内进行广泛的讨论，坚决反对忽视抗日统一战线与无视农民抗日的倾向。尽管面临国民党军“围剿”的军事压力，特委仍为建立统一战线、准备抗日做了大量的工作，如放手发动群众着手组织抗日团体。在靖和浦、云和诏各县的农村中，闽粤边党组织也领导几万农民开展募捐抗日基金运动，并在各乡村建立许多群众抗日组织，采取公开与半公开形式开展活动。

闽粤边游击区不同于其他游击区的一个显著特点，就是它靠近国统区，因此也在国统区开展了如火如荼的抗日宣传活动。闽粤边特委领导下的漳州城市工作委员会十分重视城市抗日救亡运动，尤其是在学生中开展各种救亡运动，组织了“学生救国会”、“工人救国会”等群众组织，会员有100多人。1936年1月，学生救国会领导漳州学生千余人进行两次声势浩大的反日示威游行，在群众中引起强烈反响。漳州城工委除了在城市领导学生运动、职工运动外，还领导创办了芗潮剧社、龙中剧社、毓南剧社、南靖民众剧社、平和小溪熊火剧社等文艺团体，高举反帝、反封建、反国民党黑暗统治的大旗，以话剧等为武器，活跃在国统区，成为党在白区工作的一支重要生力军，对全民抗战起了很好的宣传鼓动作用。

芗潮剧社主要骨干是中共漳州地方组织的党员，如柯联魁、蔡大燮、许铁如（即彭冲）等。他们发挥了重要作用，使剧社在宣传抗日救亡活动中，坚持贯彻执行党的抗战方针，进行了广泛宣传。剧社除演出革命话剧，组织歌咏活动外，还积极联络文化团体，共同开展抗

---

① 黄会聪：《福建的危急与党目前的紧急任务》（1936年4月10日），中国人民解放军历史资料丛书编审委员会：《南方三年游击战争·闽粤边游击区》，解放军出版社1994年版，第104页。

② 黄会聪：《闽粤边区党一年来工作的总结及今后的任务》（1936年6月6日），中国人民解放军历史资料丛书编审委员会：《南方三年游击战争·闽粤边游击区》，解放军出版社1994年版，第132～133页。

日进步文化活动。从1934年到1937年，剧社在漳州、厦门、海澄、平和、南靖、漳浦等地进行了七次大型公演，演出《小英雄》、《放下你的鞭子》、《汉奸的子孙》等剧目。每次演出之后，群众都和党员们一起高唱抗日歌曲，气氛十分热烈。剧社还经常深入到农村演出，甚至到国民党军队中去进行宣传活动。1935年10月间，剧社赴南靖作第一次旅行公演，宣传抗日救亡、抵制日货。1937年1月，剧社在漳州中山公园广场上演街头剧《仁丹》，宣传抵制日货。[①] 这些演出在闽南地区的各阶层人民群众中产生了深远影响。为了更好地达到宣传民众鼓动抗日的效果，芗潮剧社采用老百姓好理解的话剧、弹词、歌谣等形式，而且都用闽南方言演出，深受欢迎，收到很好效果。

两广事变平息后，广东绥靖主任余汉谋率所辖粤军一五七师黄涛部、一五八师一部入闽"清剿"闽西南地区的红军游击队。闽粤边特委对粤军一五七师进行了全面分析，认为尽管一五七师有拥蒋反共的一面，但其广大官兵有要求抗日的热情。该师驻漳州期间，曾经大张旗鼓地进行抗日宣传，惩办汉奸，组织了规模颇大的"援绥（远）募捐"运动，调查日台浪人走私，提倡使用国货。随着闽南沿海抗日形势的变化，粤军抗日的一面成为与红军游击队共同合作抗日的基础。闽粤边特委领导游击武装在对粤军的军事"清剿"予以坚决反击的同时，在政治上通过各种渠道，以多种形式在一五七师官兵中进行抗日宣传。芗潮剧社积极在一五七师官兵中开展统战工作，到部队慰问演出抗日剧目，教唱抗日歌曲，与中下层官兵建立了关系，敦促一五七师尽快走出误区，合作抗日。

为了适应抗日需要，闽粤边特委对所属红军游击队实行统一整编，变更番号，突出抗日色彩。6月，红军游击队统一整编为中国人民红军

---

① 彭冲：《三十年代漳州地下党及其领导下的群众运动》，参见中共福建省委党史资料征集编写委员会研究室编：《福建抗日救亡运动》，福建人民出版社1985年版，第13～15页。

闽南抗日支队，共三个支队，每个支队辖三个中队，[①] 补充大量新战斗人员，各支部队的战斗力得到很大的提高与增强。

1936年七八月间，闽粤边特委陆续得到《论反日统一战线》、《抗日初步政治纲领》、《关于华北事变与目前党的紧急任务》等文件，对中共中央关于建立反日反蒋统一战线的精神有了进一步了解。特委立即将文件翻印并传达各级党组织，责成各地以建立最广泛的反日反蒋统一战线为当前最主要的任务。特委还派代表联络各反日组织、武装与团体，如陈铭枢等在福建组织的民族革命大同盟、民族革命同盟军等，实行共同合作，一致抗日。同时抓紧在县城、市镇等中心地区进行宣传。各县委接到指示后，迅速在各区建立各种群众抗日组织，很快在平和、漳州、厦门、诏安、漳浦等城镇建立了许多反日组织，如文化界救国会、商人缉私委员会等，以及农会、农民抗日救国会、妇委会、抗捐委员会、斗争委员会等，并在平和、漳州、厦门公开组织募捐队、宣传队，广泛进行抗日募捐与援绥抗日宣传。平和小溪的抗日救亡最为出色，有民众教育馆举办的歌咏会，每晚集中演唱抗日歌曲，队员为学生，发展至上百名，他们经常与抗敌后援会的宣传工作团配合，下乡宣传抗日，甚至还聘请当地名流报告时事，讲故事讨论救亡问题，听众经常有三四百人，效果很好。民教馆还举办了救亡问题研究班，每周专题演讲救护、防空、防毒、游击战术及各种救亡问题，深受民众欢迎。小溪抗敌后援会第二支会、宣传工作团也很活跃，出版抗日书报、编演抗日歌曲等，经常深入乡村，开展救亡宣传，与农民交朋友。小溪的街道、商店砖柱上布满抗日壁报，这样使乡村农民对于抗日救国也有了解。他们在粤军中的影响也好，与粤军合组足球队。整个小溪，民众的抗日情绪十分高涨。

为了在各阶层人士中更广泛地开展抗日救亡运动，统一领导闽南各县的抗日救亡运动，闽粤边特委在各区县普遍建立反日救国会领导

---

① 中共福建省委组织部、中共福建省委党史研究室、福建省档案馆：《中国共产党福建省组织史资料（1926年2月～1987年12月）》，福建人民出版社1992年版，第203～205页。

机关的基础上，由各地反日会选出代表，成立闽南各界反日救国会筹备会，以联络闽南教育界、新闻界、金融界知名人士，发挥他们与上海各界救国联合会有较为紧密联系的优势，从上海将每期《救亡情报》寄至闽粤边，以及时了解全国各地救亡形势及中央有关方针政策。闽粤边特委还出版《救亡半月刊》，扩大反日救亡宣传。1936 年 6 月，特委又创办《前哨周报》，刊发大量具有时效性和针对性的文章，宣传抗日。

在开展抗日救亡运动的同时，闽粤边党组织十分重视广泛建立群众性的抗日反蒋的武装团体，使之成为党领导下的农民抗日武装。闽粤边区早在 1934 年就提出并开始建立抗日义勇军群众性武装。当时最先在靖和浦根据地的三区、中区及五区建立。[①] 抗日义勇军成立后，积极配合红三团粉碎国民党军队的"围剿"，击溃与消灭陈琨、沈东海的部队，消灭了几处民团。但当时规模比较小，只是起配合作用。随着抗日斗争的形势发展需要，1936 年 1 月 6 日，闽粤边特委总结靖和浦抗日义勇军的经验和做法，指示云和诏县委："至于武装群众，组织群众的抗日义勇军是万分必要的。人民抗日义勇军成立的时候，应该号召广泛群众来参加"[②]，要求抓紧组织抗日义勇军。于是，各县委领导下的区委纷纷建立抗日义勇军。靖和浦县委和云和诏县委非常重视，宣传工作开展得有声有色，成效较为显著。2 月，靖和浦县委决定把各区所建立的脱产游击队加以改编，正式宣布番号为"漳州人民抗日义勇军"。同时以"人民义勇军"的名义，发出宣言书和告群众书，广泛号召群众参加反日救亡运动与人民抗日义勇军。

抗日义勇军这种形式，十分适合闽南地区。因为义勇军的对象没有严格限制，主要是当地土生土长的农民，年龄多数在 18 岁至 25 岁之

---

① 《中共靖和浦县委第五次扩大会议的决议》（1935 年 6 月 5 日），中国人民解放军历史资料丛书编审委员会：《南方三年游击战争·闽粤边游击区》，解放军出版社 1994 年版，第 27 页。

② 《中共闽粤边区特委关于猛烈开展游击战争给云和诏县委的指示信》（1936 年 1 月 6 日），中国人民解放军历史资料丛书编审委员会：《南方三年游击战争·闽粤边游击区》，解放军出版社 1994 年版，第 75 页。

间。在家乡参加抗日义勇军，既满足了他们参加抗日的要求，又照顾到其家庭和个人利益不受影响，所以这个形式有利于发动和组织群众，群众参加的积极性非常高，这对于壮大抗日力量，推动闽粤边区抗日斗争的兴起发挥了重要作用。

最初的抗日义勇军，是以中队为单位直接由各区委领导，这样比较分散，无法形成统一力量。闽粤边特委认为有必要使靖和浦区内的义勇军实现统一指挥，以形成互相呼应之势，便责成县委组织漳州人民抗日义勇军总指挥部。1936 年 6 月，在平和县邦寮正式成立了总指挥部，靖和浦县委书记何浚任总指挥，朱增强任副总指挥，朱曼平任政治部主任。在这些基础上，特委进一步提出扩大红军与人民抗日义勇军是争取对日作战最后胜利的先决条件，要求各级党部要即刻在整个组织上，动员一切支部、青年团、农会、反日会、妇女会等，进行扩大红军与抗日义勇军的突击运动，号召广大的忠实、勇敢、强壮的工农群众，一批一批地到红军与抗日义勇军中来。①

闽粤边区在广泛开展反日救亡运动，普遍地武装群众，组织抗日义勇军的任务上，取得了巨大的成绩，义勇军队伍日益壮大。在靖和浦游击区，到 1936 年 10 月间，义勇军总共建立三个大队（九个中队）。第一大队有 100 人，由何浚指挥，主要在小溪、南胜、五寨、浦西一带活动；第二大队有 70 余人，由邢乐民指挥，主要在南靖、海澄、浦东等交界地区活动；第三大队有 350 人左右，由朱曼平指挥，主要在浦南、梁山周围、云和区及漳浦、云霄边境一带活动。② 云和诏县委在梅林银坑村成立人民抗日义勇军，共四个中队，有 500 多人。③ 人民抗日义勇军在抗日除奸与领导群众抗捐、抗税、抗租及没收的斗争中，发

---

① 黄会聪：《闽粤边区党一年来工作的总结及今后的任务》（1936 年 6 月 6 日），中国人民解放军历史资料丛书编审委员会：《南方三年游击战争・闽粤边游击区》，解放军出版社 1994 年版，第 128、135 页。

② 《黄会聪关于闽粤边区两年余情况致陈云等转中共中央的报告》（1937 年 4 月 20 日），中国人民解放军历史资料丛书编审委员会：《南方三年游击战争・闽粤边游击区》，解放军出版社 1994 年版，第 204 页。

③ 中共漳州市委党史研究室著：《闽粤边区三年游击战争史》，中央文献出版社 1999 年版，第 164 页。

挥了重要作用，已成为抗日讨蒋的重要武装力量。①

在特委领导下，闽粤边游击区的各区各乡还利用壮丁队名义和基础，争取公开武装群众，建立了农民抗日自卫军。同时还建立农民抗日救国会与农会，在农村采取公开与半公开组织形式活动。据统计，靖和浦有农民抗日武装 4000 人左右，农民抗日救国会与农会的会员总共有 20000 余人。云和诏各区的群众组织总共有万余人，农民抗日自卫军总共有 3000 余人。②

抗日义勇军和农民抗日自卫军在反对国民党“清剿”斗争和开展抗日宣传与抗日活动中成为重要力量，发挥了很大的作用。义勇军日常的任务是消灭汉奸与日本帝国主义组织的傀儡部队，进行反日货斗争，广泛开展抗日救亡宣传等；同时领导农民开展减租减息、取消苛捐杂税等改善生活条件的斗争，以提高其抗日热情。针对日军的侵略，人民抗日义勇军都会发出通电与宣言，表达抗日态度与主张，表示愿与一切抗日军队和抗日力量建立联合战线，并派出代表与各反日队伍（如翁照垣在闽组织的中华民族革命同盟军）联络，共建抗日联军。漳州人民抗日义勇军对漳浦东区的张宝祥、南靖龙溪交界处的江天赐、海澄的黄国泰等汉奸力量进行打击。1936 年 6 月，义勇军第二大队配合红抗三支队一部，成功袭击国民党漳浦官浔镇区署，打死打伤敌人 30 多名，缴枪 20 多支。为扩大抗日救亡的宣传，义勇军在群众中进行大规模的抗日基金募捐运动，仅在前三个月中，单在靖和浦就已募捐 15000 人，总共捐款千余元。③ 由此可见农民抗日情绪的高涨。

农民抗日武装也能够积极配合人民抗日义勇军和红军游击队的行

---

① 黄会聪：《闽粤边区党一年来的总结及今后的任务》（1936 年 6 月 6 日），中国人民解放军历史资料丛书编审委员会：《南方三年游击战争・闽粤边游击区》，解放军出版社 1994 年版，第 128 页。

② 《黄会聪关于闽粤边区两年余情况致陈云等转中共中央的报告》（1937 年 4 月 20 日），中国人民解放军历史资料丛书编审委员会：《南方三年游击战争・闽粤边游击区》，解放军出版社 1994 年版，第 203、209 页。

③ 《黄会聪关于闽粤边区党和红军的情况给中共中央的报告》（1936 年 11 月 22 日），中国人民解放军历史资料丛书编审委员会：《南方三年游击战争・闽粤边游击区》，解放军出版社 1994 年版，第 172 页。

动。靖和浦浦云区的抗日自卫军200余人配合义勇军粉碎敌人几次的进攻；在漳浦县附近的浦南区，数百名自卫军起来配合义勇军击退敌人多次进攻。① 1936年10月间，千余名农民武装，为反对国民党军七十五师烧房屋与抢掠民众，自发起来与其两个营的兵力抵抗了一整天，终将敌人击退；云和区的龙头、田贝一带农民抗日自卫军千余名，配合红军游击队击退敌人进攻，还破坏和消灭当地数个炮垒和民团。② 云和诏各区的反日自卫军，经常有数百甚至千余人配合红军或抗日义勇军行动，消灭豪绅地主的武装和炮垒。1936年八九月间，云和诏第二区的农民抗日自卫军单独击溃国民党军一个营，并打死不少敌人。

需要指出的是，闽粤边人民抗日义勇军最初因实行红军时期的各项政策，一般民众认为其与红军是一样的。直至1936年10月接到中共中央有关抗日统一战线及改变土地政策的指示后，才开始转变为义勇军的行动，依照抗日初步政治纲领行动，并尽量变为公开的纯粹的抗日武装。抗日义勇军中的党团员，平均占总数的30%，每个大队都有党支部的组织，党团员大部分能起模范作用。③

（三）两广事变及福建游击区的应对

1936年6月初，国民党两广地方实力派陈济棠、李宗仁、白崇禧等在广州召开会议，宣布抗日反蒋，并成立军事委员会和抗日救国军。两广部队以请缨抗战为名进兵湖南。这就是“两广事变”（亦称“西南事变”）。此次事变，既是地方军阀长期以来对蒋介石不积极抗日却一直处心积虑消灭异己做法不满的反抗，也是全国民众抗日情绪高涨，

① 《黄会聪关于闽粤边区党和红军的情况给中共中央的报告》（1936年11月22日），中国人民解放军历史资料丛书编审委员会：《南方三年游击战争·闽粤边游击区》，解放军出版社1994年版，第172～173页。

② 《黄会聪关于闽粤边区两年余情况致陈云等转中共中央的报告》（1937年4月20日），中国人民解放军历史资料丛书编审委员会：《南方三年游击战争·闽粤边游击区》，解放军出版社1994年版，第203～204页。

③ 《黄会聪关于闽粤边区两年余情况致陈云等转中共中央的报告》（1937年4月20日），中国人民解放军历史资料丛书编审委员会：《南方三年游击战争·闽粤边游击区》，解放军出版社1994年版，第204～205页。

特别是中共提出建立抗日民族统一战线号召产生影响的反映。

中共中央获悉后，立即声明支持其抗日反蒋的要求，表示“愿意同两广当局缔结抗日联盟共同奋斗”，并号召全国爱国军人和同胞，扩大抗日救亡运动，支持配合两广事变。① 同时致电国民党二中全会，提出和平解决事态的建议。② 蒋介石为应对两广事变，把驻在福建闽西、闽南的第三、九、八十三师调动入粤，从而减轻了闽西南、闽粤边游击区的军事压力，客观上有利于游击战争的坚持。

对此事变，福建游击区党组织开始估计过于乐观。闽粤边特委分析了两广事变发生的原因，认为事变是因为两广部队中爱国将士在日本帝国主义不断进逼、日益严峻的民族危机与蒋介石不抵抗政策下爆发的，同时又在帝国主义与军阀内部矛盾的紧张、两广反蒋派受到威胁的特殊环境下，两广部队为避免蒋介石的威胁与保持自己的统治，并缓和因中国共产党开展抗日民族统一战线而获得全国民众的热烈欢迎，不断起来斗争的情绪，而“不得不公开的揭起抗日救国的旗帜”。特委认为，两广事变“在目前开展广泛的反日反蒋的统一战线中，有很大的意义与作用”，从中敏锐地觉察到一个新的抗日反蒋高潮将在闽粤沿海掀起。所以“对于西南政府实行抗日反蒋的战争，绝对不能采取消极的观望态度，而应坦白承认西南政府是我们目前反日反蒋的联合战线中一个联盟”。为了更广泛地在反日反蒋的旗帜下发动和组织群众，动员边区革命武装在军事上与两广军队相呼应，将两广事变转变为大规模的抗日武装斗争，闽粤边特委向各级党组织发出号召，要求执行下列紧急任务：(1) 动员一切组织，更广泛地开展反日反蒋的统一战线。号召一切不愿当亡国奴的民众，不分党派、信仰、宗教、性别，一致地组织起来，武装起来，普遍地组织人民抗日义勇军、救护

① 《中华苏维埃人民共和国中央政府、中革军委为两广出师北上抗日宣言》(1936年6月12日)，中共中央文献研究室、中央档案馆编：《建党以来重要文献选编 (1921—1949)》第13册，中央文献出版社2011年版，第142～143页。

② 《中共中央为提议“停止内战，一致抗日”致国民党二中全会书》(1936年6月20日)，中共中央文献研究室、中央档案馆编：《建党以来重要文献选编 (1921—1949)》第13册，中央文献出版社2011年版，第150～153页。

队、看护队、运输队、交通队、宣传队、募捐队，参加神圣的抗日讨蒋战争。(2) 各地红军部队及人民抗日义勇军，应更猛烈开展反日反蒋游击战争，积极地与西南抗日救国军互相呼应，向蒋介石部队进攻，并且要在抗日讨蒋的旗帜之下，普遍地武装群众。(3) 加紧组织与武装广大工农劳苦群众，扩大与巩固工人救亡阵地，普遍地组织工人抗日义勇军、农民抗日义勇军，扩大抗日力量。(4) 加紧白军士兵工作，与红军及一切反日部队订立作战协定，一致共同向日作战，并建立党在广东军队中的基础和组织。(5) 把反日反蒋的斗争与农村中抗捐、抗税、抗债、分米分谷的斗争及学校、社会各界的群众斗争联系起来，动员广大群众到反日救亡的战线上来。(6) 各级党组织应根据当地的客观实际情况制定工作部署与灵活的策略方法，克服党内"左"倾关门主义与右倾机会主义的发生。①

随后闽粤边特委又发表宣言，以鲜明的态度再次宣布：闽粤边红军游击队及漳州各县的人民抗日义勇军，坚决执行中共中央关于建立抗日民族统一战线的政策，愿意与一切抗日反蒋军队订立抗日反蒋作战协定，共同打倒目前中华族最大的敌人——日本帝国主义。② 因此，闽粤边各级党组织和红军游击队对西南政府不仅从舆论上大力声援，而且从军事上积极配合，猛烈开展游击战争。当时连国民党媒体也惊呼："因粤桂异动，所在驻军调动入粤，致匪共得以乘机活跃，月来二、三区各乡受匪荼毒者十占八七，匪祸之烈实为空前所未有。"③

对此事变如何应对，闽西南军政委员会也十分重视，立即在永定金丰大山召开会议讨论。认为两广事变发生的根源，是民族危机日益深重，蒋介石政府推行卖国投降反动政策，红军北上抗日取得重大胜

① 《中共闽粤边区特委关于西南政府实行抗日讨蒋战争与加强党在抗日讨蒋战争中的领导给各级党部的信》(1936 年 6 月 20 日)，中国人民解放军历史资料丛书编审委员会：《南方三年游击战争·闽粤边游击区》，解放军出版社 1994 年版，第 140～142 页。

② 《中共闽粤边区特委为向日作战与讨伐卖国贼蒋介石宣言》(1936 年 6 月 23 日)，中国人民解放军历史资料丛书编审委员会：《南方三年游击战争·闽粤边游击区》，解放军出版社 1994 年版，第 143～146 页。

③ 中共漳州市委党史研究室著：《闽粤边区三年游击战争史》，中央文献出版社 1999 年版，第 143 页。

利和全国抗日救亡运动高潮促成的。事变的性质是国民党反动营垒中各种矛盾长期存在、尖锐激化的突出表现。应该承认，它“是反对卖国贼的斗争”，将来有可能转化成直接与日本帝国主义的战争，所以与历来的军阀战争不同，是革命的救国的。据此，认为事变为闽西南红军开展局部反攻创造了有利条件，决定抓紧这一有利时机，集结比较优势的兵力，开始局部反攻并走上总的反攻局面。因此，应积极援助支持西南反蒋战争，促其走上真正抗日、彻底讨蒋的道路。随后军政委员会作出《关于西南事变与目前党的紧急任务的决定》，发表《为西南事变宣言》，要求各级党组织、军政委员会、红军游击队等进行如下工作：（1）集结较优势兵力打击蒋军，阻滞蒋军入粤作战，在军事上积极配合、援助西南反蒋战争。（2）积极领导革命武装斗争，组织农村暴动，重新分田分山，彻底实现土地革命，恢复苏维埃制度。（3）号召群众不当壮丁队和保甲长，积极参加红军游击队，摧毁一切炮楼堡垒，杀死反动保长、联保主任，打倒区乡公所，粉碎保甲制度。（4）强化争取白军、壮丁队工作，兵暴不能只限于一个堡垒，要抓住线索，扩大成果去组织整营整团哗变暴动，掀起广泛的壮丁队暴动风潮，把哗变暴动武装变成红军游击队。（5）成立公开、半公开的苏维埃政府，领导群众分田分山、处理房产，开展抗租抗捐税斗争。

同时，闽西南军政委员会领导人张鼎丞、邓子恢在机关报《红旗》上分别发表《日益成熟着的反攻形势》、《西南事变与中国革命》两篇文章，提出与上述差不多的观点。

可以看出，闽粤边和闽西南游击区领导人对两广事变的性质作出过高估计，没有看到事变虽然提出抗日口号，但仍然是军阀内部争斗的本质，而且盲目估计形势，严重脱离了当时中国革命和闽西南地区斗争的实际，因此提出了许多过“左”的，不符合中央精神的措施和做法。如提出“各部队集结自己的优势兵力，在指定地区内运用灵活的游击战术，选择最有利条件，最积极的打击和消灭蒋介石匪军，扑灭反动民团、壮丁队”，“创造新的师新的兵团，以准备和迎接马上到来的反攻”。于是不适当地集中部队截击蒋军后方及其后续部队，以援助两广军队的行动，坐失猛烈扩展新区的有利时机。号召“大胆的有计划的去领导和组织广大群众的武装斗争与农村暴动”，“焚毁一切炮楼，消灭一切堡垒”，粉碎保甲制度，发动“广泛的壮丁队的暴动潮”。[①] 其实当时有些民团、壮丁队已完全听从我们的命令，有些就是我们的人，却要他们举行暴动，参加红军游击队，把碉堡炸毁，反而暴露了我们的力量。

之所以会对形势过于乐观，可能与游击区领导人吸取福建事变的教训有关。当时对福建事变采取了错误的对策，致使丧失粉碎第五次“围剿”的大好机会，所以对于两广事变出现高估也是情有可原的。但两广事变与福建事变又是不一样的，两广军阀并没有与红军游击队订立任何的协定，所以游击区对两广事变估计过高是不适宜的。果然，在蒋介石的军事压力和金钱收买下，粤桂军队内部发生分化，事变很快被平息。于是蒋介石又调整对游击区的“清剿”部署，调原驻泉属的七十五师和驻闽西的保安六团到漳州“清剿”闽粤边红军游击队。七十五师二二三旅驻龙溪，二二五旅及保六团驻漳浦。10 月，驻闽西南地区的国民党军第三师、九师、新十师、七十五师等部奉命北调，以蒋鼎文为主任的驻闽绥靖公署亦由漳州迁往闽北建瓯县。闽西南的防务改由粤军一五七旅、一五八师接替。11 月上旬，粤军分批抵达闽西南。为统一部署“清剿”，一五七师师长黄涛于 11 月 11 日在漳州专门召开了第六专区专员及各县县长会议，其部署是：一五七师师部驻漳州，四七一旅李崇纲部之九四〇团、九四一团、九四二团分驻漳属各县；四六九旅练惕生部驻龙岩城，下属九三七团、九三八团、九三九团分驻龙岩、南靖、永定、岩南靖、岩永靖一带。第一五八师师部驻蕉岭，所部叶维浩旅驻坎市，孔昭卿团驻永定，另有三个团分驻武平、上杭、永埔一带。第一五八师一个旅驻龙岩、永定边界，另有两个团驻上杭、连城一线。[②]

对两广事变认识上的失误与策略上的偏差，闽西南军政委员会和

---

① 《闽西南军政委员会关于西南事变与目前党的紧急任务的决定》（1936 年 6 月 20 日），中国人民解放军历史资料丛书编审委员会：《南方三年游击战争·闽西游击区》，解放军出版社 1991 年版，第 114～116 页。

② 刘勉钰著：《中央苏区三年游击战争史》，江西人民出版社 1993 年版，第 134 页。

闽粤边特委很快有了清醒认识，并及时纠正。闽西南军政委员会于10月下旬举行全体会议，对失误进行了检讨，指出粤军已经剥掉抗日反蒋的伪装，正在蒋介石的驱使下，由粤入闽，加紧准备向闽西南红军游击队发动全面军事进攻，实行残酷“清剿”。闽西南的紧急任务就是要采用游击战争方式，粉碎粤军的进攻与“清剿”。为此要求：（1）在党内外群众中进行充分的政治解释，说明粤军官兵的革命化与红军胜利的条件，揭穿粤军自封“抗日”的欺骗宣传。（2）最大力量进行争取粤军工作。争取粤军士兵及中下级军官到真正抗日反蒋革命斗争方面来，并进行上层统一战线。（3）在军事上适时集中主力部队，灵活运用游击战术，予粤军以重创，彻底消灭地方反动势力。（4）最大地武装群众，发展游击队（组）的组织，引导积极行动，到处打击、扰乱、破坏、牵制、迷惑、疲惫敌人，捕杀汉奸走狗、侦探及反革命分子，配合红军作战。（5）加强抗日民族统一战线工作，真正建立在民团、土匪、区乡长、保甲长、城市小资产阶级、学生、知识分子，以及各党派中的抗日民族统一战线。（6）更广泛开展群众斗争等。①

为对付粤军“清剿”，闽西南军政委员会调整部署，将游击区按地域划分为南线和北线两部分。北线分委由邓子恢和简载文等几名委员组成，邓子恢主持分委工作，负责指挥龙岩、岩南漳、岩连宁三个县的党政军工作。闽西南军政委员会又将闽西南抗日讨蒋军各支队改编为两个纵队，第一纵队司令员罗忠毅、政委温含珍，下辖第一、二、三支队，由北线分委指挥，主要在北线活动；第二纵队司令员刘汉、政委黄火星，下辖第四、五、六支队，由闽西南军政委员会直接指挥，主要在南线之永定、上杭、永和靖、永埔、新汀杭地区活动。为加强领导，闽西南军政委员会增设常委会，以张鼎丞、邓子恢、谭震林、方方为常委，作为领导核心。

当时粤军确实与国民党中央军有着不同的特点，不仅打着“抗日”

① 《闽西南军政委员会关于在西南事变中我们工作检查与目前紧急任务的决议》（1936年10月24日），中国人民解放军历史资料丛书编审委员会：《南方三年游击战争·闽西游击区》，解放军出版社1991年版，第154～160页。

招牌进行政治欺骗，而且其战斗力与“清剿”经验都比中央军强，对游击区采取分割包围，把闽粤边的靖和浦、云和诏、梁山和闽西南的岩永靖、岩连宁、永和靖等游击根据地分割成互不相连的小块，配合地方武装实施包围，缩小游击区的回旋余地。特别是针对红军游击队的游击战术，采取集中兵力作战与“游击对游击”并用战术，粤军常整营整连上山埋伏游击，一旦发现红军游击队就紧追不舍，包围搜山，还以奔袭、夜袭等手段对付红军游击队。他们重视利用当地豪绅地主反动武装，实行反动联防，普遍采用土围子政策，强迫移民并村，烧林毁屋，集中限制粮食，增筑炮楼、马路，强化保甲制度，推行连坐法，大批屠杀红军游击队家属和革命群众，施行宵禁，以白色恐怖手段维持治安。这些毒辣手段，对红军游击队的活动形成很大威胁。

对此，闽粤边区红军游击队决定趁敌立足未稳之际，主动发起攻击，接连取得胜利。11 月起，红抗三支队一、二连在漳浦沿海先后袭扰驻霞美、刘坂、董门、白石、杜浔、院前、屿头等地的一五七师驻军和张锡九壮丁队，共毙伤敌 160 多人，缴获步枪 80 多支，摧毁敌炮楼五座，并开辟龙潭、后井、眉田、巷内、黄浦、过洋、路边等游击根据地。12 月，红抗三支队又在云霄马埔乡石字村，伏击一五七师一个团，毙伤敌 30 多人。同时，红抗第一支队和第三支队第一连在云霄车仔圩协同作战，击溃一五七师一个营。1937 年 1 月，红抗三支队兵分两路，一路袭击南靖县程溪塔潭反动据点，毙敌 40 多人；一路在九龙岭南侧与马口桥之间，伏击一五七师一部，歼敌两个排，缴机关枪一挺，步枪 30 多支。

同时，闽西红军游击队也进行了反击粤军“清剿”的行动，在 1936 年 11 月至 1937 年 1 月的三个月中，“大小经过了四十次左右的战斗”[①]。闽西南军政委员会虽然提出对粤军不应有丝毫轻敌观念，应更细心地运用灵活的游击战术，从政治上揭穿他们的伪装，粉碎其进攻。

① 卓林：《在粉碎粤敌“清剿”中战术运用的检讨》（1937 年 1 月 30 日），中国人民解放军历史资料丛书编审委员会：《南方三年游击战争·闽西游击区》，解放军出版社 1991 年版，第 192 页。

但因为对粤军不太了解，以及受到畏敌不打、退却逃跑的右倾机会主义和麻痹轻敌、丧失警惕、死打硬拼的“左”倾思想影响，所以红军游击队在反“清剿”初期遭受了一定损失。如红四支队在岩永靖地区的南靖科岭同粤军激战中，虽然最后取得胜利，但没有俘虏和缴获，自身消耗也很大。岩永靖、龙岩适中的红军游击队损失也比较大。11月，因叛徒出卖，岩永靖军政委员会驻地龙岩适中之白叶村遇袭，岩永靖军政委员会主席李明康和已任命尚未到职的红三支队支队长赵群不幸牺牲。1937 年 1 月初，红三支队主力移动至岩永边永定之寨背炉竹仔坑时，暴露了目标。8 日清晨，遭到跟踪而至的粤军一五七师九三八团袭击，因措手不及，仓促迎战，在突围中支队长阙树槐、政委邱尚聪等 20 余名指战员牺牲。其他部队在永定高地、南靖科岭、杭代太平里、坑口、永埔、龙岩等也受到袭击。这种消耗战，对于红军游击队来说，在战略上是得不偿失的，值得检讨。

闽西南军政委员会从斗争实践中吸取教训，认识到集结兵力打硬仗是违背游击战争原则的，更不能犯急性病，幻想一下子打败敌人。因此，决定各支队仍分散到各区域，紧紧依靠人民群众开展游击活动，采取隐蔽窥伺、分散迷惑、埋伏消灭、突击战胜敌人的战术，不失时机地打击和消灭敌人。

1937 年 2 月，红四支队、永和靖游击队在象湖山伏击粤军一个连，击毙击伤敌十余人，缴枪十余支。随后又消灭多处地方民团，从而扭转了不利局面，重新取得反击粤军的主动权。闽西南军政委员会抓住这一有利时机，适当集中兵力，调动红三、四支队各一部，到岩永杭交界的中华山，和红七支队协同作战。2 月中旬，红七支队与红三、四支队各一部共 300 余人，在中华山对粤军九三八团、省保安团钟绍葵部及龙岩大小池民团共 700 余人展开一天激战，歼敌 100 余人。这是反击粤军“清剿”的一次重大胜利。3 月，红五支队在金丰整训后，潜伏在黄岭下、莲塘公路间，击毁粤军军车一辆，歼敌一个班，缴获步枪 14 支、轻机枪一挺、子弹千余发。随后趁粤军企图前来报复时，一天行军上百里赶到粤东蕉岭县曲潭分水岭，消灭在此设卡收税的粤军一个排，缴枪 30 余支，轻机枪一挺，子弹 4000 余发。

在反击粤军"清剿"战斗中，红军游击队的"散兵群"战术发挥了极大威力。这种"散兵群"战术，也被称为麻雀战、梅花战，由四五个人组成一组，占领有利地形，射击敌人的长官，射击敌人的密集队伍，以阻敌前进，迷惑敌人，侦察敌情，配合主力队伍击破敌人最弱的一点，掩护主力队伍安全退出战斗，保护群众的春耕秋收等。红一支队在岩南漳，用散兵群战术掩护群众安全收割；红三支队在岩永靖以 17 人击溃敌军一个团，刷新散兵群战斗的新纪录。[①] 岩永靖地区在两个多月间，敌人挨散兵袭击伤亡就有几百人。又如 1937 年二三月间，驻适中粤军吴营在当地民团配合下，分三路进攻南靖科岭。红三支队第三大队、岩永靖游击队设埋伏，对适中一路来敌给予狠狠打击后，以排为单位分散活动，巧妙地杀伤敌人。敌人折腾数天仍一无所获，反而伤亡四五十人，只好撤兵。在小池和洞水两次战斗中，红三支队又各歼敌数十人。龙岩游击队歼灭驻白土粤军及民团一部，于 3 月 4 日化装袭取湖邦石牌前炮楼，全歼当地民团，缴获步枪 12 支。正如邓子恢所总结的，红军游击队"在南靖科岭以一连人击溃粤军三个营的搜山，结果粤军死伤二十余人。在大池之中华山、在平和之象湖山，我们的部队都给粤军以几十人杀伤；在永定之芹菜洋，红军开始消灭粤军一个排"[②]。红军游击队的强力反击，迫使粤军战线拉长，兵力难济，陷入有驻防没游击、有游击没驻防的境地，首尾难顾，伤亡日增，士气低落，军心动摇。

由于闽西南军政委员会及时变更方针，重新分散游击，同时发动社会各界人士反对粤军烧山移民的行径，大力宣传"停止内战共同抗日"的主张，于是在军事上和政治上取得了主动，实现了局势的转换。粤军则很快在政治上、军事上陷于被动，士兵消极，官兵厌战，逃亡

---

① 《闽西南军政委员会印发的散兵群战术研究》（1937 年 3 月 20 日），中国人民解放军历史资料丛书编审委员会：《南方三年游击战争·闽西游击区》，解放军出版社 1991 年版，第 213 页。

② 《邓子恢同志答复谢仰麒的信》（1937 年 4 月 15 日），福建省档案馆、广东省档案馆编：《闽粤赣边区革命历史档案汇编》第 2 辑，档案出版社 1987 年版，第 320 页。

日多，如驻龙岩大池、永定峰市、大溪的粤军逃跑的约占三分之二以上，[①] 驻龙岩小池粤军一个连经多次集体开小差后只剩下十余人。部队傲慢凶残的气势逐渐低落。这也为从政治上争取粤军，实现闽粤边、闽西南国共和谈奠定了很好的基础。而红军游击队不仅巩固了老游击根据地，保存了有生力量，而且向外特别是向南发展，开辟了新的游击区。

（四）向“联蒋抗日”的转变

随着局势发展，为促进抗日民族统一战线的建立，中共中央“抗日反蒋”方针很快又向“联蒋抗日”转变，其间也经历了一个艰难复杂的过程。自瓦窑堡会议后，中国共产党一直努力争取同以蒋介石为首的国民党政府联合抗日。1936 年 8 月 25 日，中共中央致书国民党中央，提出只有国共重新合作，停止内战，才能真正实现救亡图存；宣布准备同国民党“开始具体实际的谈判，以期迅速订立抗日救国的具体协定”[②]。9 月 1 日，中共中央发出指示，指出中日民族矛盾是国内主要矛盾，“抗日反蒋”口号已不适宜，“我们的总方针，应是逼蒋抗日”[③]。9 月 17 日，中共中央政治局会议又通过决议，指出：要“扩大各党、各派、各界、各军的抗日民族统一战线”，并加强党对统一战线的政治领导。[④] 这些说明，随着国内外形势的发展变化，中国共产党的战略方针已经开始发生重大改变。

---

① 《方方关于闽西南斗争和工作状况给中共中央的报告》（1937 年 6 月），中国人民解放军历史资料丛书编审委员会：《南方三年游击战争·闽西游击区》，解放军出版社 1991 年版，第 238 页。

② 《中国共产党致中国国民党书》（1936 年 8 月 25 日），中共中央文献研究室、中央档案馆编：《建党以来重要文献选编（1921—1949）》第 13 册，中央文献出版社 2011 年版，第 269～270 页。

③ 《中共中央关于逼蒋抗日问题的指示》（1936 年 9 月 1 日），中共中央文献研究室、中央档案馆编：《建党以来重要文献选编（1921—1949）》第 13 册，中央文献出版社 2011 年版，第 276 页。

④ 《中共中央关于抗日救亡运动的新形势与民主共和国的决议》（1936 年 9 月 17 日），中共中央文献研究室、中央档案馆编：《建党以来重要文献选编（1921—1949）》第 13 册，中央文献出版社 2011 年版，第 285 页。

正当中共中央采取“逼蒋抗日”方针，推动南京政府抗日之际，1936年12月，西安事变发生。中共中央为此于12月19日召开政治局扩大会，确定和平解决西安事变的基本方针，并由周恩来作为全权代表参加张、杨同宋子文、宋美龄的谈判，使他们之间达成释放蒋介石的六项条件，其中包括停止“剿共”政策，联合红军抗日。[①] 西安事变的和平解决，对国共两党合作抗日起了重要推动作用，成为时局转换的关键，以此为契机，促进了中共中央“联蒋抗日”方针的实现。

西安事变和平解决以后，中共中央又于1937年2月10日致电国民党五届三中全会，提出停止内战，一致对外；保障言论、集会、结社自由，释放一切政治犯；召开各党各派各界各军的代表会议，迅速完成对日作战准备工作；改善人民生活等五项要求。表示国民党“果能毅然决然”在和平统一、团结御侮方针下将上述五项要求定为国策，则中共愿意停止内战，服从国民政府领导，工农政府改称中华民国特区政府，红军改名国民革命军；实行民主制度；停止没收地主土地等。作出有原则的重大让步，由“逼蒋抗日”向“联蒋抗日”的转变，体现了中国共产党以民族利益为重的宽广胸襟，从而为实现第二次国共合作创造了有利条件。

此前，福建各游击区已从各种渠道得知中共中央的抗日方针。1936年9月，周恩来在陕北致信张鼎丞、邓子恢、谭震林，告知中央到陕北后即以建立统一战线号召全国，并指出“西北红军之胜利及南方游击战之坚持”在建立抗日民族统一战线中发挥了重要作用。[②] 可见，南方游击战争是抗日统一战线建立的重要助力。

粤军入闽后，闽西南军政委员会分析认为粤军受过西南抗日救亡运动的影响，可能比较倾向抗日，“经过了一年来广东民众抗日救亡运动的熏陶，经过了三个月来西南抗日救国军的洗礼”，所以“更大的增长着抗日救亡的情绪，觉悟到抗日必须讨蒋与全国联合救亡的必要”，

---

① 《关于蒋介石声明的声明》（1936年12月28日），参见《毛泽东选集》第一卷，人民出版社1991年版，第246页。

② 《周恩来致闽西南军政委员会信》（1936年9月22日），中国人民解放军历史资料丛书编审委员会：《南方三年游击战争·闽西游击区》，解放军出版社1991年版，第152页。

这“便利于我们从政治上去争取与他进行抗日反蒋统一战线”。[①] 所以在军事上对粤军的“清剿”进行打击的同时，游击队积极采取争取分化粤军的策略，提出要以“最大力量进行争取粤军工作”[②]。10 月 31 日，闽西南军政委员会针对各级党组织和红军游击队发出《关于争取粤军工作的指示》，强调争取粤军工作的重要意义，分析了粤军的特点，对如何开展争取工作并获得效果提出具体措施和办法，提出“必须注意利用这些军官抗日反蒋情绪与保存实力的观点，与他们联合战线，经过他们更大的来开展下层统一战线，使之上下层的统一战线密切的贯连起来”[③]。还以闽西南军政委员会和闽西南抗日讨蒋全体红色战士的名义，多次发出致粤军官兵的书信，如《为联合抗日讨蒋告粤军官兵书》、《关于与粤军联合抗日救国条件致粤军军官士兵的信》等。要求就抗日救国与粤军停战合作：停止进攻红军、游击队；停止毁灭闽西经济的烧山、烧屋、移民；取消苛捐什税；抵制日货，严防走私；没收卖国贼汉奸财产，作为抗日经费及救济工农；保障群众抗日救国的组织、集会、出版、武装等各种自由。[④] 11 月 30 日，又发出《为反对日本帝国主义进攻绥远拥护国防政府抗日联军成立告群众书》，号召广大粤军官兵继续过去西南抗日救国的光荣，停止进攻抗日救国的红军游击队，停止对烧杀移民政策的执行，与红军联合抗日。

为贯彻中央抗日民族统一战线方针，西安事变后不久的 1936 年 12 月 20 日，闽西南军政委员会发出《关于扩大抗日统一战线的方针》的

---

① 《闽西南军政委员会关于在西南事变中我们工作检查与目前紧急任务的决议》(1936 年 10 月 24 日)，中国人民解放军历史资料丛书编审委员会：《南方三年游击战争·闽西游击区》，解放军出版社 1991 年版，第 158 页。

② 《闽西南军政委员会关于在西南事变中我们工作检查与目前紧急任务的决议》(1936 年 10 月 24 日)，中国人民解放军历史资料丛书编审委员会：《南方三年游击战争·闽西游击区》，解放军出版社 1991 年版，第 159 页。

③ 《闽西南军政委员会关于争取粤军工作的指示》(1936 年 10 月 31 日)，中国人民解放军历史资料丛书编审委员会：《南方三年游击战争·闽西游击区》，解放军出版社 1991 年版，第 166 页。

④ 《闽西南军政委员会致粤军军官士兵的信——关于与粤军联合抗日救国条件》(1936 年 11 月 10 日)，福建省档案馆、广东省档案馆编：《闽粤赣边区革命历史档案汇编》第 2 辑，档案出版社 1987 年版，第 230 页。

第三号布告，提出：粤军或其他部队，只要立刻停止进攻红军及义勇队，停止移民烧杀的法西斯政策，并释放为抗日或切身利益斗争而被捕的政治犯，保障组织抗日团体和武装、抗日言论、出版等自由，宣布没收日本及汉奸卖国贼的财产，发动抵制日货运动等，“在这些条件之下，红军不仅立即放弃敌对行动，并以诚恳要求对方派出代表订立抗日作战协定。其次对各地民团、壮丁队、保安队等，在对内问题上，不论过去有任何不同政见，只要现在停止进攻红军，停止危害群众利益的一切行为（如压迫群众救国行动，抽收苛捐什税劳役、劳役、酷禁……），红军也欢迎与其联合，一致共同抗日，以救省救家乡”。[①] 接着又发出《为联合救国致各界公开信》，提出为抗日救国，已遵照苏维埃政府修改的土地政策，改变对地主富农的策略，以求与各阶级、各党派真实合作，一致对外。在下列条件下尤愿意放弃对粤军及一切部队的敌对行动：一是停止进攻红军游击队，二是停止毁灭西南经济的烧杀、移民，三是取消苛捐杂税，四是抵制日货，严防走私，五是没收汉奸卖国贼财产，充实抗日经费及救济贫民，六是保障群众抗日救国的组织、集会、出版、武装各种自由。闽西南军政委员会及其所领导的游击队，愿意与各阶级、各党派、各团体彼此磋商，共砥于成。尤希望各界同胞和爱国志士共同发起组织闽西南各界救国联合会，磋商闽西南抗日政府、抗日联军的建立，进行抗日救国工作，以完成救国救省的任务。提出希望各界人士“将本会写给告粤军的信代为转达，并负责介绍，以达到彼此停战及联合抗日之目的”[②]。这些宣传收到成效，“特别是近来党的策略转变的迅速传播出去，在群众中起了极大的影响（各地群众及龙岩商人都纷谈红军为着抗日转变新策略了），这将使我们大大开展统一战线工作（某些壮丁队看了救国会宣言及闽西南

① 《中华苏维埃共和国闽西南军政委员会布告（第三号）》（1936 年 12 月 20 日），福建省档案馆、广东省档案馆编：《闽粤赣边区革命历史档案汇编》第 2 辑，档案出版社 1987 年版，第 245 页。

② 《闽西南军政委员会为联合救国致各界公开信》（1936 年 12 月），中国人民解放军历史资料丛书编审委员会：《南方三年游击战争・闽西游击区》，解放军出版社 1991 年版，第 180～181 页。

公开信，马上回信赞同救国，并宣布愿守中立）”①。

这些抗日策略的转变，都是闽西南军政委在与中共中央失去联系的情况下，从间接获取的报刊消息中分析中共中央的意图，从当地情况出发努力摸索所达成的。当时与外界联系极少，只在1936年9月间，张鼎丞与红四支队支队长阮文松和政委李赤标通过书信与闽粤边特委取得联系，闽粤边特委转来所得到的中央文件，由此得知零星消息。另外就是从香港、汕头报纸上登载的消息中揣摩中央的方针，但这种做法对理解和执行中央政策存在许多不尽准确的问题。正因如此，当从汕头《星华日报》上获悉西安事变和平解决以及中共中央向国民党五届三中全会提出“国共合作，一致抗日”的消息后，闽西南军政委对中共中央抗日策略的重大转向，认为有必要得到具体和直接的指导，因此派方方去西安寻找中共中央办事处，然后转赴延安向党中央汇报和请示，以指导今后的工作。

此时，闽西南军政委收到闽粤边特委转来的党中央瓦窑堡会议通过的《关于目前政治形势与党的任务决议》等文件。于是在1937年2月下旬召开会议，着重检查了过去的策略路线，认为闽西南红军游击队在执行党的统一战线工作中，存在着“左”倾关门主义、等待主义与右倾机会主义、游击主义，因而阻碍了党的统一战线的正确的顺利的开展和粉碎敌人“清剿”的更大胜利，强调必须克服这些错误倾向。会议通过了《关于闽西南目前政治形势和党的任务决议》，决定大力发展闽西南抗日统一战线，促成闽西南国防政府与抗日联军的建立，巩固与发展人民抗日根据地，加强党的建设等。使苏维埃红军成为闽西南人民抗日的中心力量，使党成为闽西南人民对日直接作战的模范者。为了表明闽西南苏维埃不仅是代表工农阶级的利益，而且是代表中华民族的利益，闽西南苏维埃完全接受中华苏维埃人民共和国的一切新政策，并将中华苏维埃共和国闽西南军政委员会改名为中华苏维埃人

① 邓子恢：《在与粤敌“清剿”斗争中我们的胜利》（1937年2月10日），中国人民解放军历史资料丛书编审委员会：《南方三年游击战争·闽西游击区》，解放军出版社1991年版，第201页。

民共和国闽西南军政委，抗日讨蒋工农红军改名为人民抗日红军，游击队改名为人民抗日义勇军。[①] 把各县的农民救国会、民族武装自卫委员会、抗日讨卖国贼委员会、援绥委员会、抵制日货委员会等一切组织，以职业为单位或更适合于群众的要求，与便利于公开的号召的组织方式，把一切群众组织起来，以便与商界缉私委员会、知识界教育会、学生救国会，联合建立各界救国会。各县已订立了统一战线的党派和武装，必须立即根据党的统一战线的策略，根据不同的动机及立场，派出代表进行正式的谈判、协商，甚至站在抗日的诚恳立场上可以让步妥协，以便订立抗日正式协定（或攻守相助，或互不侵犯等）。

闽赣边游击区于 1936 年 11 月在长汀县的猪仔崇召开会议，决定成立中共汀瑞县委，由胡荣佳任书记，彭胜标任副书记；并将桃古游击队改称汀瑞游击队，曾玉成任队长；还成立了没收委员会，负责游击队的给养和打土豪分财物等工作。1937 年 1 月，瑞金游击队与汀瑞游击队在猪仔崇会合，与武阳游击队取得联系，游击队力量更为壮大，并适时地改变斗争策略。

1936 年下半年，闽东特委通过攻打城镇时收集到的国民党报纸，以及坚持在白区工作的中共福安县委负责人郭文焕和浙南平阳县黄先豪等陆续送来的报纸，看到上面刊载的《八一宣言》、《中共中央关于目前政治形势与党的任务决议》等文件，又从福州进步青年组织转来的南临委（即中共南方临时工作委员会）翻印的文件上，知道国内形势发生了重大变化。于是顺应这种变化，部队改称人民红军，并与闽北游击区党组织商讨，决定成立人民抗日军政委员会。这年冬，中共闽东特委发表《为抗日救国告群众书》。1937 年 2 月 10 日，中共闽东特委发出《通令》，决定将闽东军事机关与政权机关合并，成立闽东军政委员会，叶飞任军政委员会主席，范式人、阮英平任副主席，委员 13 人。同时将闽东分为三个作战分区：划霞鼎、福霞、安福、霞泰鼎

---

① 《闽西南军政委员会关于闽西南目前政治形势和党的任务决议》（1937 年 2 月 28 日），中国人民解放军历史资料丛书编审委员会：《南方三年游击战争·闽西游击区》，解放军出版社 1991 年版，第 209 页。

四县为闽东民众对日作战第一分区，许旺为第一分区军政委员会主席；宁德、罗源、周墩、安德、宁寿五县为闽东民众对日作战第二分区，缪英为第二分区军政委员会主席；福寿、寿泰庆景、松政庆、寿政庆、龙庆景等县为闽东民众对日作战第三分区，叶藩为第三分区军政委员会主席。红军各纵队番号一律改为中国工农红军闽东抗日第几纵队。[①]

西安事变后，闽粤边人民抗日救亡的要求更加高涨，闽粤边特委在此历史转折关头，更迫切希望能与中共中央取得联系，得到具体的指导。1936 年 9 月，南临委在香港成立，由薛尚实任书记。南临委成立后，即派员到厦门寻找闽南党组织，与厦门工委书记尹林平（尹利东）建立联系。11 月，尹林平前往香港，接受南临委的工作指示。1937 年春节后，尹林平回到福建，在漳浦小山城向闽粤边特委转达了南临委的工作指示，使与党中央失去联系近两年半的闽粤边特委正式与南临委接上关系。南临委指示闽粤边特委：第一，恢复与党中央的联系，即同南临委正式建立上下级组织关系，接受南临委领导；第二，组织各种抗日的人民团体，团结一致，停止内战，实现国共第二次合作；第三，游击队可以和国民党地方军队、政府签订地方性停战协定。2 月，尹林平受特委派遣第二次赴港，向南临委了解西安事变后中共中央对抗日问题的方针大政。薛尚实介绍了中共中央处理西安事变的基本方针和过程，指示闽粤边特委要动员群众拥护中共中央“联蒋抗日”的号召，发宣言，组织示威游行。[②] 特委接到南临委指示后，在平和山内召开特委扩大会议，决定加快与粤军一五七师及国民党地方当局的合作谈判进程，以特委和红军的名义向一五七师发出“停止内战，合作抗日，一致对外”的信。但是，一五七师置之不理，并加紧“清剿”红军游击队。何鸣领导红抗三支队采用“散兵群”战术，将兵力分散

---

① 《中共闽东特委关于成立闽东军政委员会的通令》（1937 年 2 月 10 日），中国人民解放军历史资料丛书编审委员会：《南方三年游击战争·闽东游击区》，解放军出版社 1993 年版，第 77 页。

② 尹林平：《闽南第二次国共合作谈判情况和经验教训》，中共福建省龙溪地委党史办公室、中共广东省汕头市委党史办公室：《闽粤边区三年游击战争史料汇编》第二辑，内部资料，1985 年，第 234 页。

与敌周旋，使一五七师无法在短期内消灭游击队，双方在军事上呈相持状态，为进一步敦促粤军与游击队实现和谈，建立闽粤边抗日民族统一战线创造了条件。

1937 年 3 月 5 日，南临委对闽粤边特委发出指示信，要求特委根据中共中央建立抗日民族统一战线的精神，将“打倒蒋介石”改为“要求蒋介石督师抗日”、要求粤军一五七师黄涛师长“保护福建，驱逐日寇浪人出境”、“红军、粤军联合起来一致抗日，保护闽粤”。指示特委立即向一五七师进行广泛的抗日宣传，通过写信等方式要求与粤军建立联系，并派代表到游击区或安全地带进行谈判。南临委对谈判内容作出规定：第一，红军游击队停止游击行动；第二，红军游击队改称民族自卫军或抗日讨贼军，受粤军指挥；第三，红军游击队原地驻守，双方不得侵犯；第四，红军给养须保证。① 为使和谈能够按照党中央的精神进行，南临委在指示中强调：要继续扩大党与红军的组织，大力开展抗日救亡活动，把千百万群众团结到抗日的纲领下来。在党的建设方面，加紧对党员进行政治上思想上的教育，教育干部及一切组织，具有最大的主动性、坚定性和专责心。首先把党的基础支部生活建立健强起来，除建立模范支部、模范区、模范县之外，须办党校及流动训练班，训练干部。巩固和扩大党和群众组织，向党的主要危险关门主义与冒险主义作斗争。南临委指示信对闽粤边游击区从国内战争向抗日民族战争的战略转变，对于加快这一地区的国共和谈的进程起到重要的作用。

闽北游击区虽然处境艰难，而且与上级党组织未取得联系，信息断绝，但仍千方百计地获取时局信息。1937 年初，黄道偶然得到西安事变及和平解决的消息。此后特别注意收集和购买各种出版物和报纸，得知一二·九学生抗日运动、中共中央给国民党三中全会电、冯玉祥等人关于国共合作的提案等，从其中的字里行间，意识到中国形势正

---

① 《中共南方临时工作委员会给闽粤边区特委的指示信》（1937 年 3 月 5 日），中国人民解放军历史资料丛书编审委员会：《南方三年游击战争·闽粤边游击区》，解放军出版社 1994 年版，第 188～191 页。

在发生重大变化。1936 年 8 月，闽赣省委派广浦县委书记吴华友去上海、香港寻找与党中央取得联系的线索，1937 年 2 月在香港与特地从美国回来和他联系的朱挺见了面。吴华友寄回中共中央有关国共两党合作抗日的重要文件后，黄道立即组织大家学习讨论，引导大家分析形势，理解中央的精神，把思想认识从“抗日反蒋”转到“联蒋抗日”上来。1937 年 2 月，闽赣省委通过决议，号召全体中国人，不分职业、团体、宗教、政治派别，联合起来，共同抗击日本帝国主义的侵略。① 要求各地成立抗日救国会，广泛吸收群众加入，尤其应该派人到附近城市中去进行工作，在学生中进行抗日宣传与组织。如崇安的崇安城，广浦的浦城，建松政的松溪、政和，邵建顺的邵武、洋口、顺昌，迪口县委的延平、建瓯、古田，贵南的临川、贵溪等。② 提出“必须设法打入城市中去进行知识分子中尤其学生中的反日宣传与组织工作……组织抗日救国会，闽东北特委必须设法进行福州、建瓯两城市学生运动……其他各地党应进行附近城市的学生运动”③。3 月 7 日，闽赣省军政委员会成立，黄道任主席，曾镜冰、曾昭铭任副主席；并发布团结抗战的训令。④ 为了使人民都参加到反日阵线，实行政策转变：保护知识分子、小工商业者，对大商家、富农、小地主、白军俘虏采取较宽松、人道化的政治经济政策。⑤ 这些为闽北游击区从“抗日讨蒋”转向“联蒋抗日”创造了有利条件，迈出重要步伐。

---

① 《中共闽赣省委关于开展抗日反帝斗争的决议》（1937 年 2 月 7 日），中国人民解放军历史资料丛书编审委员会：《南方三年游击战争·闽北游击区》，解放军出版社 1993 年版，第 41 页。

② 《中共闽赣省委关于开展抗日反帝斗争的决议》（1937 年 2 月 7 日），中国人民解放军历史资料丛书编审委员会：《南方三年游击战争·闽北游击区》，解放军出版社 1993 年版，第 41 页。

③ 《中共闽赣省委关于红色五月工作的决议》（1937 年 3 月 28 日），中国人民解放军历史资料丛书编审委员会：《南方三年游击战争·闽北游击区》，解放军出版社 1993 年版，第 45 页。

④ 《闽赣省军政委员会政治部训令》（1937 年 3 月 7 日），中国人民解放军历史资料丛书编审委员会：《南方三年游击战争·闽北游击区》，解放军出版社 1993 年版，第 42 页。

⑤ 《闽赣省军政委员会政治部训令》（1937 年 3 月 7 日），中国人民解放军历史资料丛书编审委员会：《南方三年游击战争·闽北游击区》，解放军出版社 1993 年版，第 42～43 页。

而闽西南军政委员会直到4月间才从闽粤边特委得到中共中央《关于抗日救亡运动的新形势与民主共和国的决议》和南临委3月5日致闽粤边特委的指示信，得知中央方针已转向“联蒋抗日”。4月25日，闽西南军政委员会在永定召开常委扩大会，学习讨论了中共中央的新精神，决定在闽西开展“和平运动”，推动国民党当局抗日，为抗日民族统一战线在闽西的建立而奋斗。会后，闽西南军政委员会制定《闽西南人民抗日救国纲领》，共17条，指出：“闽西南人民自救救国的根本出路，只有一致联合起来”；“为着集中力量抗日救国，首先就要求闽西南内部团结，各党、各派、各军、各界亲密联合”，消除敌对行动，使“清剿”与游击同时停止，以保存双方抗日力量；“要把自己武装起来。各界普遍组织抗日义勇军、自卫军等等”；“要在闽西南更大开展人民救国运动。普遍成立抗日救国会、宣传队、募捐队、救护队、运输队、慰劳队、没收日货队等等”。[①] 闽西游击区仍处激烈内战的时刻，闽西南军政委员会贯彻中央指示，作出联合包括持敌视态度的粤军在内的各阶层共同抗日的决定，体现了闽西党组织自觉执行中共中央新方针的勇气和以民族利益为重的全局意识，标志着闽西南军政委员会实现了从“讨蒋抗日”向“联蒋抗日”的转变。

1937年6月，闽东军政委员会发出《布告》，根据中央对知识分子、民族工商业及一切小资产阶级分子、富农政策的改变，及组织国防政府与抗日联军的方针，提出：希望知识分子及爱国人士积极参加抗日活动；保护民族工商业资本家与富农；愿联合团结一切抗日武装。[②]随后，闽东特委又发表告民众书，号召立刻停止内战，建立团结

① 《闽西南军政委员会关于闽西南人民抗日救国纲领》（1937年5月15日）中国人民解放军历史资料丛书编审委员会：《南方三年游击战争·闽西游击区》，解放军出版社1991年版，第215～216页。

② 《中华苏维埃人民共和国闽东军政委员会布告》（1937年6月），中国人民解放军历史资料丛书编审委员会：《南方三年游击战争·闽东游击区》，解放军出版社1993年版，第65～66页。

的民族阵线，共同抗日。[1] 1937 年 8 月，为进一步弄清全国形势的变化，叶飞率闽东独立师主力攻取宁德重镇八都，从缴获的国民党报纸中，证实全面抗战爆发，国共合作已实现，中央红军改编为八路军的消息，获悉中共中央“联蒋抗日”新政策，闽东特委随即转入执行“联蒋抗日”政策阶段。

二、闽粤边国共和谈与“漳浦事件”

（一）闽粤边率先开始谈判

西安事变后，迫于全国要求抗日的形势，1937 年 2 月国民党五届三中全会在内外政策上有了明显转变，提出的谈判条件与共产党所提要求也较为接近，表明国民党已接受中共合作抗日的正确主张。自此恢复国共和谈，并达成陕北红军改编为国民革命军第八路军，南方红军游击队改编为新编国民革命军第四军，在南京、武汉、南昌、福州等城市设立八路军和新四军办事处，释放政治犯等协议。

闽粤边靠近沿海，消息灵通，较早获知中央有关抗日民族统一战线的方针政策，成为南方游击区中最早和国民党当局进行和平谈判的游击区。1937 年 2 月，闽粤边特委代理书记何鸣从国民党报纸获悉西安事变及国共合作抗日的消息。特委立即召开扩大会议，对急剧变化的国内形势进行分析讨论，并根据这一变化向粤军一五七师及国民党地方当局提出停止内战、共同抗日的建议。3 月，特委先后向一五七师、各县县长和联保主任以及各界爱国人士写信，申明红军游击队愿意联合各党派一致抗日的主张。为了得到上级党组织进一步指示和指导，特委还派厦门市委的尹林平前往香港，向中共南临委汇报请示闽粤边区工作。

---

① 《中共闽东特委为建立抗日民族统一战线告民众书》（1937 年 7 月 5 日），中国人民解放军历史资料丛书编审委员会：《南方三年游击战争·闽东游击区》，解放军出版社 1993 年版，第 67 页。

此时活动于云和诏一带的闽粤边红抗一支队按照特委的指示，着手与当地国民党驻军进行接触。1937 年 4 月 19 日，红抗一支队政委吴金、支队长卢胜等，同驻诏安的粤军一五七师四九二团二营一名副官和国民党诏安县一名官员进行谈判。谈判中，红抗一支队代表提出三条初步条件：第一，停止两方军事行动；第二，给人民一切抗日自由；第三，释放政治犯。① 粤军代表及国民党方面表示可以接受，但对红军游击队今后的驻地、使用番号以及部队给养等问题则未达成一致意见。这次接触性的谈判，表明粤军广大官兵在抗日救亡形势的推动下，有和谈的意向，也为闽南国共和谈取得一个好的开端。闽粤边特委十分重视双方第一次接触，随后派特委代理书记何鸣前往指导。

4 月底或 5 月初，尹林平再到闽粤边特委和红三团驻地，带回了中共南临委给闽粤边特委的指示信，汇报了有关情况。特委根据南临委的指示精神，致函粤军一五七师，提出互派代表进行谈判的建议。此时，何鸣以个人名义给当地驻军四九二团一营营长钟定天写信，表示合作抗日的诚意。5 月，何鸣回到平和山内，通过平和和中区委书记陈天才与山内三位保长的统战关系，向驻片仔村的粤军连长传话，希望粤军派出代表与红军谈判。一五七师师长黄涛同意钟定天的请求，授命钟定天直接与何鸣接触协商。经过一段时间的努力，5 月 25 日，中共闽粤边特委派卢叨（化名王祥）为代表，粤军一五七师派四九二团第一营连长伍笃祺为代表，按双方事先约定，在山内郭坑村陈天才家中进行首次接触，开展试探性谈判，阐明各自观点，但未达成任何协议。

虽然国共双方有了接触，但粤军并没有停止对游击区的进攻。本来粤军只在小溪、山内各驻一个营的兵力，此时却增调一个团。钟定天同时又给卢叨写信，表示接到上峰指示，“谈判不忘进攻，进攻不忘谈判”，信中还约定次日会面。很明显，粤军企图军事与谈判并举，以彻底消灭闽粤边红军游击队。接到此信后，中共闽粤边特委立即召开

① 《大事记》，中国人民解放军历史资料丛书编审委员会：《南方三年游击战争·闽粤边游击区》，解放军出版社 1994 年版，第 414 页。

紧急会议，商讨应对之策。特委代理书记何鸣在会上分析认为，国民党派出这么多部队进犯，又说要谈判，这是想若武力消灭不了，就利用谈判来麻痹，以达到消灭红军游击队的目的。为防不测，特委决定分散转移。何鸣自认为熟悉地形，不需保护，仅带特委机关政工、后勤、警卫员12人转移。

5月27日，何鸣、林路、卢叨等人在平和白沙被粤军一五七师李尚达营包围抓捕。何鸣被捕后，据理抗争，大力宣传中国共产党合作抗日的主张，指出一五七师这种做法是背信弃义行为。特委得知这一消息后，以张敏代理闽粤边特委书记，并展开全力营救，对外宣称何鸣为闽粤边特委的谈判代表却遭抓捕，通电抗议一五七师破坏和谈的行径。此事一经披露，在闽南各界中引起很大的反响，就连一五七师内一批爱国军官对抓捕何鸣一事也深表不满。在多方面的压力下，黄涛被迫释放了何鸣等人。

闽粤边特委此时积极发动红军游击队分头与当地驻军进行谈判。特委继续派何鸣、卢叨为代表在平和与一五七师何定天部谈判。6月上旬，吴金代表红抗第一支队在诏安与一五七师九四一团第二营的谈判取得进展。9日，该营营长郭良偕同吴金到漳州一五七师师部继续谈判，并在漳州公开向记者发表谈话。此时，一五七师以红军方面不统一，不知以谁为代表，借题发挥向特委施加压力。特委意识到各支队响应党的号召，积极寻找各种途径与国民党当局进行谈判，主观意愿是好的，但确实造成不统一的问题，容易给国民党方面以口实，借机破坏和阻挠谈判。于是特委决定纠正各支队可以单独与粤军谈判的不妥做法，决定召回吴金，统一由何鸣代表特委和红抗各支队与一五七师谈判。

6月中旬，为了促进闽南整个国共和谈的进程，特委决定以何鸣、卢叨为特委和红军游击队的全权代表，与一五七师代表、师参谋长张光前、参谋处处长李宏达在漳州举行正式谈判。谈判期间，闽粤边特委发表《告闽南同胞书》，表明红军游击队改编为国民革命军是为了顾全抗战大局的义举，“无抗日不能生存，无联合不能抗日”，号召各界同胞，“把我们之间的成见废除，大家紧密地联合起来，手携手脚踏脚在国防前线上，为祖国生命而战！为民族生存而战！为自由民主而战吧！”① 谈判中，一五七师接受闽粤边特委关于合作抗日的主张，并承认闽南共产党和红军游击队的合法地位，但提出游击队必须离开原来根据地，到漳州集中。而闽粤边特委主张驻在平和一带，这里靠近尪仔石山根据地，联系便利。集中地点问题双方争论最为激烈。后来一五七师又提出将游击队集中地点改在漳浦县。于是特委内部产生意见分歧。有些同志觉得驻漳浦有前途，可以向海上发展。但大部分同志主张驻漳浦城南一带的游击区。意见得到统一后，特委由张敏任代理书记，一面派人到南临委请示，一面派何鸣向一五七师交涉。但何鸣没有执行特委意见，擅自答应部队驻漳浦城内。

何鸣宣布谈判结果后，在特委内部引起哗然。6 月 23 日，闽粤边特委在平和高坑专门举行特委扩大会议。会议围绕部队是否离开根据地到漳浦县城集中这一焦点问题展开争论。会上，撤去吴金的职务，对何鸣提出批评，批评他违反特委决定和不服从特委指示，但何鸣拒不接受，反而强调进城扩大影响是“中央的指示”，甚至用“破坏统一战线，你们要负责任”等威胁大家。当时吴金也同意何鸣说法；卢胜、王胜、尹林平、朱曼平、林路等人则持反对意见，认为事关重大，应请示南临委，不同意部队轻易离开根据地，到会的多数同志也不同意何鸣的意见。② 张敏考虑到何鸣过去在工作上有些成绩，又考虑到漳浦离根据地还不算远，于是对何鸣作了无原则的让步，最后同意部队进驻漳浦县城内。③

6 月 26 日，根据中央有关精神和南临委规定的谈判条件，何鸣代

---

① 《中共闽粤边区委员会为改编红军一、三支队及漳州人民抗日义勇军告闽南同胞书》（1937 年 6 月 23 日），福建省档案馆、广东省档案馆编：《闽粤赣边区革命历史档案汇编》第 2 辑，档案出版社 1987 年版，第 395～398 页。

② 卢胜：《“漳浦事件”前后》，中共福建省委党史资料征集编写委员会研究室编：《从和谈到北上抗日》，福建人民出版社 1985 年版，第 52～53 页。又见王胜：《漳浦事件与何鸣》，中共福建省龙溪地委党史办公室、中共广东省汕头市委党史办公室：《闽粤边区三年游击战争史料汇编》第二辑，内部资料，1985 年，第 227～228 页。

③ 尹林平、朱曼平、卢胜：《漳浦事件的回顾》，中国人民解放军历史资料丛书编审委员会：《南方三年游击战争·闽粤边游击区》，解放军出版社 1994 年版，第 358 页。

表特委同一五七师代表陈浚在漳州正式签订合作抗日的“六二六”政治协定：(1) 红军一、三支队和抗日义勇军改为国民革命军；(2) 特委有宣传、组织、独立之自由；(3) 在一五七师防区内保护民众爱国运动；(4) 停止封锁苏区；(5) 互相释放被捕人员；(6) 保留红军原有枪支、人数；(7) 红一、三支队及义勇军改编后归一五七师指挥；(8) 红军官兵薪饷待遇与一五七师同；(9) 红军游击队不得擅自调离漳属；(10) 双方均应遵守政治协定；(11) 应立即通知双方之部队、党部及政府施行。[①] 谈判期间，国民党军不断袭击到高坑、坂仔集中的红军游击队，枪杀接洽人员，各地土豪劣绅也乘机捕杀党员、红军干部和革命群众。然而闽粤边少数同志仍对和谈抱有希望，麻痹大意，对敌人背信弃义的行为没有给予坚决反击。当时除在坂仔、漳浦、下布等地集中一些干部进行训练，并保存各县、区组织外，各地只留少数部队看押土豪和担任武装工作队的工作。部队开赴漳浦以前，张敏也作了许多防变的部署，把特委机关移到漳浦县境内，以便具体掌握进城的部队；特别组织中共漳浦工作委员会和部队一同入城，在原来白区工作的基础上，展开秘密活动；又把留下的武装，配备短枪，分给各县、区掌握。[②]

6 月 30 日，根据双方签订的“六二六”协议，闽粤边特委率红抗一支队、三支队及部分抗日义勇军官兵赴平和县小溪镇整编。此前，南临委得悉闽粤边红军游击队改编，准备离开根据地的消息，派姚铎前来向特委传达南临委的指示。队伍途经平和县板仔村时，正好与姚铎相遇，姚铎立即向特委领导传达了南临委重要指示：番号可以改变，政治上要保持独立，部队必须提高警惕，要驻扎在根据地，不能开到

---

① 枫子：《闽南国共合作经过及其前途》(1937 年 8 月 10 日)，中国人民解放军历史资料丛书编审委员会：《南方三年游击战争·闽粤边游击区》，解放军出版社 1994 年版，第 232～233 页。

② 尹林平、朱曼平、卢胜：《漳浦事件的回顾》，中国人民解放军历史资料丛书编审委员会：《南方三年游击战争·闽粤边游击区》，解放军出版社 1994 年版，第 358～359 页。

平原去。[①] 但何鸣强调南临委不了解闽粤边实际情况，并说明了漳浦县城距基点村溪南仅四华里，离下布、下楼也仅八华里，一有情况便可直上蜈蚣山、梁山根据地，且部队进入漳浦后能够扩大共产党的影响，促进闽南的抗日救亡运动。当时闽粤边特委主要领导迁就了何鸣的意见和做法，于是姚铎未再坚持南临委指示，而是同意了何鸣的意见。[②] 当时也有部分同志不同意何鸣的做法，为以防万一，临时决定抽出一部分人和驳壳枪准备应变。同时要求姚铎再回去请示南临委，部队就地停下，与国民党一五七师部队相邻驻扎了十多天。7 月 1 日，红军游击队在小溪改编为闽粤边保安独立大队，何鸣任大队长，全队官兵共 800 余人，编为五个连和警卫、电话、军医、宣传四个排。7 月 2 日，国民党小溪之粤军及小溪商会召开欢迎红军改编大会，双方代表都作了恳切的演说，“何鸣之演词及《为改编红一、三支队及漳州人民抗日义勇军告闽南同胞书》，均为各地报纸转载”[③]。显然，此时以何鸣为首的部分闽粤边特委及红军领导人被粤军假借和谈之名，行消灭红军之实的阴谋所迷惑了。

（二）“漳浦事件”及其应对

全面抗战爆发后，国民党一五七师以沿海局势紧张为借口，阴谋调闽粤边保安独立大队到漳浦县城集中受训。何鸣对此失去了应有的警觉，在南临委新指示未到的情况下，率部于 7 月 13 日抵达漳浦县城。此时群众抗日情绪高涨，队伍经过南胜、五寨、象牙庄时，一路上群众扶老携幼，夹道欢迎。实际上，这是国民党当局策划消灭这支红军游击队阴谋的一个步骤，包藏祸心。在保安独立大队到达漳浦的同一

---

① 尹林平、朱曼平、卢胜：《漳浦事件的回顾》，中国人民解放军历史资料丛书编审委员会：《南方三年游击战争・闽粤边游击区》，解放军出版社 1994 年版，第 359 页。

② 尹林平：《闽南第二次国共合作谈判的情况及经验教训》，中共福建省龙溪地委党史办公室、中共广东省汕头市委党史办公室：《闽粤边区三年游击战争史料汇编》第二辑，内部资料，1985 年，第 240 页。

③ 枫子：《闽南国共合作经过及其前途》（1937 年 8 月 10 日），中国人民解放军历史资料丛书编审委员会：《南方三年游击战争・闽粤边游击区》，解放军出版社 1994 年版，第 233 页。

天，国民党第四路军总司令余汉谋奉蒋介石密令，乘飞机抵漳州，与一五七师师长黄涛密谋。7 月 14 日上午，两人又飞往福州与福建省政府主席陈仪进一步策划，返回漳州后又对保安独立大队缴械问题作周密部署，并星夜命令驻石码之第九四二团陈浚部赶赴漳浦，协助驻漳浦的四七一旅实施缴枪方案。[①]

此前，南临委也开会讨论过闽粤边区问题，认为虽然谈判取得初步胜利，但这一胜利还是初步的、狭隘的、不巩固的。特委暴露出对建立统一战线策略认识肤浅，轻浮急躁的问题。部队“集中出去”，放弃根据地，这是根本错误的，可能发展为右倾取消主义危险，总的原因是“不尊重新的决定和指示”。南临委提出坚持条件应包括：停止军事行动，已调开的粤军不得返防迫近，红军游击队也在一定地带不超越指定的区域；保证交通贸易自由，及爱国反日反汉奸浪人的活动；驻防地保持原有地带，具体解决时，可奉令到特定防线，调动集中尊重双方中央决定；确定正式谈判代表，建立公开接头处；要求巩固已取得的胜利，广泛开展抗日运动。[②] 这一指示是明确的，可惜没起到应有的作用。

其实国民党驻军的阴谋也显露出一些迹象。在红军游击队向漳浦县城开进途中，一五七师却派两个营尾随，截断红军与特委的联系，还沿途撕掉红军标语。群众发觉后赶来报告，何鸣却认为是汉奸造谣。除此以外，武装摩擦也时有发生。如漳浦县委开会时，突遭国民党军队包围，红军游击队被迫还击。仅隔一天，平和县委又遭地方反动民团进攻，县武工队与敌人进行激战。这些情况反馈到何鸣处，不但未引起他的警惕，反遭责怪和批评。[③] 闽粤边特委在保安独立大队进驻漳

---

① 王炳南：《“何鸣事件”的真相和启示》，《福建党史通讯》1985 年第 8 期；又见陈柏麟：《粤军一五七师驻闽“剿共”事略》，《福建党史通讯》1986 年第 3 期。

② 《中共南方工作委员会对闽粤边区问题的讨论记录》（1937 年 7 月 4 日），中国人民解放军历史资料丛书编审委员会：《南方三年游击战争·闽粤边游击区》，解放军出版社 1994 年版，第 226～228 页。

③ 尹林平、朱曼平、卢胜：《漳浦事件的回顾》，中国人民解放军历史资料丛书编审委员会：《南方三年游击战争·闽粤边游击区》，解放军出版社 1994 年版，第 359 页。

浦县城后，对部队安全也采取了一些防范措施：一是鉴于何鸣已到独立大队，特委书记改由张敏代理，到云和诏地区活动；二是部队进入漳浦后抓紧国共合作宣传活动，扩大政治影响，以取得各阶层的支持；三是特委经过交涉迫使粤军一部驻于漳浦之下布，以保持一定距离。7月3日，特委巡视员朱曼平和在漳浦负责白区工作的彭德清，将从各种渠道收集到的粤军准备对独立大队实行缴械的情报及时通告何鸣。此时一五七师一位叫胡展光的连长也通过内线关系，告诫称一五七师大部队不久就要开到，警惕不要被他们解除武装。[①] 15日，漳浦县委派人向何鸣报告，称一五七师一个机枪连部署于漳浦石榴坂，随时准备袭击部队，提醒采取有效措施应对。[②] 种种迹象已显露出国民党有所企图，但何鸣对此缺乏应有警惕，不仅置之不理，而且不向其他同志通报，使本来有可能避免的灾难不幸上演。

7月16日上午8时左右，一五七师以点名发饷和整训为名，诱骗独立大队到体育场集合。四七一旅参谋主任陈英杰面对荷枪实弹的独立大队，以要进行训练用不着武器为由，要独立大队官兵放下枪。独立大队指战员已察觉事态突变，立即拉开枪机，推上子弹，准备决一死战。九四二团团长陈浚见势不妙，便指着预先埋伏在操场四周的火力点威胁，“枪要不要放下，你们考虑!”并要何鸣对独立大队官兵生命负责。广大指战员见此情势，怒不可遏，卢胜、王胜等示意何鸣组织武装反击。何鸣见事态已发展至此，为全体指战员安全考虑，向一五七师提出强烈抗议后，说服独立大队放下枪，等候中共中央处理，并带头把短枪扔在地下，其他指战员见状，也只好悲愤地放下了手中的枪。近千名红军指战员就这样被国民党一五七师不费一枪一弹全部缴械，其中长枪315支、驳克枪228支、冲锋枪30余支、轻机枪5挺、自动步枪3支和子弹10多万发。这就是震惊全国的“漳浦事件”。应该说，长期失去与中央联系，加上自身水平所限，对党中央与国民党实

① 尹林平、朱曼平、卢胜：《漳浦事件的回顾》，中国人民解放军历史资料丛书编审委员会：《南方三年游击战争·闽粤边游击区》，解放军出版社1994年版，第360页。

② 卢胜：《漳浦事件前后》，中共福建省委党史资料征集编写委员会研究室编：《从和谈到北上抗日》，福建人民出版社1985年版，第55页。

行合作抗日的方针和策略在理解上有偏差，特别是对于这种合作实现过程的复杂斗争缺乏充分认识，行动过于急躁，被表面现象所迷惑，从而对粤军及其背后的国民党当局丧失高度警惕性，是造成“漳浦事件”不幸发生的主要原因。

“漳浦事件”发生的同一天，国民党当局还制造了“月港事件”。在闽粤边红军游击队改编的保安独立大队开进漳浦县城的第二天，即7月14日，闽粤边特委代理书记兼云和诏县委书记张敏从平和小溪赶回诏安，向云和诏县委机关传达特委关于合作抗日的新精神。亲眼看到红三团受到各界欢迎，即将奔赴抗日战场，这使张敏十分激动与兴奋，从而放松了警惕。他对县委委员说：现在是国共合作时期，云和诏县委机关不必驻在山上，委员们也不必在山上东藏西躲，应该下山住到月港村，以便扩大抗日宣传，扩大影响。于是张敏和云和诏县委干部共12人当天便下山住进月港村。16日，张敏在月港村主持召开云和诏县区负责人会议，传达“六二六”协议和中央抗日精神、闽西南军政委员会有关指示及闽粤边特委准备与国民党合作抗日的意图。岂料，当日中午，国民党保安队沈东海部以一个连的兵力，突然包围月港村。当时村里群众发觉后，曾向张敏报告，要他们赶快离开。但张敏仍相信国民党，称“不要惊慌，现在联合了”。当国民党军分三路向村庄围击过来时，张敏仍没有组织大家抗击，反而向他们高喊：“不要开枪，现在联合了，有事可以来商量。”可见其思想上的麻痹大意。其时，云和诏县委委员罗贵炎欲取枪自卫，当场中弹牺牲。张敏和云和诏县委负责人张崇、文永视、陈老诏、许辉星、许克、李才炎等11人被捕，并于7月20日全部被杀害在良峰山东麓的虎咬巷。

“漳浦事件”发生后，被一五七师监禁于漳浦孔庙的独立大队的一批军事骨干，在卢胜、王胜等秘密领导下，趁一五七师警戒不严之机，当夜潜出城外。7月17日，何浚、朱曼平在漳浦县清泉岩召开会议，将潜出来的指战员重新整编，仍称红三团，卢胜为团长兼政委、王胜为参谋长。下编第一连，连长陈容，指导员欧育超，并建立党支部。还决定由何浚主持闽粤边特委工作。派何浚、尹利东先后到香港向南临委报告事件经过，请中央出面交涉。

闽粤边特委为营救“漳浦事件”中被扣押人员，多方奔走呼号，使事件真相大白于天下。1937 年 8 月 10 日，南临委在广州《大路》刊物上发表署名文章《闽南国共合作经过及其前途》，披露了事件真相，指出“这内战又将大规模展开的闽南局面……只有帮助了日本帝国主义，加深了闽南以至整个华南的国防危机而已。内战引导闽西进入黯淡的前途，重复了闽南民众悲惨的命运，这是任何有良心的同胞都不愿意做的事”。呼吁国民党当局立即停止一切内战行动，立即恢复闽南红军原有武装，组织更多民众武装，为中华民族的自由、独立、解放而战。[①] 国民党军队的背信弃义，激起闽粤边民众和红军游击队极大的愤慨。永定旅厦同乡会发出通电，要求一五七师黄涛师长迅速完成与闽西南红军的合作，提出“迅予练成劲旅，抗敌御侮……和平实现，免生灵再遭涂炭”；龙岩旅漳厦同乡会也进行募捐。事件发生后，各级党组织迅速采取应对措施。林路去平和，卢胜去云和诏、朱曼平带领部分队伍在漳浦，彭德清去坂仔，放手发动群众，组建队伍，恢复工作。对地主反动派的反攻倒算进行坚决的自卫反击，肃清南胜、五寨、东坑、坂仔、高坑一带的地主武装等。

同时，闽粤边特委为了得到上级党组织的指示和领导，除派何浚去南临委请示外，还派林路去闽西，以便取得闽西南军政委员会的直接领导。闽西南军政委员会先派邱金声带一个中队前往传达指示，9 月间又派谭震林带一个排武装来到闽粤边，帮助恢复和巩固党组织，发展红军游击队。中共闽粤边特委重新成立，在揭露和批判国民党无理行为的同时，大力宣传党的抗日主张，实行二五减租，改善人民生活，号召一切力量在抗日的旗帜下团结起来。[②] 漳州人民抗日义勇军改编为闽南人民抗日义勇军第三支队。闽粤赣边省委成立后，决定将厦门市委和漳州市委划归闽粤边特委领导，并派人去讨论布置工作，要特委

① 枫子：《闽南国共合作经过及其前途》（1937 年 8 月 10 日），中国人民解放军历史资料丛书编审委员会：《南方三年游击战争·闽粤边游击区》，解放军出版社 1994 年版，第 235 页。

② 张鼎丞、邓子恢、谭震林：《闽西三年游击战争》，中国人民解放军历史资料丛书编审委员会：《南方三年游击战争·闽西游击区》，解放军出版社 1991 年版，第 343 页。

特别注意：漳厦已组织的壮丁队武装组织与领导问题；漳龙公路线以南大乡工作；恢复云和诏边县工作。[①] 并与广东的饶平、澄海取得联系。

“漳浦事件”引起中共中央的高度警惕。1937 年 8 月 1 日，中央强调指出：南方各游击区革命武装，在与国民党地方军政当局举行和谈，改变番号与编制以取得合法地位时，必须严防对方瓦解与消灭我们的阴谋诡计与包围袭击。[②] 同时还对政权、土地、群众工作问题及党的组织与工作作出指示。这对正在与国民党地方当局谈判的各游击区提供了及时指导。中央还不断致电各地党组织负责人，要警惕此类事件发生，如 8 月 4 日，毛泽东致电叶剑英、彭德怀、任弼时，指出“漳浦事件”是极严重的教训，“红军各部都应引为深戒”[③]。

中央把解决“漳浦事件”作为南方红军游击队改编集中的一个重要条件，与国民党当局进行交涉。8 月底，毛泽东致电张云逸，要其尽快同国民党当局交涉，解决“漳浦事件”中何鸣部的人枪问题，敦促当局迅速将原人原枪全数退回。同时强调指出，张鼎丞部与粤军接洽，务必谨慎，以防再上当。9 月 14 日，张闻天、毛泽东就关于各边区在统战中应注意的问题致电博古等人，指出：“要求南京（政府）责令余汉谋退回何鸣部人枪，不得缺少一人一枪。”[④] 10 月 1 日，中共中央致电张云逸等人，指出：“国民党首先把何鸣部人枪交还。经证实具报无

---

① 《方方关于闽粤赣边区政治形势与党的工作问题致中央报告》（1938 年 1 月 10 日），福建省档案馆、广东省档案馆编：《闽粤赣边区革命历史档案汇编》第 3 辑，档案出版社 1988 年版，第 74 页。

② 《中共中央关于南方各游击区域工作的指示》（1937 年 8 月 1 日），中共中央文献研究室、中央档案馆编：《建党以来重要文献选编（1921—1949）》第 14 册，中央文献出版社 2011 年版，第 416 页。

③ 中央文献研究室编：《毛泽东年谱（1893—1949）》中卷，中央文献出版社 2013 年版，第 10 页。

④ 《张闻天、毛泽东关于南方游击区谈判改编时应坚持的方针等问题给秦邦宪等的电报》（1937 年 9 月 14 日），中共中央文献研究室、中央档案馆编：《建党以来重要文献选编（1921—1949）》第 14 册，中央文献出版社 2011 年版，第 505 页。

误后，方能谈判各游击区问题。”[①] 10 月 15 日，毛泽东、张闻天致电潘汉年并告博古、叶剑英，进一步指示：张鼎丞、何鸣两部在闽粤边原地，不移往他处；其他地区游击队暂缓改编。[②] 10 月 18 日，毛泽东又致电博古等，强调先要国民党交还何鸣部人枪，再接洽张鼎丞部改编事宜。[③] 10 月 30 日，再次致电博古等，指出：“在何鸣部人枪没有如数交还以前，不能集中”。[④] 10 月，张云逸从香港经厦门到达福州，就“漳浦事件”善后问题同福建省政府主席陈仪交涉。由于国共两党就南方红军游击队改编事宜的谈判已近尾声，消息已传到福建。陈仪才表示同意退枪放人，但又没有真正加以处理。鉴于国民党军政当局无视中共中央提出解决“漳浦事件”方案，故意拖延，使张云逸的交涉无明显进展，11 月 15 日，闽粤边省委书记张鼎丞发表《为闽南红军请命》，谴责国民党军政当局的无理行径：“自漳浦事件发生后，闽西南各党各派都各怀戒心，致一切抗日力量不敢放胆参加抗战，因而造成今日内部之脱离涣散局面。黄师长在此次事件中也失却不少信仰，这确是华南抗战前途之大损失。”[⑤] 他表示希望国民党军政当局督促粤军一五七师发还闽南红军被缴人员和武器，了结这一不幸事件。在党中央和闽粤边地方党组织多方交涉、据理力争下，国民党才陆续释放被

---

① 《中共中央书记处关于南方各游击区工作方针的指示》（1937 年 10 月 1 日），中共中央文献研究室、中央档案馆编：《建党以来重要文献选编（1921—1949）》第 14 册，中央文献出版社 2011 年版，第 561 页。

② 《张闻天、毛泽东关于叶挺指挥闽粤边游击队诸问题致潘汉年等电》（1937 年 10 月 15 日），中国人民解放军历史资料丛书编审委员会：《南方三年游击战争・综合篇》，解放军出版社 1995 年版，第 439 页。

③ 《毛泽东同意南方游击队集中改编致秦邦宪等电》（1937 年 10 月 18 日），中国人民解放军历史资料丛书编审委员会：《南方三年游击战争・综合篇》，解放军出版社 1995 年版，第 440 页。

④ 《张闻天、毛泽东关于南方各游击队整编问题给秦邦宪、叶剑英的电报》（1937 年 10 月 30 日），中共中央文献研究室、中央档案馆编：《建党以来重要文献选编（1921—1949）》第 14 册，中央文献出版社 2011 年版，第 638 页。

⑤ 张鼎丞：《为闽南红军请命》（1937 年 11 月 15 日），中国人民解放军历史资料丛书编审委员会：《南方三年游击战争・闽西游击区》，解放军出版社 1991 年版，第 287～288 页。

俘人员，归还了300多支枪。

“漳浦事件”的发生，客观上反映了在抗战全面爆发的历史背景之下，国内阶级矛盾依然存在，并且是十分尖锐的，“既联合又斗争”始终贯穿红军游击队整编过程中。但从党内来说，也反映了抗日民族统一战线建立初期，确实存在认识上的偏差、不成熟，不坚持共产党的独立性，有麻痹轻敌思想，终酿恶果。这正是毛泽东告诫全党注意“何鸣危险（被国民党包围缴械的危险）”[①] 的关键所在。

三、闽西和平运动与谈判斗争

（一）和平运动的开展

为推动闽西南抗日民族统一战线的建立，闽西南军政委员会于1937年5月间召开常委扩大会，接受中共中央“停止内战”、“对内和平”的方针，决定与粤军合作的具体条件，在短短两个月内掀起了一场声势浩大的和平运动。[②] 在这场争取闽西国共和谈的和平运动中，闽西南军政委员会确定以粤军和壮丁队实力派为谈判合作的中心对象，争取知识界闻人学士为谈判合作的桥梁。在发布闽西人民抗日救国纲领的同时，以张鼎丞、邓子恢、谭震林的名义，向闽西17位知名人士及各党派、各学校、各报馆、各商会、各团体及各界人士发出《为停止内战一致抗日致闽西南各界人士书》，同时军政委发出《为停止内战一致抗日三致粤军公函》。强调只有闽西南人民一致团结，停止内战，只有红军与粤军及地方部队首先停止敌对行动，进行合作，才能配合全国全省对日抗战，以挽救福建于危亡之中。要实现闽西南内部和平，亲密团结，“就必须打破闽西南各党派、各阶级之间十年内由于对内问

① 毛泽东：《上海太原失陷以后抗日战争的形势和任务》，参见《毛泽东选集》（第二卷）1991年版，第393～394页。

② 邓子恢：《在为和平而奋斗的两个月中》（1937年7月12日），中国人民解放军历史资料丛书编审委员会：《南方三年游击战争·闽西游击区》，解放军出版社1991年版，第249页。

题上意见纷（分）歧所形成的长期隔膜的对立现象”，只要“大家在抗日救国共维桑梓的问题上取得一致，在一切细小问题及其他问题上的不一致，彼此互相宽容，全闽西南内部亲密团结的联合战线是一定成功的”。①

闽西南军政委员会向粤军提出双方合作的五项要求：一、坚决抗日，驱逐日寇、浪人及汉奸出境；二、停止“清剿”红军游击队；三、支持闽西南人民救国；四、保证闽西南人民自由，释放政治犯；五、双方克服在抗日救国中的分歧。同时表示，如粤军接受上述要求，闽西南红军愿意执行下列和平条件：第一，停止对粤军及一切地方部队的敌对行为；第二，愿接受粤军指挥；第三，双方划界自守，互不侵犯；第四，只要保证给养，将遵守地方行政制度和法规命令。② 同时也严正声明：决不能同意粤军提出的《投诚收编办法》，决不能让闽西南红军被人解散或混编，致使这支最坚决最彻底的抗日救国队伍消失，决不能让最坚决最忠实于抗日救国事业的共产党溶解于任何党派，更不能向任何党派投诚自新。最后希望粤军能够接受闽西南红军和全体民众的要求，给出一个明确的书面答复，并立即派出代表与闽西南代表谈判。

闽西南军政委员会同时发出《关于抗日救国宣传大纲》，提出“只有抗日才能救国”，但正是在“剿共”的内战中，用了无数的人力财力物力，致双方死伤几十万人，消耗无数的弹药金钱，“这样国内自相残杀，自相牵制，当然政府军队就再没有力量去抗日；而红军在这种环境中，也就无法抗日了”，“如果再不停止内战，再不和平合作，那么中国就要整个灭亡”。所以“要抗日救国，首先就要求所有在福建的军队，无论红军也好，粤军也好，中央军也好，保安团壮丁队也好，都

① 《张鼎丞、邓子恢、谭震林为停止内战一致抗日致闽西南各界人士书》（1937 年 5 月 15 日），中国人民解放军历史资料丛书编审委员会：《南方三年游击战争·闽西游击区》，解放军出版社 1991 年版，第 219～221 页。

② 《闽西南军政委员会为停止内战一致抗日三致粤军公函》（1937 年 5 月 15 日），福建省档案馆、广东省档案馆编：《闽粤赣边区革命历史档案汇编》第 2 辑，档案出版社 1987 年版，第 358～359 页。

要彼此停止内战，一致抗日"，停止内战是抗日救国第一步。[①]

为统一党内和部队指战员的思想，闽西南军政委员会及军事部、政治部先后发出《为停止内战，一致抗日给各部队各级党的指示信》、《为对内和平联合抗日给各红色部队的指示信》、《为实现停止内战一致抗日给各部队的指示信》。这些指示对以往政策进行深刻检讨，要求全党和全体武装人员，正确认识和坚决执行当前党的新政策新策略，克服关门主义和等待主义的错误思想，立即动员全党全体武装及群众组织，用各种方式向粤军及广大民众开展抗日宣传，提高民族意识，用一切力量争取与各地方机关部队之间首先实现和平合作。指示所属各部队忠实于自己的主张，在态度上有最大的诚恳与最大的宽容，停止没收地主土地，停止打土豪筹款，除了必要的自卫以外，停止一切的攻击行动，尽量避免战斗，纠正对壮丁队、区乡公所采取扑灭手段的错误行为。[②] 积极开展救亡工作，有计划地组成各种工作队、挺进队、宣传队，或化装宣传队、散发队、喊话队，利用一切可能机会去接近粤军，及向各市、镇、乡、村群众公开喊话，散发传单。以最大的努力在实际工作中去广泛地开展抗日反汉奸的统一战线，"依靠和使用各乡各村中的所有统一战线环境与抗日协定的条文中所允许的可能范围，采用适当的方式，积极开展群众的抗日运动"[③]。同时派出负责人在各级党部和红军中进行报告和讨论军政委的指示和各种文件，使各级党组织和部队深刻了解党中央和军政委的指示精神，并坚决拥护和贯彻执行。为让社会各界了解共产党联合抗日的主张，张鼎丞、邓子恢还分别向闽南（漳州、厦门）、广东（广州、汕头、南

---

① 《闽西南军政委员会关于抗日救国宣传大纲》（1937 年 6 月 1 日），福建省档案馆、广东省档案馆编：《闽粤赣边区革命历史档案汇编》第 2 辑，档案出版社 1987 年版，第 380～382 页。

② 《闽西南军政委员会为停止内战一致抗日给各部队各级党的信》（1937 年 5 月 25 日），中国人民解放军历史资料丛书编审委员会：《南方三年游击战争・闽西游击区》，解放军出版社 1991 年版，第 223～228 页。

③ 《闽西南军政委员会政治部为实现停止内战一致抗日给各部队的指示信》（1937 年 6 月 5 日），中国人民解放军历史资料丛书编审委员会：《南方三年游击战争・闽西游击区》，解放军出版社 1991 年版，第 389～390 页。

雄）、香港、江西（赣州）等地的闽西旅外同乡会、知名绅士发出专函，请他们为维护桑梓和平，推动国民党当局尽快停止内战，接受共产党的和平倡议。

闽西南各县军政委员会、县委、区委接到指示后，立即向国民党地方党、政、军机关及个人，以及社会各界知名人士递送闽西南军政委员会发布的公函、书信。为郑重起见，公函一般用信封封好，派专人送至对方或用邮信寄达。如一五七师、一五八师及其旅、团、营、连部，甚至排、班都直接间接送至；送给官长的，还另附简信征求对公函的意见，并要求答复。对各地炮楼碉堡驻军和壮丁常备队等，则在夜间向其喊话，发动和平攻势，宣传共产党和红军的各项抗日主张。喊话确实收到了效果，溪南区对粤军一个连队喊话后，第二天粤军就释放了被捕群众，进攻也较松懈。同时，积极寻找同粤军有联系的线索，设法打开同粤军接触谈判的局面。

各级党组织和部队在和平运动中，忠实地执行自己所提出的主张策略，下令各部队坚决停止对粤军及各地方机关部队的一切攻击行动，甚至在给养有着落的情况下，连部队的一般武装行动都停止。在三个月时间内以极大的努力去进行各种政治工作，如送公函、散发宣言传单、喊话、做群众工作等。有时为了给养必须捉土豪筹款，也改变了态度，仅表示“请有钱者来商量出钱抗日”，生活上给予优待，不没收其财产，米谷也可作为其抵款，释放时安全护送回家。有的地方对土豪还减价释放，有的没有收钱就放回去。部队除必要的自卫战外，没有任何攻击行动。[①] 虽然部队及后方机关多次受到粤军及地方壮丁队的无理进攻、袭击，也牺牲了不少同志，损失了不少物资，不少红军指战员都非常气愤，说“非打不可”、“要为牺牲同志复仇”等，党组织和红军领导人都亲自做工作，克服了激愤情绪，除了进行必要的自卫

---

① 《闽西南军政委员会关于闽西南和平谈判三个月来的各方面动员工作致张云逸、南委转中共中央的报告》（1937 年 9 月 17 日），中国人民解放军历史资料丛书编审委员会：《南方三年游击战争·闽西游击区》，解放军出版社 1991 年版，第 267 页。

外，对进攻者不回击。[①] 即使受到袭击后进行自卫，除表示抗议和揭露其阴谋外，并未采取报复行动，仍坚持和平主张，真正实现了“中国人不打中国人”的号召，以实际行动推动和平进程。

在闽西南军政委员会努力下，抗日情绪在粤军中增长，粤军各级官长都有着抗日热情，对中共派出的代表抱有诚恳态度。在民族矛盾日益深重的形势下，迫于全国抗日救亡呼声的不断高涨，国民党福建当局及粤军上层也不得不改弦更张，朝着抗日的方向发展。特别是一五七师在漳州打击汉奸及土劣以及在龙岩城驱逐日本浪人的举措，获得民众称赞。粤军广大士兵对和平联合抗日情绪高涨，听闻合作谈判都表示欢迎，各处搜山部队对红军游击队不打枪，也不追击。显然，闽西游击区的党组织、红军游击队与粤军中下层有了较多的接触，双方敌对状态已逐渐打破。这些为双方谈判奠定了较好基础。

同时，红军战士在基本群众中也开展了和平运动，如关心群众切身利益，发动群众拥护和平合作，发动准许被移民群众回家的斗争；要求裁撤壮丁常备队，取消常备壮丁捐；改善人民生活，提出未被收回的土地要维持现状，减免租税苛捐等合理要求。在永和靖的和平斗争中，还进行了肃清土匪盗贼、禁绝烟赌的斗争。当时在平和、永定之间土匪到处骚扰，特别是弱小群众、商人深受其害。县委与红五支队开展肃清土匪行动，活捉十几人，进行群众公审，枪毙匪首四名，使地方得到安定。另外还对地方宗族矛盾进行调解，召开和平代表会议，订立和平公约等，使小芦溪的姓氏争斗、大小芦溪的地方矛盾、象湖山械斗等得到平息。这些和平运动争取和保护了群众的实际利益，红军的政治影响和威信进一步提高，反映出“只有红军才能肃清土匪盗贼”，各地各界特别是商界与弱小群众要求红军开去保护地方安宁，

---

① 邓子恢：《在为和平而奋斗的两个月中》（1937 年 7 月 12 日），中国人民解放军历史资料丛书编审委员会：《南方三年游击战争·闽西游击区》，解放军出版社 1991 年版，第 251 页。

使各界群众真心相信和爱护红军。①

在红军避免内战主张和平的号召下，闽西南人民反对内战的情绪日益增长，为闽西南和平运动奠定了社会基础。闽西南党组织提出的和平主张，策略正确，态度诚恳，推动有力，使合作抗日和平运动得到社会各界的广泛同情与支持。如旅居厦门、漳州的各界人士召集同乡会，发表声明："为民族利益对日抗战，即要拥护闽西的和平；要复兴闽西也须要拥护这个和平；在日寇进攻漳、厦时，旅外人士要回闽西，更必须拥护这种和平。"还通电福建省政府，呼吁和平合作抗日。甚至龙岩有名的反共专家、时任省参议会副议长的郑笔山也表示支持。② 还有上杭陈自强、湖雷张民权等士绅们，都积极为和平而奔走于红军和粤军之间，从中斡旋，介绍和推动，使红军游击队和粤军及地方当局之间长期的隔膜状态得以逐渐打破，开始了和平合作之途。总之，闽西合作抗日和平运动，在闽西南地区造成了一股强大的抗日救亡声势，既拥有坚实的群众和社会基础，又在政治上占据主动，对国民党军政当局施加了一定压力，使闽西国共和谈的条件逐步成熟。

（二）闽西国共和谈与斗争

在和平运动进行当中，闽西开始了国共谈判。此时，福建事变失败后避居香港的原十九路军营长谢再发，回到家乡龙岩适中洋邦村。因其之前与闽西地方党组织关系密切，与驻闽粤军也颇有渊源，且回乡后积极宣传支持中共抗日民族统一战线政策，于是闽西南军政委员会指派魏金水与谢再发联系。随后，谢利用自己的关系，在游击队与粤军之间斡旋，请粤军一五七师四六九旅驻适中的营长吴琪和龙岩县军政委员会主席魏金水相约面谈。双方于 5 月间在谢再发家中举行商谈。谈判中谢再发始终站在中共提出的停止内战、一致抗日的立场，力促粤军与闽西南方面实现和谈。这是双方首次接触，谈至深夜，吴

① 《闽西南军政委员会关于闽西南和平谈判三个月来的各方面动员工作致张云逸、南委转中共中央的报告》（1937 年 9 月 17 日），中国人民解放军历史资料丛书编审委员会：《南方三年游击战争・闽西游击区》，解放军出版社 1991 年版，第 269 页。

② 张鼎丞：《中国共产党创建闽西革命根据地》，福建人民出版社 1985 年版，第 83 页。

琪态度很好，满口答应。[1]

中共南临委成立不久，张云逸作为中共中央负责闽粤桂和香港工作的代表，在闽西国共和谈初始阶段，就十分关注福建各游击区的工作。1937 年 6 月 3 日，他致信闽西南军政委员会负责人张鼎丞、邓子恢、谭震林，要求闽西的国共和谈不要等待，抓紧进行，并强调要识别粤军两面派伎俩，同国民党当局谈判一定要根据中共中央有关精神进行，保持独立性，“不能随便轻易答复对方的问题”[2]。1937 年 6 月 15 日，闽西南军政委员会派谢育才赴漳州，同粤军会谈。谢育才向粤军一五七师师长黄涛提出了闽西南军政委员会确定的和谈条件。黄涛表示同意和谈，但要谢育才回龙岩同其驻岩部属四六九旅旅长练惕生具体谈判。闽西南军政委员会此时正好收到张云逸的指示信，便抓紧与粤军四六九旅接触。这封指示信及时地指导了闽西国共和谈，对促进国共合作局面在闽西的形成起到重要的作用。

在此背景下，1937 年 6 月底至 7 月初，闽西国共和谈在龙岩县城进行。闽西南军政委员会代表谢育才同粤军四六九旅旅长练惕生、参谋主任王晓侯、国民党第六区行政督察专员张策安和保安司令韩遇隆，就停止内战、联合抗日重大问题进行具体谈判。闽西南军政委员提出七项条件：第一，立即停止“清剿”；第二，取消封锁；第三，开放党禁，实行民主；第四，保障抗日言论、集会、结社、出版、信仰的自由，并释放政治犯；第五，救济灾民，取消苛捐杂税；第六，保持土地原状，实行减租减息；第七，发给经费和弹药。[3] 闽西南军政委员同时作出四项保证：第一，停止对国民党的敌对行动；第二，停止打土

---

① 魏金水：《谈判桌上的斗争——忆闽西南国共合作抗日谈判》，中共福建省委党史资料征集编写委员会研究室编：《从和谈到北上抗日》，福建人民出版社 1985 年版，第 21 页。

② 《张云逸、云清致张、邓、谭的信》（1937 年 6 月 3 日），转引自郑复龙著：《八闽健儿抗日征程史：新四军福建子弟兵的历史足迹》，福建人民出版社 1998 年版，第 162 页。

③ 张鼎丞：《中国共产党创建闽西革命根据地》，福建人民出版社 1982 年 6 月版，第 85～86 页。

豪筹款；第三，改称闽西人民抗日义勇军；第四，取消闽西南军政委员会。① 而国民党闽西军政当局此时对谈判显然并无诚意，竟然提出：共产党只能来投诚，不能讲合作，对红军游击队只能“收编”，要红军游击队单方面停止军事行动，限定时间和地点集中。张策安更是狂妄地宣称：红军改编后，张鼎丞到省政府当厅长，邓子恢出洋，其他人自谋出路。② 面对如此无理条件，谢育才坚持原则，不予接受，双方争执不下，谈判被迫中断。

全面抗战爆发后，全国抗日形势日益高涨，龙岩商会及各界人士积极居间推动，要国民党当局及早恢复闽西国共和谈。迫于全国合作抗日的形势和闽西各界的社会舆论，以及国民党内部争夺武装势力范围，另外又出于收编吞并红军游击队的不良居心，粤军四六九旅旅长练惕生发函邀请邓子恢进城谈判。7 月 10 日，邓子恢、谢育才由谢再发陪同赴龙岩城，在四六九旅旅部同练惕生、王晓侯进行正式谈判。谈判中双方争论的焦点在红军游击队集中整编的地点问题上。练惕生坚持要红军游击队在离城不远的白土镇统一集中；邓子恢警惕国民党当局有可能趁机对游击队实行包围缴械，提出要在距城 90 里的游击区基点村龙岩白沙和永定金丰分两处集中，以防不测事件发生。双方各执一词，争执不下，迨至 7 月中旬犹未解决。

就在此时，闽南发生“漳浦事件”的消息传至龙岩，正在谈判的邓子恢对粤军背信弃义的卑劣行径提出强烈抗议，并表示：由于粤军背信弃义，制造“漳浦事件”，部队很不放心，对闽西红军游击队的集中地点问题决不让步。7 月 18 日，闽西南军政委员会就“漳浦事件”和闽西国共和谈出现的问题，发表了《为反对日寇进攻，发动对日抗战宣言》，强烈要求“军政当局发还闽南红军何鸣、吴金部之枪械，恢复其组织”；重申闽西南共产党和红军坚持联合抗日的一贯主张和态

① 张鼎丞：《中国共产党创建闽西革命根据地》，福建人民出版社 1982 年 6 月版，第 86 页。

② 魏金水：《谈判桌上的斗争——忆闽西南国共合作抗日谈判》，中共福建省委党史资料征集编写委员会研究室编：《从和谈到北上抗日》，福建人民出版社 1985 年版，第 19 页。

度，表示坚持和平主张，履行已作出的承诺条件，敦促国民党军政当局迅速实现闽西内部和平。与此同时，张鼎丞、邓子恢派谢开华携带致闽西旅外人士的专函到漳州，与各界人士商谈促进和平及联系筹募红军临时给养。龙岩旅漳厦同乡会，立即召开代表会议，发起募捐，捐助红军给养，并通电国民党福建省政府，呼吁尽快结束国共对峙，联合抗日。

在此前后，遵照中共中央建立抗日民族统一战线，国共两党合作抗日的精神，闽西南军政委员会指示各县委、区委、各主力支队派出代表，与各县各区公所、各联保办事处、保甲长及当地驻军进行局部谈判。这些谈判主要包括：

1. 永定、湖雷谈判。1937 年 8 月初，军政委秘书长温仰春和张思垣通过湖雷乡联保主任阮某召集保甲长商谈后，由阮某陪同，与粤军驻湖雷曾营长谈判，再协同到永定一五八师四七二旅旅部与其团长、县公署及绅、商、学各界见面谈判，达成“先停止一切敌对行动，其他的事等上级来决定”的协议。随后，温仰春带着张鼎丞、邓子恢的亲笔信再同叶维浩磋商，签订了和平合作抗日协议。同时，岩永靖县委和红三支队派代表同当地驻军林营和张连及各区公所谈判，取得停止双方敌对行动，同意中共公开进行抗日宣传鼓动工作的结果。永和靖县委和红五支队派代表同驻军王营及区公所谈判，也达成双方共同进行抗日动员，维持地方治安的协议。① 值得注意的是，在局部谈判过程中，国民党地方当局挑衅不断，出现红军游击队被袭击、谈判代表被埋伏包围的情况，对此红军游击队给予了坚决的反击。

2. 上杭、白砂谈判。杭代县军政委员会主席廖海涛和红七支队政治处主任吴载云在大岭下、大洋坝、白砂等地，同粤军孔昭卿团，驻白砂张营及上杭县政府谈判，经过一天一夜商谈，达成全杭停止“清剿”军事行动的协议。后又派邱相田到溪口、太拔、庐丰等地同联保

① 《闽西南军政委员会关于闽西南和平谈判三个月来的各方面动员工作致张云逸、南委转中共中央的报告》（1937 年 9 月 12 日），中国人民解放军历史资料丛书编审委员会：《南方三年游击战争・闽西游击区》，解放军出版社 1991 年版，第 268 页。

主任谈判，订立局部和平的协定。同时闽西南军政委员会代表伍洪祥在溪口、石铭乡，蓝金城在庐丰、丰稔乡，分别同各乡乡长谈判，签订了局部和平协议。杭永游击大队长刘永生争取丰稔联保主任陈自强的合作，订立互不侵犯的协定，并经他居间牵线，在官田、汤湖、蓝家渡等地，同地方建立了和平合作关系。至此，上杭各地基本上出现了和平合作的局面。

3. 龙岩区乡谈判。龙岩县委和红一支队派出各区乡的联络代表进行谈判，取得全县各区乡“停止清剿”、“移民群众即准回原乡村去”、“停止检查来往路条和良民证”等协议。特别是驻龙岩北的红一支队派往龙岩的白沙，与粤军练营、黄营和区乡公所谈判，该营官兵极口称赞我党和平主张，帮助向商家筹募给养等。

闽西广泛而深入的群众性、社会性的和平运动，得到广大群众和社会各界人士的同情和拥护，如漳厦及闽西报纸分别刊登红军游击队主张联合抗日的消息，说共产党自动降低条件，实际停止进攻，释放富户等。这些事实无形中粉碎了那些诬蔑的谣言，把共产党和红军的和平主张告白于天下，获得各界人民和当局的同情和好感。适中商人募捐帮助解决给养，闽西各县旅漳同乡会纷纷开会，向政府当局呼吁和平并准备帮助解决给养。①

在和谈过程中，张鼎丞注意做好干部和指战员的思想政治工作。当时许多人对“联蒋抗日”想不通，为统一认识，张鼎丞于7月12日在军政委员会机关报《红旗》上发表《对国民党的新认识与新态度》，阐述了国共合作的必要性、可能性和闽西党为此而采取的方针政策和措施。认为国民党已接受我党合作抗日的条件，向抗日救国转变，因此我们的态度也应该有所转变。② 但在谈判问题上，军政委内部也存在不同意见。张、邓、谭等对谈判意见不一致，谭甚至提出：闽西南和

① 邓子恢：《在为和平奋斗的两个月中》（1937年7月12日），中国人民解放军历史资料丛书编审委员会：《南方三年游击战争·闽西游击区》，解放军出版社1991年版，第252页。

② 张鼎丞：《对国民党的新认识与新态度》（1937年7月12日），古田会议纪念馆编：《闽西革命史文献资料》第10辑，（岩）新出（2013）内书第114号，第111页。

平谈判走上了“变相的投降”、“他不负责这次谈判”、“要退出军政委”,[①] 反对任何集结点验。方方也认为存在“过于躁急去迁就谈判”的问题，而国民党方面正利用这一弱点来降低和我们谈判的条件。特别是把一切区的武装也大部集结出来点编，而忽视了这些武装是有地方性的，是可以参加地方团队的工作的。[②] 后来多数委员认为军政委领导是正确的，不同意谭震林的意见，并指出谭“退出军政委”的意见是错误的。

经各方努力和反复商谈，闽西国共双方于 7 月 29 日在龙岩商会举行最后谈判。闽西地方人士也派出代表到会。经反复磋商，基本按照闽西南军政委员会所提出的条件达成了协议。关于红军游击队集中的时间和地点，商定于 8 月 13 日分别在龙岩的白沙、苏邦和永定的芦溪、下洋集中；从 9 月 1 日起，红军游击队按集中“点编”后的实有人数，按照国民党军的平等待遇按期发给军饷，并确定整训时间至 11 月底。[③] 邓子恢、谢育才代表闽西南军政委员会，练惕生、王晓侯代表粤军，张策安代表国民党第六区（龙岩）行政督察专员公署和福建省政府，三方签订协议。次日，邓子恢在《闽西日报》发表谈话，坚持国共合作抗日。闽西国共双方龙岩谈判的成功，标志着闽西合作抗日局面的形成。

根据协议，1937 年 8 月底 9 月初，闽西游击区各地的红军游击队分别开赴点编地点集中。8 月 30 日，在龙岩白沙点编，此处集中的部队有：红一、红二、红七支队和由龙岩独立营改编的红二支队，以及龙岩、上杭、岩连宁、岩南漳等县的地方游击队。9 月 4 日，在平和芦

---

① 《闽西南军政委员会关于和国民党谈判情况及游击队改编问题给张云逸、南委的报告》(1937 年 9 月 12 日)，中国人民解放军历史资料丛书编审委员会：《南方三年游击战争·闽西游击区》，解放军出版社 1991 年版，第 263 页。

② 《方方关于闽西南国共和谈等情况给张闻天、毛泽东的报告》(1937 年 8 月 31 日)，中国人民解放军历史资料丛书编审委员会：《南方三年游击战争·闽西游击区》，解放军出版社 1991 年版，第 257～258 页。

③ 《邓子恢答复张策安在党政军联合纪念周的报告词》(1937 年 11 月 15 日)，中国人民解放军历史资料丛书编审委员会：《南方三年游击战争·闽西游击区》，解放军出版社 1991 年版，第 283 页。

溪点编，此处集中的部队有：红四、红五两个支队，以及永定、永浦、永和靖等县的地方游击队。国民党闽西军政当局派专署保安处参谋主任参加了两地的点编。经点编，两地共有 1100 多人，步枪 600 余支、驳克枪 120 多支、杂色短枪 100 多支，重机枪 2 挺、轻机枪 7 挺、手提机枪 8 挺。部队按团的建制编为一个支队，下辖三个大队。支队部及第一、第三大队驻龙岩白沙。支队长谢育才，政委邓子恢，参谋长罗忠毅。第一大队长廖海涛，副大队长刘宪；第三大队长陈叶珍，副大队长伍洪祥。第二大队分驻平和芦溪和永定月流，第二大队长黄火星，副大队长陈麟振，下辖三个中队。

点编过程中，许多战士思想上也经历了转变。听说要换穿国民党军装，有的流下眼泪，有的发牢骚，怀疑是向敌人投降、被出卖了。群众也不理解，经耐心说服解释才有所认识。整训期间，张鼎丞亲自给指战员作动员报告，反复强调：民族危急时刻，要拼尽全力，争取抗战胜利。在蒋介石已经答应团结抗日的情况下，要把新的仇恨凝聚在日本帝国主义身上。要贯彻执行中央决策，保持部队的独立性。还召开各种座谈会，启发指战员们的思想，提高团结抗战的认识。

闽西南红军游击队集中前后，粤军和国民党福建省当局仍企图通过整编吞并红军。集中时，粤军一五八师驻永定部队用大量兵力袭击在永定芹菜洋及平和小芦溪集中的部队。当永定武装开赴芦溪集中时，一五八师孔团派一连士兵在我必经之路驻扎，于是游击队开回原地，不急于集中，后派人交涉才解决。点编时，粤军提出要“张、邓去漳州会见黄涛”，并要派政训人员插入整编部队，均被拒绝。点编后又迟迟不给正式番号和经费。为此，军政委继续进行谈判斗争。9 月间，邓子恢同新任汀漳师管区司令涂思宗和专员张策安谈判番号和经费问题。当时迫于日军加紧侵略，全面抗战爆发，在闽西南和平运动得到社会各界人士拥护的基础上，国民党地方当局缩小了军事阴谋，更多地运用政治阴谋。除了催促张鼎丞、邓子恢等前往，要派人插入红军部队外，还纵容联保主任等煽动红属劝红军战士回家，压迫红属，押禁酷打赤色乡村群众，捕杀红军遣散回乡人员，不给予已点编的部队正式的印信旗帜。特别是从经济上刁难，一方面假借红军集中来抽剥下山费、衣服费等，不断向闽西群众摊派，离间群众与红军的亲密关系；一方面则借口红军游击队名义还未定下、国家财政困难而拖延拨款。[①]企图利用经济手段，把红军编为保安团，说这样每月可拨款15000元，如归师管区指挥，只能拨款12000元。并提出官长4角，士兵2角，限五天领一次等。企图通过这些手段达到吞并红军游击队的目的。

对此，闽西南军政委员会进行了有理有利有节的斗争，提出：在任何时候，在任何地区，红军游击队都必须有安全保证，达到对日抗战的胜利。即使福建抗战爆发，命令我部抗战时，也必须提出只可以担任一面或一路的游击战争，不能把仅有的部队夹在友军中一起去打仗，也不能执行硬碰的任性战争的命令。即使当局以“抵抗命令，不去抗日、假抗日等”加罪于我，对我施行政治上或军事上经济上之进攻，也不能与之计较。“一方面丝毫不动摇我们的国内和平主张，我们除必须（需）的自卫手段外，不论如何不采取攻击行动。一方面我即抱定只有保证安全的达到对日抗战，而且只有准备着持久抗战，在抗战的胜利中来答复那些阴谋家的一切企图和无耻的诽谤，我们最主要的是争取千千万万的群众基础与社会各方面的力量，在我党及其部队的正确斗争的周围，这就是战胜一切的主要问题”[②]。邓子恢在谈判中坚持归师管区整训，经费由省政府拨给，并改称为闽西人民抗日义勇军第一支队。经过争执，经费定为每月12000元，按月拨给。事后，张策安推翻原议，迫令红军游击队全部集中岩城重新点编为省保安团，归省保安处指挥，并以停发经费、派兵“清剿”相要挟。闽西南军政委对此进行了坚决斗争。

1937年9月下旬，方方自延安同中共中央和南临委派来的王集成、梁国斌等一起回到龙岩白沙。在延安期间，方方向中共中央写了关于

① 《中共闽粤赣省委关于闽粤赣边党临时代表会议的情况给南委转中共中央的报告》（1937年10月），中国人民解放军历史资料丛书编审委员会：《南方三年游击战争·闽西游击区》，解放军出版社1991年版，第278页。

② 《闽西南军政委员会关于和国民党谈判情况及游击队改编问题给张云逸、南委的报告》（1937年9月12日），中国人民解放军历史资料丛书编审委员会：《南方三年游击战争·闽西游击区》，解放军出版社1991年版，第260页。

坚持闽西南三年游击战争情况的书面报告，并被邀请到中央党校和抗大作“三年游击战争”、“三年群众斗争”的报告。中共中央政治局专门听取了方方的工作报告。毛泽东对闽西南三年游击战争给予很高评价，认为它保留了许多干部，发展了部队，保卫了苏区土地和广大群众利益，是伟大的胜利。①“三年的苦斗有很大的功绩”②。方方传达了党中央领导人的指示，对闽西南游击区坚持的谈判斗争也是极大的鼓舞。

10 月 9 日至 15 日，根据中共中央的指示精神，闽西南军政委员会在龙岩白沙南卓村召开中共闽粤赣边省临时代表会议。方方在会上传达了中央关于坚持抗日民族统一战线中的独立自主原则等指示，张鼎丞作关于闽西南三年来党政军斗争的报告，邓子恢作关于三个月来国共和谈的经过和问题的报告。会议总结了闽粤赣边与红军游击队三年来坚决执行中央的路线，争取了广大群众，开展了灵活的游击战争，取得粉碎敌人“清剿”伟大胜利的经验，讨论了闽粤赣边面临的新形势和党的抗日民族统一战线新方针，确定了闽西国共合作局面形成后的工作任务。会议通过了《中共闽粤赣边省临时代表会总结报告大纲》，选举产生中共闽粤赣边省委员会，张鼎丞当选为省委书记，方方任组织部长，邓子恢任宣传部长，谭震林任军事部长。省委下辖韩江、闽粤边、赣南三个特委，汕头市委归韩江特委，厦门市委和漳州市委归闽粤边特委。会议对下一阶段工作作出部署，提出：把救亡运动开展为各党派各阶级的群众运动；巩固红军成为南中国抗战的支柱，武装群众为抗战的后备军；将过去的游击区建立成为抗日根据地；加强党的领导力量。③ 闽粤赣边省委成立后原闽西南军政委员会随之撤销。

---

① 魏金水：《光明磊落，奋斗终身——深切怀念方方同志》，《南方日报》1979 年 9 月 16 日。

② 方方：《三年游击战争》，中共广东省委党史研究室、广东省档案馆编：《方方文集》，广东人民出版社 1990 年版，第 595 页。

③ 《中共闽粤赣边省临时代表会总结报告大纲》（1937 年 10 月 12 日），福建省档案馆、广东省档案馆编：《闽粤赣边区革命历史档案汇编》第 3 辑，档案出版社 1988 年版，第 33～36 页。

随后，闽西游击区的党组织和军民为巩固闽粤赣边区国共合作局面进行了不懈努力。坚决执行中央“国共合作”、“巩固国内和平、争取民主权利、实现抗战”的总方针，坚持“政治上组织上的独立性与宣传批判之自由”的原则。政治上大力开展巩固和平的运动，争取社会各界人士拥护和平合作抗战的基础，继续不断派代表与当局谈判；同时揭发当局阴谋，提高政治警觉，加强戒备。经开会讨论后，决定：坚持集中地点在岩东北，由雁石到白沙一线；部队名称仍为人民抗日义勇军；立即发饷，一天不发饷，一天不停止在当地的征借运动。①

10 月 26 日，金门岛沦陷，漳厦局势开始紧张。国民党福建省政府主席陈仪以漳厦战事紧张为由，要求已编为闽西人民抗日义勇军第一支队的闽西红军游击队开赴漳厦前线，并拨归粤军一五七师指挥，由粤军派车接运部队到漳州。理由冠冕堂皇，不好反对，但为防止当局背后的阴谋，并争取政治上的主动，中共闽粤赣边省委复电表示：将以驻芦溪的第二营先行出发，不必派车接送，以步行经永定、平和，转漳浦到达东山前线，要求一五七师划出防区，以便并肩作战。同时印发《对日作战保卫漳厦宣言》，表明红军准备开赴前线抗日的决心。当局知道难以达到目的，遂匆忙来电阻止。11 月间，陈仪派省保安处副处长叶成到岩，要红军游击队全部集中岩城检阅，再次要挟编为保安团。为了应付，邓子恢与邱金声率领一个营到岩城溪南接受检阅。对编为保安团的要求，则以要由两党中央商定予以婉拒。事后，专员张策安连续发表公开谈话攻击中共组织，甚至于 8 日晚派人烧毁龙岩城东的见龙桥，并诬陷红军烧桥准备攻城，增兵戒严。9 日又借口剿匪调保安第三团一个营进驻红军游击队驻防地雁石，迫令游击队退出雁石、白沙一带，冲突一触即发。为避免事态扩大，义勇军一面主动后撤，一面揭露国民党当局制造“见龙桥事件”的真相，从而戳穿了国民党当局的又一阴谋。

---

① 方方：《三年游击战争》，中共广东省委党史研究室、广东省档案馆编：《方方文集》，广东人民出版社 1990 年版，第 599 页。

此时，张云逸正好到达龙岩白沙，向闽粤赣边省委传达中共中央准备将南方各省红军游击队统一改编为国民革命军新编第四军的决定。指示省委要坚持独立自主原则，红军绝不能受编于国民党。他亲自进城同张策安交涉，要其负责维持游击队给养至两党中央解决之日。张策安只答允代发五日给养。张云逸感到形势紧张，要省委提高警惕，严加戒备，作好应付最坏局面的准备。“当然，为了顾全大局，我们还应该尽量争取和平”①。闽粤赣边省委按照张云逸指示，及时调整斗争策略，提出“紧张自己工作，严密自己戒备，静观事态发展，避免坠入奸计”② 的总的斗争策略，坚持和平方针布置工作：致函及派人向各军、各界详细说明谈判经过及我方态度，揭露张策安扣饷不发、制造事端、造谣中伤的谎言，争取舆论支持；加强同区乡联保主任的联络工作；发表《为巩固和平反对内战一致抗日告各界同胞书》，重申党抗日救国的一贯主张，号召各界开展广泛的反对内战运动。在加强军事戒备的同时，作出适当让步。考虑到雁石地势复杂，工作又缺乏基础，真与国民党部队打起仗来对我们不利，撤出雁石对我们有利，对巩固和平也有好处，因此决定部队退出雁石，撤至苏邦一线。并向龙岩城商会及群众讲明：如果红军要进攻，何以从溪南撤到 40 里以外的雁石；要攻城，何以自己烧桥断路；城里没有武装，连保安团都没有一个，红军游击队真要攻城，如探囊取物，也不待今日；因此，红军游击队是为了和平，主动从雁石再后退 30 里，撤到苏邦。③ 经过有理有节的斗争，不但使真相大白，群众交口称赞红军游击队顾全大局，而且迫使国民党地方当局履行和谈协议，稳定了闽西国共合作的局面。

---

① 张鼎丞、邓子恢、谭震林：《闽西三年游击战争》，中国人民解放军历史资料丛书编审委员会：《南方三年游击战争・闽西游击区》，解放军出版社 1991 年版，第 342 页。

② 《方方关于闽粤赣边区政治形势与党的工作问题致中央报告》（1938 年 1 月 10 日），福建省档案馆、广东省档案馆编：《闽粤赣边区革命历史档案汇编》第 3 辑，档案出版社 1988 年版，第 70～71 页。

③ 张鼎丞、邓子恢、谭震林：《闽西三年游击战争》，中国人民解放军历史资料丛书编审委员会：《南方三年游击战争・闽西游击区》，解放军出版社 1991 年版，第 343 页。

四、其他游击区国共和谈的实现

（一）闽赣边最早实现和谈

抗战全面爆发前后，随着国共两党合作抗日局面开始形成，闽赣边游击区的斗争也进入新的发展阶段。在赣粤边游击区坚持斗争的项英、陈毅和在闽西游击区坚持斗争的张鼎丞、邓子恢、谭震林等领导人，对闽赣边游击区的斗争极为关注，多次派人前往长汀、瑞金边界地区寻找游击队，但都没有取得联系。国民党方面也不承认闽赣边地区有游击队。然此时闽赣边红军游击队非常活跃，取得“一系列胜利，令国民党汀瑞当局深感头痛，又无可奈何”①。1937 年 6 月上旬，瑞金游击队和汀瑞游击队化装成国民党军，在长汀县青山铺智取国民党保安队一个排，俘 20 余人，缴枪 30 余支，拔除汀瑞公路上国民党的重要军事据点。6 月下旬，汀瑞游击队攻打瑞金兰田联保办事处，捉杀反动的联保主任和豪绅地主六人，缴枪 14 支。8 月，三支游击队密切配合，奇袭瑞金武阳围区公所，毙伤保安队 30 余人，缴枪 30 余支和大批弹药，镇压了少数反动的豪绅地主。8 月下旬，又在汀瑞公路上的山箭脑伏击福建省第七区（驻汀州）专员兼保安司令秦振夫护送眷属的军车，毙敌七人，缴枪十余支。正是此次行动后，秦振夫电告龙岩的张策安，要求他转告闽西南军政委员会张鼎丞、邓子恢出面解决问题。

9 月，闽西南军政委员会得知闽赣边游击队消息后，立即派肖忠全率精干小队，带着中央文件和张鼎丞的亲笔信前往汀瑞边界寻找游击队下落。在群众帮助下，肖忠全很快在猪仔岽找到闽赣边游击队。由于长期孤军奋战，闽赣边游击队钟德胜、胡荣佳、刘国兴等领导人对

① 阎景堂主编：《南方三年游击战争史》，解放军出版社 1997 年版，第 99 页。

外界形势不了解，对肖忠全传达的国共两党合作抗日的指示心存疑虑，① 遂派张志辉随肖全忠往闽西游击区，与闽粤赣边省委取得联系并汇报了开展游击战争的情况。不久，张志辉从闽西返回，传达了张鼎丞等领导人对闽赣边游击区斗争的几点意见：第一，停止游击战争，和国民党地方当局及驻军进行合作抗日谈判；第二，保持我党和游击队的独立性，成立自己的办事机构；第三，迅速扩大武装力量，积极发展党的组织。经认真研究后，闽赣边游击队领导人一致认为事关重大，对于思想上如何实现转变，怎样同国民党地方当局进行谈判等重大问题，必须请示上级，以便得到具体指导。因此，分别派彭胜标、胡荣佳前往赣粤边游击区向中央分局负责人项英、陈毅和往闽西游击区向闽粤赣边省委汇报情况，以求得对今后工作的指示。

根据张鼎丞的指示，闽赣边游击队派人与瑞金国民党当局进行接触谈判，首先派傅家洪去，但没有成功，双方不欢而散。9 月中旬，项英、陈毅在大庾池江办事处听取了彭胜标的情况汇报，对闽赣边游击区的顽强斗争给予充分肯定，并对闽赣边区的国共和谈作了详细指示。陈毅特别指出，“汀瑞边游击区的国民党驻军是叛徒王才梯（黄镇中）指挥的保安团”，而叛徒比国民党反动分子更危险，谈判斗争会相当尖锐，提醒在思想上要有所准备。② 彭胜标深感责任重大，请求项英、陈毅派人前去帮助。项、陈随后派陈丕显以中央分局代表身份同彭胜标一道前往闽赣边游击区。途经赣州时，陈丕显找到国民党赣州行政区督察专员马葆珩，由其给瑞金县县长打电话，言明闽赣边党组织欲与他们进行和谈。陈丕显在瑞金县城会见了国民党瑞金县县长谢寿如，向其介绍了全国合作抗日的形势和闽赣边游击队情况，表明了游击队愿与国民党地方当局合作抗日的诚意。第二天，陈丕显到闽赣边游击队驻地，传达中共中央关于建立抗日民族统一战线的指示精神，介绍

---

① 《钟民关于闽赣边三年游击战争的总结》（1945 年 8 月 9 日），中国人民解放军历史资料丛书编审委员会：《南方三年游击战争·闽赣边游击区、闽中游击区》，解放军出版社 1994 年版，第 84 页。

② 阎景堂主编：《南方三年游击战争史》，解放军出版社 1997 年版，第 99～101 页。

赣粤边国共和谈的情况，共同研究商讨与国民党瑞金当局谈判的具体事宜。[①] 拟定五项条件：第一，要求国民党“先撤部队，停止军事行动”；第二，游击队“改番号为抗日义勇军第五支队”；第三，游击队“停止打土豪，但要求对方亦不再搜山”；第四，政府要给游击队“发军费，划定地区住”；第五，释放政治犯。[②]

闽赣边游击队根据陈丕显与钟德胜等领导人商定的安排，派张开荆、彭胜标作为正式代表，同国民党瑞金当局进行具体谈判。因事先陈丕显与瑞金县县长有过交涉，谈判进展顺利，很快达成初步协议：国民党停止“清剿”行动，释放瑞金的政治犯；解决游击队改编后的给养；游击队停止打土豪，集中改编为抗日武装；在瑞金城设立办事处。至此，闽赣边游击区国共合作抗日的局面初步形成。

为加强党对闽赣边抗日武装和群众工作的领导，根据中央分局和中共闽粤赣边省委指示，1937 年 10 月中共汀瑞县委改设中共汀瑞中心县委，由张悌任书记，钟德胜任副书记，并在瑞金城河背街设立办事处。根据和谈协议，闽赣游击队于 11 月上旬分别从上下温地、岭背山、天门岽等地，向瑞金县武阳的桃树排和安治的兰田两地集中，进行整编和政治教育、军事训练，同时进行扩军。改编后的游击队改番号为“汀瑞抗日游击支队”，钟德胜任支队长兼政委，彭胜标任副支队长，周桂生任参谋长。下设三个大队，杨洪才任第一大队长，温华桂任政委；林太福任第二大队长，黄存安任政委；刘国兴任第三大队长，张志辉任政委。集中整训期间，中共汀瑞中心县委派彭胜标到大庾池江、张开荆到龙岩分别向中央分局和闽粤赣边省委汇报了闽赣边游击队同国民党地方当局及驻军谈判、改编、集中整训情况，以及中心县委的组建情况，得到中央分局和闽粤赣边省委的充分肯定和对今后工作的具体指示。闽赣边游击区的各项工作进展顺利。

---

① 陈丕显：《新的使命》，中国人民解放军历史资料丛书编审委员会：《南方三年游击战争·闽赣边游击区、闽中游击区》，解放军出版社 1994 年版，第 91～94 页。

② 《钟民关于闽赣边三年游击战争的总结》（1945 年 8 月），中国人民解放军历史资料丛书编审委员会：《南方三年游击战争·闽赣边游击区、闽中游击区》，解放军出版社 1994 年版，第 84 页。

值得注意的是，在中共抗日民族统一战线政策推动下，得益于国共合作抗日谈判在全国和江西局部的成功，闽赣边国共和谈与省内其他游击区相比，较早达成协议且进展顺利，但国民党地方当局并未放弃消灭红军游击队的企图，前景仍不容乐观。特别是当地驻军独立第三十三旅旅长黄镇中，借抗日之名，行反共之实，处心积虑破坏抗日民族统一战线。如 11 月中旬，黄镇中指示其部属装扮成红军游击队，在闽赣边红军游击队驻地一带，拦截商旅，抢劫财物，危害社会，然后把罪名强加给红军游击队。企图以此破坏诋毁红军游击队声誉，进而借口消灭抗日游击队。[①] 闽赣边红军游击队果断采取措施，有力地戳穿了国民党地方当局和驻军加害游击队的阴谋。可见，闽赣边国共和谈虽有胜利，但仍危机四伏，在曲折中前进。

（二）闽北的跨省和谈

西安事变后，国民党虽然接受了中国共产党提出的建立抗日民族统一战线的主张，却玩弄阴谋诡计，继续推行“北和南剿”政策，想趁和谈之机消灭南方红军游击队。根据国民党中央军事委员会命令，闽浙赣皖边区主任公署主任刘建绪于 1937 年 1 月主持召开四省绥靖会议，作出全面部署。其中赣浙闽边区指挥官陈光中，负责 20 个县的“清剿”；闽浙边区指挥官李觉，负责 17 县的“清剿”。随后驻闽绥靖公署主任蒋鼎文也对全省“清剿”计划作出部署，重点对闽北、闽东游击区实行“清剿”。在此期间，蒋介石多次电令陈仪、蒋鼎文及驻闽各部队，限期 5 月底“一律肃清”闽浙赣皖四省边区的红军游击队，“否则依照玩忽命令依法惩治”[②]，“各主管长官轻则革职，重则严惩”[③]。于是国民党福建省政府饬令所属行政区及部队加紧“清剿”，并发出通告，悬赏重金缉拿黄立贵、黄道、张鼎丞、吕振山等。一时“清剿”

---

① 阎景堂主编：《南方三年游击战争史》，解放军出版社 1997 年版，第 104 页。

② 《〈闽北日报〉报道第三“绥靖区”重申蒋介石限期“肃清”境内红军游击队命令》（1937 年 6 月 17 日），中国人民解放军历史资料丛书编审委员会：《南方三年游击战争·闽北游击区》，解放军出版社 1993 年版。第 505 页。

③ 《蒋介石限五月底肃清四省边区红军游击队》，《东南日报》1937 年 4 月 12 日。

的滚滚乌云又笼罩在各游击区上空。

在这种形势下，闽赣省委致电国民党江西、福建地方军政当局，呼吁“停止内战，联合抗日”也不可能得到响应。1937 年 6 月，驻闽绥靖公署主任蒋鼎文反而制订“清剿”军事方案，重点对闽北、闽东游击区实行“清剿”，将闽北划分为三个搜剿区，崇（安）建（阳）光（泽）邵（武）边区为第一搜剿区，顺（昌）邵（武）将（乐）建（宁）边区为第二搜剿区，松（溪）政（和）屏（南）古（田）边区为第三搜剿区，[①] 并在建阳成立闽北“剿匪”指挥部，提出搜剿办法，严令执行。

1937 年 7 月 13 日，黄立贵在邵武洒溪桥以北的山里被国民党七十六师四五六团和保安五团重兵包围，在突围中不幸牺牲。对此行为红军游击队进行了坚决反击。8 月下旬，马长炎带领 1000 多人，从福建将乐一带转到资光贵，在冷水坑附近与陈仁洪等会合。此时，邵顺建、将顺泰游击区的情况也非常紧张。9 月中旬，资光贵的红军游击队集中兵力，进行了一次大的行动。从资溪上源出发，走五里山，打到资溪的嵩市，又向西进攻南城的珀玕；再走黄狮渡，经金溪黄通回到游击根据地。行动干净利落，彻底拔除了饶桥据点，俘敌 70 余人，缴获四五十支枪。[②] 此次战斗成为闽北三年游击战争中资光贵游击区的最后一仗。

此时江西省政府主席熊式辉较为倾向团结抗日的主张，因此江西省的抗日救亡气氛比福建浓厚，加上全国抗日民族统一战线形成后，赣粤边游击区的党组织在项英、陈毅领导下，对熊式辉作了大量的统战工作。1937 年 9 月间，陈毅领导赣粤边党组织和红军游击队相继与赣州专署、江西省政府及当地驻军代表进行国共和谈，使江西省初步形成了合作抗日的局面。

淞沪会战期间，国民党迫于形势，将包围闽北游击区的第三师、

① 《驻闽绥靖主任公署军事方案》（1937 年 6 月），中共福建省委党史研究室等合编：《闽浙皖赣革命根据地》下，中共党史出版社 1991 年版，第 457 页。

② 陈仁洪：《艰难的岁月》，中国人民解放军历史资料丛书编审委员会：《南方三年游击战争・闽北游击区》，解放军出版社 1993 年版，第 280～281 页。

七十五师、七十六师等主力部队调往抗日正面战场。闽北国共武装对峙的形势渐趋缓和。此时，国民党江西省当局释放了被其抓捕的原光泽县苏维埃政府主席蔡诗山，并要蔡诗山找到红军游击队，转达想与闽北游击区的共产党谈判的意向。鉴于全国抗日形势的发展，中共闽赣省委书记黄道认为国共两党合作抗日已是不可阻挡的历史潮流。1937年8月，黄道、曾镜冰、曾昭铭以闽赣省抗日军政委员会正副主席名义，以“快邮代电”的形式，致函送达邵武专员公署转呈南京国民政府，提出合作抗日的意向。同时闽赣省委决定从省委所在地的崇安县入手，试探实现和谈的可能。闽赣省第一分区（闽北）区委书记兼崇安县委书记汪林兴与县行政负责人王水佬联名致函国民党崇安县县长蒋伯雄，主动提出谈判建议，并拟定了协议草案。要求国民党当局：从岚谷、大安一线撤销军事封锁；废除苛捐杂税；不组织民团压迫群众，停止对红军的进攻；停止移民并村，让各处群众回家恢复生产。同时作出四点承诺：红军游击队停止袭击和进攻崇安各处民团；停止打土豪；不向富农筹款；不捉商人，保证通商自由。[①] 但是，谈判建议没有得到国民党福建地方当局的丝毫回应。

9月20日，黄道等又以闽赣省抗日军政委员会名义，由国民党光泽县县长高楚衡转，致函国民党江西省政府主席熊式辉，并请转呈南京国民政府，再次表明合作抗日的诚意。随函提出三点要求：第一，可以接受将抗日红军名称改为抗日义勇军，要求将与抗日有意义的地区归义勇军活动区域，在此地区内实行抗日言论、集会、结社自由，取消对劳动人民的苛捐杂税，以累进税率增加不劳动所得税的征收，以实现有钱者出钱，有力者出力的主张。第二，允许向八路军领导人朱德、彭德怀等通信，以得到指示。第三，停止军事行动，停止打土豪；并派蔡诗山与光泽县高县长接洽，请国民党方面派代表来谈判，并表明“唯一的希望，是全国一致团结抗日，争取抗日的彻底胜利，

---

① 中共武夷山市委党史研究室编：《武夷山革命史》，中央文献出版社1998年版，第165～166页。又见中共武夷山市委党史研究室编：《崇安县党史研究文论选》，鹭江出版社1992年版，第151页。

只要与（于）抗日有利，我们无不竭诚接受”。[①] 9 月 24 日，军政委再次致函光泽县县长，指出在福建地区如崇安、邵武、建阳一带，仍有不少民团与红军游击队为敌，如不放移民群众回家收获，强迫群众守口封锁粮食等，“这对于团结抗日是有极大妨碍的”。要求县长转达福建军政当局令各地民团将移民群众一律释放回家安居，将各地民团调离红军游击区域，取消封锁。[②] 此后由蔡诗山与国民党江西省光泽县县长高楚衡进行接洽联络。

经过闽赣省委不懈努力，国民党江西省当局终于同意双方互派代表进行谈判。10 月 1 日，中共闽赣省委先后派出代表黄知真、邱子明与国民党方面派出的周中诚（江西第七区保安副司令）和高楚衡，在光泽霞洋大洲村举行谈判。谈判开始后，闽赣省委代表黄知真提出谈判的三个条件：第一，停止内战，一致抗日；第二，释放政治犯；第三，划出地方让红军游击队驻防，并协助我们派出的同志安全到中共中央去汇报，听取中央的指示。在此之前，也请江西方面负责解决军需供应问题。同时保证可以做到：停止打土豪、分田地；不再建立苏维埃政权；红军改编为闽赣抗日义勇军。[③] 国民党方面谈判代表则表示：第一条没有异议，第二条释放政治犯，还要查清楚，哪些人是政治犯，哪些人不属于政治犯，还有些监狱不属江西管，需要报告上峰才好回答。闽赣省委代表黄知真提出：政治犯的含义很清楚，共产党员、红军战士、苏区革命群众，还有因为主张抗日被捕的人，都属于政治犯。既然已经合作抗日，这些人都应当释放。对此，国民党方面代表要求提供有关名单。但在当时各游击区相互隔绝，加上国民党的严密封锁的情况下，要开出清单是难以做到的。所以黄知真提出，希

---

① 《黄道等关于合作抗日问题致熊式辉函》（1937 年 9 月 20 日），中国人民解放军历史资料丛书编审委员会：《南方三年游击战争·闽北游击区》，解放军出版社 1993 年版，第 46～47 页。

② 《黄道等要求取消对游击区封锁等问题致国民党光泽县长信》（1937 年 9 月 24 日），中国人民解放军历史资料丛书编审委员会：《南方三年游击战争·闽北游击区》，解放军出版社 1993 年版，第 49 页。

③ 黄知真：《大洲谈判》，中国人民解放军历史资料丛书编审委员会：《南方三年游击战争·闽北游击区》，解放军出版社 1993 年版，第 361 页。

望国民党方面主动把关押的政治犯释放出来，并且通知各地，红军方面将就近同当地政府交涉，望给予协助。

就红军游击队改编和驻地等问题，谈判发生了争论。国民党代表借口闽北红军不属于江西的部队，由江西提供粮饷和物资有困难，其实就是企图把游击队“收编”到江西保安团内。这一阴谋遭到闽赣省委代表的严词拒绝，表示只能改编为“闽赣边抗日义勇军”，并据理力争，重申共产党在抗日民族统一战线中的独立自主原则和联合抗日的诚意。国民党方面又在名称上做文章，要求改为“赣闽边抗日义勇军”，黄知真也表示可以。这样使国民党方面企图以“收编”手段达到吞并和消灭红军游击队的阴谋破产。

接着双方就部队集中地点又进行了谈判。闽赣省委原定方案是崇安或铅山，最好在崇安。而国民党方面代表再三表示，他们只能代表江西方面，崇安属福建，不好表态。这样双方商定以江西铅山县石塘镇作为游击队集结地，并撤退铅山、崇安边界的驻军，以便游击队下山集中。双方初步达成了停战协议，并将结果转告福建省政府。协议达成后，黄道、曾镜冰前往大洲村接见了国民党方面的代表，表示同意达成的各项协议，希望双方共同遵守，竭诚合作。

由于大洲谈判是与江西方面的国民党军政当局进行的，福建省政府主席陈仪不同意撤退福建境内的驻军，给崇安县县长的回电称：“要求撤退大安洋庄之部队，未可照办。”[①] 驻邵武的国民党第七十五师一部及崇安、邵武、建阳等地民团武装更是无视大洲谈判的停战协议，不断制造军事摩擦事件，袭击红军游击队零散人员。如闽赣省军政委员会副主席曾昭铭途经邵武铁罗巷附近时，遭到当地民团的袭击。而且他们强迫“移民并村”，阻止群众回乡，封锁交通，致使通信不畅等。

为打击国民党反动派嚣张气焰，稳定闽北国共合作的政治局面，

---

① 《陈仪致崇安蒋县长电》（1937 年 10 月 14 日），转引自中共福建省委党史研究室著：《中共福建地方史（新民主主义革命时期）》（下），中央文献出版社 1993 年版，第 860 页。

闽赣省委调集闽北红军独立师各部，在饶守坤、马长炎、左丰美等指挥下，组织自卫反击作战。10月14日，闽北红军独立师第三、六纵队联合行动，凌晨从邵武大山村出发，赶到二都桥，激战半小时，消灭国民党保安团一个排，缴获30多支步枪和几支短枪，并放火烧掉炮楼。接着部队进至建阳境内，化装袭击响古村，消灭驻防的反动民团。下午，部队继续进到建阳的杜潭村，消灭驻防的敌保安团一个整连。一天之内三战三捷，歼灭国民党保安团、反动民团、地主武装共200余人，缴获200余支枪及大批弹药。[①] 还宣传了党的抗日救亡政策，发动了群众。与此同时，汪林兴率领一分区第二纵队和崇北独立营，奔袭江西省铅山县石塘镇，烧毁敌炮楼，击溃民团一个分队、保安队一个连。两次自卫反击战的胜利，充分显示了闽北红军的军事实力，震慑了闽、赣两省的国民党军政当局，迫使他们停止对闽北游击区的进攻，使"大洲谈判"成果也为国民党福建当局所接受，从而为促进闽北国共和谈达成协议创造了有利条件。

鉴于闽北国共合作条件已基本成熟，闽赣省委指示所辖建松政、邵（武）光（泽）建（阳）、资光贵等游击区党组织主动同国民党地方当局进行广泛的和谈。

10月11日，王助以闽东北抗日军政委员会主席名义，致信国民党崇安县县长及驻军王营长，提出必须设法撤退大安至崇安县一线驻军，以作为谈判的先决条件。撤退后的一切秩序及人民生命财产，红军游击队均愿意保护。当局如能接受上述意见，军政委同意执行"停止反对贵府的一切宣传及军事行动"、"停止打土豪"[②] 等。但没有得到正面回应，而且当局还不断制造事端加以阻挠。闽赣省军政委员会主席黄道先后两次致函建松政中心县委书记翁立义，指示以建松政军政委员

① 饶守坤：《闽东北游击区的开创与发展》，中国人民解放军历史资料丛书编审委员会：《南方三年游击战争·闽北游击区》，解放军出版社1993年版，第303～304页。

② 《闽东北方面抗日军政委员会致国民党崇安县长信》（1937年10月11日），中共光泽县委党史研究室编：《大洲谈判》，中共党史出版社1995年版，第123页。

会名义，与当地国民党县政府联系，共商和谈事宜。[①] 10 月 29 日，建松政军政委员会分别向国民党政和、浦城、松溪、建瓯四个县政府发出国共合作谈判的信件，约请对方确定谈判时间和地点，并随信附上事先拟定的谈判要点。

11 月中旬，闽东北分区委书记王助在水吉濠村召开干部会议，传达闽赣省委关于国共合作抗日的指示，统一干部思想认识，部署与国民党地方当局的和谈工作。会议指定与国民党当局谈判的军政委员会全权代表：共青团建松政中心县委书记游火明到松溪县花桥和水吉濠村，政和中心区委书记陈贵芳到政和东平镇，浦城中心区委书记黄有贵到浦城水北，分别与国民党县政府代表进行国共和谈。

经过与国民党松溪县政府的书信来往，双方提出一些原则建议和要求，并商定以松溪县花桥区源尾乡甲墙村为谈判地点，因为该村属于革命根据地，群众基础好，背靠大山，发生意外时便于撤退。同时红军派出三个分队隐蔽在离甲墙村二里的黄屯村，以便接应谈判代表。原约定 23 日为谈判日，因为有些情况尚未摸清，军政委方面有意推迟，并派人到松溪县城查清情况，时间改到 28 日。[②]

28 日，建松政游击区与国民党当局第一次谈判在甲墙村保长曾世才家中举行，游火明与国民党县政府代表、花桥区长张宏进行谈判。当时军政委方面代表提出的条件是：第一，停止内战，取消敌对行动；第二，根据民众要求，过去为红军转达消息，及购买物品等民众，如有被县府及区署拘押者，请予释放。县政府代表对此作出答复：关于第一点，业已由县政府通饬驻县各部队停止军事进攻，已有事实证明，但贵军如有经过各部队警戒线时，请先行函知，以免误会；关于第二点，区署并无扣留上项民众，至于县政府方面，除犯重大刑章外，倘因纯为贵军传递消息，或购买物品，而被拘禁者，俟本代表负责转呈县政府酌情办理。同时县政府代表也提出，要红军游击队先将人数、

① 宣金堂：《建松政地区国共合作谈判经过》，中国人民解放军历史资料丛书编审委员会：《南方三年游击战争·闽北游击区》，解放军出版社 1993 年版，第 369 页。

② 宣金堂：《建松政地区国共合作谈判经过》，中国人民解放军历史资料丛书编审委员会：《南方三年游击战争·闽北游击区》，解放军出版社 1993 年版，第 370 页。

枪数、分驻地点，负责人姓名等列表报县，以便转请核实，指定集中地点，进行点验。①

据宣金堂回忆，谈判中也有斗争，军政委方面代表据理力争，在原则问题上概不让步，但在一些次要问题上也作出适当妥协。谈判中提出四点意见和要求：第一，抗日军此后组织抗日救国会，如派工作团前来各乡宣传抗日工作，政府应准予保护及便利。第二，抗日军方面，已宣告不打土豪及反对保甲与绑护等行为，绝对保守信誉，以后如有假冒红军名义，肆行不法行为之各股土匪，尽可攻击消灭之。第三，嗣后抗日军部队往来调动，倘有经过本县驻军、民团之防地时，请予通行上之便利，不得无故阻截攻击。第四，县府及区署如有人员到抗日军驻地内宣传政令、办理公要，抗日军亦愿负责保护并予便利。②

在此前后，政和东平区委书记陈贵芳到政和东平镇与国民党县政府代表、东平区长宋正才、区队副叶如隔在东平西街宋正才家中进行谈判。谈判围绕停止内战、团结抗日、枪口一致对外等问题展开。谈判期间，尽可能发动一切有民族自尊心的爱国人士、开明士绅同情和支持党的政治主张，对国民党代表施加压力，促进协议的达成。③ 同

---

① 《甲墙谈判记录》（1937年11月28日），中共福建省委党史资料征集编写委员会：《关于报送〈闽北国共和谈〉党史专题的工作报告》附件23（闽征委〔1987〕016号文件），第30页。

② 宣金堂：《建松政地区国共合作谈判经过》，中国人民解放军历史资料丛书编审委员会：《南方三年游击战争·闽北游击区》，解放军出版社1993年版，第371页。但此四点与宣金堂在《回忆建松政革命根据地二三事》的说法不一致：第一，国民党要把进攻红军游击根据地的军队全部撤出。第二，国民党松溪县政府要把花桥和渭田两地的驻军撤出，让出这两个地方给红军驻扎，以等待中央命令；红军停止打土豪分田地。第三，国民党政府应该动员和教育青年人去当兵，不应该派人去抓壮丁，强迫老百姓去当兵。第四，在抗战时期，希望国民党政府要关心和改善老百姓的生活，要真正按照“有钱出钱，有力出力”办事，不要向穷苦百姓抽捐派款。见中共福建省委党史资料征集编写委员会：《关于报送〈闽北国共和谈〉党史专题的工作报告》附件32（闽征委〔1987〕016号文件），第83～86页。

③ 陈贵芳：《抗战时期建松政地区统战工作的点滴回忆》，中共福建省委党史资料征集编写委员会：《关于报送〈闽北国共和谈〉党史专题的工作报告》附件29（闽征委〔1987〕016号文件），第73～75页。

时，浦城中心区委书记黄有贵、共青团浦城中心区委书记郭三妹分别到浦城水北乡、桥亭乡与国民党县政府代表进行谈判。随后，游火明、宣金堂又到水吉濠村与国民党建瓯县政府派出的代表进行谈判。[1]

经过有理有利有节的斗争，建松政游击区谈判最终获得成功，双方签订合作抗日协议。根据协议，划定松溪花桥、政和东平、水吉濠村、浦城渡头、际岭等地为游击队驻区，国民党方面不得驻军。建松政红军游击队改名为"闽浙边抗日义勇军"。谈判结束后，建松政军政委员会发布《告民众书》，号召各界联合抗战。

在邵光建游击区，邵光建县委书记王文波在"大洲谈判"后即致函国民党邵武县县长方钟徵，拟约定地点谈判。方钟徵回信提出三点要求：一是谈判地点由其指定；二是提出将游击队编为保安团；三是要求游击队停止打土豪。王文波回信表示，游击队可以停止打土豪，但队伍不能编入保安团。经双方协商，谈判地点定在邵武李家墩村。11 月初，王文波和县委组织部长聂显书、城区区委书记陈子山赴谈判地点，与国民党邵武县代表、一区区长李联云举行谈判。王文波等首先阐明团结抗日的诚意，申明游击队保持共产党领导的独立性。在此前提下，提出三点意见：一是在邵武设立邵光建游击队留守处；二是必须立即释放被囚禁的我方人员及无辜群众；三是表示政府给养有保证后，游击队不打土豪。国民党地方当局代表除不答应设立留守处外，其余各点均表示同意。[2]

邵武和谈达成后，召开了庆祝大会。聂显书代表邵光建县委作了团结抗日动员报告。会后，国民党邵武县政府发给红军游击队 100 条军毯，500 套（床）军服军被，并释放 200 多名政治犯，但唯独不释放国民党七十六师寄押在邵武的原闽中特委妇女部长徐莲娇。后经黄道多次交涉，才得以释放。

在资光贵游击区，资溪县长王恩荣迫于抗日形势，派人送信给中

① 《张鼎良、黄有贵、吴才生等关于建松政地区革命斗争情况座谈记录》（1959 年），松溪县档案馆藏：松溪县公安局旧政权档案第 457 号。

② 《王文波同志在党史工作会议上关于闽北革命斗争历史的报告纪录》，中共南平地委党史办公室：《闽北党史回忆集》第 1 期，1959 年 2 月，第 84～85 页。

共资光贵中心县委联系谈判。谈判地点确定在资溪县城。资光贵中心县委接信后，经请示闽赣省委同意，于 11 月间派中心县委书记鲍永泉(张波)、贵溪县委书记叶金太作为正式代表赴资溪县谈判。资溪各界民众获悉共产党派代表下山谈判，自动组织到县城入口沿街列队欢迎。鲍永泉借此机会，向前来欢迎的民众和国民党资溪县要员作团结抗日的宣传演讲。当天下午，鲍永泉又应邀到资溪县联保主任、保甲长集训班作抗日形势的报告。次日，双方正式进行谈判。中心县委代表提出五项条件：第一，要给群众抗日救亡的自由，有钱出钱，有力出力，办事要公平；第二，减少苛捐杂税，减租减息；第三，反对贪官污吏，提倡廉洁奉公；第四，抽壮丁要合理，不能冒名顶替，不应出现用钱雇买壮丁的现象；第五，释放我方的被捕人员。[①] 经过一番曲折斗争，最后达成合作抗日协议。

此外，闽北游击区还进行了一些基层谈判，如刘文学曾派陈仁洪到铅山紫溪与国民党区公所的代表举行谈判。还有崇安的大安谈判等。

到 1937 年 11 月，闽北各地国共和谈相继结束，闽北党组织和红军游击队，胜利地实现了从游击战争向国共合作抗战的转变，抗日民族统一战线正式建立。

(三) 闽东以打促谈

如前所述，全面抗战爆发前后，中共闽东特委已开始通过大量的抗日宣传活动，使党的抗日民族统一战线和联合抗日的新方针得到广泛宣扬，在社会上造成很大的影响。然在全国抗日民族统一战线基本形成的大背景下，国民党地方当局一方面继续派兵对闽东红军游击队进行军事“清剿”；一方面又假意接受和谈，千方百计设置障碍，破坏和谈，妄图借谈判之机，彻底消灭红军游击队。闽东红军游击队以打促谈，与南方各游击区一样，同国民党地方当局进行尖锐复杂的斗争。

全面抗战爆发后不久，闽东特委就呼吁停战谈判，合作抗日。然

① 张波：《资溪谈判》，中国人民解放军历史资料丛书编审委员会：《南方三年游击战争·闽北游击区》，解放军出版社 1993 年版，第 367 页。

国民党方面对谈判并不积极。1937年8月19日，福建省保安第二旅出动一个加强连“进剿”闽东游击区。叶飞在亲母岭设阵伏击，全歼该敌，打击了国民党军的嚣张气焰。① 9月，国民党浙江省处州专署保安司令部还派出保安团一个连，攻打驻扎于庆元县南阳村的红军游击队。范式人等指挥红军游击队奋起自卫反击，在久住坪将来敌击溃，击毙带队的团参谋长，缴获步枪40余支。随后又在庆元抓了二三十个土豪，到景宁又抓了一部分土豪，筹集到几百万元经费。② 红军游击队的自卫反击和活动，引起浙江省国民党当局的恐慌，电告福建省政府，要求福建省当局找红军游击队谈判解决问题。

闽东独立师坚持自卫反击，挫败了国民党当局企图消灭游击队的阴谋。加上此时淞沪战役已打响，驻福建的国民党正规部队八十七师、七十八师相继调往抗日正面战场，闽东红军游击队的军事行动，对省会福州构成很大的威胁，迫使福建省政府不得不同意与闽东特委举行和谈。据范式人回忆：当时国民党内部派系林立，妄想在谈判中吞并红军游击队。③ 如驻守闽东的国民党军第八十师独立旅和省保安团，出于扩大各自武装势力的企图，先后派员前来接洽谈判。1937年8月底，国民党福建省政府主席陈仪主动联系福安县中共城市党组织负责人郭文焕，提出要和闽东共产党组织进行谈判，并指名要叶飞亲自去。面对国民党当局对闽东游击区仍然坚持“北和南剿”的态势和“剿抚兼施”的策略，闽东特委此时已获知闽南游击区发生“漳浦事件”，因此对国民党军政当局主动议和的举动产生警觉，知道其中定有蹊跷，于是制定“以斗争求团结，以打促谈”的斗争策略，在积极争取停战谈判的同时，坚持发展壮大游击武装。

闽东特委经慎重研究，认为不宜由叶飞出面，决定派闽东军政委

---

① 范式人：《回忆闽东三年游击战争》，中国人民解放军历史资料丛书编审委员会：《南方三年游击战争·闽东游击区》，解放军出版社1993年版，第111页。

② 范式人：《回忆闽东三年游击战争》，中国人民解放军历史资料丛书编审委员会：《南方三年游击战争·闽东游击区》，解放军出版社1993年版，第111页。

③ 范式人：《回忆闽东三年游击战争》，中国人民解放军历史资料丛书编审委员会：《南方三年游击战争·闽东游击区》，解放军出版社1993年版，第111页。

员会副主席范式人作为全权代表，前往宁德霍童镇谈判。当时保安二旅旅部驻在镇上的文昌阁，范式人在这里同国民党福建省当局代表、省保安处副处长兼省保安二旅旅长黄苏举行首次谈判。范式人代表闽东特委提出几项条件：第一，红军改编为国民革命军福建抗日游击队；第二，给养按人数发放（按国民党军标准）；第三，发表共赴国难宣言；第四，红军部队的干部完全由我方委任；第五，全闽东民众之前的租债和田赋一律免交；第六，指定划分防地周围六十里以内不得驻其他军队；第七，释放一切政治犯。[①] 谈判中，黄苏提出要将闽东独立师收编为福建省保安旅两个团的无理要求。范式人据理力争，坚持游击队的独立性，提出闽东红军游击队只能改编为闽东抗日游击支队，并保持共产党的领导与指挥，支队干部由闽东特委委派的原则。因在此原则问题上未取得一致，存在较大分歧，谈判陷入僵局。

此后，国民党福建当局妄图以武力迫使红军游击队就范。9 月初，国民党代表提出，要派人见叶飞，以便当面陈述意见。国民党派的是叛徒王调勋，于是引起闽东特委警惕。闽东特委识破对方以谈判为名，企图偷袭闽东特委机关的阴谋，遂令独立师主力设伏，将意图偷袭的省保安司令部的一个加强连全部消灭。[②] 次日，范式人代表闽东特委向国民党当局提出抗议。此役不仅是军事上的胜利，而且是政治上的胜利，迫使国民党福建当局不得不继续谈判。

同月，双方在宁德东门外妈祖庙继续谈判，仍就改编与收编问题争论激烈。范式人坚持原则，据理力争，但为促成谈判，在驻防区域上作出一些让步。而国民党代表仍玩弄收编阴谋，提出要把闽东独立师收编为福建保安司令部的一个旅，由叶飞任旅长，阮英平、范式人任团长，拒绝接受闽东特委的条件，并要闽东特委派人到福州与陈仪面议，谈判再次陷入僵局。

---

① 范式人：《关于闽北、闽东、闽中等地区工作的报告（节录）》，中国人民解放军历史资料丛书编审委员会：《南方三年游击战争・综合篇》，解放军出版社 1995 年版，第 354～355 页。又参见范式人：《福建省统一战线工作报告》（1941 年 4 月 14 日于延安），原件存中央档案馆。

② 叶飞著：《叶飞回忆录》，解放军出版社 2007 年版，第 71～72 页。

在此期间，闽东军政委员会还多次派代表与闽浙边区国民党地方军政当局进行谈判。但国民党方面拒绝合作抗日的提议，继续实行封锁，破坏抗战。

10月4日，由范式人率领的闽东独立师一部以闽东军政委员会主席叶飞，副主席阮英平、范式人名义主动致函国民党浙江省庆元县政府，重申合作抗日谈判的立场和条件；主张“凡属中华民族，除汉奸卖国贼外，所有同情抗日者，均与之联合共同抗日，扩大抗日阵线，清扫抗日道路，巩固抗日后方”；指出闽东和谈至今未实现，国民党方面应负全责；要求立即停战，互推代表，举行谈判。①

10月，闽东特委得悉国民党福建当局阻挠当时以中共中央代表身份到福州，与陈仪交涉“漳浦事件”人枪归还问题的张云逸进入闽东游击区的消息后，闽东独立师当即提出强烈抗议，指出这样做是别有用心。于是决定仅留一个连的部队由范振辉带领留闽浙边境活动外，闽东独立师各部集结于桃花溪至宁德一线，造成兵临宁德县城的架势，吓得黄苏下令戒严，宁德县城紧闭三天城门。后来范式人又到宁德交涉，黄苏仍不正面答复，推脱说陈仪还没有复命。随着福建金门岛沦陷于日军之手，局势骤然紧张。11月间，黄苏仍不死心，派人传话，如果叶飞不能去，就请阮英平去一趟。阮英平不避风险，应约赴会，到宁德县城同黄苏进行闽东国共第三次和谈。谈判桌上，黄苏故技重演，企图以许愿委以阮英平师长之职，达到收编游击队之目的，再遭阮英平拒绝，谈判仍无结果。

由于此时国民政府军事委员会已经颁布了将南方红军游击队编为新四军的命令，福建当局才放弃收编游击队的企图，改为尽快实施“调虎离山”的阴谋。12月初，八路军南京办事处派出参谋顾玉良，到福州与陈仪接触后来到闽东游击区，传达了博古、叶剑英、李克农关于部队谈判整编的指示，和闽东特委一起研究游击队改编新四军的问

---

① 《闽东抗日军政委员会为合作抗日致国民党庆元县政府函》（1937年10月4日），中国人民解放军历史资料丛书编审委员会：《南方三年游击战争·闽东游击区》，解放军出版社1993年版，第69～70页。

题。至此，与上级失去联系达四年之久的闽东共产党组织终于与中央接上了关系。

到 12 月上旬，闽东国共和谈升格为中共闽东特委与国民党福建省政府之间的谈判，范式人前往福州谈判。在顾玉良直接参与下，闽东特委就红军集结期间的问题继续同国民党当局进行谈判：一是当局要求红军停止打土豪活动，闽东特委方面表示可以接受，因为军事对抗已经停止，但要求保护红军家属安全，不许借机迫害，否则影响部队集中，应由当地政府负责；二是当局要求部队驻地要固定，移动时应经批准。闽东特委方面坚持必要时可以自行决定移动，然后及时通报；三是当局要求红军接受当地驻军首脑的指挥，闽东特委方面坚持红军可以接受指导，不能接受指挥；四是部队给养由政府供给，标准按实际人数，以官四角、兵二角发放；五是给红军采购人员以采购所需物品的便利。[①] 鉴于全国抗日形势高涨，国民党当局原则上接受这些要求。经过范式人等的努力，双方达成协议：第一，闽东红军改编为国民革命军福建抗日游击第二支队；第二，改编后仍由共产党领导；第三，划屏南为闽东红军驻区；第四，在报纸上发表《国共合作共赴国难宣言》。[②]

随后，国民党当局要求闽东红军游击队开往宁德县城集中点编。此举引起已获知“漳浦事件”消息的闽东特委的警惕。闽东红军坚持“独立自主靠山扎”的方针，拒绝把部队全部开到宁德县城，而是在游击区的桃花溪集中，避免了悲剧重演。

1937 年 12 月 31 日，《福建民报》全文发表《中共闽东特委共赴国难宣言》。其内容除表明达成合作抗日协议外，突出阐明三大斗争目标：第一，实现全民族抗战，武装民众，抗战到底。第二，实现民主

① 顾玉良：《我到福建找叶飞部队的经过》，中国人民解放军历史资料丛书编审委员会：《南方三年游击战争·闽东游击区》，解放军出版社 1993 年版，第 275 页。

② 叶飞著：《叶飞回忆录》，解放军出版社 2007 年版，第 72 页。

政治，释放政治犯。第三，改善民生。①

《宣言》的发表，表明以叶飞、范式人、阮英平为首的中共闽东特委与红军游击队按照党中央关于建立抗日民族统一战线的方针政策，坚持独立自主原则，历经与国民党地方当局艰难曲折的斗争，终于促成了闽东地区国共合作抗日局面的实现，在全省各地产生了极大的影响。②

（四）闽中和谈与“泉州事件”

西安事变后，闽中特委从南临委定期寄送的《救国时报》上了解到中央关于“联蒋抗日”的新方针，但警惕性不够，终于导致惨痛后果。1937 年 2 月 16 日，因叛徒出卖，王于洁、黄孝敏、余长钺、潘涛等闽中特委领导人在开会讨论国共和谈事宜后，被国民党宪兵围捕。随后特委委员、福清县委书记陈炳奎也被诱捕。后来五人被监禁于福州宪兵团部，于 6 月 23 日被国民党反动派杀害。这充分说明，即使是在国共和谈时期，也不能放松警惕，而且必须坚持斗争。

闽中特委被破坏后，幸存的特委委员刘突军在危急时刻，成立了闽中工作委员会，刘突军任书记，黄国璋、苏华为委员。工委按照特委原部署，继续发动全党同志大力开展政治宣传活动，敦促国民党当局停止内战、一致抗日。1937 年 4 月下旬，工委派黄国璋到香港与南临委接上关系，并向南临委负责人姚铎汇报闽中地区党组织及游击队的活动情况。姚铎向黄国璋传达了南临委指示：第一，闽中红军游击队应改编为抗日义勇军第七路军第一纵队；第二，闽中工委要寻机与国民党进行合作抗日谈判，同时要与南临委保持联系。③ 黄国璋回到莆

① 《中共闽东特委共赴国难宣言》（1937 年 12 月 31 日），中国人民解放军历史资料丛书编审委员会：《南方三年游击战争·闽东游击区》，解放军出版社 1993 年版，第71～72 页。

② 缪慈潮、顾铭主编：《范式人传》，中共党史出版社 2002 年版，第 85 页。

③ 黄国璋：《回顾三年游击战争时期闽中党的活动》，中国人民解放军历史资料丛书编审委员会：《南方三年游击战争·闽赣边游击区、闽中游击区》，解放军出版社 1994 年版，第 389 页。

田后，闽中工委于6月中旬召开扩大会议，传达贯彻中央和南临委指示，讨论和国民党谈判合作抗日的问题。会议认为：中央关于坚持“联蒋抗日”的方针是正确的，但在闽中地区，国民党不承认党和红军游击队的合法地位，又无释放政治犯的意向，马上谈判的条件尚不成熟，只能一边促进、一边等待。会议决定：闽中第二支队改编为抗日救国义勇军第七路军第一纵队，吴德标任司令员，刘突军任政委。① 尽管会议对闽中形势作出比较正确的判断，但当时刘突军比较着急，认为如果不主动跟国民党谈判，在政治上就会陷于被动，也会造成群众的不信任。②

全面抗战爆发后，闽中抗日救亡呼声日益高涨。闽中工委发出《为反对日寇进占华北告民众书》，呼吁国民党当局以民族利益为重，团结抗战，共赴国难。1937年8月，为了更好地获得党中央的指示和信息，闽中工委派政治交通员金贯一赴香港，不料刚从莆田出发即被县警察局抓捕。金贯一鉴于当时全国国共合作局面已基本形成的背景，亮明中共交通员的身份。国民党莆田县党部对金的身份将信将疑，县党部指导员黄士豪以个人名义在《莆田日报》刊登了一则启事，说明金贯一情势严重，要知情者见报后速来会面，以便营救。

闽中工委书记刘突军从报上获悉金贯一被捕消息后，立即召开工委会议研究营救办法。8月12日以中华人民抗日救国义勇军第七路军第一纵队指挥部名义致函莆田驻军四七八团团长李鼎彝和国民党莆田县党部黄士豪、县长夏涛声，表示“当此寇氛日炽，国运日危，中华民族只有大事联络，一致抗日”的愿望。同时以中共闽中工委的名义致书国民党莆田县党部，表示愿派代表谈判，希望能共同致力于抗日

① 中国人民解放军历史资料丛书编审委员会：《南方三年游击战争·闽赣边游击区、闽中游击区》，解放军出版社1994年版，第522～523页。

② 苏华：《关于闽中国共和谈和“泉州事变”的几个问题》，中国人民解放军历史资料丛书编审委员会：《南方三年游击战争·闽赣边游击区、闽中游击区》，解放军出版社1994年版，第437页。

救国运动。[①] 同时附上由刘突军、吴德标等联合署名的《为反对日寇进占华北告民众书》。李鼎彝和黄士豪分别在《莆田日报》发表谈话，表示愿和闽中共产党组织和游击队在莆田举行合作抗日的谈判。

获知国民党当局正式表态后，闽中工委就如何与国民党谈判问题进行了研究，拟定三条谈判原则：一是保证我党对我军的领导权不受侵犯；二是国民党当局应立即取消对我方人员（含党员、干部、游击队员的家属在内）的通缉令；三是保证我方队伍在必要时开赴前线抗日。[②] 经过讨论，大家基本同意，并进一步补充确定几条原则，包括停止内战，国共合作，一致抗日；红军改编，组织独立，干部不能调动，军事可受指挥；释放政治犯，允许宣传抗日等等。[③] 同时决定派杨采衡为正式代表，到莆田县城谈判。先就释放金贯一问题进行谈判，试探对方是否有诚意。杨采衡先后与黄士豪、夏涛声交涉。杨采衡陈述了闽中工委的和谈条件，特别是对有关原则据理力争，寸步不让。当主要原则得到确认后，我方主动作出一些必要的让步，同意放弃打土豪劣绅，参与维护地方治安，接受抗日统一指挥等，但也表示番号仍用“闽中人民抗日救国义勇军”。

原则协议达成后，双方又围绕部队点编员额、经费和集中问题等进行磋商。确定闽中游击队“可编为两连，由地方筹给点编费一千六百元，给养费则由军政长官商请保安处维持或由八十师负责”[④]。由于此时福建军事实行师管区建制，部队改编问题需征得驻军同意。于是8

---

① 《〈莆田日报〉关于闽中抗日救国义勇军指挥部向国民党提出和平谈判建议的报道》（1937年8月18日），中国人民解放军历史资料丛书编审委员会：《南方三年游击战争·闽赣边游击区、闽中游击区》，解放军出版社1994年版，第560页。

② 杨采衡：《闽中红军游击队三年游击战争的历程》，中国人民解放军历史资料丛书编审委员会：《南方三年游击战争·闽赣边游击区、闽中游击区》，解放军出版社1994年版，第369页。

③ 苏华：《关于闽中国共和谈和“泉州事变”的几个问题》，中国人民解放军历史资料丛书编审委员会：《南方三年游击战争·闽赣边游击区、闽中游击区》，解放军出版社1994年版，第437～438页。

④ 《国民党莆田县指导员办事处〈呈报八、九两月份指导抗敌后援工作情形〉（节录）》，中国人民解放军历史资料丛书编审委员会：《南方三年游击战争·闽赣边游击区、闽中游击区》，解放军出版社1994年版，第564页。

月26日，杨采衡在黄士豪陪同下前往泉州面见驻军第八十师二三九旅旅长钱东亮。钱对莆田国共谈判结果没有异议，但对游击队究竟是由驻军点编还是由省保安处点编问题未作答复，表示待请示福建省绥靖公署后确定。9月上旬，刘突军亲自到莆田县，同黄士豪、夏涛声就点编地点和安全问题作最后商定。刘突军在县城发表谈话，表明鉴于国际形势及民族利益，闽中自上年10月起即停止军事行动，静待时机。现抗战开始，愿共同抗日等，引起群众反响。经协商，点编地点定于莆田南门外锦亭寺公路边，由八十师二三九旅派代表点验；国民党地方当局负责保证闽中义勇军战士在集结途中的安全；在义勇军驻地方圆50里内不得驻扎其他军队。为便于联系，闽中义勇军纵队指挥部在莆田城关设立办事处，方子民任主任。至此，谈判暂告一段落。

闽中国共和谈达成协议后，闽中义勇军开始在莆田庄边赤石垵口村集中整训一个月，主要对战士进行形势、党的方针政策和组织纪律方面的教育和军队的正规训练。10月中旬，接国民党当局通知，刘突军率部下山，在福厦公路莆田城南路段的锦亭寺接受国民党八十师二三九旅代表的点验。点验整编后的闽中游击队番号正式改为国民革命军陆军第八十师特务大队。刘突军任大队长，杨采衡任副大队长。下辖两个中队，吴德标、雷光熙分任两个中队的中队长。闽中工委为加强党对军队的领导，任命金贯一、翁鸿镗分任两个中队的政治指导员。部队改编后进驻莆田城郊广化寺。

由于闽中党组织对政治形势判断失误，对党的统一战线方针理解不够，未吸取“漳浦事件”的教训，主观上“急性病地认为这次不出去，我们的政治生命就完结，群众对我们不信任”，未理解秘密工作与公开工作的区分，从而埋下隐患。[①] 随后，闽中工委再次派黄国璋赴香港向南临委汇报与请示工作。11月初，南临委负责人薛尚实听取黄国璋汇报后，专门就闽中问题进行讨论，并形成指示意见：第一，闽中

---

① 《中共闽西南特委给闽中党的指示——闽中党工作上的缺点与今后工作方向》(1938年3月21日)，中国人民解放军历史资料丛书编审委员会：《南方三年游击战争·闽赣边游击区、闽中游击区》，解放军出版社1994年版，第343～344页。

国共谈判是成功的，但要提高警惕防备突然事变；第二，闽中工委划归闽粤赣边省委领导；第三，刘突军负责军事，建议由黄国璋担任工委书记。① 南临委还派高万里随黄国璋到闽中工作。

国民党在闽南制造“漳浦事件”得逞后，福建军政当局又如法炮制，企图运用“调虎离山”之计，吞并闽中红军游击队。1937 年 10 月 26 日，国民党地方当局以金门沦陷，闽南局势紧张为由，命令已编入八十师特务大队的闽中游击队开赴泉州驻防。这道命令使特务大队陷入两难境地，一则闽中游击队已经改编，国民党以抗战为由调遣下属部队到抗日前线名正言顺，没有理由违抗命令；二则特务大队被调离赖以依托的闽中游击区开赴泉州，将处于驻泉州的八十师二三九旅的军事控制之下，随时有被消灭的危险。对此闽中工委内部产生激烈争论。刘突军未能清醒地意识到危险，反而认为抗日军令难以违抗，否则将会留下“不真诚合作”、“不敢上前线”的话柄，造成不良政治影响；而进驻泉州，还可以协助泉州党的工作。李刚坚决主张特务大队开到泉州，认为可以扩大政治影响，恢复安南永游击区；还可以通过开展抗日救亡活动，广泛团结各界人士，宣传党的抗日主张。苏华等人则持反对意见，认为部队驻广化寺较安全，紧靠游击区，翻过两座山头就是常太根据地，国民党不敢轻举妄动；部队开到泉州，莆田基本地区失去了武装支柱，党的工作将受损失。最后刘突军的意见还是被采纳。② 部队随后进行整顿，老弱人员被动员回家，有地方工作经验的骨干留下继续做群众工作。11 月中旬，特务大队约 200 人开赴泉州，进驻市区承天寺。特务大队进驻泉州后，受到各界热烈欢迎。刘突军、李刚等与文化界、教育界人士和青年学生广泛接触，促进抗日救亡运动的蓬勃开展。特务大队在泉州的社会影响日益增大，也因此遭到国民党军政当局的忌恨，不断向省政府和保安处提供危言耸听的密报，

---

① 黄国璋：《回顾三年游击战争时期闽中党的活动》，中国人民解放军历史资料丛书编审委员会：《南方三年游击战争·闽赣边游击区、闽中游击区》，解放军出版社 1994 年版，第 391～392 页。

② 苏华：《闽中党在抗日战争初期的活动情况》，中共莆田县委党史办公室编：《革命回忆录选编·莆田建党六十周年纪念》，内部资料 1986 年，第 82 页。

要求限制特务大队的社会活动。危险正一步步逼近。

闽中游击队的危险处境，很快引起上级党组织关注。1937 年 10 月至 11 月，张云逸在福州期间，得悉闽中游击区被改编为国民党八十师特务大队，意识到其中潜伏着一定危险性，派人通知闽中游击队不应单独就编，并要他们派人来面谈，但未能联系上。1938 年初，闽中工委负责人黄国璋向南临委汇报工作后返回福建。在厦门获悉部队已进驻泉州，意识到问题的严重性，立即赶赴泉州向刘突军传达了南临委关于队伍改编后“要提高警惕，防止突然事变”的指示，以及闽南“漳浦事件”的情况。刘突军也感到问题严重，要求黄国璋赴闽西找闽粤赣边省委请示，妥善解决闽中游击队摆脱险境的问题。黄国璋找到闽粤赣边省委机关，张鼎丞、邓子恢接见了他，听取了情况汇报。张鼎丞、邓子恢亦感闽中情况危急，立即要黄国璋直接书面报告给南临委。省委也电告南临委，认为闽中特务大队到泉州有危险。省委同时请求项英和福建地方军政当局（国民党省政府和第八十师）交涉，希望将特务大队留在闽中开展抗日游击战争。①

1938 年 1 月下旬，黄国璋从闽西带回闽粤赣边省委指示，在泉州秘密召开闽中工委会议，传达省委指示：第一，提高警惕，防止突然事变发生；第二，注意同国民党有关人员搞好关系，避免摩擦；第三，开展抗日和生产运动。② 会议根据省委指示精神，研究了应急措施，决定把未暴露身份的干部和队伍中的短枪抽回莆田，并设法与新四军驻福州办事处直接联系，要求把闽中游击队编入新四军。

国民党军政当局唯恐闽中游击队脱离八十师建制，便加紧策划吞并阴谋，斗争日趋激烈。二三九旅旅长钱东亮向刘突军提出由于浙东抗日形势紧张，决定将特务大队扩编为一个正规营，兵员不足部分由旅部从其它连队抽调一部分补充，扩编后晋升刘突军为中校营长，率

---

① 《闽粤赣省委关于军队情况与组织问题致方方转南委报告》（1938 年 1 月 17 日），中国人民解放军历史资料丛书编审委员会：《南方三年游击战争·闽西游击区》，解放军出版社 1991 年版，第 306 页。

② 黄国璋：《谈闽中国共和谈和“泉州事变”》，转引自中共莆田县委党史研究室编：《莆田革命史》，福建人民出版社 1995 年版，第 150 页。

所部赴浙东。刘突军深知这是对方的利诱图谋，不为所动，以部队留在闽南更能发挥抗日作用为由加以拒绝。钱东亮此计不成，又生一计，到处散布“刘大队长不服从命令”的舆论，并且制造事端，嫁祸游击队。经过斗争事态平息，钱东亮对刘突军更加忌恨，加紧策划更大阴谋。

3月9日，刘突军先派人秘密到莆田通知黄国璋、苏华等工委委员到莆田城内集中开会，商讨特务大队脱离八十师，北上抗日有关问题。10日，刘又到二三九旅旅部正式向钱东亮请假到福州向八十师师部和新四军驻福州办事处请求编入新四军北上抗日事宜。钱表面允准，暗地里却电令八十师驻莆田四七八团二营营长彭时斌，设法在莆田将刘突军杀害。当天下午，刘突军一行三人乘汽车出发，准备顺道往莆田参加闽中工委会议。但刚到莆田车站，就被彭时斌以商谈要事为由“请”去营部，当晚被秘密枪杀。11日凌晨，钱东亮指使驻泉州四七九团团长董文敏率部包围承天寺，宣称刘突军“克扣军饷，携款潜逃，下落不明”，借口担心部队不稳，调开主要领导杨采衡和翁鸿镗，然后以政训名义让特务大队集合，武装包围缴械。继“漳浦事件”后，福建国民党当局又制造了“泉州事件”。

对于国共和谈中的斗争和流血事件的发生，客观地分析，在革命形势急剧变化的历史节点，要完全把握政策和达到目的是很难的，因为历史发展是非常复杂的，是各种力量充分博弈的结果。首先是国民党虽然不得不和谈，但拒不承认共产党的平等地位，甚至企图利用谈判消灭南方共产党和红军游击队。其次，中共内部在政策方面也产生一些分歧，主要是王明从苏联回到延安后，不仅批评党在抗日民族统一战线中的独立自主原则，还提出“一切服从统一战线”等口号，干扰了决策，这些不能不对中央有关国共和谈及后来红军游击队改编的政策和做法产生不利影响。再次，即使中央政策完全正确，但真正要落实到位也还有一个过程，还需要上下互动的落实。正如有学者认为，南方游击区域的领导人既要积极争取合作抗日，又要坚持党的原则立场，应对的局面是相当复杂的。而南方15个游击区都相对独立，“形成了各游击区域与国民党当局多渠道、多方面和多层次的谈判接触的特点”[1]，福建各游击区也是如此。在这种复杂局势下，加上对国民党存在麻痹思想，产生一些不足和失误也是在所难免的。当然，福建各游击区基本上还是坚持了党的独立领导地位，实现了合作谈判的结果。

① 刘晓：《关于南方红军游击队集中改编的问题》，《史学月刊》1988年第6期。

第七章　福建红军游击队改编与奔赴抗日疆场

伴随福建抗日民族统一战线的建立，各游击区与国民党地方当局经过一系列艰难曲折的谈判，均达成合作抗日的协议。但在红军游击队改编的具体问题上仍然存在激烈争论与斗争。各游击区党组织和红军游击队贯彻中共中央指示，坚持独立自主原则，进行有理有利有节的斗争，顺利完成将红军游击队改编为新四军的任务，并排除各种困难，迅速北上开赴抗日疆场，成为中国共产党敌后抗战的一支模范劲旅。

一、红军游击队改编为新四军

（一）新四军改编的决策与部署

全面抗战爆发后，根据中共中央与南京国民政府的谈判结果，1937 年 8 月 25 日红军宣布改名为国民革命军第八路军。在涉及南方各游击区部队的谈判中，中共中央坚持独立自主原则，坚持南方红军游击队编成一个军的主张，最后达成协议。10 月 6 日，蒋介石下令南方各游击区的红军游击队归新四军军长叶挺“编遣调用”。12 日，国民政府军事委员会宣布南方 8 省 15 个地区（除琼崖游击区外）的红军游击队改编为新四军，标志着新四军番号的正式确立。

对于南方红军游击队的改编，中共中央极为重视。1937 年 9 月 14 日，中央致电博古等谈判代表，强调谈判中红军游击队要坚持独立自主，要有“一定军饷”，驻地安全可靠。[①] 10 月 1 日，中共中央就南方游击区工作方针作出指示，指出：“南方各游击区是今后南方革命运动的战略支点”，是十年血战的结果，应引起重视。同时提醒，国民党一直“企图拔去这些战略支点”，要保持高度警惕。国民党以前是用“清剿”屠杀的方法，阴谋失败后，又企图利用抗日名义，将红军游击队集中改编以“包围缴械”。因此，把各地红军游击队集中改编于我不利。为保存这些支点，谈判中应坚持以下条件：第一，原则上不拒绝集中；国民党不得移入及破坏游击区。第二，国民党把何鸣部人枪交还后，方能谈判各游击区问题。第三，张鼎丞、何鸣、刘英三部原地不动。第四，游击队集中之时，国民党不得干涉。同时对项英不明白“统一战线中保持独立自主原则”、“不应无条件集中”等提出批评。[②] 13 日中共中央又发出《关于克服对国民党的投降主义倾向的指示》。中央的一系列指示，为正在进行国共谈判的各游击区的党组织以及红军游击队的改编指明了方向。

10 月 30 日，为防备国民党的阴谋，中共中央就改编问题作出专门指示：第一，集中五分之三，留下五分之二；第二，反对投降主义，严防国民党之暗算；第三，以叶挺为军长，项英为副军长；第四，以四个月为清理时间。并强调，须等何鸣部人枪悉数交还后，才能集中。[③] 不久，根据形势发展，中央又提出各地游击队“按集中三分之二，保留三分之一”的原则改编，[④] 不能无条件地全部集中。

---

① 《张闻天、毛泽东关于各边区在统战中应注意的问题致秦邦宪等电》（1937 年 9 月 14 日），中国人民解放军历史资料丛书编审委员会：《新四军·文献》第 1 卷，解放军出版社 1988 年版，第 26 页。

② 《中共中央书记处关于南方各游击区工作方针的指示》（1937 年 10 月 1 日），中共中央文献研究室、中央档案馆编：《建党以来重要文献选编（1921—1949）》第 14 册，中央文献出版社 2011 年版，第 560～561 页。

③ 《张闻天、毛泽东关于南方各地游击队整编问题给秦邦宪、叶剑英的电报》（1937 年 10 月 30 日），中共中央文献研究室、中央档案馆编：《建党以来重要文献选编（1921—1949）》第 14 册，中央文献出版社 2011 年版，第 638 页。

④ 《关于新四军之编制及工作方针的决定》（1937 年 11 月），中国人民解放军历史资料丛书编审委员会：《南方三年游击战争·综合篇》，解放军出版社 1995 年版，第 457 页。

随后，为加强对新四军的领导，1937年12月14日，中央决定成立中共中央东南分局和中革军委新四军分会，均由项英任书记，曾山任副书记。同日，中央政治局专门研究了南方红军游击队改编事宜，决定：各游击队迅速集中，不必留三分之一在后方，应全部开赴抗日前线。[①] 可见中央考虑有所改变。并且提出新四军编两个纵队，分别由陈毅、张鼎丞担任纵队长。[②] 但方案未被国民党方面采纳。25日，新四军军部在汉口成立，叶挺、项英任正副军长。27日，中央同意新四军编四个支队八个团的方案，一支队长陈毅、二支队长张鼎丞、三支队长张云逸，四支队长高敬亭。[③] 1938年1月6日，新四军军部移驻南昌。

在福建，国民党省政府主席陈仪在收编福建各支红军游击队的目的难以达到的情况下，趁新四军组建之机于1937年12月9日向何应钦发出急电提出，福建游击队"各部在共党确有深长历史，如经收编则本省治安亦臻巩固。恳饬新四军速派干部来闽主持办理"。何应钦接到电报后，转知叶挺：迅速派员赴闽会同省政府分别收编。[④] 很显然国民党福建当局开始变换手法，对游击队"剿灭"不成，改为"调虎离山"策略，以巩固其对地方的统治。

经中共代表周恩来、叶挺和叶剑英同国民政府代表再三交涉，1938年1月，国民政府军事委员会核定了新四军编制及人员任命等。[⑤]

---

① 中共湖北省委党史资料征集编研委员会、中共武汉市委党史资料征集编研委员会编：《抗战初期中共中央长江局》，湖北人民出版社1991年版，第24页。

② 《毛泽东、项英关于新四军编制等问题致叶挺电》（1937年12月14日），中国人民解放军历史资料丛书编审委员会：《南方三年游击战争·综合篇》，解放军出版社1995年版，第463页。

③ 《项英关于新四军编制及干部配备问题致毛泽东、张闻天电》（1937年12月27日），中国人民解放军历史资料丛书编审委员会：《南方三年游击战争·综合篇》，解放军出版社1995年版，第469页。

④ 《何应钦要叶挺派员赴闽办理红军游击队改编事宜》（1937年12月16日），中国人民解放军历史资料丛书编审委员会：《南方三年游击战争·闽粤边游击区》，解放军出版社1994年版，第451页。

⑤ 《陈绍禹、周恩来、叶剑英关于何应钦已核定新四军编制致毛泽东电》（1938年1月8日），中国人民解放军历史资料丛书编审委员会：《南方三年游击战争·综合篇》，解放军出版社1995年版，第472页。

1 月 16 日，中共东南分局和新四军军部编列红军游击队改编方案，一方面报中共中央长江局，一方面征求各地游击区负责人意见，并开始通知各地游击队下山集结改编。改编方案为，全军设“四个支队八个团队两个直属大队”。其中第二支队以张鼎丞、邓子恢部为第三团，闽西南部为第四团（总共现有人数 1200，枪 1000，轻机关枪八挺，重机关枪两挺），以张鼎丞为司令，谭震林为副司令。第三支队以黄道部编为第五团（约 1000 余人，500 余枪，轻机关枪三挺），以闽东叶飞部编为第六团（1500 余人，枪 700 余支，轻机关枪三挺）。另外，刘英部现有人数仅 400 余，枪数不详，准备编为独立大队。总共全军人数约万余人，枪 5000 支以上。①

需要指出的是，因通讯不便，虽然福建各游击区未能及时收到中共中央有关新四军组建的一些文件、指示，对筹备经过也不是完全清楚，存在信息滞后，但在新四军二、三支队组建过程中福建各游击区对中央指示的贯彻并未受到太大影响。

（二）新四军第二支队的改编

按照中共中央和南京国民政府谈判议定的新四军改编方案，主要是将闽西、闽粤边、闽赣边和闽中地区的红军游击队改编组建为新四军第二支队。为弄清第二支队的组建，有必要对上述游击区的改编情况进行论述。

尽管改编初期对中央指示并不是很清楚，但中共闽粤赣边省委仍然结合所属各游击区实际，对红军集中改编提出自己的意见。1937 年 10 月 12 日，中共闽粤赣边省委就提出：“巩固红军成为南中国抗战的支柱，武装民众为抗战的后备军”，“建立我们过去的游击区，成为抗日巩固根据地”，“应使闽粤赣各个游击区的发展，适合于将来抗战时的作用，使之能够互相呼应，互相配合”，“保障游击区人民生活的改

① 《项英关于新四军整编及东南地方工作情况致陈绍禹、周恩来等信》（1938 年 1 月 16 日），《中共中央东南局》编辑组编著：《中共中央东南局》下卷，中共党史出版社 2006 年版，第 515～516 页。

善，以便于更能动员参战”。[①] 在收到项英要求“中央苏区赤色武装停止就地谈判，集中点编”指示后，省委拟派秘书长温仰春赴江西大余与项英、陈毅商讨工作。出发之前，省委交代除汇报闽西南斗争情况与国共和谈及部队改编问题外，提出以下意见：第一，必须保留一些武装在江西中央苏区坚持和开展工作。第二，集中的武装最好靠拢到闽粤赣边区来，合成一个强大的能独当一面抗战，以取得华南抗日胜利的中心力量。第三，如大部队不能靠拢边区，则最少现存汀瑞间的红色部队合编。第四，未得中央新的决定时，不能把部队靠到赣粤边去集中。第五，如部队大的集中靠拢到闽粤赣边来则项英、陈毅二同志必须来到这方面加强此间领导，或者二人中抽一人来。[②] 这些意见与中央和毛泽东提出的防止“国民党企图拔去这些战略支点”阴谋，鉴于日军将进攻粤闽浙三省，张鼎丞、何鸣、刘英三部原地不动，决不应集中的指示是相一致的，更与项英等提出的“不留一根枪，一个人”的做法完全不同，是很有远见的。正如有学者所认为的：如果按中央留下五分之二部队在原有游击区域，或保持闽西、闽南、浙南等重点区域的部署，在南方形成抗日大本营，将产生积极深远的影响。[③]

改编过程虽在中央指导下推进，但仍经历了艰难曲折的斗争。1938年1月初，项英从汉口电告中共闽粤赣边省委，他即将随军部到南昌集中南方各游击区部队，并要张鼎丞、邓子恢立即动身赴南昌商议工作。省委接到电示后，即派谭震林于1938年1月10日途经赣南赴南昌。同时，命令驻各地的游击队开赴龙岩白土集中待命改编。此时，先于谭震林出发的温仰春已经到达南昌领受任务。1月11日，谭震林及随员到达瑞金县城，在瑞金办事处召集汀瑞中心县委和汀瑞抗日游

---

① 《中共闽粤赣边省临时代表会总结报告大纲》（1937年10月12日），福建省档案馆、广东省档案馆编：《闽粤赣边区革命历史档案汇编》第3辑，档案出版社1988年版，第34～35页。

② 《中共闽粤赣省委关于闽粤赣边党临时代表会议的情况给南委转中共中央的报告》（1937年10月），中国人民解放军历史资料丛书编审委员会：《南方三年游击战争·闽西游击区》，解放军出版社1991年版，第279～280页。

③ 刘晓：《关于南方红军游击队集中改编的问题》，《史学月刊》1988年第6期。

击支队负责人。游击队除留下刘国兴、杨洪才等少数干部在原驻地，主要领导均往办事处开会。驻瑞金国民党独立三十三旅旅长黄镇中得悉情报后，派出一个营的兵力包围了办事处。肖忠全看情况不对欲拿枪自卫，当场遭射击牺牲，谭震林和正在开会的30余名干部被强行扣押。同时，国民党军队分两路偷袭驻兰田、武阳的汀瑞抗日游击队驻地。游击支队第三大队在刘国兴指挥下迅速撤出武阳，避免了损失；第一大队、第二大队对来犯之敌实施自卫反击，并主动撤出兰田，迫使黄镇中消灭游击队的阴谋破产。谭震林和被扣押干部与三十三旅展开说理斗争，避免事态扩大，静观事态发展。第二天，从南昌新四军军部归来的温仰春，带回了军部集中闽西南部队的指令和七万元经费及一部电台。刚到瑞金办事处的温仰春和从延安派来闽西参加部队改编工作的随行干部十余人，也遭到扣押。黄镇中还恶人先告状，企图蒙蔽民众，不仅切断了瑞金通往各地的通讯和交通，封锁消息，还四处扬言被扣的游击队是“土匪”，想对游击队采用武力消灭。这起破坏新四军改编的反共事件，就是“瑞金事件”。[①]

“瑞金事件”发生后，新四军驻大庾池江办事处和闽粤赣边省委分别向新四军军部和中共中央紧急报告。新四军驻大庾池江办事处和龙岩办事处分别向国民党地方当局提出强烈抗议。项英亲自赶到赣州，向赣州行政督察专署专员马葆珩交涉，并致电国民党江西省政府主席熊式辉，抗议国民党军黄镇中部破坏合作抗日协议的行径，要求立即释放被扣人员，归还被抢电台、枪支和钱物。经过再三交涉与斗争，加上社会舆论的谴责，迫使国民党瑞金当局不得不释放被扣人员，归还缴去的经费和电台。谭震林则按原计划到达南昌新四军军部。

1月下旬，中共汀瑞中心县委分别派彭胜标、张开荆到大庾池江和福建龙岩向项英、陈毅和闽粤赣边省委汇报闽赣边游击队同国民党地方当局谈判和红军游击队改编情况。项英指示汀瑞中心县委和游击队领导人要保持清醒头脑和革命警惕，立即将游击队由瑞金向安远县移

---

① 温仰春：《北上抗日前的斗争》，中国人民解放军历史资料丛书编审委员会：《南方三年游击战争·闽赣边游击区、闽中游击区》，解放军出版社1994年版，第258页。

动，计划开往大庾池江，同陈丕显领导的赣粤边游击队会合改编为新四军第一支队。[①] 但这一消息被黄镇中获悉，遂派兵加以阻拦。为避免战端再起，经请示新四军军部同意，汀瑞游击队改为向龙岩白土集中，与闽西游击队一起参加新四军二支队的改编。[②] 这时，闽粤赣边省委机关和驻苏邦、白沙、芦溪、月流等地的闽西抗日义勇军三个大队全部移驻白土，汀瑞游击队也开到白土参加集中改编。从"瑞金事件"和汀瑞游击队被迫改变改编地点可以看出，国民党顽固派仍在寻找各种机会妄图消灭红军游击队。

1938 年 1 月下旬，谭震林从南昌新四军军部接受关防命令回到白土。张鼎丞受军部委托正式宣告将闽西、闽粤边、闽赣边和闽中地区的红军游击队改编为新四军第二支队，张鼎丞任司令员，谭震林（后改为粟裕）任副司令员，邓子恢调新四军军部任政治部副主任。二支队下辖两个团：第三团由在白沙点编部队和汀瑞游击队编成，团长黄火星，副团长邱金声，下设三个营；第四团由金丰集中的部队和闽南红三团编成，团长卢胜，副团长叶道志，下设三个营。支队部还直辖特务连、通讯连和侦察连。白土整编时，二支队约有 2000 人（不含浙南部队）。

1 月 31 日，卢胜奉命率闽粤边游击区在云霄、平和交界的陂下村集中准备的闽抗三支队，开往平和县坂仔村。闽粤赣边省委常委谢育才带池义彪、廖成美来到坂仔，在圳心村对闽抗三支队进行整编，编为三个连；芗潮剧社 70 多人被分配到三支队当文化教员、文书和参加支队文工团。随后，闽赣边的汀瑞游击支队也奉命开赴龙岩白土，参加新四军二支队的整编。

本来按照新四军军部原拟的改编计划，闽中红军游击队应编入新四军二支队，但国民党顽固派封锁消息，百般阻挠。随后，国民党顽

---

① 《项英关于新四军整编及东南地方工作情况致陈绍禹、周恩来等信》（1938 年 1 月 16 日），《中共中央东南局》编辑组编著：《中共中央东南局》下卷，中共党史出版社 2006 年版，第 515 页。

② 中国人民解放军历史资料丛书编审委员会：《南方三年游击战争·闽赣边游击区、闽中游击区》，解放军出版社 1994 年版，第 17 页。

固派又阴谋制造了“泉州事件”，使得这支已改编为国民党八十师特务大队并移驻泉州的红军游击队，未能参加新四军二支队的改编。

新四军二支队改编期间，针对指战员中对统一战线和换装问题认识不足，以及新形势下出现的纪律松懈、对工作不负责任、地域观念、管理粗暴等问题，加强政治思想工作。党中央派来的王集成亲自上课，讲解国内形势的变化，必须全国人民团结抗日的道理，鼓励指战员们“戴起黄帽子打日本鬼子吧！”这些激起战士们高昂的爱国主义热情。同时搞好部队整顿，开展批评与自我批评，端正大家的认识，从而使部队面貌发生很大变化，干部战士的觉悟显著提高。[①] 闽粤赣各地“过去中央苏区各地组织、漳厦潮汕抗日党派及知识青年，海外闽粤侨胞，都纷纷来找关系”，投奔新四军，参加抗日队伍。闽粤赣边省委专门为来自闽西南、潮梅各地的知识青年举办了抗日干部训练班。省委和二支队领导人张鼎丞、邓子恢、谭震林、王集成、方方等亲自讲课，主要内容有中国革命基本问题，党的建设，抗日民族统一战线，群众工作，游击战争与军队政治工作等。这些学员结业后，分配到二支队各单位，随军北上，一部分留在当地从事抗日救亡运动。二支队政治部从各地青年和海外归侨青年中，挑选人员组建了宣传队，由王直任宣传队队长兼党支部书记，彭冲任党支部副书记兼第一分队队长，蔡宗英任第二分队队长，洛频任第三分队队长，全队队员100多人。由沈尔七率领的菲律宾华侨归国抗日义勇队28人到达龙岩，改称“菲律宾华侨回国随军服务团”，随宣传队活动。当时龙岩白土热闹非凡，抗日救亡的氛围十分热烈，形成东南沿海一个重要的抗日基地。

（三）新四军第三支队的改编

按照新四军改编方案，闽北、闽东地区的红军游击队将改编组建为新四军第三支队。1937年下半年，中共中央派员以不同的形式指导福建各游击区的改编工作。此时，国共两党对南方游击队改编问题已基本达成共识，但福建境内的闽北、闽东两块游击区的党组织与中共

---

① 王直著：《王直回忆录》，海风出版社2000年版，第168页。

中央还没有直接联系上。11 月初，博古、叶剑英和南京八办处处长李克农交给顾玉良几项任务：一是寻找闽北黄道部队和闽东叶飞部队；二是传达中共中央关于南方游击队统一改编为新四军的精神；三是指导两块游击区的国共和谈和部队整编。当时情况已有所不同，国民党福建省政府为巩固地方统治，主动致电八路军办事处，要求派人帮助联络。

11 月初，顾玉良途经九江、南昌，到达闽北游击区。在崇安长涧源向黄道、曾镜冰传达了指示：第一，下山谈判可以，但部队绝不能下山；第二，要提高警惕，部队靠山驻扎；第三，要努力扩大部队，筹集给养；第四，谈判成功后，停止以红军名义公开筹饷。[①] 此时，闽北红军游击队已初步完成国共和谈，部队正占据有利地形开始集结训练，待机改编。顾玉良着重与黄道就闽北红军改编新四军问题共同商讨，决定通知闽北各地游击队尽快下山，向江西境内集结，并确定铅山石塘镇作为闽北红军游击队的整编地点，完成了对闽北红军游击队改编的筹备任务。

此时，在闽北游击区，虽然红军与崇安县政府开始有联系，但其他地方关系仍紧张。如此前建阳县委书记就遭到国民党捕杀。因此黄道和曾镜冰对顾玉良拟去闽东联络叶飞部队极为慎重，经反复研究决定由崇安，经建阳、南平到福州，然后再与叶飞部队取得联系。11 月 20 日，顾玉良经崇安到达建阳，向南京八路军办事处发电报告工作情况，然后经南平于 11 月下旬到达福州。此时新四军的番号已正式公布，国民党军政当局对收编闽东红军游击队的企图已不可能实现，便希望游击队尽快集结离开福建。正因如此，对顾玉良的到来，福建省政府主席陈仪和省保安二旅旅长黄苏表现出异常的热情，指派专人陪同顾玉良从连江经罗源到宁德，并通知正在与国民党谈判的闽东特委负责人叶飞前来见面。顾玉良向叶飞、范式人、阮英平等传达中共中央指示精神后，参与同国民党的谈判，最终达成协议。

12 月中旬，新四军的筹建工作已告一段落，福建省政府转来新四

---

① 顾玉良：《我到福建找叶飞部队的经过》，中国人民解放军历史资料丛书编审委员会：《南方三年游击战争·闽东游击区》，解放军出版社 1993 年版，第 274 页。

军军部的电报，通知叶飞、黄道随顾玉良到南昌军部报到，研究各地游击队改编问题。顾玉良和叶飞、沈冠国（三营营长）先到达福州，和国民党军政界首脑见面，安排闽东游击队改编事宜。1938 年 1 月初，他们前往闽北游击区约齐黄道、曾昭铭，一起到达南昌新四军军部。[①]

当时组织上与各游击区的联系并不是单线的，而是多管齐下的。在此之前上级组织已经有尝试与闽东游击区建立联系。如 1937 年春，南临委曾派胡伯香去找过叶飞，碰到的是叶飞领导下的戴炳辉的部队，结果因误会而被杀；该年上半年还派林白（此时尚不是党员）和吴源生去找叶飞，也找到戴炳辉，但闽东方面对派去的人不相信，没有引起注意。但组织上并没有放弃，1937 年 10 月，张云逸到福建同国民党地方当局商谈福建红军游击队改编事宜。到达福州后，张云逸抓紧与福建各块游击区联络，传达中共中央关于国共和谈中坚持独立自主原则的指示精神，以及南方游击队准备统一改编为抗日武装的消息。当时由于一直联系不上，党组织最担心的是坚持闽东游击战争的部队。此前正在香港的孙克骥也接受组织任务，配合张云逸到福建开展工作，特别是要将 1937 年 8 月 1 日《中共中央关于南方各游击区域工作的指示》这份重要文件送到闽东游击区交给叶飞。要求闽东特委在谈判过程中，一定要"保存与巩固革命武装，保证党的绝对领导"，"严防对方瓦解与消灭我们的阴谋诡计"。简而言之，就是"独立自主靠山扎"。接受任务后孙克骥先期到达福州。

张云逸在福州与福建省政府主席陈仪、建设厅厅长林知渊见面后，提出派吴源生去闽东寻找叶飞。因国民党福建省地方军政当局此时意图收编闽东游击队，故不希望张云逸与闽东党组织接触。负责与闽东党组织谈判的国民党省保安二旅旅长黄苏谎称叶飞部队游动不定，联系不上，以此为借口阻止吴源生成行。

之后双方约定由国共各派一人共同寻找叶飞，中共方面是孙克骥，国民党方面是保安处一人。孙克骥临行前，张云逸仍交代其要作两手

---

① 顾玉良：《我到福建找叶飞部队的经过》，中国人民解放军历史资料丛书编审委员会：《南方三年游击战争·闽东游击区》，解放军出版社 1993 年版，第 275～276 页。

准备。果不其然，国民党方面消极推诿，最后派的人也消失踪影。于是孙克骥把情况向上级报告后，只身前往闽北。孙克骥是闽北崇安人，对当地情况较熟悉，他先到崇安长涧源，找到黄道和曾镜冰，要求他们尽速派人将密信送给叶飞。同时传达了张云逸的指示：游击队政治上要保持独立性，谨防上国民党的当；军事上部队要靠山驻扎，不可轻易下山，如遇侵犯，要立即反击。① 根据指示，黄道组织闽北红军发起了自卫反击，迫使福建当局停止滋事动作，稳定了闽北的局势。

1938 年 2 月初，根据新四军军部指示，已担任新四军参谋长兼第三支队司令员的张云逸再次入闽。此次任务，一是参加闽北、闽东游击队改编事宜；二是筹建新四军驻福州办事处及各地留守机构；三是落实“漳浦事件”人枪归还问题。张云逸于 2 月 9 日到达闽北游击队集结地——江西铅山县石塘镇。随后，宣布了新四军军部对闽北游击队改编为新四军三支队五团的命令，要求部队在 2 月 25 日改编完毕，开赴抗日前线。在石塘，张云逸和已调任东南分局宣传部长兼新四军驻南昌办事处主任的黄道一起筹建了三支队五团的领导班子，召开干部会议并作抗战动员，以及部署了五团北上后闽北基本地区的工作。

随后，张云逸准备前往闽东与叶飞商洽三支队六团北上事宜。2 月 14 日，张云逸抵达古田时，获知六团已完成改编，由叶飞、阮英平率领从屏南双溪、棠口出发奔赴抗日前线。因担心六团安全，张云逸命孙克骥送信给叶飞。于是孙克骥沿六团北上线路追赶部队，在浙江常山县的球川镇，孙克骥才赶上正在此休整的六团，向叶飞转交了信件，传达了张云逸的口头指示，要六团部队务必提高警惕，严防遭沿途“友军”的暗算，如遇突发事件要冷静处理，进行必要的自卫反击。这些指示对于六团的北上行动发挥了及时作用。

2 月 23 日，张云逸及秘书王白如（即徐平羽）、闽浙赣特委宣传部长王助（兼任闽东特委宣传部长）等一行到达福州。24 日，张云

① 孙克骥：《新四军三支队改编前后》，《福建党史通讯》1987 年第 3 期。

逸对新闻界发表谈话，阐明新四军建立对抗日战争的意义以及此行的目的。[①] 随后，张云逸与福建省政府主席陈仪进行磋商，成立新四军驻福州办事处。双方还协商在龙岩设立新四军二支队留守处，在崇安设立新四军三支队留守处，在宁德设立新四军三支队六团留守处等事宜。对于归还“漳浦事件”中何鸣部人枪问题，陈仪也表示赞同，枪支同意归还，人员编入新四军。张云逸随即通知闽粤赣边省委派人到福州接洽。

闽北游击区国共合作局面初步形成后，为落实国共合作协议，妥善解决部队安全集中地点问题，使各地游击队能迅速集中改编，黄道、曾镜冰在温林关与国民党联络官吴仰山会商相关事宜。这期间，黄道接到刘英转送来的项英以中央分局领导的身份写给刘英的信，要求游击队及其它部队迅速向江西境内交通适当地点集中，以便关英（时任中共皖浙赣省委书记）、黄道诸同志会合改编，[②] 并告知在南昌设有总接洽处，由陈毅负责，可接洽一切。这表明闽北游击区党组织与中共中央中断三年的联系终于得到恢复。由于原来只是根据一些信息，闽赣省委和国民党江西地方军政当局达成国共和谈协议，对于和谈的前景和游击队改编等诸多问题还需请示解决。于是，黄道根据项英信中提供的信息，派曾镜冰、曾昭铭前往南昌，向项英、陈毅汇报工作，并希望通过他们要求国民党江西省政府出面向福建当局交涉，撤退围困闽北游击区的部队，巩固闽北国共和谈的成果。

11 月，曾镜冰等到达南昌，向陈毅详细汇报了闽北三年游击战争情况和国共合作进展。此时，陈毅得悉中央改编红军游击队的新精神，在月宫饭店设立联络各地游击队的办事机构。陈毅从保持南方革命支点出发，对闽北红军游击队的改编作了重要指示：“部队要大部出动，但要留枪、留人、留干部，像割韭菜一样要留根。”他对中共中央提出

① 《福建民报》1938 年 2 月 25 日，参见郑复龙著：《八闽健儿抗日征程史：新四军福建子弟兵的历史足迹》，福建人民出版社 1998 年版，第 206 页。

② 《项英关于红军游击队集中改编问题致刘英函》（1937 年 9 月 28 日），中国人民解放军历史资料丛书编审委员会：《南方三年游击战争・综合篇》，解放军出版社 1995 年版，第 416～417 页。

的“独立自主靠山扎”方针作了十分浅显的比喻，“最可靠的是不要离开山，到城里去玩玩是可以的，但要出一只脚，留一只脚，有事时那一只就缩回来”。[①] 陈毅的指示，不管是对新四军的改编组建，还是对东南各省游击队北上后保持南方战略支点，都起到了极具战略性的影响。此后，中共闽赣省委根据项英、陈毅的指示精神，立即通知所属部队下山集中整编。集中地点原拟在崇安大安，但因崇安县城至分水关一带国民党驻军迟迟不肯撤退，致使各地红军游击队的集中整编时间一再拖延。为避免误会，闽赣省委决定各地红军游击队暂时先在浆溪一带停留，后改在长涧源集中。

此时，国民党地方当局仍纵容放任民团等滋事挑衅，并制造红军游击队没有停止打土豪，鼓动群众抗捐抗税等谣言，甚至诬告崇安游击队员王水佬等有“违反政府行政法令”、“破坏团结御侮”等活动，随便扣押游击队员。对此，黄道、曾镜冰、汪林兴等进行了坚决斗争，多次致函光泽县和崇安县县长，澄清事实，表明严正态度。要求光泽县县长电转福建省政府及七十五师宗天才师长，严令各地民团勿再采取敌对行动，释放各地民众回家安居，取消封锁给予交通便利，以免再发生纠纷。[②] 在给崇安县县长蒋伯雄信中，讲明部队将陆续到达，为避免误会，请各地民团撤至县城，地方秩序由游击队暂代为负责维持，以免再有任何侵扰事件发生。信中表达了共同团结抗日、不愿同室操戈的意愿。[③] 同时对当局所提问题申明：“王水佬问题，如确有其事，自当给以相当处分。”[④] 但程溪、历村捉人是土匪所为，武夷岩事件

① 陈毅：《华中党和新四军的工作》，中国人民解放军历史资料丛书编审委员会编：《新四军·文献》第5卷，解放军出版社1995年，第614～615页。又见《陈毅在“七大”的口头发言》，《大江南北》1991年第4期。

② 《黄道、曾镜冰给国民党光泽县长信》（1937年10月9日），中共福建省建阳地委党史办、福建省建阳地区档案馆：《闽北党史文献》第三集，1984年，第442页。

③ 《黄道、曾镜冰同志给国民党崇安县长信》（1937年10月17日），中共福建省建阳地委党史办、福建省建阳地区档案馆：《闽北党史文献》第三集，1984年，第445页。

④ 《黄道、曾镜冰等关于闽赣红军游击队集中等问题致蒋伯雄信》（1937年10月25日），中国人民解放军历史资料丛书编审委员会：《南方三年游击战争·闽北游击区》，解放军出版社1993年版，第51页。

“非道等部属所为，自难负责”[①]。敦促其请省政府撤退崇安一线驻军，以便红军游击队能迅速顺利集中。交涉过程中，红军游击队始终进行说理斗争，表明团结抗日的态度，最终使福建当局开始撤除崇安一线的军事封锁，江西方面也撤退了石塘、紫溪、杨村、车盘一带驻军及民团。从而为闽北红军游击队开赴铅山石塘镇整编训练创造了条件。

石塘镇位于赣东铅河上游，南靠武夷山，北临信江和浙赣铁路，是赣东商贾云集之地，是铅山县第三大镇。闽赣边界国民党驻军撤退后，闽赣省委书记黄道立即指示资光贵游击队下山。资光贵中心县委书记刘文学首先将分散在该地区的游击队 60 多人集中于资溪昌坪，进行了 20 天的整训，又进行了扩军动员，到临下山时队伍扩大到百人左右。[②] 随后，由谢忠厚（谢锐）、陈仁洪率领一个排，先期到达石塘镇，为闽北各地大部队集中做好各方面的准备工作。此时，各地游击队也陆续下山，先在和谈议定地点进行整训，扩充部队，再向石塘集结。

1938 年 1 月，黄道和曾昭铭从南昌新四军军部带回了把闽北红军游击队改编为新四军第五团的任务。闽赣省委立即通知各地游击队开赴石塘整编。随后，闽北各块游击区的红军队伍终于走出深山老林，从四面八方汇集石塘，一时集中了近 800 多名红军骨干，其中坚持三年游击战争的老红军战士有 200 多人。许多在游击战争中因伤病失散、掉队的红军战士、赤卫队员亦纷纷归队。闽赣省委赶制了银质的闽浙赣边区坚持斗争纪念章，分发给区委、游击队支队长以上的骨干留作纪念。红军指战员们终于走出了艰难的岁月，迎来了历史转折的曙光。但当发放纪念章时，战士们睹物生情，有的号啕大哭起来：“我们和国民党打了十年内战，‘五角星’同‘十二角星’斗了十多年，国民党天天嚷着要消灭红军，我们也天天喊打倒国民党，可今天却和他们合作，这是为什么？”显然，不解决思想问题，就不可能把队伍内部的认识统

---

① 《黄道、曾镜冰同志给国民党崇安县长信》（1937 年 10 月 28 日），中共福建省建阳地委党史办、福建省建阳地区档案馆：《闽北党史文献》第三集，1984 年，第 450 页。

② 刘文学：《抚东游击战争的艰难历程》，中国人民解放军历史资料丛书编审委员会：《南方三年游击战争·闽北游击区》，解放军出版社 1993 年版，第 272 页。

一到抗日民族统一战线上来，就不可能搞好改编。黄道语重心长地解释："大家的心情可以理解，当初省委机关的同志转弯也是经过一番思想斗争。过去，我们同国民党打仗，建立红色的苏维埃政权，代表的是劳动人民的利益。所以大家不怕吃苦，不怕受罪，也不怕流血牺牲。为什么呢？因为心里的目的明确，就是要推翻国民党的黑暗统治，解救全国的劳苦大众。现在，我们要同日本帝国主义打仗，这是代表全国人民的利益。为了民族的生存，我们要舍弃一切阶级恩怨，舍弃与国民党反动派的阶级之仇，联合一切可以联合的力量，共同抗日，才能早日驱逐日军出中国。这是我们全民族的共同利益，也是我们共产党人、红军的任务所在。"①

黄道首先要求干部思想上要想通，这是搞好改编的基础，是第一仗。只有打好这第一仗，才能顺利地搞好其他工作，否则，改编就会失败。为此黄道迅速召开干部会议，组织学习中央发表的《八一宣言》和《为抗日救亡运动的新形势与民主共和国的决议》等文件，又引用列宁有关"革命的妥协"、"以退为进"等理论、策略，提高大家对抗日民族统一战线的正确认识。同时也要重视群众的思想转变，充分做好解释工作。黄道代表省委强调了部队集中后必须立即着手的工作，要深入到农村，大力宣传国共合作，抗日救亡，要使人民群众对目前党的政策和红军的做法有一个全面的理解，这样才能取得人民群众的大力支持。

闽北游击区各游击队陆续到达石塘后，开始进行扩军运动。部队陆续下乡，动员青壮年参军。部队所到之处，在墙壁上、大树上留下了一幅幅醒目的抗日标语："谁压制抗日运动，谁就是汉奸卖国贼，打倒汉奸卖国贼！""抗日救国光荣，妥协投降可耻！""好青年快参加红军，打日本拯救中国！"抗日救亡的扩军运动一经宣传发动，掀起参军热潮，青壮年纷纷报名参军。石塘镇附近的上饶、铅山、横峰、广丰、崇安一带许多青壮年跑到石塘参加抗日队伍。崇安岚谷村只有 30 户人

---

① 饶守坤：《石塘整编》，中国人民解放军历史资料丛书编审委员会：《南方三年游击战争·闽北游击区》，解放军出版社 1993 年版，第 378～379 页。

家，就有20多名青壮年参军。三年游击战争中负伤失散的红军战士也积极归队，队伍很快就扩展到1500多人，并进行了紧张的军事训练。

1938年2月9日，受军长叶挺委托，张云逸、黄道代表军部在石塘镇举行就职典礼，正式宣布：原闽赣边区抗日义勇军第三支队改编为新四军第五团队①，委任饶守坤为第五团队长，曾昭铭为副团队长。②下辖三个营和一个机炮连。一营由闽东北红军游击队为主编成，营长严昌荣，副营长桂蓬洲；二营以资光贵、邵光建游击队为主编成，营长陈仁洪，副营长马长炎；三营由省委机关直属部队和崇安、建阳游击队为主编成，营长周汝春，副营长阙中一。全团兵力“开动时有900多人”。③ 全团配备迫击炮两门、重机枪三挺、轻机枪十余挺，花机关枪三支、驳克枪90多支、步枪700余支。

随后，张云逸传达了中共中央政治局在1937年12月13日作出的《关于南方各游击区工作的决议》。闽北广大游击队指战员听到中共中央的声音，心潮澎湃。黄道即兴作了演讲，希望五团的官兵永远保持光荣的革命传统，在今后的抗日战场上，继续发扬敢打敢拼的精神，前仆后继、浴血奋战，为民族抗日事业建功立业。大家纷纷表示决不辜负党中央的殷切期望，秣马厉兵奔赴抗日前线。

在红军游击队改编为新四军准备出发之际，中共东南分局根据中共中央关于“保持南方战略支点”指示精神，对闽北组建的第二支队五团出动后游击区党的工作作了部署。鉴于国共合作和便于按行政区划实行联合抗战的考虑，决定在闽北，将中共闽赣省委改设中共闽浙赣特委，由曾镜冰任书记，汪林兴任组织部长，王助任宣传部长，孙克骥任统战部长，俞雅鹿任职工部长，左丰美任青年部长，徐莲娇任

---

① 当时称“团队”，属第三支队。

② 《饶守坤、曾昭铭就职新四军第三支队第五团正副团队长致国民党崇安县长公函》（1938年2月13日），中国人民解放军历史资料丛书编审委员会：《南方三年游击战争·闽北游击区》，解放军出版社1993年版，第56页。

③ 《中共中央东南分局关于两个月来工作情况和目前工作意见的报告》（1938年3月25日），中国人民解放军历史资料丛书编审委员会编：《新四军·文献》第1卷，解放军出版社1988年版，第90页。

妇女部长。特委下辖邵光顺、建松政、上饶、资光贵、德弋横中心县委以及崇安、建瓯县委。

特别值得一提的是，在新四军第三支队改编过程中，黄道等省委领导都感到没有枪难以坚持，所以坚决抵制了项英“不留一根枪一个人”的指示，私自留下两个班的枪，留下一个排的人员。[①] 因此，在崇安、建阳、松溪、政和算勉强坚持了下来，而建瓯、古田、屏南这些地区，由于部队全部集中编入新四军，一点武装也未留，所以部队走后这些地区工作就垮了，没有人坚持。[②] 当时闽东也留下两个班以上，[③] 还留下100多支枪，基层干部一般没有带走，留下坚持地方斗争。[④]

闽东游击区方面，1938年初叶飞往南昌新四军军部汇报工作后，闽东游击队根据国共和谈的协议，陆续下山集结，驻宁德石堂。由于闽东党组织在和谈时“无条件地采纳了停止打土豪的条款，发生了经济困难”[⑤]，千余人部队的吃食、御寒成为紧迫的大问题。当闽东部队向国民党地方当局提出解决给养时，当局出尔反尔，以闽东游击队“改称保安师”相要挟，连游击队提出借款都遭到拒绝。面对国民党地方当局蛮横无理的行径，闽东特委断然提出将采取“自由行动，自己解决给养问题”。国民党当局十分害怕红军游击队又要打土豪，才不得不借出700套棉衣和5000元钱。叶飞后来总结这段历史时说：“由于经费问题，我们没有能抓住抗日高潮的有利时机，扩大我们的武装力量，停战后就停止扩军，这是个失策。”[⑥] 叶飞还把闽东与其他游击区在这

---

① 曾镜冰：《闽北的三年游击战争（节选）》，中国人民解放军历史资料丛书编审委员会：《南方三年游击战争·闽北游击区》，解放军出版社1993年版，第159页。

② 《曾镜冰同志对闽北革命斗争的回忆》，中共福建省委党史资料征集编写委员会：《关于报送〈闽北国共和谈〉党史专题工作报告》附件28（闽征委〔1987〕016号文件），第72页。

③ 《中共中央东南分局关于两个月来工作情况和目前工作意见的报告》（1938年3月25日），中国人民解放军历史资料丛书：《新四军·文献》第1卷，解放军出版社1988年版，第91页。

④ 《叶飞同志关于闽东党的斗争历史的回忆》，中共福建省委党史资料征集研究委员会编：《福建党史资料》第3辑，1984年，第97页。

⑤ 叶飞著：《叶飞回忆录》，解放军出版社2007年版，第73页。

⑥ 叶飞著：《叶飞回忆录》，解放军出版社2007年版，第73页。

段时间里进行扩军的情况作了比较，感叹地说："我们傻瓜，集中以后就停止扩军。那个时候，这个地方苦，我们根本没有去动员，很多群众要求报名参加部队，我们都拒绝了，我们就蠢到这个程度。要是集中的时候，我们也扩军，到出动时，我们起码也是二千人。"[①]

1938 年 1 月中旬，新四军军部决定将闽东红军游击队改编为第三支队第六团。军部派军政治部组织部长李子芳随叶飞到闽东指导改编工作，同时派军部战地服务团十余人到闽东进行慰问。1 月 24 日，闽东游击队分批开往屏南棠口整编，正式改编为新四军第三支队第六团，叶飞任团长、阮英平任副团长，下辖三个营。全团兵力出动时 1300 人。[②] 为了便于六团和新四军军部的通讯联络，李子芳与国民党地方当局交涉，将一部分游击队移驻屏南双溪镇（旧县城）。棠口、双溪相距不远，又处游击老区边沿，部队集中时的安全问题有了保障。部队整训期间，李子芳给游击队进行党的抗日民族统一战线新方针、政策的思想教育，还进行军事训练、战术演练等，以适应北上对日作战的需要。

闽东红军游击队在棠口、双溪整编期间，开展了一系列抗日救亡宣传活动。召集各界爱国人士进行座谈，派出宣传员和战地服务团、地方抗日救亡团体等一道深入到学校、机关、街道、居民点，召开群众大会等，向群众宣讲，宣传党的抗日民族统一战线方针政策，动员和团结社会各方面力量共赴国难，合作抗日，举行声势浩大的抗日示威游行。在棠口组织了贫农团、儿童团与民众夜校；在双溪改造了封建迷信性质的青年修养会，建立新四军第三支队抗日后援会、分会及所属文工队。前来闽东慰问的军部战地服务团在屏南县城举行了多场抗日文艺演出。这些抗日组织和屏南县各界人士一道参加抗日示威大游行，刷写抗日标语，文工队还深入城乡举行多场抗日演出，激发广大军民的抗日意志。

---

① 叶飞：《北上抗日前后》，《闽东党史资料与研究》，1984 年第 3 期。

② 《中共中央东南分局关于两个月来工作情况和目前工作意见的报告》（1938 年 3 月 25 日），中国人民解放军历史资料丛书编审委员会编：《新四军・文献》第 1 卷，解放军出版社 1988 年版，第 90 页。

2月，根据中共东南分局指示，对六团北上后闽东党的工作作了安排，范式人接任闽东特委书记兼组织部长，王助任宣传兼统战部长，江涛任工运部长，郭文焕、张云腾为常委，罗富弟、范振辉、郭济惠、郑一成、张华山为委员。特委下设宁德、寿政庆中心县委和政屏县委、福安县委及连江特支。

为争取抗日合法地位，办理新四军二、三支队的留守事宜及组织省内城乡抗日救亡运动，以及加强中共东南分局、新四军军部与福建各地党组织的联系，1938年2月，新四军在福州设立办事处。与此同时，在龙岩白土设立二支队龙岩办事处，在崇安村头村设立三支队崇安留守处，在宁德城关设立三支队六团宁德留守处，在江西铅山石塘镇设立三支队五团留守处，在铅山河口镇设立三支队五团通讯处。新四军办事处、留守处、通讯处任务是：密切地方与新四军军部的联系；办理新四军北上后留守地方事宜，向国民党当局交涉，保障新四军军人家属的正当权益等；宣传共产党的抗日政治主张，壮大抗日民族统一战线，组织与发动城乡抗日救亡运动；继续改编游击队北上，动员青年参加新四军。另外，还包括在东南分局领导下，及时传达中共中央新精神，沟通福建各地党组织的上下联系，秘密发展党员，壮大党组织，完成保持“南方战略支点”的历史任务。至此，新四军在福建的组建及后续工作基本完成。

二、北上奔赴皖南抗日前线

（一）第二支队北上抗日征程

新四军二支队出发前夕，根据中共东南分局指示精神，各地游击区的党组织在新四军改编北上之前进行调整，以确保游击区主要领导人随军出发后，当地党的领导不致削弱。中共闽粤赣边省委提出，因为这里进行了长期的武装斗争，有群众基础，是主持南方抗战的根基地，抗战必然会在这里开展起来，敌人对此地很注意，又围绕着广大的白区，工作环境日趋复杂，所以非加强省委领导不可，因此要求方方迅速回到省委工作。[①] 2月20日，中共闽粤赣边省委在龙岩白土镇后田村召开省委扩大会议（即闽西南潮梅特委第一次会议）。会议决定，以保证第二支队顺利扩军、北上抗日，以及巩固地方工作为中心，集中力量做好开拔前的政治宣传动员和扩军劳军工作；调派得力干部充实到部队中去；配备二支队北上后的地方干部，争取设立二支队留守处和新四军通讯处，留下一个连队以保护家属、残疾人员的安全和掩护地方工作的开展，安定后方家属与群众的情绪；加强上下层统一战线工作，巩固和平合作局面。[②]

会议同时将中共闽粤赣边省委改称为中共闽西南潮梅特委，直属长江局领导。选举方方、谢育才、李碧山、范乐春、魏金水为特委常委，方方任书记，谢育才任副书记兼组织部长，李碧山任宣传部长，范乐春任妇女部长，伍洪祥任青年部长。特委下辖潮汕、梅县、漳州、泉州、汀瑞等五个中心县委。闽西地区的龙岩、永定、永和靖、连南等县委和杭永边、汀州等工委直属特委领导。[③]

闽粤赣边省委扩大会议，是新四军第二支队北上抗日前夕召开的一次重要会议。其不但保证了二支队的扩大与后勤供应，使之顺利开拔抗日前线，而且为闽粤赣边区党组织建设和今后的地方工作奠定了较好基础，其重要意义不言而喻。

1938年2月20日，国民党中央军事委员会下达了新四军北上集结的命令。新四军二支队接到军部命令后，于2月27日在龙泉村双生祠堂后的广场，举行盛大的北上抗日誓师大会。大会邀请了闽西南各县的代表和爱国民主人士、国民党闽西军政当局练惕生、涂思宗、张策安等到会，与会的游击区群众和部队共6000多人，盛况空前。王集成

---

① 《闽粤赣省委关于军队情况与组织问题致方方转南委报告》（1938年1月17日），中国人民解放军历史资料丛书编审委员会：《南方三年游击战争·闽西游击区》，解放军出版社1991年版，第307页。

② 中共福建省龙岩市委党史研究室著：《闽西人民革命史（1919—1949）》，中央文献出版社2001年版，第467页。

③ 中共福建省委党史研究室著：《中共福建地方史（新民主主义革命时期）》（下），中央文献出版社1993年版，第877页。

主持会议，张鼎丞、方方以及各界代表和民主人士先后发表了热情洋溢的讲话，共抒抗战到底的决心。经过几天准备，3 月 1 日，白土红场鞭炮齐鸣，鼓乐喧天，新四军二支队整装出发北上，闽西人民群众像当年欢送红军上前线那样，恋恋不舍地欢送子弟兵奔赴抗日前线。

新四军二支队发布《国民革命新编第四军第二支队全体指战员为出发抗敌告别父老书》，表达了抗战到底、为国立功的崇高志向："我们……秉承着叶军长、项副军长的意志，高举起新四军的旗帜，为我们一贯的为国为民的夙愿而奋斗。我们有火一样的热情，我们将到处燃烧起民族革命的火把；我们有铁一般的意志，我们将毫不动摇毫不畏缩地在政府领导底下抗战到底。我们有竹一样的虚心，我们毫不自满毫不骄傲的在抗战中学习，再学习。我们愿与一切友军及全国同胞共同担负起挽救民族危亡的艰巨任务！""我们是全民一致，我们是官民一致，我们是军民一致，我们无数千万人只有一条心——为着打倒日本帝国主义。"

新四军第二支队随后经小池、古田、新泉、朋口、河田，逐站停驻休整，向闽西父老兄弟告别。3 月 11 日，到达当年福建省苏维埃政府所在地长汀，全城群众涌上街道，夹道欢迎"当年的苏维埃张主席"和他领导的队伍。

第二支队北上途中，开展了抗日民族统一战线的实际工作。12 日，二支队在长汀参加军民联欢大会，张鼎丞在会上作《国共合作抗日重大意义》的讲话。到汀州后，立即派出代表会见军政当局，商谈二支队与地方抗日救亡工作诸问题，得到同意后，由抗敌后援会邀请军政党机关和厦门大学及各中心小学校、商界等，共数十名代表召开座谈会。会上，二支队领导发表了对日抗战和地方救亡工作的具体意见，并谈到二支队对国共合作抗战的精神和态度，这些意见都得到座谈会全体人士的同情和拥护。二支队将士们还与厦门大学学生代表团举办座谈会，商谈救亡工作问题。支队的火线剧社表演了抗战动员的剧目。二支队派出代表到各机关各学校去会谈，并派出许多宣传队员到群众中去宣传国共合作抗战的问题。普遍刷写大字标语，散发宣传单，进行抗日救亡宣传活动。

3月14日，二支队离开长汀，后经古城到达瑞金。这里曾经是中华苏维埃共和国的红都，但此时的驻军是国民党黄才地部，他们在国共和谈时做过许多破坏国共合作的事，甚至还把瑞金办事处的人枪扣留了。正因如此，对这次二支队经过，黄才地如临大敌，进行军事动员，并发动当地绅士，阻拦部队进城。二支队完全站在民族国家利益的大局上，决定让部队经武阳，绕过瑞金。这一态度得到瑞金各界人士的同情和拥护，认为只有共产党领导的部队才有这样的宽容和诚恳。驻军及不怀好意的人也深为感动，派代表持函到武阳表示言归于好，帮助搬运物资、照顾病员和寻找船只等，并把以前扣留的人枪送还。二支队用抗战的热忱和诚恳的态度打破隔膜，消除成见，显示了抗日民族统一战线的感召力。

当部队到达于都县城时，当地驻军蛮横无理，竟摆开战斗阵势，不让部队过河进城。张鼎丞、邓子恢、谭震林决定部队暂不过河，而在水南坝宿营，派代表进城与国民党地方军政当局交涉，并派出宣传队员进城开展抗日宣传。但部分反动分子竟拒绝宣传队开展工作，甚至限制派去采买米菜的人员数量。二支队指战员被这种态度激得怒气冲天，非要讨个说法。为此，二支队领导人完全站在争取“和平团结，一致抗战”的立场，不作无谓之争，提醒部队小心应付，相忍为国。同时要求宣传队努力进行积极的诚恳的宣传解释工作。

二支队随后乘船经于都到达赣州。在这个长期赤白对立的重要城市，二支队运用汀州的动员工作经验，动员全支队指战员工作员进行“合作抗战”的动员工作。邓子恢主动会见了赣州军政当局，各方面都表示了“精诚团结，一致抗敌”的态度。二支队还组织数十人的代表团访问赣州各机关、学校、群众团体，热烈地畅谈“巩固国共合作”和救亡工作的问题。派出许多宣传队员，在群众中宣传国共合作，动员一致抗战，取得很好效果。

二支队离开故土后，有的指战员对抗战意义认识不足，加上思念家乡及亲人，思想上难免产生波动。为稳定部队情绪，支队领导人经常召集各种会议，开展时事教育，并深入战士中间谈心，把党的政策和革命道理、抗日的意义等浸润到战士们的心田。在赣州时，组织战士们看了一场无声电影。战士们看到日本侵略者血腥屠杀中国人的暴行，看到东北抗日义勇军与日军生死搏斗的场面时，无不义愤填膺，下决心要到前线去，投身抗日疆场，英勇杀敌。

然后二支队乘船到樟树，再乘火车抵上饶玉山。经过千里跋涉，于4月中旬抵达新四军军部驻地安徽歙县岩寺。随后又与一、三支队胜利会师，开始了浴血奋战大江南北的抗日征程。二支队全体将士肩负着民族解放的历史使命，谨慎应对国民党顽固派的敌意，长途征程中，开展卓有成效的抗日宣传工作，产生了良好效果，不愧为久经考验的模范队伍。新四军军长叶挺称赞说："你们这一路上搞得很好嘛，宣传工作、统战工作都做得这样好，扩大了我军的政治影响。"①

（二）第三支队北上抗日征程

1938年2月25日，奉新四军军部命令，新四军第三支队第五团从石塘出发，向皖南抗日前线开进。这一天，石塘街前河滩上人山人海，欢送五团北上抗日大会在这里召开。五团战士戎装在身，精神抖擞，引吭高唱《义勇军进行曲》，迈着雄壮整齐的步伐，接受整编检阅。前来欢送的乡亲从四面八方涌来，争睹这具有历史意义的场面。

饶守坤团长首先代表出征指战员发表了热情洋溢的讲话，他说，开赴抗日前线后，一定狠狠地打击日本侵略者，驱逐日军出中国。② 接着，曾昭铭副团长向五团指战员宣布了出征纪律。他说，五团是经过土地革命和三年游击战争严峻考验的红军队伍，要求每个指战员要严格遵守我军铁的纪律，同心协力，克服困难，胜利到达抗日前线。会场上响起震耳欲聋的鼓乐声和鞭炮声。欢送的人流形成数千米长的夹道人墙，群众争相与行进中的战士握手告别。许多老人、妇女含着泪花，呼唤着战士的名字，千叮万嘱早日凯旋。他们端着茶水，拿着鸡蛋，硬往战士们的手里塞，体现出浓浓的军民鱼水情。曾镜冰等一批

---

① 《张鼎丞传》编写组编著：《张鼎丞传》，中央文献出版社1996年版，第171页。

② 饶守坤：《石塘整编》，中国人民解放军历史资料丛书编审委员会：《南方三年游击战争·闽北游击区》，解放军出版社1993年版，第384页。

被留下坚持闽浙赣边区斗争的闽浙赣特委干部依依不舍地送别战斗多年的老战友。他们只有一个共同的心愿，那就是期望战友们在抗日战场上多杀敌寇，以弥补他们未能亲自上抗日战场杀敌的缺憾。

由于交通阻滞，建松政一支在外活动的游击队很迟才接到改编通知。左丰美率领这支游击队日夜兼程赶到崇安长涧源时，第五团已经从石塘出发了。这支游击队只好暂驻长涧源。不久，新四军军部派来一位副官，将这支游击队整编为一个连，共 160 余人，江熙全为连长，钟大湖为指导员。3 月中旬，闽浙赣特委派左丰美送改编的该连指战员从江西横峰乘火车，奔赴皖南新四军军部。闽北红军游击队改编为新四军第三支队，两批共输送了 1060 余名子弟兵。

五团从石塘出发，当晚浩浩荡荡到达横峰县。这里是闽浙赣老苏区，是当年方志敏领导著名的“弋（阳）横（峰）暴动”，建立赣东北红军的重要策源地。老苏区群众奔走相告“当年的红军回来了”，争相让房备食，接待部队，方圆数十里的群众结伴前来驻地慰问指战员。按原行军计划，部队从横峰乘火车到玉山，再步行到皖南，连车皮和乘车编组都准备好了，岂料日机连日轰炸浙赣线，上饶、玉山沿线被破坏，正在抢修。为安全计，第三支队部决定改变原行军计划，改为穿越怀玉山区，步行开进。沿途群众争睹“当年红军”，挑水携浆迎送五团队伍。3 月初，五团越过怀玉山区，途经开化向北，翻过金鸡岭进入安徽境内，胜利到达歙县岩寺。奉新四军军部命令，三支队在岩寺西北的西溪南驻扎待命，进行军政集训。从此，五团开始了全新的抗日征战。

第三支队六团经过一个多月整训，接新四军军部命令，1938 年 2 月 14 日，1300 余名指战员从屏南棠口出发，踏上了北上抗日的征途。为了提防国民党地方当局在北上途中对我不利，全团以备战姿态行军，以防不测。

六团由屏南出发，经周墩往政和。政和是闽东北山区的一座小县城，国民党获知六团将途经的消息后，竟临时调集了一个保安团的兵力驻守。借口县城狭小，不让六团进城，只准驻扎城外。而城外只有广德寺等三座大庙适宜驻扎部队，但均需经过县城才能到达。鉴于当局如此戒备森严，违背合作抗日协议的精神，叶飞当即下令在政和县城外集结部队，作好战斗准备，随时准备应付意外情况。

陈挺率第一营直奔县城。驻守的保安团赶紧紧闭城门，荷枪实弹列队在城门前，摆出一副如临大敌的架势。六团前卫部队到达时，保安团的一个军官下达禁令："任何部队都不准通过！"为了维护抗日部队的尊严，陈挺针锋相对地下达了"准备战斗"的口令，守城的保安团军官见状慌忙解释是上司的命令。陈挺厉声正色警告：我们是北上抗日部队，谁敢阻挡谁就是汉奸。前卫排继续逼近，保安团吓得只好打开城门，前卫部队就这样进了城。随后叶飞率六团大部队顺利通过县城，到达城外广德寺，分驻三座大庙内，互为犄角之势，以战备状态宿营。

为防备地方军政头目再起事端。叶飞召集六团营以上干部预作布置，要全团上下提高警惕，严密戒备，做好随时投入战斗的准备。并通知部队，不管什么响动，只要没有打到我们头上，必须沉着应付，还严格规定没有团长命令，"一律不准外出"。[①] 果然，当天半夜，六团营地四面山上火光点点，到处响起枪声，夹杂着"捉土匪、救人"的呼喊声。显然这是保安团以捉土匪之名制造假象，企图诱使六团指战员离开营地。六团指战员紧闭大门，加强警戒，不予理睬。随后，保安团又从山上用机枪向六团宿营地扫射，想借此挑衅制造事端，妄图在六团部队发生慌乱时加以袭击消灭。六团部队沉着应变，泰然处之，使保安团始终无隙可乘。次日，叶飞派代表进城向政和县县长提出抗议。该县县长怕事态扩大，派人出面宴请六团连以上干部。为防备不测，叶飞断然拒绝。县长不得不亲自来到广德寺，递上名片，声言要"拜谒团座"，又被叶飞毫不客气地拒绝。因为应对得当，六团指战员安然无恙。

新四军第三支队第六团过境政和的情况，迅速传到毗邻的松溪、浦城各县。各县得悉政和军政当局弄巧成拙，便准备采取"礼送"新四军过境的办法对付之。当六团到达松溪县境时，离城十里，便是彩旗招展，锣鼓喧天。松溪县长带着当地士绅名流、各界社团头目，组

---

① 叶飞著：《叶飞回忆录》，解放军出版社 2007 年版，第 92～93 页。

织了数百人夹道欢迎。六团到松溪的第二天，松溪县请六团连以上干部参加宴席。宴席上，地方官员讲了不少恭维话，生怕得罪了六团指战员。18 日，六团到达浦城，驻在城内。指战员走上街头，与各界人士交往、面谈，磋商有关抗日宣传事宜。19 日晚上，六团在城内孔庙举行文艺晚会，招待浦城各界人士。在浦城期间，国民党浦城县党政部门进行募捐劳军，向各联保共筹集几千斤稻草和粮食供给六团。

22 日，六团离开浦城向北，越过仙霞岭，进入江西省广丰县，因遇大雪，部队受阻 16 天。待天气好转后，进入浙江边境。此时，抗战形势日趋危急，浙赣路上兵荒马乱，国民党溃军到处可见，交通堵塞，民众也因此惊惶不安。为了稳定人心，激发人民的抗日热情，随六团部队出发的新四军政治部组织部长李子芳、科长杨家葆以及军部战地服务团的同志们深入到这些国民党军中做工作，慰问友军将士，并展开歌咏、街头演出活动，宣传抗日，扩大新四军政治影响。

2 月下旬，部队开进到浙江开化县的华埠镇，五团与六团会合，成立三支队司政机关。当时部队装备很差，五团步枪都没有配齐，有相当一部分战士扛着梭镖，子弹也很少。但是部队士气很高，纪律严明，给群众留下良好印象。华埠镇镇长称赞说："你们部队的纪律严明，秋毫无犯，可谓王者之师。"不过许多群众也出于善意，担心新四军的装备太差，怀疑能不能打得赢日本军队。指战员们都尽量做解释工作。三支队在开化稍事休整后，进入安徽南部，于 3 月下旬到达新四军军部安徽歙县岩寺，五团驻西溪南、六团驻砖桥。随后，三支队与一、二支队汇合，开启北上抗日的征程。

（三）后续部队北上抗日征程

"泉州事件"发生后，国民党军第八十师二三九旅加紧对由闽中红军游击队改编的特务大队的监控。特务大队指战员不得逾越营房一步，只准许庶务长一人上街采买。杨采衡叫庶务长张庆乘上街采购之机，一方面向在莆田的中共闽中工委领导汇报"泉州事件"发生的情况；一方面分别向福州新四军办事处、新四军第二支队龙岩留守处发出告急电报。一场围绕营救特务大队并争取将其编入新四军的斗争随之展开。闽中工委接到张庆的电话报告后，立即派黄国璋赶赴福州和龙岩，向新四军驻福州办事处、新四军二支队龙岩留守处和闽西南潮梅特委报告“泉州事件”情况，请求尽快营救特务大队并设法将其编入新四军。

新四军驻福州办事处负责人王助、范式人得悉“泉州事件”情况后，立即向新四军军部和中共中央东南分局报告，请求将特务大队改编归到新四军，以将其从被八十师吞并或消灭的险境中解救出来。他们还直接找国民党福建省政府主席陈仪交涉，指出，国共中央一级谈判协议是将南方各游击区红军游击队统一改编为新四军，八十师却私自扣留闽中游击队并以莫须有罪名强加于特务大队大队长刘突军身上，无理扣押特务大队指战员，强行缴械，是一起严重违抗和破坏国共合作的反共事件，强烈要求当局出面干预，妥善处理好“泉州事件”的善后工作。杨采衡要求旅部发给通行证，以便直接到新四军驻福州办事处反映情况。由于“泉州事件”的真相陆续披露，二三九旅见秘密吞并消灭这支游击队的阴谋一时难以实现，也不敢一意孤行，只好答应杨采衡的要求。杨采衡取得通行证件后，赶赴福州，向王助和范式人详细汇报“泉州事件”的真相。办事处当即紧急致电东南分局和新四军军部，要求将闽中游击队尽快归编新四军。王助、范式人再次找国民党省政府主席陈仪交涉，提出将闽中游击队送到新四军去。陈仪也开始对闽中游击队的处置感到十分棘手，最好的办法只有送走了事。接着，王助与杨采衡到福州的国民党八十师师部进行交涉。

中共闽西南潮梅特委接到张庆从泉州发来的电报和黄国璋的口头汇报后，除向新四军军部和南临委报告情况，希望尽快将闽中游击队编入新四军外，同时通过特委机关报《前驱》向社会披露“泉州事件”真相。特委书记方方以“稺华”笔名发表《由“不服从命令”说到“视为土匪严予惩办”》和《由“庸人自扰”说到“讳病忌医”》等评论文章。《前驱》还发表短评，评述了从“泉州事件”可以看到“谁真的是愿意抗日救国”的原则问题，指出“当敌人进攻的目前，全国抗日大局早经决定的今日，还有这种事件发生，实在是足使人痛心的”。为此吁请八十师和省政府主席陈仪，“（一）请立刻发还该特务大队的全数枪械。(二)无条件释放被扣刘队长及其他人员"。[1] 方方发表此文时尚不知刘突军已遇害。

闽西南潮梅特委于3月21日及时向闽中工委发出指示，指出闽中党最大的缺点是"对政治形势与党的策略路线的理解不够"，"对于党的统一战线的理解不够，产生运用上的机会主义倾向，不明白党是根据这三个立场来提出抗日民族统一战线的：组织独立；批评自由；保持既获得的力量的领导。无论如何是不能超过这个限度的"。而闽中党"急性病地认为这次不出去，我们的政治生命就完结，群众对我们不信任"，"闽中同志尚未理解：秘密工作与公开工作应严密分开实际配合，而错误地混乱起来，把党的负责同志都公开了，结果是很显然的……"[2] 同时对闽中党的今后工作作出指示。

为避免"泉州事件"事态的扩大与激化，闽中工委派工委委员李刚到泉州，一方面通过泉州党组织的关系，把"泉州事件"的真相写成书面报告，向上级报告，并在南临委《团结报》和闽西南潮梅特委《前驱》上加以披露；一方面指示被困在承天寺内的特务大队冷静对待局势的变化。特务大队指战员保持高度的组织纪律性，虽身处逆境，仍然每天坚持出操、上课，还向看守承天寺的国民党士兵开展政治攻势，宣传抗日。整个部队保持旺盛的斗志，待机北上抗日。

在中共中央东南分局、新四军军部的干预下，国民党福建军政当局不得不答应发还"泉州事件"中缴去的武器，同意将闽中游击队脱离八十师编制，归编新四军，开赴前线抗日。3月下旬，由八十师派汽车把闽中游击队全体官兵送到洪山桥兵营休整，新四军驻福州办事处出面清点发还武器。

值得一提的是，在闽中发生"泉州事件"的同时，国民党福建军政当局在闽东地区也制造了两起反共恶性流血事件，导致寿政庆中心县委及武装垮散，新四军三支队六团宁德留守处被迫撤销。

---

① 《泉州事件》(1938年4月1日)，中国人民解放军历史资料丛书编审委员会：《南方三年游击战争·闽赣边游击区、闽中游击区》，解放军出版社1994年版，第351～352页。

② 《中共闽西南特委给闽中党的指示信》(1938年3月21日)，福建省档案馆、广东省档案馆编：《闽粤赣边区革命历史档案汇编》第3辑，档案出版社1988年版，第97～98页。

一件是“新康口事件”。1938 年初，属闽东特委领导的寿政庆中心县委活动在政和屏南交界的政和县新康口一带。因与闽东特委失去联系，中心县委武装 80 多人未及时编入新四军六团，滞留在这一带隐蔽活动。与之毗邻的外屯是闽北大刀会头目林熙明部的活动地点。林熙明部在三年游击战争中曾与闽北红军结盟，订立过互不侵犯的条约。红军游击队编为新四军北上后，国民党地方当局派特务潜入大刀会内部，唆使林熙明倒戈。1938 年 3 月，林熙明部在外屯抢掠民财，胡作非为，当地群众向寿政庆中心县委求助。中心县委未能正确运用统战策略，而是准备采取武力加以制服。但由于计划攻打大刀会的内部信件落入特务手中，导致林熙明率大刀会 300 余众，于 3 月 20 日突然袭击寿政庆中心县委机关驻地新康口。中心县委书记范振辉率游击队仓促应战，终因力量悬殊，范振辉和游击队负责人范江富等 49 人在激战中牺牲，寿政庆中心县委和游击队因此垮散。

另一件是“宁德事件”。闽东红军游击队改编北上抗日后，在宁德城关设立了“新四军三支队六团留守处”。李树棠接任国民党福建省保安二旅旅长后，秉承省政府密令，着手策划取缔六团宁德留守处。3 月 16 日晨，李树棠所部 50 余人突袭留守处，先拘捕哨兵，再用机枪向留守处门内扫射，留守处警卫排长石头弟和一名警卫战士当场牺牲，两名战士受重伤。保安连冲进留守处抓捕全部工作人员和警卫战士，办事处负责人郭文焕等 40 余人被捕并被押解福州。

“宁德事件”发生当日，新四军驻福州办事处负责人兼闽东特委书记范式人正从福州到宁德，得悉事件发生后，立即派人通知宁德中心县委隐蔽组织，密切注意当局的反共动向。随后，范式人、王助向国民党省政府主席陈仪交涉，要求释放被捕人员，退还被缴武器。经新四军驻福州办事处努力，六团留守处被捕人员被转到洪山桥原军械厂与闽中“泉州事件”中被释放的指战员会合，就地进行整训，等候改编为新四军。

经新四军军部研究决定，将福建后续会合的游击队编入军部特务营。1938 年 4 月下旬，队伍北上出发前，王助、范式人代表新四军驻福州办事处，黄国璋代表闽中工委到驻地为全体指战员送行，勉励他们到抗日前线杀敌立功。23 日，在“泉州事件”、“宁德事件”中被释放的闽中游击队指战员、六团宁德留守处工作人员和福州参军青年共 220 多人，在杨采衡带领下，由福州洪山桥出发北上。队伍途经南平、崇安，翻越武夷山脉到达浙江江山县后，再向浙西开进，经开化县，越过浙皖交界的马金岭，于 5 月抵达安徽太平县新四军军部驻地。除杨采衡等 20 余人调往新四军其他部队外，其余人员均编入军部特务营第二连。

新四军第二支队北上时，曾留下四团六连 130 人作为二支队龙岩留守处警卫部队，随闽西南潮梅特委机关活动，担负特委机关和留守处保卫任务。新四军二支队北上一个多月后，国民党福建省政府秉承蒋介石和国民政府军事委员会的意见，下令裁撤二支队驻龙岩留守处，“如有违抗”，将“视为土匪严予惩办”，并宣布除联保、保甲会议外，一切集会都将以汉奸论处。[①] 闽西南潮梅特委及时向新四军军部请示，军部从合作抗日的大局出发，为避免事态扩大，指示闽西南潮梅特委作出退让，调四团六连北上抗日。

4 月中旬，四团六连在二支队副官陈茂辉、连长刘永生、指导员熊兆仁率领下，从龙岩白土踏上北上抗日征途，十余名回国参加抗战的华侨青年也随六连出发。为切实保证沿途安全，六连进行了北上动员，宣布了红军纪律，成立了宣传鼓动组、纪律检查组、收容组。他们除随身携带的武器、给养外，还负责将“漳浦事件”中退还寄存于二支队留守处的数百支枪运送到新四军军部。六连指战员经永安、南平，先坐汽车到浙江江山，再从江山坐火车到兰溪，然后从兰溪乘木船逆流西上，到达安徽徽州，将 300 多支枪支送到歙县岩寺兵站，尔后赶到漳家渡报到。不久，六连编入新四军军部特务营第一连。

总之，经过三年游击战争锤炼，福建近 5000 名游击健儿改编为新四军，约占当时改编的新四军总人数的一半。经过与国民党顽固派的坚决斗争，经过千辛万苦的长途跋涉，终于汇集到抗日前线，成为抗

---

① 熊兆仁：《北上途中》，中共福建省委党史资料征集编写委员会研究室编：《从和谈到北上抗日》，福建人民出版社 1985 年版，第 100 页。

日的基干队伍和主要力量。他们同其他部队一道，投身到保国卫家的抗日疆场，驰骋大江南北，英勇杀敌，屡立战功，不愧为“南方的模范队伍”[①]。

---

① 《中共中央东南分局关于两个月来工作情况和目前工作意见的报告》(1938 年 3 月 25 日)，中国人民解放军历史资料丛书编审委员会编：《新四军·文献》第 1 卷，解放军出版社 1988 年版，第 91 页。

结语　福建三年游击战争的特点及历史地位

三年游击战争，是中国共产党领导的土地革命战争的重要组成部分，是中国革命斗争史上一道独具特色而又内涵丰富的亮丽风景线，是与长征英雄史诗同样辉煌昭亮的壮丽凯歌。福建是著名的革命老区，是土地革命战争时期中央苏区的重要组成部分，也是南方三年游击战争的主战场和重要省份。福建三年游击战争以其数量、规模及其功绩，成为南方三年游击战争最为厚重精彩的篇章，为中国革命的胜利作出不可磨灭的重大贡献。福建三年游击战争是在极其艰苦的环境中进行的自卫求生的伟大斗争，创造了许多值得总结的宝贵经验，在中国革命史上占据重要的历史地位，永载光辉史册。

一、福建三年游击战争胜利的基本经验

福建三年游击战争和南方三年游击战争一样，在中央苏区和其他各块苏区纷纷丧失的不利形势下，在与国民党强大兵力对比处于极端劣势的情况下，在极其艰苦恶劣的环境下，不仅党组织和红军游击队没有被消灭，而且能够坚持并取得最后胜利。这是谁也无可否认的铁的事实，一定有着深层次的原因。对此，许多论著也有论及，特别是当年三年游击战争的领导人、亲历者，如项英、陈毅、张鼎丞、邓子恢、谭震林、方方、叶飞、黄道等也都作了回忆和论述。黄道对闽北三年游击战争所做的总结就很有代表性，他说：三年来，我们在失去党中央联系，失去中央苏区和赣东北根据地情况下，以武夷山为依托，在群众支持下独立支撑，顽强战斗，前仆后继，战胜了十万敌人长期的残酷“围剿”，战胜了许多意想不到的困难，吃了许多没有吃过的

苦，受了许多没有受过的罪，从而保持了革命阵地，保持了革命武装，保持了革命组织，迎来了今天的历史转折。三年来，究竟是什么原因使我们能够顽强坚持下来，并取得胜利？首先我们有一个坚强的党的领导核心，不论我们遇到任何困难，我们都能够按照党的基本原则和基本要求去制定策略，去开展斗争，战胜困难。其次是我们紧紧发动和依靠了人民群众。我们为群众的利益去战斗，去牺牲。再就是我们有一批党性强、革命坚决的干部，再大的挫折摧不垮我们，再大的困难吓不住我们。第四，我们有一支战斗力很强的红军队伍，并采用了适合闽赣边区游击战争的作战方法和作战原则，运用了灵活多变的战略战术。①

福建三年游击战争取得最终胜利的经验很多，如有党中央和各级党组织的正确领导，有坚强的红军游击队，有人民群众的大力支持，执行了正确的方针政策，实现了战略战术转变，改变了一些“左”的做法，善于探索总结，坚持以人民利益为重，领导群众性的游击战争，以民族利益为重，实行抗日民族统一战线等等，可以说是一种合力的结果。在此主要阐述几点：

其一，坚持党的领导，重视抓好党的自身建设和部队思想政治工作，是三年游击战争胜利坚持的根本保证。

福建各游击区的三年游击战争，是在与上级组织失去联系，长期得不到党中央指示，难以得到外界信息的情况下，独立坚持、各自为战地开展起来的。在这种环境下，如果没有党的领导，就不可能坚持。正因为坚持了党的领导，重视抓好党的自身建设和思想政治工作，才能在各游击区实现战略转变，提出符合实际的方针政策，紧紧地依靠人民群众，巩固部队团结，实行机动灵活的游击战术，粉碎敌人的“清剿”，实现国共合作，投入抗日疆场。在三年游击战争的艰难历程中，广大指战员都“深深感到没有共产党的坚强领导，没有人民群众真心实意的支持，游击战争是难以坚持的”②。

---

① 饶守坤：《石塘整编》，中国人民解放军历史资料丛书编审委员会：《南方三年游击战争·闽北游击区》，解放军出版社1993年版，第383页。

② 刘辉山：《地下党和交通站》，中国人民解放军历史资料丛书编审委员会：《南方三年游击战争·闽赣边游击区、闽中游击区》，解放军出版社1994年版，第217～218页。

中央苏区闽赣省初期的游击战争之所以走向失败，很大的一个原因就是党的领导薄弱。省委形同虚设，省苏维埃政府、警备司令部、省保卫局各自独立行动，许多重要问题（如战争动员、肃反等）不仅不经过省委决定，而且不通知特委。“闽赣最高的领导机关中发现各自为政、反对党集中领导的倾向”①。“结果使各种工作不能互相配合，并且因为脱离了党的领导，而作出许多严重的错误”②。正因为如此，最终使游击战争不能坚持，组织也走向了解体，教训极为深刻。

在游击战争中，闽西南军政委员会、闽北分区委、闽东特委、闽粤边特委和闽中特委，成为各块游击区的领导核心，在与中央联系中断的情况下，将党、政、军合为一体，实现了高度集中的一元化领导，为三年游击战争的胜利坚持提供了最强有力的组织保证。正如长征期间的遵义会议，成为中国共产党和红军历史上的一次伟大转折，是中国共产党第一次独立自主地解决中国革命和革命战争的重大问题，开启了独立领导中国革命的伟大征程一样，可以说福建三年游击战争是各级党组织独立领导革命战争的成功典范，“不仅集中体现了中国人民革命斗争的特点，而且充分显示了中国共产党独立领导中国革命战争的能力”③，它从另一个侧面证明中国共产党完全可以独立地承担领导中国革命的重任。

三年游击战争期间，党的领导体现在各个方面。各游击区正是因为有一大批党和红军游击队的领导骨干勇于担当，具有坚定不移的共产主义理想信念，对党的事业忠贞不渝，有较高的马列主义理论修养和对时局变化发展的敏锐洞察力，才能在无法得到中央直接指示的情况下，仍然认真学习、领会中央精神，配合中央战略行动，结合游击区斗争实际，不断总结斗争经验，集中大家的智慧，制定出基本正确

---

① 《闽赣战地委员会关于党的组织工作给各级党委及突击队的一封信》（1934 年 6 月 26 日），闽赣革命根据地党史资料征集编研协作领导小组编：《闽赣省党史资料（初稿）》，内部资料，1986 年，第 193 页。

② 《中央给闽赣战委信》（1934 年 6 月 12 日），中共福建省龙岩地委党史研究室编：《反对所谓“罗明路线”问题》，鹭江出版社 1993 年版，第 466 页。

③ 吴明刚：《南方三年游击战争若干问题再研究》，《福建党史月刊》2012 年第21 期。

的方针、政策和策略。能够精诚团结，密切联系群众，能在各项工作和斗争中起模范带头作用。这些都是保证能够实现党的领导的重要因素，从而保证游击战争的正确方向。方方认为，三年游击战争最光辉的一点，是它的指导方针的正确性，这是有地方党组织的正确领导的结果。

各级领导机构都有比较核心的人物，组成一个集体，能够发挥各自的长处，相互补充，形成坚强的领导班子。有的人理论水平较高，能够根据报刊上的文章等，理解中央意图和精神，从而调整政策，制订出基本符合实际的政策；有的人军事水平较高，能够随机应变地指挥游击战争，制订战略战术，取得胜利；有的人善于做思想工作，能够团结各种人。闽西南军政委员会形成了集中统一领导，三位领导人对马列主义理论的学习，对中央指示的研究抓得很紧，而且充分发挥各位同志的优点。邓子恢曾留学日本，理论和文化水平较高，对中央政策的理解较为深刻，对形势的变化较为敏锐，分析判断能力较强。因此邓子恢常常向军政委员会提出有关方针、政策方面的建议，由他起草贯彻中央精神和对各地的指示；而谭震林长期在闽西担任军事指挥员，在军事方面很有经验，对毛泽东的游击战争思想也深有领悟，所以在游击战争中发挥了其在军事方面的特长，贡献了很多有益经验；张鼎丞在群众中很有威望，老成持重，原则性强，作风民主，特别善于听取不同意见，做好沟通协调工作，团结各方面力量。还有方方等人，也是很有主见和游击战经验，能独立开展工作的领导。所以尽管有时也存在意见分歧，但都能民主讨论，团结一致，发挥各人所长，形成一个有力的领导集体，这对于游击战争的正确领导发挥了重要作用，“形成了一个善于将马克思主义普遍原理和闽西南斗争实际相结合的坚强的领导核心，这是我们闽西南红军游击队能够战胜令人难以想象的艰难困苦而取得最后胜利的重要保证”①。在闽东特委，核心人物是叶飞，他的政治修养比较高，“善于从敌人报纸上，从各方面情报中

① 陈茂辉：《共擎南方一角天》，中国人民解放军历史资料丛书编审委员会：《南方三年游击战争·闽西游击区》，解放军出版社 1991 年版，第 438～439 页。

判断形势与敌人的企图”，大家都能团结在他的周围。下级党委又都能团结在特委周围进行革命斗争。而且从特委到各个地区也都有核心领导人，霞鼎有许旺等，周墩、宁德有阮英平等，福寿有范式人、叶秀蕃等，还有鼎平的几个同志，“他们在各块地区里出主意，并领导党组织和群众一起斗争，就能赢得胜利”[①]。在闽北，有以黄道、黄立贵、吴先喜为首的领导核心。闽粤边的黄会聪，具有敏锐的战略眼光，对党的事业无限忠诚，对上级提出的方针、政策细心研究，坚决贯彻但又不盲从。

新四军全军第一次党代表大会在总结三年游击战争期间党的工作时就指出：一切工作与发展“党起了绝对作用”，三年游击战争能够坚持、能够胜利的基本原因在于有坚强的党的领导和全党一致的团结。[②]三年游击战争的胜利坚持，用事实说明政治领导是游击运动存在和发展的唯一保障；党强有力的政治领导是三年游击战争能够坚持的基本条件。而在某些地区或部队中因某一时期政治领导薄弱和放松就立即遭受损失甚至根本失败，因为游击队及游击区在独立作战环境中，在敌人的包围中，容易受外界影响，容易忽视大局，容易产生各种不正确倾向，此时党的政策上的领导恰如斗争坚持的防腐剂，不仅能够防止并纠正各种倾向，而且能更有远见的指示方针和前途，让游击队以更加勇敢顽强的精神突破困难。[③]

思想政治工作是红军游击队的生命线，是红军游击队历经磨难而不垮，革命意志愈挫愈坚的灵丹妙药，是在艰苦环境下凝聚人心，克服各种艰难困苦，最终战胜强大敌人的可靠保证。在艰苦卓绝的三年游击战争中，红军游击队所经受的严重困难、恶劣环境、残酷斗争、艰苦生活，都是世所罕见、难以想象的。叶飞就常说：敌人的强大只

---

① 范式人：《回忆闽东三年游击战争》，中国人民解放军历史资料丛书编审委员会：《南方三年游击战争·闽东游击区》，解放军出版社 1993 年版，第 115 页。

② 《学习三年游击战争的经验》（1939 年 8 月×日），中国人民解放军历史资料丛书编审委员会：《南方三年游击战争·综合篇》，解放军出版社 1995 年版，第 571 页。

③ 《新四军第一次全军党代表大会对三年游击战争基本总结的决议》（1939 年 8 月 31 日），中国人民解放军历史资料丛书编审委员会：《南方三年游击战争·综合篇》，解放军出版社 1995 年版，第 568～569 页。

是暂时的，革命总会有困难，有挫折，革命者最可贵的品质就是在逆境中不屈不挠。我们还有人、有枪，这就留下了革命的火种，只要坚持下来，根据地还是我们的，胜利一定是我们的。这些话，对当时稳定部队情绪，鼓舞干部、战士的斗争勇气起了很大作用。[①] 在部队进行思想政治工作，强调要坚定斗争勇气和信心，干革命就要干到底，不管遇到多大困难，都要坚持下去；说明红军游击队依托山高林密，地形熟悉，语言熟悉，有群众支持，而国民党兵都是外地人，不如我们有利，又失去民心的情况，总结出最后胜利一定属于红军。红军游击队的广大指战员们，正是通过思想政治工作，保持着对党和人民的无限忠诚，怀着对革命必将胜利的坚定信念，表现出高度的革命英雄主义和乐观主义精神，英勇顽强、奋不顾身的英勇牺牲精神，使革命火种得以保存。

其二，坚持人民的利益高于一切，领导人民群众的斗争，取得人民群众的支持和保护，是三年游击战争胜利坚持的最重要依靠和力量。

三年游击战争中的一切军事行动，是和群众利益紧密地联系着的。[②] 群众清楚地知道，是红军游击队给他们分田、分财物，并为保田求生而战斗甚至献出生命。因此，群众中流传有“我的头可杀，红军不能饿死”的说法。当时老百姓都喜欢讲，“共产党是靠山”，其实群众才是红军游击队的真正靠山，这是红军指战员们心底油然而生的深切体会。只有真正做好群众工作，紧紧地依靠群众，红军游击队才能生存发展，才能战胜强大的敌人，坚持到最后的胜利。[③]

游击战争能不能坚持，关键就在于能不能以群众为主体，紧紧依靠人民群众，领导群众开展斗争。[④] 南方三年游击战争“是在于更加以

---

① 陈挺：《闽东三年游击战争亲历记》，中国人民解放军历史资料丛书编审委员会：《南方三年游击战争·闽东游击区》，解放军出版社 1993 年版，第 122 页。

② 方方：《三年游击战争》，中国人民解放军历史资料丛书编审委员会：《南方三年游击战争·闽西游击区》，解放军出版社 1991 年版，第 383 页。

③ 卢胜：《在党的领导下坚持游击战争》，中国人民解放军历史资料丛书编审委员会：《南方三年游击战争·闽粤边游击区》，解放军出版社 1994 年版，第 259～260 页。

④ 刘文学：《抚东游击战争的艰难历程》，中国人民解放军历史资料丛书编审委员会：《南方三年游击战争·闽北游击区》，解放军出版社 1993 年版，第 268 页。

群众做基础……若是没有群众，离开群众，那么我们即不能坚持，不能存在”[①]，“只有照顾群众利益，依靠群众，向群众学习，才能在艰难困苦的环境下，保持有生力量，而真正坚持原地斗争”[②]。游击队到白区活动时，一般是先派人去同当地党和群众组织取得联系，了解情况，然后部队再去活动，这就是“群众工作在前，部队行动在后”。将游击斗争与群众争取经济利益的合法斗争相结合，领导群众开展“五抗”斗争，每当青黄不接、群众生活困难时，及时开展打击土豪劣绅的分粮斗争，解决贫苦农民的口粮困难。通过这些斗争，使群众更加认识到党和红军游击队是真正为他们争取利益的，只有红军游击队继续坚持游击斗争，才是他们利益最有力的保证。

敌人妄图把红军游击队与群众彻底隔离开，聚而歼之，或者将红军游击队困死、饿死在山上。于是红军游击队提出“没有群众就没有我们的生存”的口号。有了群众，就有了办法，就有了力量，敌人的一举一动就会在红军游击队的掌握中，敌人找不到也打不着游击队，而红军游击队打敌人却一打一个准。

领导群众斗争，使群众得到实际物质利益，开仓放粮，打土豪没收财物分给群众等，同时镇压反动派，千方百计保护群众的生命和财产安全。实行干部地方化，是密切联系群众的重要措施。这些干部能在感情、语言、生活习惯方面与群众打成一片，游击区的各级主要负责干部分头深入到群众中去，养成良好的工作作风，和群众谈得来，坐得拢，心连心，同甘苦，共患难，得到群众的认同。人民群众把党的干部和红军游击队指战员当成自己的家人、亲人。正如闽东基点村一位群众所说：“我们村里几户人家的命，早就跟共产党拴在一起了！”[③]

---

① 项英：《南方三年游击战争经验对于当前抗战的教训》（1937年12月11日），中国人民解放军历史资料丛书编审委员会：《南方三年游击战争·综合篇》，解放军出版社1995年版，第559页。

② 《钟民关于闽赣边三年游击战争的总结》（1945年8月9日），中国人民解放军历史资料丛书编审委员会：《南方三年游击战争·闽赣边游击区、闽中游击区》，解放军出版社1994年版，第84页。

③ 陈挺：《闽东三年游击战争亲历记》，中国人民解放军历史资料丛书编审委员会：《南方三年游击战争·闽东游击区》，解放军出版社1993年版，第121页。

可以说三年游击战争时期的党组织和红军游击队与人民群众，不仅结成利益共同体，而且是命运共同体。这样使红军游击队深深扎根于群众之中，受到群众舍命的支持和保护。这是三年游击战争取得胜利的重要依靠。

在闽北，每年农历十月，浙江省青田等县有大批农民进入武夷山脉种香菇，直到第二年清明节才回家种田。这些人被俗称为“香菇客”。在三年游击战争期间，“香菇客”对红军游击队的支援很大。他们不仅带进山里非常缺乏的盐、布、鞋等日用品，还带进山外的信息。他们和红军游击队相处十分密切，发现什么情况会及时报告。红军游击队发现敌人搜山时，会及时通知他们躲避。有时敌人把香菇棚烧掉，红军游击队则帮助他们重新搭建起来。[①]

与此相反，国民党却把群众视为敌人，所到之处一概烧杀抢掠，血洗山寨村庄，对红军家属和基本群众更是斩尽杀绝。据统计，当时闽东北地区有数万名群众死在敌人的屠刀下，有的村寨，男女老幼几百人无一幸免，尸骨如山，血流成河。[②] 闽中游击区的肖厝、角楼等六个基点村被洗劫，被烧毁、拆除的房屋有 147 间，被捕群众 200 余人，惨遭杀害 12 人，被劫财产不计其数。[③] 国民党军的这种做法，更是将群众推向了党和红军游击队一边。

由于制订了正确的政策，处处维护群众的利益，党组织和红军游击队才能得到群众的真心拥护。因为红军游击队进行的是群众性的游击战争，一切是为了群众的利益，所以有时候为了群众不受摧残，明知可以消灭的敌人也暂时不去消灭，既要确有把握地消灭敌人，又要照顾到群众。因此，不仅过去苏区的群众拥护红军，把红军看成他们的保护者，与红军结成血肉相连的关系，而且红军在新区也无例外地

---

① 刘文学：《抚东游击战争的艰难历程》，中国人民解放军历史资料丛书编审委员会：《南方三年游击战争·闽北游击区》，解放军出版社 1993 年版，第 269 页。

② 饶守坤：《闽东北游击区的开创与发展》，中国人民解放军历史资料丛书编审委员会：《南方三年游击战争·闽北游击区》，解放军出版社 1993 年版，第 299 页。

③ 杨采衡：《闽中红军游击队三年游击战争的历程》，中国人民解放军历史资料丛书编审委员会：《闽赣边游击区、闽中游击区》，解放军出版社 1994 年版，第 366 页。

得到了群众的热诚帮助。如果不是一切为了群众，如果不是有广大群众作基础，那么，坚持三年的游击战争是不可想象的。[①]

其三，坚持灵活机动的游击战略战术，注意保存有生力量，是三年游击战争胜利坚持的关键因素。

福建的三年游击战争，敌我力量悬殊，红军游击队在力量弱小、装备落后、没有后方补给的情况下，与数十倍于己的敌人搏斗，其艰巨性是可想而知的。只有实行灵活机动的战略战术才能在斗争中求得生存和发展。红军游击队吸取前期遭受重大损失的教训，根据实际情况实现战略转变，创造出一套行之有效的游击战争的战略战术，其作战指导思想和基本原则是：以保存有生力量为主。打仗是有目的的，只打能扩大政治影响的仗，能发动群众的、能使群众得到利益的仗，不打硬仗，不打无把握的仗，不打会影响群众生命财产安全的仗。战术原则强调出其不意，基本以伏击战为主，以长途奔袭、化装智取为辅。强调时而集中，时而分散，出奇制胜，以“散兵群”战术，声东击西，迷惑敌人，避实击虚。红军游击队行动的基本原则就是为了更好地保存自己，同时更有利于打击敌人。从实际出发，创造和采用了避强击弱、设伏诱敌、时聚时散、飘忽不定、化装智取、围魏救赵、长途奔袭等行之有效的游击战术。这些战略战术都得到广泛的运用，收到奇效。闽北游击区摸索出“坚持山地，依靠群众，分散为主，时合时分，昼伏夜出，机动灵活，保存自己，打击敌人”一套办法，克服了三年游击战争初期所遇到的重重困难。在封锁线上，在据点周围，在碉堡脚下，到处都有红军游击队在活动，埋地雷，剪电线，摸哨兵，打伏击，不断打击敌人。[②] 特别是正确处理好了“走、藏、打”的关系，“走”是为了更好地使敌人疲劳，寻找机会，“藏”是为了更好地保存自己，“打”是为了坚决地消灭敌人。

闽东在战术上机动灵活，不打没有把握的仗。一次敌第八十师来

---

① 张鼎丞：《中国共产党创建闽西革命根据地》，福建人民出版社 1982 年版，第 80 页。

② 黄知真：《黄道与三年游击战争》，中国人民解放军历史资料丛书编审委员会：《南方三年游击战争·闽北游击区》，解放军出版社 1993 年版，第 77 页。

进攻，叶飞闻知敌情，便与陈挺率部队挺进敌后打到福州附近，使得敌人很恐慌，急忙退兵。闽东部队灵活运用游击战术，有时到浙江，有时到福州近郊，有时到松溪、政和，有时到古田、屏南。就是这样采用灵活的战略战术来消灭敌人、保存自己，并避免根据地群众遭受损失。各支部队都有自己的特长。闽东的部队擅长拼手榴弹，特别是陈挺带的队伍拼得很好。每次重要战斗，打到最后常以手榴弹来结束战斗，打退敌人。[①] 他们还在部队开展"神枪手运动"，此项运动由赖金彪发起，在部队中涌现出不少神枪手，在枪弹缺乏的游击战争中发挥了重要作用。

正如陈毅所说：南方三年游击战争，在这方面的艰苦远超过以前两个时期[②]，因此其斗争经验的丰富和战术上的创造更超出前两个时期。就是善于在大的失败之后保存自己，善于由大的进攻战局转变成退守战术，善于把群众创造的斗争方式如公开的、秘密的、半公开的、亭子间的、搭棚子的与游击战术和动作综合起来灵活使用，所以能在大的"清剿"和严峻的进攻局面下坚持到底。[③]

其四，贯彻执行党的统一战线政策，团结一切可以团结的力量，是三年游击战争胜利坚持的重要法宝。

统一战线是中国革命取得胜利的重要法宝，正如毛泽东所说：就是要把我们的人搞得多多的，把敌人的人搞得少少的。红军游击队面对强大的敌人，必须正确地利用敌人内部的矛盾，采取正确的政策和策略，尽可能团结一切可以团结的力量，争取所有可以争取的阶层，争取大多数，孤立和反对极少数，最大限度地团结广大群众，形成有利于革命斗争的良好局面。三年游击战争时期，各地红军游击队根据实际情况，多次作出政策调整，改变斗争方式，采取灵活的斗争策略。在反"清剿"和创建游击根据地期间，实行"白皮红心"的两面政策，争取地方保甲长、壮丁队等为我所用，与地方民团、土匪武装等建立

---

① 范式人：《回忆闽东三年游击战争》，中国人民解放军历史资料丛书编审委员会：《南方三年游击战争·闽东游击区》，解放军出版社 1993 年版，第 115 页。

② 指井冈山时期和苏区时期。

③ 陈毅著：《陈毅军事文选》，解放军出版社 1996 年版，第 95～96 页。

特殊的统一战线。特别是争取绿林土匪武装，这是各游击区针对福建的省情、地情，采取的符合福建实际的最有效办法，对土匪、大刀会、红带会等会众进行分化、争取，使其成为革命的助力，或者至少不成为反对力量。这一做法在南方各块游击区可能多少都有，但福建规模最大，工作做得最好，收效也最为显著。这样既分化了敌人，最大程度地孤立了少数最反动的势力，又争取了最多阶层的力量，并照顾到群众的利益，影响到群众的态度，更加赢得游击区广大群众的理解和拥护，从而改善了红军游击队的处境，得以胜利坚持游击根据地的斗争。到国共合作、共同抗日时期，这种统一战线的范围更加扩大，红军游击队提出与一切抗日的武装合作抗战，停止没收土地，不再打土豪，而改为募捐筹款等，政策作出更大调整。

"政策和策略是党的生命"①，更是三年游击战争时期党组织和红军游击队的生命。上述这些政策和策略发挥了强大的威力，最好地诠释了毛泽东上述论断的真理性，团结自己，争取多数，瓦解敌人，赢得民心，使党组织和红军游击队得到广大人民群众的衷心拥护和支持，是胜利坚持三年游击战争的重要法宝。

二、福建三年游击战争的主要特点

福建三年游击战争期间，各级党组织和红军游击队勇于探索，艰苦奋斗，探索出开展游击战争的客观规律和做群众工作的有效方法，使其在中国南方三年游击战争史上显得格外突出，受到瞩目和肯定。

其一，福建苏区自身发展的特点，决定了它是最早处于或转入游击战争状态的游击区。

福建苏区的创建有几种类型，一种是主要依靠中央红军建立起来的，如闽西、闽西北；一种是地方自身与红军帮助相结合建立起来的，如闽北。这两种地区后来都成为中央苏区的重要组成部分。还有一种就是完全依靠自身努力，依靠工农武装的发展建立起来的，如闽东、

---

① 毛泽东著：《毛泽东选集》第四卷，人民出版社1991年版，第1298页。

闽粤边、闽中等。由于闽东、闽粤边、闽中从苏区建立开始，基本就处于游击战争状态，而闽西、闽北的边区也较早陷落，特别是闽北较早与中央苏区中断联系，所以福建各游击区能较快适应游击战争的状态，最早最快实现向游击战争战略战术的转变，为游击战争的坚持创造了条件。

其二，福建各游击区保存和发展了较多的部队，开辟了广大的回旋余地，进行了规模较大的游击战。

各游击区都很注重壮大红军游击队的力量。闽西南在两广事变与秋收斗争中，发展1000名以上的新战士。收缴敌人新式自动步枪六支，步枪1000多支，驳壳枪100多支。[①] 每块游击区都有自己的红军主力部队，有的因各种原因解体后又多次重建，发挥了主心骨作用。除了红军主力部队外，还创建了大量的地方游击队、游击组等，特别是还有大量抗日义勇军和群众武装，从而构成主力红军—地方游击队（或独立营）—群众武装的完整体系，形成了开展广泛游击战的主体力量，保证了群众性游击战争的顺利开展。

各游击区在恢复老区的同时，都十分重视开辟新区的工作，而且各游击区内外形成了相互配合、相互支持的局面。这些情况是其他省份游击区少有的。这样使福建游击区的数量最多，范围也最广。闽西游击区除了中心区外，还扩大到南靖、平和、大埔、蕉岭、武平、连城、宁洋、永安等地，共有十多个县的范围；闽东游击区主要以福建宁德、福安、寿宁、周宁、霞浦、柘荣、古田、屏南、福鼎、罗源、连江等县为基本区域，行动范围遍及福建的政和、建瓯、闽侯及浙江的泰顺、庆元、景宁、平阳等23个县域；闽北游击区范围最大时北起信江，南至闽江口，西从抚东，东达洞宫山脉的闽赣边，形成遍及建阳、崇安、浦城、广丰、上饶、铅山、金溪、资溪、贵溪、光泽、邵武、顺昌、南平、将乐、泰宁、建宁、建瓯、松溪、政和、屏南、寿

① 《闽西南军政委员会综合报告》（1937年），中国人民解放军历史资料丛书编审委员会：《南方三年游击战争·闽西游击区》，解放军出版社1991年版，第297页。

宁、周宁等20余县的广阔区域；[①] 闽粤边特委管辖的游击区域，包括漳州之漳浦、平和、南靖、龙溪、海澄、云霄、诏安及广东饶平等县边境，并且这几县的游击区已经连成一片，纵横约五六百里，北可到漳州城之郊外，南可到广东饶平之浮山、南岗一带，东可到漳浦、云霄、诏安之海边，西可到平和之小溪、大溪一带；[②] 闽中游击区包括福清、莆田、仙游、永泰等县域；闽赣边游击区包括瑞金、长汀等县域。因为游击战争的流动性很大，难以准确估算各游击区范围。

福建三年游击战争虽然是以保存实力为主，但也进行过不少比较大的战斗。据初步统计，仅收入《南方三年游击战争》丛书中的230次战斗中，毙伤敌人30人以上的战斗有90次，其中毙伤敌人达100人以上的战斗达到33次。[③] 闽南红三团，在两年余时间里，粉碎了敌人十余次的大举进攻，消灭了中央军与保安团，攻克并摧毁了敌人与豪绅地主的炮垒与土楼有100座左右。缴获敌人1000支左右的步枪。[④] 所谓大仗经常打，小仗天天有，特别是许多仗根本就没有记录下来，也没有收入档案中。据江西省党史专家凌步机的观点，在战斗规模上，福建与江西的一些游击区有很大的不同。江西红军游击队主要是以躲为主，能够生存下来已经很不容易，而且部队也比较少，不像福建各块游击区，都有很广大的回旋余地，战斗规模也比较大。[⑤]

正因为这些原因，福建在三年游击战争中保存了数量较大的红军游击队有生力量，在整编为新四军后，所占的比例也最高。

---

① 刘晓：《闽北三年游击战争》，《党史研究与教学》1981年第8期。

② 《黄会聪关于闽粤边区两年余情况致陈云等转中共中央的报告》（1937年4月20日），中国人民解放军历史资料丛书编审委员会：《南方三年游击战争·闽粤边游击区》，解放军出版社1994年版，第198页。

③ 此数字根据《南方三年游击战争主要战斗战绩统计表》中有关福建各游击区的数据统计而来。参见中国人民解放军历史资料丛书编审委员会：《南方三年游击战争·综合篇》，解放军出版社1995年版，第1174～1189页。

④ 《黄会聪关于闽粤边区两年余情况致陈云等转中共中央的报告》（1937年4月20日），中国人民解放军历史资料丛书编审委员会：《南方三年游击战争·闽粤边游击区》，解放军出版社1994年版，第213页。

⑤ 此为笔者访问江西省党史专家、中共赣州市委党史研究室原主任凌步机时他提出的观点。

其三，福建游击区创建了多个基本依托地，发挥了独特的战斗堡垒作用。

如闽东游击区先后创立了岗垅、梅坑、竹洲山等依托地。岗垅地处三县交界的三角地带，东西两座主峰海拔近千米，周边群山绵延，植被茂密，在纵横50多平方公里的山区散布着60多个自然村庄，居住着930多户人家。梅坑位于福安和宁德交界地，山峰逶迤，河流湍急，群山之间68个大小村庄星罗棋布。竹洲山是闽东著名大山白云山的支脉，位于福安、周墩交界，是畲族聚居区，方圆数十里区域散布着九个畲族村落。这些依托地不仅十分偏僻险要，而且群众基础非常好。不仅建立了党组织和游击队，还建立了一些后方基地，如后方医院、医疗所、修枪所、军服厂、斗笠厂、草鞋厂、仓库、“土豪厂”① 等，除了负责伤病员的治疗和军政人员的财政给养等后勤供应外，还为红军游击队输送兵员。1935年9月初，为解决前方战斗人员匮乏问题，上级办事处要求福寿县委与含溪区委在五天内动员50多人，送到前方当红军。最后任务得到相当程度的完成。② 还有闽西游击区的金丰大山、双髻山也都是红军游击队的依托地。这些依托地成为红军游击队的活动基点和稳固后方，得到广大人民群众的大力支持和舍身保护，为三年游击战争的胜利坚持作出重要贡献。

其四，福建三年游击战争期间，各块游击区的党组织和红军游击队，都非常善于而且重视总结各种战争中的经验，善于进行反思，勇于开展批评和自我批评，并且能够较早地发现问题并纠正问题，争取游击战争的最后胜利。

闽粤边特委书记黄会聪就指出，不能因为取得大的成绩而忘记了错误与缺点。一年来，错误与缺点还是明显存在的，谁否认与企图掩盖错误与缺点，谁就不是一个真正的布尔什维克。真正的布尔什维克不怕自己错误的揭发，只怕重复了自己的错误。因为无情地揭发过去

---

① “土豪厂”即关押被抓捕的土豪的秘密住所，以便其家人送款来赎人。

② 参见中共闽东特委寿宁办事处给福寿县委的信，《闽东党史资料》第二辑，中共福安地委党史资料办公室翻印，1958年10月，第41页；《闽东党史资料》第一辑，中共福安地委党史资料办公室翻印，1957年10月，第68页。

自己的错误与缺点，是今后开展工作的宝贵的借鉴。[①] 当时闽粤边特委或黄会聪对一些不好现象和有关领导人的批评都极为严厉，丝毫不留情面。在当时的恶劣环境下，这样做不管对组织还是干部，都显示出了真正的爱护，都是为了革命事业，而不是个人之间的恩怨。如闽粤边特委曾批评云和诏县委领导对于群众斗争情况估计不足，不敢发动群众斗争的机会主义观点；闽粤边游击区和闽西游击区开展的各种反倾向斗争等等。

红九团受到损失后，闽粤边特委及时总结教训，指出红九团犯了游击主义的错误，对发动群众斗争创造新的游击区与新的苏区抓得不紧。同时在游击战争中，他们忽视了敌人，警戒工作做得非常不够，所以屡受敌人的打击。明确指示在军事上必须避免与敌人作正面战斗，因为“一切的游击主义者主张硬撞硬打，群众工作不做，单打即可成功，都是必然失败的”[②]。

“对于党内发展反倾向的斗争，发扬自我批评精神也有极大进步”[③]。闽西游击区反思在两广事变中的错误有：未能乘此时机更大开展自己工作，特别是抗日统一战线的巩固，而多于向广东军配合行动；土地革命斗争使原来部分统一战线上的友军因利益冲突叛变了；军事上游击区打成一片的行动没有积极的统一布置；尤其是造成了群众对粤军抗日讨蒋的幻想。[④]

对执行党的抗日民族统一战线方面存在问题的反思更为深刻。主要包括：对联合战线中“停止内战，一致抗日”这个基本口号认识不

---

① 黄会聪：《闽粤边区党一年来工作的总结及今后的任务》（1936 年 6 月 6 日），中国人民解放军历史资料丛书编审委员会：《南方三年游击战争·闽粤边游击区》，解放军出版社 1994 年版，第 129 页。

② 何鸣：《红三团三个月工作计划的总结》（1936 年 5 月 20 日），中国人民解放军历史资料丛书编审委员会：《南方三年游击战争·闽粤边游击区》，解放军出版社 1994 年版，第 118～119 页。

③ 张鼎丞：《日益成熟着的反攻形势》（1936 年 7 月 9 日），中国人民解放军历史资料丛书编审委员会：《南方三年游击战争·闽西游击区》，解放军出版社 1991 年版，第 138 页。

④ 《闽西南军政委员会综合报告》（1937 年），中国人民解放军历史资料丛书编审委员会：《南方三年游击战争·闽西游击区》，解放军出版社 1991 年版，第 297 页。

够，仍沿用过去“局部反攻”的口号，还提出“粉碎粤敌总清剿”的口号，有些同志还主张军事上打击粤军，来配合政治上争取粤军的工作等。对壮丁队与区乡公所，某些地方还采取扑灭手段。有的部队重复过去没收富农小地主、没收商人的行为，在没收时采取破坏方式，对富户捐款不采取解释说服、平等待遇的态度，仍然沿用着过去打土豪、对付犯人的方式。[①] 特别是批评了对此问题缺乏诚恳和宽容态度，未能忠实执行自己所提的和平条件，以取得各党派各军队的信任的行为。像某些部队那种农民意识的报复行为，破坏党的策略政策与肃反的错误行为，或今天与之搞统一战线，明天设计杀掉的行为等。这些做法引起各党派各部队对我们的怀疑，给亲日派以借口破坏我们停战和平主张，是应该迅速叫停的。[②]

即使像肃反扩大化这样严重的错误，也是领导人自己发现问题，进行反思后纠正过来的。“肃反中无分首要、次要与阶级成分，无给予被欺骗的工农分子以自新之路，而且无经过详细的讨论与研究，无疑的有上了社党借刀杀人的反动勾当，这都是错误的”[③]。

这些都充分说明当时的领导人是真正的马克思主义者，是敢于实事求是，敢于正视和纠正自己的错误，并努力克服工作中的失误，领导革命取得不断胜利的。

其五，福建三年游击战争，完全是在充分动员基础上，具有广泛群众性的人民游击战争。

各游击区从上到下，从特委到县、区、乡各级，从干部到战士再到群众，从主力红军到游击队，甚至赤卫队，都被充分动员起来，投

---

① 《闽西南军政委员会为停止内战一致抗日给各部队各级党的信》（1937 年 5 月 25 日），中国人民解放军历史资料丛书编审委员会：《南方三年游击战争·闽西游击区》，解放军出版社 1991 年版，第 224～226 页。

② 《闽西南军政委员会政治部为实现停止内战一致抗日给各部队的指示信》（1937 年 6 月 5 日），福建省档案馆、广东省档案馆编：《闽粤赣边区革命历史档案汇编》第 2 辑，档案出版社 1987 年，第 391 页。

③ 《中共闽粤边区特委关于组织群众、扩大武装、瓦解白军等问题给独立营的指示信》（1936 年 5 月 4 日），中国人民解放军历史资料丛书编审委员会：《南方三年游击战争·闽粤边游击区》，解放军出版社 1994 年版，第 109 页。

入这场游击战争之中。在斗争中很好地处理了公开与隐蔽、合法与非法、武装与非武装的关系，形成群众性的游击战争的局面。

除了红军游击队主力外，各县、区都成立有游击队或游击小组。永定县在 1935 年整编的游击队有六支，即金丰游击队、永太游击队、永定游击队（又称永定独立营）、文顺游击队、东方游击队、南路游击队。新建立的游击队三支，即永东游击司令部（对外称永东游击队）、龙潭游击队、卓霖（林）大队。合计 1000 余人。①

各地游击队不仅积极开展单独的游击活动，打击当地的民团，拔除据点，镇压反动分子，而且经常配合主力游击队参加较大战斗，在战斗中得到锻炼，为各块游击根据地的开辟和坚持作出了贡献。据统计，在三年游击战争中，永定各游击队共计参加大小战斗 170 余次，歼敌 1800 多人。② 各地游击队积小胜为大胜，给敌人以沉重打击。1935 年 2 月，闽东第七、第八游击支队接连袭击敌人。附近基点村的群众纷纷起来，挖炮台、割电线，扰乱敌人，使得敌人日夜不得安宁。③ 群众借机大力传播红军主力经过，扩大了红军游击队的影响，使敌人摸不清红军游击队的虚实。

游击队员既是战斗员又是宣传员，闽中游击队指战员和党的干部深入根据地周围的农村，宣传党的政治主张。在经常活动的村庄，物色培养积极分子，发展党员，建立党的秘密支部。并以党支部为核心，公开组织农会，选出农会主席、村长、财粮员等。农会领导群众打土豪、斗地主、抗租抗税；组织群众筹备粮饷支援游击队，使昔日骑在百姓头上作威作福的铺差、税棍、地主再也不敢胡作非为。④

---

① 丘其银、陈子豪：《三年游击战争时期永定各游击队的组建、演变、发展和战斗情况》，中国人民解放军历史资料丛书编审委员会：《南方三年游击战争·闽西游击区》，解放军出版社 1991 年版，第 449 页。

② 丘其银、陈子豪：《三年游击战争时期永定各游击队的组建、演变、发展和战斗情况》，中国人民解放军历史资料丛书编审委员会：《南方三年游击战争·闽西游击区》，解放军出版社 1991 年版，第 458 页。

③ 冯阿尾等：《霞鼎三年》，中国人民解放军历史资料丛书编审委员会：《南方三年游击战争·闽东游击区》，解放军出版社 1993 年版，第 175 页。

④ 许春来：《在罗汉里根据地》，中国人民解放军历史资料丛书编审委员会：《南方三年游击战争·闽赣边游击区、闽中游击区》，解放军出版社 1994 年版，第 463～464 页。

福建三年游击战争更是群众性的游击战争，是人民战争的重要体现，形成真正的人民战争的奇观。人民群众不仅给红军游击队以大力支持，而且直接参加到这场战争中，传递情报，充当交通向导，甚至与国民党当局和军队展开了直接斗争。国民党军队“进剿”常太漈川时称“该村乡民似完全匪化，当军队未进剿之前，早已迁往高山，墙壁满贴反动标语”①。有些群众自动躲到山上去，不仅与敌人周旋，而且还想方设法打击敌人。闽北有位老人在敌人搜山时，躲在白塔山石岩顶上，等敌人往上爬时，便把山上的大石头像西瓜似的滚下去，砸得敌人头破血流。群众斗争的方式很多，常常想出奇妙的办法诱惑和消灭敌人。有的群众放火烧搜山的敌人；有的群众知道敌人要来抢粮后，往米缸里装上炸药，有的在进山的要道上埋上地雷，炸死不少敌人。就连十来岁的小姑娘也参加斗争，经常去放哨、埋地雷。② 1936年4月6日，敌军“进剿”闽中游击区常太外坑，红军游击队组织群众坚壁清野，撤退上山。敌军放火烧山，红军游击队冒火冲出，与敌军激战达两个多小时。③ 全村群众在强敌面前毫不畏惧，同仇敌忾，有的敲油筒，有的放鞭炮，一齐呐喊助威，一直坚持到夜幕降临，敌人退去。④ 闽东畲族民众也积极参战。国民党保安旅黄苏部经常进犯竹洲山，各村党支部与群众配合独立师部队与当地游击队，凭借有利地形，多次打退敌人的进攻。可以说，每一次重要的战斗都有游击队的配合和人民群众的支持，每一次反“清剿”的胜利都有人民群众的贡献。

---

① 《〈莆田日报〉关于国民党“清剿”常太红军游击队根据地的报道》（1936年3月20日），中国人民解放军历史资料丛书编审委员会：《南方三年游击战争·闽赣边游击区、闽中游击区》，解放军出版社1994年版，第549页。

② 张波：《武夷山的游击战争生活》，中国人民解放军历史资料丛书编审委员会：《南方三年游击战争·闽北游击区》，解放军出版社1993年版，第314页。

③ 《〈莆田日报〉关于国民党“清剿”常太红军游击队根据地的报道》（1936年4月8日），中国人民解放军历史资料丛书编审委员会：《南方三年游击战争·闽赣边游击区、闽中游击区》，解放军出版社1994年版，第549～550页。

④ 郑乌镇：《常太根据地的“清剿”与反“清剿”斗争》，中国人民解放军历史资料丛书编审委员会：《南方三年游击战争·闽赣边游击区、闽中游击区》，解放军出版社1994年版，第486页。

三年游击战争中，涌现出许多红色交通员，他们凭着一颗对党对革命事业的赤诚之心，机智勇敢地与敌人周旋，完成各项任务。罗源县车溪乡畲族交通员雷金寿为革命风里来雨里去，仅到厝坪洋中、盾后等地给红军游击队送信就有三四十次，有时为了甩开跟踪的敌人，拼命奔跑，跑破了鞋底也不知道。他常说："我这也是在和敌人战斗。"[①] 像这样认真负责、将生死置之度外的红色交通员，遍布闽东畲山的各个村落。据《福安县烈士英名录》所载，全县牺牲的畲族交通员烈士就有 21 人。

此外，游击区的许多妇女，也成为三年游击战争期间的巾帼英雄。她们以各种身份作掩护，参与了采购物资、运输器材、传递情报、养护伤员等工作。如闽粤边游击区的李梨英，把红军伤病员当成自己的亲人，精心护理，带领大家到深山老林中采草药、挖竹笋、找野菜给伤员充饥，经常带领伤病员们转移，被战士们称为"革命母亲"。靖和浦游击区的许爱国，经常到敌占区帮助红军买雨伞、电池、药品和面粉等紧缺物资，趁深夜时挑送上山，还经常为游击队通风报信，最后被捕壮烈牺牲。闽北崇安下阳乡石人坑村的共产党员张彩姬，通过工作策反了一个班的国民党士兵。地源村妇女干部连凤玉一家有七位亲人惨遭杀害，她还继续为游击队购买盐和药品。还有岚谷江陈村的王瑞娇，邵武的"方嫂"等妇女典型。

其六，福建三年游击战争，是坚持军事、政治、经济、文化等总力战[②]的典范。

三年游击战争虽然军事战斗不少，但更多的是通过政治上方针策略的贯彻，来实现游击战争的胜利坚持。闽西南军政委员会提出：必须更有系统地艰苦地加紧部队中的政治工作，更积极更耐心地进行群众工作，争取广大群众，争取白军民团壮丁队，争取土匪。必须使每个红色部队成为"政治工作队"，使每个指战员成为"武装宣传员、组

---

① 钟大湖：《三年游击战争中的闽东畲民》，中国人民解放军历史资料丛书编审委员会：《南方三年游击战争·闽东游击区》，解放军出版社 1993 年版，第 156 页。

② 总力战即总体战，这是朱德的一个观点，参见朱德著：《朱德选集》，人民出版社 1983 年版，第 145 页。

织员”，一切战斗不仅为了削弱敌人，而应该更多地去配合“政治工作”，配合“群众工作”。[①] 各个游击区都是这样号召宣传的，更是这样执行实施的。1936年12月20日，谭震林、邓子恢在永福宝山召开闽西南抗日讨蒋军第一纵队军事干部会议，强调要学会与粤军打军事仗和政治仗。正如朱德所指出：游击战争最主要的作战因素是政治因素，游击战争是政治战争，其要点一是在整顿内部，求得游击队本身钢铁般的团结；二是以群众为堡垒，把群众团结在自己周围；三是瓦解敌人。[②] 在三年游击战争中，各游击区从实际出发，勇于探索，不仅团结了内部，消除了不正确观念，加强思想政治工作，巩固了部队，而且制订和执行了一系列发动和组织群众，争取民团壮丁队、保甲长、白军士兵、绿林土匪的政策，特别是在抗日民族统一战线政策下，实现国共合作。这些政治因素的作用是取得三年游击战争胜利的重要保证。

各游击区坚持武装斗争与建设游击根据地相结合。武装斗争为建设根据地打通了路径并提供保障，根据地建设又反过来有力支持了武装斗争。其主要做法是：首先选择几个地处交界、交通不便、反动势力比较薄弱的地区，通过发动群众工作，先形成比较固定的基点村，然后再向周边开展游击活动，积极培养地方骨干，形成小块根据地。在此基础上，发展党员，建立党组织，组织游击队，建立红色政权，逐步发展成为大块的游击根据地。福建各块游击区都建立了多块的游击根据地，这在南方游击区中是非常典型的。闽东游击区建立了宁屏古、福寿、霞鼎、鼎平四块游击根据地；闽北游击区建立了建松政、邵顺建、资光贵三块新的游击根据地及原有的崇浦游击根据地；闽西南有第一、第二、第三、第四四个分区；闽粤边有靖和浦、云和诏、潮澄饶三块游击根据地；闽中有常太、罗汉里两块游击根据地。这些游击根据地不仅在各游击区内部互相配合支援、互相转战，而且在各游击区之间也形成战略配合作用，在粉碎国民党军“清剿”，保存红军

---

① 《闽西南军政委员会关于目前新的形势与新的任务决议》（1936年1月5日），中国人民解放军历史资料丛书编审委员会：《南方三年游击战争·闽西游击区》，解放军出版社1991年版，第37页。

② 朱德著：《朱德选集》，人民出版社1983年版，第39～42页。

游击队有生力量等方面发挥了重要作用。

同时各游击根据地还开展了各项建设。进行了军队建设，壮大了红军游击队和各种人民武装力量，成为游击根据地得以巩固和发展的重要保障。在福寿地区，分田后，群众纷纷参加游击武装，保卫自己的胜利果实，在已有的七、九两个游击支队的基础上，又增编了第十六、二十一等十多支游击支队，每支队三五十人。在敌人经常来犯的形势下，这些武装仍显不足，福寿县委又着手重新发动组织红带会，在社坑、含溪重设红带坛，发展200多个红带队员，集中训练，作为地方武装，保卫岗垅。1936年夏季，在形势又趋紧张的情况下，叶飞把寿宁的游击队、红带会、赤卫队等1000多人编为福寿游击司令部，任命许威为司令。[①] 当年秋收前夕，为了武装保卫秋收，又从400名红带队员中，挑选出70名骨干成立赤卫总队，与游击司令部配合，打击敌人。值得注意的是，闽东游击区仍然延续了苏区时期的政权建设办法，使闽东苏维埃运动再次蓬勃发展。这期间，保留、恢复和重建的苏维埃政权有霞鼎县、霞鼎泰县、福寿县、安福县、宁寿县、寿泰县、寿景庆县、宁屏古县苏维埃政府，周墩县、周政屏县、政屏县、福鼎县、桐霞县、鼎平县人民革命委员会等。[②] 其下还恢复建立了区、乡、村苏维埃政府或革命委员会。这是闽东游击区也是福建游击区最为显著的特点之一。此外，各游击根据地还开展了经济建设、文化建设，建有医院、兵工厂、交通站（线）等，在粉碎敌人的经济封锁，鼓舞红军游击队指战员们的斗志等方面发挥了重要作用。

其七，福建三年游击战争充分利用了地理位置的优势。

福建六块游击区，在地理位置方面具有两大优势，产生两种相互补充的特点：一是广袤的山区优势。福建山多是全国出名的，而且都是大的山脉，不似赣南主要以丘陵为主。闽北与闽西北是武夷山脉纵

① 许威：《福寿岗垅根据地的恢复与巩固》，中国人民解放军历史资料丛书编审委员会：《南方三年游击战争·闽东游击区》，解放军出版社1993年版，第168页。

② 参见缪小宁著：《闽东苏维埃1934》下，中共党史出版社2014年版，第668～671页；中共福建省委组织部等：《中国共产党福建省组织史资料（1926年2月～1987年12月）》，福建人民出版社1992年版，第241～244页。

贯全境，北接仙霞岭，南接九连山；闽北与闽东交界处的洞宫山脉，闽东境内横亘太姥山、鹫峰山、白云山等；闽西、闽赣边属武夷山脉中南端，东靠博平岭，境内有玳瑁山、金丰大山、双髻山、猪仔岽等；闽粤边更是有乪仔石山、乌山、梁山、大芹山等；闽中有瑞云山。崇山峻岭纵横，群山连绵起伏的地势，造成相互隔绝状态，交通不便。闽西民谣就有“上山入云巅，下岭到溪涧，对村喊得应，相通走半天”① 的说法。这种地理环境有效地阻滞了国民党军队“清剿”的统一行动，使其难以做到步调一致，有时明明知道红军游击队在哪个地方活动，但大部队根本无法深入，这对于游击战争的坚持是非常有利的。二是沿海优势。福建的游击区如闽粤边、闽东、闽中游击区是既有山区又靠近海边，闽粤边还是华侨众多、比较开放的地区，除了游击区还有漳州、福安等城市白区，各种报刊信息比较容易得到，商业也较为发达，货物比较畅通。这个特点一是造成国民党对苏区的经济封锁比较难以奏效，特别是沿海游击区的物资困难问题比较容易解决，如闽东的缺盐问题等；二是各种信息可以比较快得到，而且各游击区能够互通信息。比如闽粤边就较早获得党中央的文件和指示，对时局的变化比较敏感，对党的方针政策的掌握和执行比较及时和到位，从而保证了各游击区正确执行党的方针政策，最早开展和平谈判。相对有些地区如皖浙赣边区、滇黔桂边区因为信息不灵，导致红军游击队未能整编为新四军而遭受重大损失的深刻教训②来看，更显示出福建游击区在这方面具有的便利优势。

其八，福建三年游击战争的胜利，是人民群众付出鲜血和生命的代价换来的。福建人民在三年游击战争中付出了巨大的牺牲。

福建三年游击战争的残酷性是前所未有的。参加“清剿”的国民

---

① 中共龙岩地委党史资料征集研究委员会：《闽西革命根据地史》，华夏出版社 1987 年版，第 1 页。

② 中国人民解放军历史资料丛书编审委员会：《南方三的游击战争·综合篇》，解放军出版社 1995 年版，第 99 页。又参见吴忠才：《历史的遗憾——滇黔桂边区红军游击队两个团未能编入新四军却被桂系欺骗编入桂军的历史回顾》，《全国南方三年游击战争理论研讨会入选论文集》，2010 年 12 月。

党部队数量之多，手段之残暴，特别是相对红军游击队的力量来说，二者悬殊之大，都是其他时期无法相比的，其困难程度，艰巨程度，战斗之惨烈，人员牺牲之大，都堪称绝无仅有。三年游击战争中涌现出许多惊天地、泣鬼神的典型战斗事例。如闽东的百丈岩战斗，1936年初冬，阮英平率领闽东独立师第三纵队，从连江、罗源往宁德虎贝乡东源村转移时，遭到保安团三个连从桥头、桃花溪、林口三个方向包抄。为掩护部队突围，二支队长阮吴润率领20多名战士奋勇抢占百丈岩制高点，与敌人展开激烈战斗，仅剩阮吴润等九名指战员，他们誓死不当俘虏，跳下百丈悬崖，壮烈牺牲。[①] 从而保证了第三纵队的安全转移。而战斗在闽北毛阳山上的闽北红军游击队一个班，遭到300多个敌人的围攻，经过殊死搏斗，打死五六十个敌人后，毅然跳下绝崖深潭。[②] 据不完全统计，闽东被敌人杀害的畲族党员、干部、战士和群众达5600余人，占全区畲族人口的4.8%；被敌人抢劫掠夺的村庄有980余个，占全区畲村总数的70%；被“移民并村”的村庄有540个，约占全区畲村总数的40%。1935年6月，关溪章安峪有四个畲族自然村被敌军烧毁240间瓦房和所有财物。群众被打死三人，饿死的有118人，占全村人口的86%。自1936年开始，敌八十师“清剿”桥亭等31个畲村长达数年，畲族党员、干部、群众有370人惨遭杀害。1936年冬至1937年春，国民党军第八十师与首洋教导团以及地方民团进犯竹洲山游击根据地，声言“人绝种、草断根”，对竹洲山进行了三次毁灭性的摧残，放火烧山三天三夜，把福安上竹洲至周墩苎园坪的数千亩森林烧光，九个村庄房屋被焚毁殆尽。[③]

南方三年游击战争，其斗争之艰苦，牺牲人员之多，特别是牺牲的党和军队高级领导人之多，在中国革命战争史上是罕见的，是中国

---

① 陈文发：《骁勇善战　威震闽东——跟随阮英平战斗的回忆》，《福建党史月刊》1988年第6期。

② 毛人远：《在毛阳山上——游击生活片断》，中共建阳地委党史办公室、福建省建阳地区文化局编：《战斗在闽北》，1983年，第257页。

③ 钟大湖：《三年游击战争中的闽东畲民》，中国人民解放军历史资料丛书编审委员会：《南方三年游击战争·闽东游击区》，解放军出版社1993年版，第157～158页。

革命史上最悲壮的一页。① 主要有闽西游击区的瞿秋白、何叔衡、毛泽覃、万永诚、龙腾云、吴必先、阮山、邱织云、赖荣传、郭义为、吴胜、李明康、钟辉元、肖振忠、罗步云、温含珍、邱尚聪、郑树昌；闽北的黄立贵、吴先喜、卢文卿、温卿绍、陈一、黄怀仁、彭喜财、叶全兴、祝为根、李娜兴、洪坤元、吕生仔、周通溪、黄怀仁、温卿绍、邓会旺、吴光丕、江作新、蔡金街、雷荣华、林玉良等；闽东的詹如柏、马立峰、叶秀蕃、赖金彪、柯成贵、陶仁官、林孝吉、王嫩妹、潘伯成、杨挺英、阮在永、叶如针、陈铁民、施霖、黄圣松、范铁民、詹嫩弟、马步周、郑宗毓、阮肖远、韦芝祥、钟日住、缪洪骥、许旺、缪英弟、倪英锋；闽粤边的张敏、张长水、谢卓元、张华云、李克己、陈桃庆、陈圆圆、陈无汗、陈信胜、余丁仁、陆位保、李才炎等；闽中的王于洁、黄孝敏、潘涛、余长钺、陈炳奎、郑金照、何文成、高万里等；闽赣边的赖昌祚等。据《南方三年游击战争人物谱》上的烈士名录统计，福建籍烈士 94 人，占烈士总数的 21.8%。另根据《南方三年游击战争》丛书有关福建六块游击区中烈士名录统计，总计有烈士 499 名，其中福建籍 361 名。他们的英名将永远镌刻在福建、南方三年游击战争史和中国革命的史册上。

三、福建三年游击战争的贡献及历史地位

福建三年游击战争，为中央主力红军的顺利长征、为福建游击根据地的浴血坚持、为中国革命的最后胜利作出了重大贡献，不仅在中国南方三年游击战争中占有突出的地位，而且在中国革命的史册上也有着不可或缺的重要历史地位。

首先，福建三年游击战争阻击和牵制了国民党军队的大批有生力量，有力地配合和策应了中央主力红军进行的战略转移，不论是其艰巨程度还是所取得的伟大成绩，都成为可以和伟大长征相媲美的战争奇观。

---

① 阎景堂主编：《南方三年游击战争人物谱・前言》，解放军出版社 1997 年版，第 2 页。

中央主力红军长征后，福建和闽赣两个中央苏区范围的省委、省苏维埃政府及军区，领导苏区军民，顽强转战在长汀、武平、会昌和宁化、清流、明溪一带的广大区域，以极为悬殊的力量，积极抗击国民党军队优势兵力对中央苏区的“围剿”，开展游击战争，坚持苏区到最后一刻；中革军委直接指挥的福建军区独立红八团、红九团以及红十团，深入闽西敌后，在龙岩、漳平、南靖、连城、宁洋、永安等范围内，开展远殖游击战；福建军区下属红七团、红十一团奉命阻击国民党军，转战江西各地，迟滞敌人进攻；以及闽粤边区、闽北分区、闽东苏区的党政军机关，领导和指挥苏区军民开展的反“围剿”战争等。这些地区党政军机关和军民，根据中央和中革军委的指示和部署，进行了多次惨烈的战役、战斗，对国民党军队的进攻展开了顽强阻击，浴血奋战，付出重大牺牲，有力地牵制了国民党军队对中央苏区的进攻，掩护和策应了中央领导机关和主力红军的伟大的战略转移。

福建转入三年游击战争初期，红军向外发展是非常猛烈的。红九团由闽西永定推进到闽南平和游击，和闽南红三团发生直接联系，同时斗争方面也有互相呼应。中央红军独立师由闽北向闽东一带开展游击战争，计划要和闽东独立师取得联络。闽东国民党新编第十师一旅陈佩玉一团，也完全被闽东红军独立师所消灭。闽南安溪工农红军游击队，开辟了新的游击区域，如安溪湖头、南安诗山等，同时在安溪也建立了一片苏区。晋南同安也已创造新的游击队，开展新的游击战争。这些行动策应了主力红军的长征行动。

正如军史专家姜廷玉所指出，南方三年游击战争与主力红军长征，形成中国革命战争的两大战场。[①] 一方面红军长征对南方游击战争有指示、指导和鼓舞作用，另一方面南方各游击区的红军和游击队积极开展游击战争，阻止和牵制了大量国民党军队力量，使其不能直接参加“追剿”长征中的红军，从战略上策应了中央红军实行战略转移。这是中国革命的重要特点之一，即中国共产党的集中统一领导体制，使土

---

① 姜廷玉：《略论南方三年游击战争对主力红军长征胜利的历史贡献》，《中国井冈山干部学院学报》2011 年第 2 期。

地革命战争时期在全国范围内创建的十几块苏区，不管在哪个地方，离得多远，都能够听从中央指示，执行中央的方针政策，实现全国一盘棋。在福建境内创建或与福建有关的七块游击区[①]里，党组织和红军游击队领导人民群众，开展艰苦卓绝的游击战争，抗击和牵制了几十万国民党军队，给敌人以有力打击，在战略上配合了红军的长征和作战行动。[②] 可以说，福建三年游击战争为红军长征的胜利、为中国革命的胜利立下了难以磨灭的功绩，作出了重大贡献。

因为各种复杂的因素，各游击区在战斗实践中，或因强攻硬打，或因被迫应战，或因过早集中使用兵力，或因消极分散隐蔽，造成干部的牺牲与队伍的损失，[③] 给游击战争的开展造成了困难，有些红军游击队甚至解体。但各游击区领导都能够坚持一切从实际出发、实事求是的思想路线，吸取经验教训，改正错误，使游击战争的战略战术不断得到提升，红军游击队也得到重建和发展壮大。福建三年游击战争积累了宝贵的实践经验，发展和丰富了革命游击战争的战略战术，真正开展群众性的、广泛的、灵活机动的游击战争，不但有效地保存了自己，而且打击了敌人，取得了辉煌的战果，以实际行动证明了，革命是消灭不了的，斗争是能够坚持的，从而鼓舞了广大人民群众。

其次，宣传抗日，改编成新四军，将游击战争经验运用于华中抗日战场，锻炼成为抗日疆场上的劲旅和模范队伍。

三年游击战争期间，党组织和红军游击队在福建树起了抗日旗帜，开展了抗日救亡宣传，通过发布抗日宣言和纲领、张贴布告、写信致函等，发出停止内战、一致抗日的号召。还发动群众组织抗日救国会等各种抗日组织和抗日义勇军，在国民党统治区和游击区掀起如火如

---

① 以前一般认为是五块，即闽西、闽赣边、闽粤边、闽北、闽东。后来闽中也被认为是独立的一块游击区。而浙南游击区也包括闽东的福鼎范围，而且曾经成立过闽浙边临时省委、省军区等组织，人员任职也有交叉，所以有些论著和许多老同志回忆中都直接称其为“闽浙游击区”，因此可以说与福建有关的有七块游击区。

② 具体可以参见王盛泽：《红军长征与福建三年游击战争》，《福建日报》2016 年 9 月 13 日。

③ 方方：《三年游击战争》，中国人民解放军历史资料丛书编审委员会：《南方三年游击战争・闽西游击区》，解放军出版社 1991 年版，第 383 页。

荼的抗日救亡运动，激发广大民众的爱国热情。甚至为了民族利益捐弃前嫌，与国民党当局进行谈判，合作抗日，推进抗日民族统一战线政策的建立和贯彻执行，极大地推动了中国南方抗日救亡运动的发展。“在各阶级中表现出了共产党是真正为国为民，不怕牺牲，不怕困难，百折不挠，千挫不屈，英勇善战的对日直接作战的模范者。”①

三年游击战争中，在大量乡村遭破坏，大批群众被杀戮，以及财政拮据，采买困难，叛徒破坏，恶劣气候阻滞等异常艰难困苦的环境下，在一般军队难以生存的情况下，由于党的正确领导，战术的灵活，游击队员的英勇坚决、吃苦耐劳，与广大民众的拥护，红军游击队仍然保存了自己的主力。这经过战火洗礼、与困难作斗争而百炼成钢的游击武装，“有最高度的政治觉悟，最刻苦的奋斗精神，最活泼的游击战术，有统一指挥与有配合的作战，成为日寇及其走狗卖国贼不可战胜的力量”②。正是这种力量的存在，打破了反动派“消灭共匪”的迷梦，鼓舞了民众，引起一切抗日团体、个人和国民党地方实力派对红军游击队的重视。这些也是国民党及其地方当局愿与中共及红军游击队进行谈判的根本原因所在。

国共合作后，奋战在八闽各块游击区的英雄健儿，奉命改编成新四军。对于福建红军游击队改编为新四军的人数，历来有不同的说法。据考证，主要有第二支队 1500 余人（不包括浙南的红军游击队），第三支队第五团 1050 人，第六团 1300 余人，闽中等部 220 人，闽西第四团六连 130 多人，以及浙南红军游击队中的部分福建籍子弟。初步统计，福建走出的新四军指战员共计近 5000 人，③ 占当时南方改编新四军总数（1.03 万人）的近一半。福建是新四军的重要策源地，包括福建子

---

① 《闽西南军政委员会关于闽西南目前政治形势和党的任务决议》（1937 年 2 月 28 日），中国人民解放军历史资料丛书编审委员会：《南方三年游击战争・闽西游击区》，解放军出版社 1991 年版，第 204 页。

② 《闽西南军政委员会关于闽西南目前政治形势和党的任务决议》（1937 年 2 月 28 日），中国人民解放军历史资料丛书编审委员会：《南方三年游击战争・闽西游击区》，解放军出版社 1991 年版，第 204 页。

③ 王盛泽：《福建红军游击队整编为新四军的人数》，福建省新四军研究会编：《福建三年游击战争与新四军》，中央文献出版社 2012 年版，第 98 页。

弟兵在内的新四军，最终锻炼成长为抗日疆场上的一支劲旅和模范队伍，肩负起了民族解放的重大历史使命。这是福建游击区的一大贡献。

北上抗日后，新四军中的福建子弟奋战在抗日前线，将游击战争的经验运用于华中抗日战场。他们把苏区、游击区开展群众工作的经验，执行统一战线工作的经验，游击战争的战略战术，游击根据地和军队建设的经验等，借鉴和运用于抗日战场上，发挥了很大效用。如把游击战争的战略战术运用到抗日战争，实行灵活的战术，提出“积小胜为大胜”的方针；特别重视做好群众工作，发动和依靠江南人民，严格遵守军队纪律和群众纪律，养成良好的作风等。他们以自己的模范行为，被群众称赞为“仁义之师”、“四将军”，得到人民群众的大力支持。此外，还做好统一战线工作，团结争取一切力量，特别是当地开明绅士等。叶飞就认为：三年游击战争时期，闽东等游击区探索形成的“白皮红心”的政策和做法，“这个经验后来对抗日战争时期反‘清乡’斗争很有用处”[①]。以闽东红军游击队改编成的新四军第六团，把“白皮红心”的做法运用到抗日中，从而大大扭转了紧张对立的局势，使敌占区的工作得以顺利开展。他们在对三年游击战争期间有效的战略策略进行借鉴的基础上，结合抗日战场的实际进行创新发展，从而为各块抗日根据地的建设，为取得抗击日本侵略者的胜利，作出重要贡献。

陈毅也讲到：新四军在南京镇江地区能够坚持游击战争，并取得很大的成绩，就是因为部队继承和发扬了三年游击战争的作风。三年游击战争的伟大意义不仅在它的本身，甚至在整个抗日战争都有伟大的作用。[②] 新四军第一次全军党员代表大会在对三年游击战争进行基本总结时就认为，三年游击战争能够坚持和胜利的根本原因，包括有坚强的党的领导，依靠群众斗争，开展武装斗争，灵活的游击战术等，现今新四军能够在大江南北战胜日本强盗，就是在于继承了这些经验

---

① 叶飞著：《叶飞回忆录》，解放军出版社 2007 年版，第 57 页。

② 陈毅：《新四军产生的最近历史——南方三年游击战争》（1940 年 10 月），中国人民解放军历史资料丛书编审委员会：《南方三年游击战争·综合卷》，解放军出版社 1995 年版，第 577 页。

与教训，这不仅是共产党的光荣，也是全民族的光荣，这是在抗日战争中各个游击区域都值得学习和研究的经验与教训。[①] 大会号召全军党员学习与接受三年游击战争的最宝贵经验与教训。[②]

当然不可否认，因为与上级组织长期失去联系，在艰苦的环境下独立自主地坚持游击战争，不管是开展的游击战争还是红军游击队本身，也存在弱点和不足。如不熟练正规军的大部队行动，自由散漫的游击主义习气，不规则的生活习惯和作风，小团体观念和地方本位主义，政治工作系统的不健全，政治水平和文化都较落后，军事技能和战术素养也较落后等。[③] 这些弱点和不足在抗日战争的环境下得到有效克服和纠正，队伍不断得到发展和提升，成为抗日疆场上的铁军。

中共中央政治局对南方三年游击战争也作出了高度的评价：南方各游击区基本上正确执行了党的路线和方针政策，完成了党所赋予的各项任务，以致能够保存各游击区成为中国人民反日抗战的重要支点，使各游击队成为最好的抗日军队之一部。[④]

再次，福建三年游击战争领导人民群众开展各项斗争，创建了大大小小的游击根据地，保持了南方的战略支点，为福建坚持革命斗争“红旗不倒”和人民获得解放发挥了重大的作用。

在游击战争期间，各级党组织和红军游击队，领导人民群众开展了政治、军事、经济和文化等各方面的斗争，发动广大人民群众，不断根据实际情况，调整方针政策和斗争策略，争取一切可以争取的力

① 《新四军第一次全军党代表大会对三年游击战争基本总结的决议》（1939 年 8 月 31 日），中国人民解放军历史资料丛书编审委员会：《南方三年游击战争·综合卷》，解放军出版社 1995 年版，第 568 页。

② 《学习三年游击战争的经验》（1939 年 8 月×日），中国人民解放军历史资料丛书编审委员会：《南方三年游击战争·综合卷》，解放军出版社 1995 年版，第 571 页。

③ 参见项英：《巩固部队提高战斗力准备胜利的战斗》（1938 年 3 月 16 日），中国人民解放军历史资料丛书编审委员会：《新四军·文献》第 1 卷，解放军出版社 1988 年版，第 84～85 页。

④ 《中共中央政治局对于南方各游击区工作的决议》（1937 年 12 月 13 日通过），中国人民解放军历史资料丛书编审委员会：《南方三年游击战争·综合编》，解放军出版社 1995 年版，第 564 页。

量，对反动势力给予坚决打击，保护了群众利益。在广大群众的支持下，创建和巩固了闽西、闽北、闽东、闽粤边、闽中、闽赣边六块游击区，而且在各块游击区内又开辟了大大小小的游击区。这些游击根据地成为“抗日民族革命战争在南方各省的战略支点”①。而且这些战略支点的保持，对于此后在抗日战争和解放战争中闽浙赣和闽粤赣两大边区革命斗争的坚持，对于党的组织和革命武装的长期存在、土地革命果实的长期保留，对于取得革命战争的胜利和新中国的成立都发挥了重要的战略配合作用，使福建革命老区获得“红旗不倒”的赞誉，这是福建人民的光荣。

福建各游击区在游击战争中，许多的优秀指挥员锻炼和成长起来，尽管牺牲了不少干部，但仍然保存了许多优秀的干部。党组织和红军中经受考验的大批干部保存下来，成长起来，这是党最宝贵的财富，成为革命的重要骨干力量。《南方三年游击战争人物谱》收入的干部共975 名，其中福建籍干部 182 名，占 18.7%。另据《中国共产党福建省组织史资料》载，福建六块游击区共有县团级以上干部 337 人。许多人后来改编加入新四军北上参加民族解放的抗日斗争，并在新中国成立后成为党政军的高级干部。

在三年游击战争期间，红军指战员们以坚定的理想信念为支撑，发扬革命乐观主义和艰苦奋斗精神，不懈奋斗，铸就和留下了宝贵的精神财富，即游击战争精神，其主要内涵就是无比坚定的理想信念、亲密无间的鱼水关系、百折不挠的斗争意志和艰苦奋斗的奉献精神。②

① 毛泽东著：《毛泽东选集》第二卷，人民出版社 1991 年版，第 393 页。

② 对游击战争精神的提法和研究尚不多，对其内涵也有不同观点。余伯流提出三年游击战争精神，显著特征是：坚定信念、艰苦拼搏、依靠群众、团结和谐、浴血坚持、百折不挠。参见余伯流：《论南方游击区的历史地位——解读党中央和毛泽东对南方游击区的科学评价》，《中共党史研究》2011 年第 2 期。也有学者将南方三年游击战争精神概括为：坚定的革命信念、百折不挠的意志、艰苦奋斗的精神；或独立自主、善于从战争中学习战争的精神，永远忠于党、理想与信念无比坚定的精神，不怕艰难困苦、永葆革命乐观主义的精神，始终高举革命旗帜、斗争永不停止的精神。姜廷玉认为应包括：坚定的革命理想信念，艰苦奋斗、不怕牺牲的精神，独立坚持、百折不挠的意志，依靠群众、敢于斗争的精神。见姜廷玉：《史料编审所得南方三年游击战史研究新认识》，《军事历史研究》2013 年第 1 期。

理想信念是支撑，鱼水关系是根本，斗争意志是关键，艰苦奋斗是保证。游击战争，从字面上解释，就是要不辞辛劳不停地游动，不怕把脚底磨穿，但光游还不行，一定要击，要打击敌人，消灭敌人，保存自己；还要有战，光被动躲藏、被动应战也不行，要主动捕捉战机，调动敌人，进行灵活机动的战斗，打乱敌人的部署；同时还要争，就是争取群众，争取民心，争取各阶层力量，与敌人展开各个领域的斗争。要进行这样的游击战争，没有这些精神力量，要坚持并取得胜利是绝对不可能的。这种精神成为永远激励全国人民不懈奋斗的强大动力。

游击战争精神是在三年游击战争这一特定历史阶段中铸就的，它与井冈山精神、苏区精神、长征精神、延安精神、西柏坡精神一样，都是共产党人的崇高理想、价值追求、优良作风与时代结合的产物，具有一脉相承的关系，成为中国革命精神谱系的重要组成部分，是革命精神链条中不可缺少的重要一环。它与苏区精神既有联系，又有区别，与长征精神相比也毫不逊色。三年游击战争对红军长征的胜利发挥了重要战略配合作用，三年游击战争精神应该是长征精神的一个重要方面。可以认定，长征精神（包括游击战争精神），也是福建各块游击区的党员干部、红军游击队指战员和人民群众共同参与铸就的。

纵观中国新民主主义革命的历史，站在全国革命发展历程的总体视角，可以清晰地看出，福建三年游击战争在福建和中国革命历史上占有重要的历史地位。

首先，福建三年游击战争是南方三年游击战争最为厚重精彩的篇章。福建是南方三年游击战争的主战场和重要省份，在失去中央指示和上级统一指挥的情况下，各游击区独立坚持，进行了最大规模的战斗，付出巨大牺牲，创建了最为宽广的游击区域，在福建境内或与福建有关的游击区达七块，保存了大量干部，保持了最大数量的红军游击队，部分保留了土地革命战争的果实，创造出特色鲜明的游击战争的战略战术；最早开始与国民党地方当局谈判，经过艰难复杂的斗争，实现了国共第二次合作，实现了北上抗日。福建三年游击战争是南方三年游击战争的重要组成部分和重头戏，其历史地位举足轻重。

其次，福建三年游击战争展现了福建革命史上壮丽辉煌的图景。福建是著名的革命老区，是土地革命战争时期中央苏区的重要组成部分，在抗日战争和解放战争中保持了南方重要的战略支点，坚持二十多年“红旗不倒”。而福建三年游击战争是福建土地革命战争的重要阶段和延续，虽然时间仅有三年，但斗争的残酷性、环境的恶劣性、条件的艰巨性都是前所未有的。广大领导干部和红军指战员保持革命乐观主义精神，勇于探索，不怕牺牲，紧紧依靠群众，进行了艰苦卓绝的斗争，坚持到胜利，成为福建革命史上最为闪光的亮点。三年游击战争期间建立的党组织和红军游击队，保存的大量领导干部，成为此后福建革命斗争的重要领导和骨干力量，为坚持革命直至胜利创造了有利条件，奠定了基础。福建三年游击战争在福建人民革命斗争史上影响深远，展现了壮丽辉煌、波澜壮阔的历史图景。

再次，福建三年游击战争在中国革命史上写下了光辉灿烂的一页。福建三年游击战争是中国新民主主义革命的组成部分，是与长征英雄史诗“同样的辉煌昭亮”的壮丽凯歌。不管是在党的建设、军队建设、军事战略战术，还是群众工作、统一战线、根据地建设、后勤建设等方面，都创造了许多宝贵的经验，成为中国革命斗争史上一道独具特色而又内涵丰富的亮丽风景线。特别是各游击区的红军游击队改编为新四军，开赴抗日前线，把游击战争创造的经验运用到抗日战场，为开展敌后游击战争，创建抗日根据地，进行统一战线工作，为民族解放事业和中国革命的胜利作出重要贡献，其伟大功绩熠熠生辉，永载史册。

福建三年游击战争大事记

1934 年

4 月　中革军委派福建军区红军独立第八、九团到闽西敌后开展远殖游击战争，以牵制敌人向中央苏区的进攻。

5 月 1 日　中共闽粤边区临时特委成立，黄会聪任书记，直属中央领导，以加强闽粤边区的游击战争。

6 月　中共闽东临时特委成立，苏达任书记（后为叶飞），统一领导闽东地区的武装斗争。

7 月 7 日　由红七军团组建的中国工农红军北上抗日先遣队从瑞金出发，转战闽浙广大地域。

7 月中旬　闽北红军主力部队红五十八团、独立第一团奉命调整作战方向，配合即将进入闽北的中国工农红军北上抗日先遣队。

7 月　闽东临时特委成立红军海上游击队和独立营。

8 月 1 日　闽粤边临时特委在平和邦寮山召开第一次代表大会，正式成立中共闽粤边特委，黄会聪任书记。

8 月 14 日　北上抗日先遣队在连江、罗源红军和游击队、赤卫队配合下攻克罗源县城。

8 月 20 日　北上抗日先遣队在宁德赤溪阳谷村与叶飞率领的闽东独立团会合。

8 月　中共福清中心县委成立，黄孝敏任书记，并建立县游击大队，刘突军任队长，开展游击活动。

8 月　红九团在宁洋苏益田村成立岩连宁边区革命委员会，方方任主席。

9月初　北上抗日先遣队与闽北接应部队广浦独立营、浦西游击队会合，并分兵截击跟踪的国民党军。

9月初　中共福建省委在长汀召开省委执委（扩大）会议，省委书记刘少奇提出，要加强地方武装建设，广泛开展游击战争。

9月中旬　中共莆田中心县委重新成立，王于洁任书记，并重建红军游击队，在莆仙边界山区建立游击根据地。

9月底　中国工农红军闽东独立师在宁德支提寺成立，师长冯品泰、政委叶飞，辖三个团，两个独立营，共1600余人。

9月　红九军团、红二十四师及福建军区一部进行松毛岭战役，为中央红军长征赢得了宝贵时间。

10月1日　北上抗日先遣队致电闽北分区，决定将留下的别动队和工兵排交闽北军分区指挥，后编为闽北红军第三团。

10月3日　中共中央发表《为发展群众性的游击战争告全苏区民众书》，号召苏区人民群众武装起来，开展游击战争。

10月初　中革军委发布《关于游击队动作的指示》，对中央苏区游击战争的有关问题作出布置。

10月8日　中共中央发出给中央分局的训令：游击战争应该并且必须成为目前战斗的主要方式。

10月上旬　中央红军主力开始实行战略转移，从长汀、宁化和瑞金、于都等地出发，撤离中央革命根据地，开始长征。

10月15日　闽东苏维埃政府发表宣言，号召工农群众继续援助和扩大红军，开展游击战争，巩固地方政权。

10月17日　闽赣省委、闽赣军区接到中共中央和中革军委关于“更广泛的发动群众游击战争，胜利的保卫中央苏区”的指示。

10月18日　项英在《红色中华》报上发表题为《开展广泛的群众游击战争，保卫中央苏区》的文章。

10月中旬　福建省委、省苏维埃政府、军区机关及所辖独立第十九、二十团从长汀的梁屋头村向四都山区转移。

10月30日　闽东独立师攻下周墩城，缴枪110多支，子弹数千发，并成立周墩苏维埃政府，主席周愚弟。

10月　闽北分区委接到中央指示：闽北红军原地坚持游击战争，等待主力红军总反攻，并注意和闽东叶飞联系。

10月　在闽西开展远殖游击战的福建军区红八团，恢复建立了岩南漳和岩永靖游击根据地。

10月　闽东临时特委书记苏达到上海寻找党中央，特委书记由詹如柏代理。

10月　闽粤边潮澄澳县委改为潮澄饶县委，陈信胜任书记，原潮澄澳红三大队改称为潮澄饶红三大队。

11月2日　叶飞率闽东独立师攻打福安溪柄，第二团团长潘伯成在战斗中牺牲。

11月初　兆征县古城区与瑞金县陶阳区合并成立陶古区，并建立陶古游击队。

11月19日　闽东独立师一、二团再次攻打福安溪柄，未果，向大象一带转移。

11月中旬　中共福建省委决定成立瑞会县，并成立县游击司令部，在长汀、瑞金、会昌边境开展游击战争。

11月中旬　中共福清中心县委在西区成立中国工农红军福清游击大队，刘突军任队长，黄孝敏兼政委。

11月　连江、罗源独立营合编为闽东红军西南团，团长杨采衡，政委陶仁官，共500余人枪。

11月　长汀古城区和瑞金桃阳区合并成立桃古区委及桃古区游击队，彭胜标任书记兼游击队政委，胡荣佳任副书记兼游击队司令员。

12月初　张鼎丞以中共福建省委代表的名义，从长汀四都前往杭永岩边区开展游击战争。

12月9日　叶飞率领闽东独立师在霞鼎长岭山拦击敌军，粉碎了国民党军新十师合围霞鼎游击根据地的企图。

12月18日　红五十八团护送建松政参观团回到政和凤池，鉴于苏区已被破坏，黄立贵决定将参观团编入红军部队，开赴闽北苏区。

12月中旬　国民党军新十师二团进攻闽东党政机关驻地岭面村，闽东党政机关撤往福安官洋村，与临时特委分处和安福县委会合。

1935 年

1 月上旬　闽北分区委在大安召开会议，确定了“保存实力，撤出大安，依靠革命老区群众，坚持开展游击战争”的战略方针。

1 月 14 日　闽东独立师在柘洋伏击国民党军新编第十师，毙伤敌 500 余人，后转移到外线开展游击战争。

1 月 20 日，项英致电中革军委，报告红十军团和闽浙赣、闽北苏区的斗争情况。

1 月中旬　闽东临时特委在福安洋面山召开紧急会议，决定转变战略方针，撤离苏区中心，转移外线，坚持长期游击战争。

1 月 25 日　闽北分区委党政军领导机关与红军医院、兵工厂等，全部撤出大安。

1 月 26 日　为掩护闽北党政机关撤离大安，红五十八团、闽北独立第一团在张山头、东源际阻击国民党军，红五十八团政委陈一牺牲。

1 月下旬　张鼎丞派永定县委书记郭义为到龙岩白土、茫荡洋山区联系闽西红八团、红九团，并指示两团到永定会合。

2 月 5 日　中共中央书记处就中央苏区及其邻近苏区坚持游击战争问题发出指示。

2 月 8 日　闽东临时特委委员、闽东苏维埃政府主席马立峰等十余名干部被叛徒杀害于柘洋陈家山。

2 月上旬　闽北分区委遵照中央指示，作出精简机构，重建闽北红军独立师，成立崇安中心县委和闽北西南战区委员会等决定。

2 月上旬　红八团和游击队在漳平杨梅坪铁鸡岭伏击国民党第八十师一部，歼敌 200 余人。

2 月 12 日　闽北红军独立师在崇安长涧源成立，师长黄立贵，政委卢文卿，下辖四个团。

2 月 14 日　闽北红军独立师第一、三团首战告捷。翌日，分兵两路，共歼国民党军第二十一师、十二师及民团近 1000 人。

2 月 20 日　红八团在龙岩山后村击退国民党军第八十师的进攻，歼敌 100 余人，尔后向白土转移。

2 月中旬　中央分局召开紧急会议，决定部队分散向外突围，随后陈潭秋、谭震林率红二十四师一部向闽西转移。

2 月 24 日　留在中央苏区的瞿秋白、何叔衡、邓子恢等，转移途中在长汀被国民党军包围，瞿秋白被捕，何叔衡牺牲，邓子恢突围。

2 月　福建省委、省苏维埃政府、军区机关和红军独立第十九、二十团等 4000 余人，在长汀四都被国民党军包围，损失惨重。

2 月　中国工农红军挺进师成立，师长粟裕，政委刘英，在闽北、浙西南一带开展游击战争。

3 月 1 日　闽东临时特委代理书记詹如柏在寿宁后樟因叛徒告密被捕，18 日在福安赛岐英勇就义。

3 月上旬　闽北分区委决定开除李德胜党籍，任命吴先喜为军分区司令员，并对机关和部队进行整顿。

3 月上旬　刘英、粟裕、黄富武与曾昭铭等在崇安会晤，商讨坚持游击战争和闽北、闽东、浙西南三块游击区彼此配合等问题。

3 月 14 日　闽东海上游击独立营和西南团遭敌袭击，独立营营长柯成贵被捕，西南团骨干渡海转到福清坚持斗争。

3 月中旬　红八团、红九团和张鼎丞率领的部队在永定下洋月流村会师，成立闽西军政委员会，主席张鼎丞。

4 月 9 日　陈潭秋、邓子恢、谭震林率领红二十四师的一个营，在永定大阜与张鼎丞部会合。

4 月 10 日　福建省委书记兼福建军区政委万永诚、司令员龙腾云、省苏主席吴必先等在武平会昌交界的梅子坝大山中被敌包围，万永诚、龙腾云壮烈牺牲，吴必先被俘后英勇就义。

4 月中旬　陈潭秋在永定溪南赤寨村主持召开闽西南党的领导干部会议，决定成立闽西南军政委员会，主席张鼎丞，下辖三个作战分区。

4 月底　中共福建省委秘书长毛泽覃在闽赣边突围中英勇牺牲。

4 月　闽西南军政委员会将闽西工农通讯社改为闽西南武装交通站，保持与上海的中央交通站及各分区、县、区的联系。

4 月　闽东独立师将所辖团改为纵队进行活动，并成立中共闽东临时特委宁屏古、福寿办事处，阮英平、范式人分任书记。

5 月初　黄立贵率闽北红军独立师第一、三团进入建松政地区，建立中共建松政中心县委，扩大红军游击队。

5 月中旬　中共闽中特委重新成立，王于洁任书记，并建立闽中工农游击队，以罗汉里和常太为根据地，开展游击战争。

5 月中旬　闽东独立师第五团（简称红五团，后改称鼎平独立团）成立，团长吴德兴，政委陈义成，全团 150 余人。

5 月 22 日　闽北红军独立师第四团团长丁日升在光泽司前昆牛岭遭遇战中牺牲。

5 月 24 日　闽东苏维埃政府副主席、闽东独立师政治部主任叶秀蕃因叛徒出卖，被敌人杀害。

5 月下旬　闽中工农游击队第一支队在罗汉里宣告成立，魏耿和吴德标任正、副队长，黄孝敏兼政委（后为刘突军）。

5 月底　叶飞等在寿宁含溪召开紧急扩大会议，决定重建中共闽东临时特委，叶飞任书记。

5 月　叶飞率闽东独立师第一纵队与霞鼎中心县委书记许旺会合。

6 月初　饶守坤率闽北独立师第二团护送闽北分区兵工厂转移至崇安地源东坑，继续军工生产。

6 月 18 日　瞿秋白在长汀县城西门外罗汉岭英勇就义。

6 月　原闽北分区苏维埃政府主席温卿绍在崇安双溪口被捕，不久被害于建瓯。

7 月　闽粤边红三团根据闽粤边特委指示，以一部分兵力恢复和巩固闽南老苏区，另一部分兵力在沿海开辟了大片游击区。

8 月，中共闽东临时特委在柘洋楮坪召开扩大会议，正式成立中共闽东特委，叶飞任书记。批准设立四个特委办事处。

8 月中旬　吴胜、谢育才等率领红九团在平和三坪与闽南红三团会师，从而打通了闽西、闽南两块游击区间的联系。

8 月　闽北分区委在崇安岚谷乡黄龙岩召开扩大会议，确定了以老根据地为依托，积极向外发展，开辟游击新区的总方针。

9 月初　闽西南军政委员会第三作战分区部队在漳平官田梅营与国民党军第十师五十六团发生遭遇战，政委邱织云不幸牺牲。

9 月下旬　叶飞在周墩紫云召开县、区会议，成立中共周墩中心县委，阮英平兼任书记。

9 月　闽粤边特委在平和尪仔石山召开扩大会议，决定以红三团为主力，发展抗日义勇军，广泛开展群众性游击战争。

9 月　闽北红军独立师兵分三路，打出外线，开辟闽东北、邵顺建、资光贵游击区。

10 月初　闽北红军独立师师长黄立贵、闽北军分区政治部主任曾镜冰率第二纵队第二支队南下执行联系闽东红军的任务。

10 月 5 日　刘英、粟裕率红军挺进师和叶飞率领的闽东独立师一部在寿宁会师，决定成立中共闽浙边临时省委和临时省军区。

10 月下旬　闽中特委在常太召开军事会议，决定莆田各地游击队合编为闽中工农红军游击队第二支队，支队长郑金照、政委潘涛。

11 月 2 日　邱金声率红八团一部夜袭龙岩国民党陆军第十三医院，缴获大量药品，粉碎了所谓“红八团被消灭”的谣言。

11 月 7 日　红军挺进师和闽东特委主要领导在浙江泰顺召开联席会议，确定闽浙边临时省委委员由刘英、粟裕、叶飞等 11 人组成。

11 月 30 日　闽粤边特委对所属的红军游击队发出第一号训令，要求各红军游击队广泛发动群众，扩大自己，创造新的活动区域。

11 月　闽北红军独立师第二团团长饶守坤赴政和城南前宝岱村和大刀会首林熙明谈判，双方达成协议，取得统战工作的胜利。

11 月　闽粤边红三团先后攻克平和白叶楼、大坑尾、壶祠、大溪圩等敌人据点，将靖和浦、云和诏游击区连成一片。

11 月　闽东特委将鼎平地区和红五团拨归中国工农红军挺进师，支援挺进师开辟浙南游击根据地。

12 月 25 日　闽粤边特委书记黄会聪在特委机关报《战斗》上发表题为《坚决的为着开展反日的统一战线与创造反蒋的统一战线而斗争》的文章，对抗日民族统一战线进行了全面的论述。

12 月底，闽西南军政委员会与中共中央上海交通站取得联系，得到了《中国共产党中央委员会为日本帝国主义并吞华北及蒋介石出卖华北出卖中国宣言》等文件。

1936 年

1 月 1 日　闽西南军政委员会在上杭双髻山召开第二次全体会议，确定了在闽西南开展抗日反蒋统一战线的新方针和新策略。

1 月 5 日　闽西南军政委员会作出《关于目前新的形势与新的任务的决议》，提出联合一切力量抗日讨蒋和武装保卫福建的口号。

1 月 30 日　闽西南军政委员会发布《告闽西南民团壮丁队书》，号召人民群众团结起来，粉碎蒋鼎文在闽西南的“清剿”。

2 月 5 日　闽西南军政委员会作出《关于春荒斗争的决定》，部署各级党组织，扩大红军游击队，组织武装群众，积极领导春荒斗争。

2 月 9 日　闽西南抗日讨蒋军第三支队、龙岩独立营协同作战，在龙岩白土歼灭国民党军及民团近百人。

2 月 15 日　闽西南军政委员会发表《告三七旅官兵书》，号召该旅官兵和红军联合起来，共同抗日讨蒋。

2 月 23 日　闽中红军游击队第一支队在相思岭福厦公路坊口地段截击运钞车队，俘获福建省银行副总经理韩疆土、大田县县长萨桓等要员七名及一批钱钞。

2 月下旬　国民党驻军及保安队大举“清剿”罗汉里根据地，闽中工农游击队第一支队立即分散隐蔽，与敌周旋于深山密林之中。

2 月　闽北独立师师长黄立贵率部向闽东挺进，在洞宫山与叶飞率领的闽东独立师会师，打通了闽北、闽东游击根据地的联系。

2 月　闽东特委在寿宁含溪召开县、区委扩大会议，布置反击国民党军事“清剿”斗争和进一步恢复老区，开辟新区工作。

3 月 25 日　闽西南军政委员会作出《关于争取土匪工作的决定》，确定了教育、争取土匪成为抗日讨蒋游击队的正确方针。

3 月 25 日　闽西南抗日讨蒋军第四支队在永定湖坑黄泥坪成立，支队长阮文松，政委李亦标，辖三个大队。

3 月　闽粤边特委决定闽粤边独立营直接归特委领导，红三团小分队编入该营，卢胜、吴金分任独立营营长和政委。

4 月 1 日　闽西南军政委员会作出《关于争取白军工作的决定》，

确定有计划有步骤地建立白军中的组织工作。

4月初　闽北分区委书记黄道召开建松政干部会议，指出游击战争的方针政策以及建松政的战略地位，给当地干部以鼓舞。

4月15日　闽粤边特委书记黄会聪在特委机关报《战斗》上发表题为《福建的危机与党目前的紧急任务》的文章，号召一切不愿当亡国奴的人们，组成反日讨蒋统一战线。

4月25日　闽西南军政委员会发表《告闽西南工人书》，号召广大工人团结起来，坚持斗争。

4月　黄道、叶飞等在洞宫山召开联席会议，讨论闽北、闽东、浙西南三块根据地相互配合与统一指挥等问题。

5月中旬　闽中特委决定一支队并入二支队，支队长吴德标，政委刘突军，以常太根据地为中心继续开展游击战争。

5月　闽西南抗日讨蒋军第五支队在永定县下洋月流成立，支队长刘永生、政委熊梦辉。

5月　闽北独立师第二团在林熙明大刀会配合下，把游击区扩大到政和、屏南、建瓯、古田、南平边界地区。

6月6日　闽粤边特委将所属部队改编为中国人民红军闽南抗日支队（简称红抗支队），下辖三个支队。

6月9日　闽西南军政委员会发表《为反对闽南傀儡自治告闽西南民众书》，号召民众为武装保卫福建，保卫漳厦而战斗。

6月上旬　闽浙边临时省委和中国工农红军挺进师政治部发表宣言，要求国民党政府放弃反共，团结抗日。

6月20日　闽西南军政委员会作出《关于西南事变与目前党的紧急任务的决定》，并于22日发表《西南事变宣言》。

6月20日　闽粤边特委发出《关于西南政府实行抗日讨蒋战争与加强党在抗日战争中的领导给各级党部的信》，表示支持两广军队的讨蒋行动。

6月23日，闽粤边特委发出《为向日作战与讨伐卖国贼蒋介石宣言》，表示愿与反日反蒋的军队订立抗日讨蒋的作战协定。

6月25日　闽粤边红抗三支队支队长张长水率部攻打云霄反动武

装，不幸中弹牺牲，后由支队政委何鸣兼任支队长。

6月　闽北分区委书记黄道在崇安岚谷召开干部会议，宣布成立中共闽赣省委、省军区等组织，黄道任省委书记兼省军区政委，叶飞任省军区司令员（未到职）。

6月　闽北红军独立师师长黄立贵率部挺进将乐、泰宁、建宁一带，开辟了邵将泰游击根据地。

6月　闽粤边特委领导下的漳州人民抗日义勇军总指挥部在平和邦寮成立，总指挥何浚，副总指挥朱增强，下设三个大队。

6月　闽东特委书记叶飞在寿宁将福寿地区的游击队、赤卫队等地方武装1000多人合编为福寿游击司令部，司令员许威。

6月　闽西南抗日讨蒋军第二支队成立，队长李炳和，政委吴作球，在岩连宁地区开展游击战争。

6月　闽浙边临时省委根据中央《八一宣言》等文件，在福鼎李家山召开扩大会议，发表《告各阶层人民书》。

7月1日　闽西南军政委员会作出《秋收斗争决定》，提出“武装保卫秋收”，号召游击区群众抓紧秋收工作。

7月23日　阮英平、沈冠国率部攻打周墩下坑十六坛反动大刀会，击毙会首，迫其全部缴械投降，订立条约，与红军合作。

7月　闽赣省第三分区委书记兼军分区司令员、政委吴先喜率部挺进资光贵地区，成立中共资光贵中心县委，吴先喜兼任书记。

8月1日　闽赣省委派吴华友携带闽赣省委组织名单和有关游击战争情况的报告，到上海、香港等地寻找党中央关系。

8月中旬　闽浙边临时省委在福鼎前岐召开扩大会议，对今后游击战的开展、根据地的巩固与扩大、党的建设等问题做出新的部署。

8月28日　闽东独立师师长卢文卿和独立师第一纵队纵队长范义生在周墩葡萄洋战斗中牺牲。

8月　闽浙边临时省委发表《为抗日救国告闽浙两省各界人民书》，号召各界民众组成抗日阵线，停止内战，一致抗日。

8月　闽北红军独立师第五纵队成立，纵队长吴元林，开辟将建泰游击区。

9月3日　闽粤边红抗一、二支队，袭击云霄县城，攻占宏利银庄，缴获一批纸钞和银圆。

9月22日　周恩来致信张鼎丞、邓子恢、谭震林，使闽西党组织对全国抗日形势和党的政策有了更加明确的认识。

10月初　闽西南军政委员会派红八团领导人王胜到闽粤边红军抗日三支队任参谋长。

10月24日　闽西南军政委员会在永定金丰召开会议，作出《关于在西南事变中我们工作检查与目前紧急任务的决议》，决定采取游击战方式，在打击粤军的同时做好争取粤军的工作。

10月28日　闽西南抗日讨蒋军第三支队在龙岩象山与龙岩适中民团激战，政委邱成贤牺牲。

10月31日　闽西南军政委员会作出《关于争取粤军工作的指示》，指出应加强对粤军的宣传和统战工作，并制定争取粤军的六条措施。

10月　闽北红军独立师第六纵队和中共建泰县委成立，纵队长林老生，政委柴金林，县委书记陈文。

10月　闽粤边区特委书记黄会聪离开闽粤边游击区赴上海寻找中共中央汇报工作，特委书记由何鸣代理。

10月　挺进师领导人在浙江庆元南阳村约见闽东领导人时，扣押叶飞、陈挺，在押送途中叶、陈乘机脱险，史称“南阳事件”。

11月23日　闽中红军游击队在福清琯口歼灭国民党守军，国民党福建省政府惊恐，宣布福州全市戒严三天。

11月30日　闽西南军政委员会发出《为执行抗日统一战线中土地政策给各级党与苏维埃红军的指示》，号召各地执行新的土地政策。

11月下旬　中共福州工作委员会成立，黄尔尊为书记，委员孙克骥、吴源生等4人，归闽中特委领导。

11月　中共汀瑞县委和汀瑞游击队在长汀猪仔岽成立，胡荣佳任县委书记，彭胜标任副书记，曾玉成任游击队队长。

12月初　黄立贵率闽北独立师一部阻击国民党军七十五师对闽赣省委驻地建阳界首竹鸡垄的进攻，歼敌100多人。

12月12日　西安事变爆发，随后停止内战、团结抗战的浪潮席卷福建。

12 月 20 日　闽西南军政委员会发出第三号布告，提出了适应和推动抗日统一战线的土地和工、农、商政策。

12 月　闽西南军政委员会发出《为联合救国致各界公开信》，提出应扩大抗日阵线，各阶级、各党派真诚合作。

1937 年

1 月 8 日　闽西南抗日讨蒋军第三支队支队长阙树槐、政委邱尚聪在永定与粤军一五七师及民团作战中牺牲。

1 月 22 日　闽北独立师第一纵队联合林熙明大刀会在政和岭根伏击国民党省保安团第八团第三大队，歼敌 90 余人，缴枪 100 余支。

1 月　瑞金县游击队和汀瑞游击队在长汀县猪仔岽会合，后相互配合，分散开展游击活动。

1 月　闽粤边红抗五支队并入红抗三支队。

2 月初　闽赣省委收到吴华友从香港寄来的中共中央文件，决定建立抗日工作领导机构，制定和实施抗日工作方针。

2 月 7 日　闽赣省委作出《关于开展反帝抗日斗争的决议》，号召一切不愿做亡国奴的中国人，联合起来，共同抗日。

2 月 10 日　闽东军政委员会成立，主席叶飞，下辖三个作战分区；独立师各纵队番号一律改为中国工农红军闽东抗日第几纵队。

2 月 16 日　闽中特委在莆田梧塘召开会议，因叛徒告密，特委书记王于洁，委员黄孝敏、潘涛、余长钺等被捕，后在福州就义。

2 月 28 日　闽西南军政委员会作出《关于闽西南目前政治形势和党的任务决议》，决定将闽西南抗日讨蒋军改为人民抗日红军，游击队改为人民抗日义勇军，建立和发展抗日民族统一战线。

2 月　闽北军分区司令员、闽北红军独立师政委吴先喜在光泽县柴家作战中牺牲，后由曾镜冰代独立师政委。

3 月 5 日　南方临时工作委员会发出《致闽粤边特委的指示信》，指出应扩大同各党派各军队的抗日民族统一战线。

3 月 7 日　闽赣省抗日军政委员会成立，主席黄道，副主席曾镜冰、曾昭铭。

3 月 14 日　闽西南抗日讨蒋军第二支队队长李炳和在龙岩陆家地反“清剿”战斗中牺牲。

3 月 20 日　闽西南军政委员会印发和推广“散兵群”战术经验，号召红军干部战士学习和运用。

3 月 28 日　闽赣省委作出《关于红五月工作的决议》，提出大力扩大红军，建立抗日的民族革命统一战线。同日，向福建、江西国民党当局发出“快邮代电”，提出“停止内战，一致抗日”的主张。

3 月　闽粤边特委先后给国民党粤军一五七师、各县县长以及各界爱国人士写信，提出“合作抗日”的主张。

3 月　闽中特委召开紧急会议，决定成立中共闽中工委，刘突军任书记，苏华、黄国璋为委员，继续领导闽中地区的革命斗争。

3 月　谭震林、温含珍在龙岩万安召开会议，宣布撤销闽西南军政委员会北线分会，成立中共龙岩中心县委，书记温含珍。

4 月上旬　闽西南军政委员会派方方前往延安，向党中央汇报请示工作。

4 月 19 日　闽粤边红抗一支队代表在乌山与国民党驻诏安代表进行合作抗日的谈判。

4 月 20 日　闽粤边特委书记黄会聪在北平与中共中央华北局取得联系，向中共中央汇报闽粤边三年来的工作情况。

4 月 25 日　闽西南军政委员会在南靖召开会议，决定在闽西南开展和平运动，积极推进国共合作抗日局面的形成。

4 月下旬　闽中工委派黄国璋赴香港汇报工作，南临委代表姚铎指示，闽中游击队应择机与国民党地方当局进行合作抗日谈判。

4 月底或 5 月初　尹林平带回南临委给闽粤边特委的指示信，传达中共中央关于“合作抗日”的通知。

5 月 15 日　闽西南军政委员会发表《关于闽西南人民抗日救国纲领》、《为停止内战一致抗日三致粤军公函》和《为停止内战一致抗日致闽西南各界人士书》，再次表明停止内战、合作抗日的诚意。

5 月中旬　南临委派宣传部长姚铎为全权代表，同尹林平回闽粤边处理国共合作谈判事宜。

5月中旬　闽粤边特委派卢叨（化名王祥）与国民党粤军一五七师代表在平和片仔举行首次谈判，因一五七师缺乏诚意，未达成协议。

5月中旬　闽浙边临时省委、省军区发表《为团结御侮、共赴国难以及和平谈判破裂告各界人士书》，再次发出和平谈判的呼吁。

5月25日　闽西南军政委员会发出《为停止内战一致抗日给各部队各级党的信》，要求积极开展广泛的和平运动。

5月27日，闽粤边特委代理书记何鸣及特委机关人员在转移途中被国民党粤军一五七师抓捕。特委获悉后严斥粤军破坏国共和谈的行径，坚决要求释放何鸣等人，并即刻任命张敏为特委代理书记。

6月初　经闽粤边特委多次抗议和交涉，国民党粤军一五七师释放何鸣等人。

6月5日　闽东特委委员、霞浦中心县委书记许旺因叛徒出卖，在霞浦墓下村被捕，翌日遭敌人杀害。

6月中旬　闽中工委召开扩大会议，决定贯彻执行"联蒋抗日"的新方针，闽中抗日义勇军第二支队改编为中华人民抗日救国义勇军第七路军第一纵队，吴德标任司令员，刘突军兼任政委。

6月中旬　闽西南军政委员会派谢育才为代表到龙岩与粤军第四六九旅旅长练惕生和第六区行政督察专员张策安会谈。

6月23日　闽粤边特委和红三团在平和高坑召开联席会议，发表《为改编红军第一、三支队及漳州人民抗日义勇军告闽南同胞书》，并将红一、红三支队等部队改编为闽南抗日独立大队。

6月26日　闽粤边特委派何鸣到漳州与国民党粤军一五七师代表陈浚正式签订停战内战、合作抗日的协定。

6月　闽西南军政委员会代表方方到达延安，向中共中央报告了闽西开展游击战争的经过。

6月　闽东军政委员会发布《中华苏维埃人民共和国闽东军政委员会布告》，呼吁国民党当局立即停止内战，共同抗日。

7月初　何鸣率闽粤边红军800余人进驻平和小溪镇，改编为国民党闽粤边保安独立大队，何鸣任大队长。

7月5日　闽东特委发表《为建立抗日民族统一战线告民众书》，号召各界同胞联合起来，团结一致，共同抗日。

7月10日　邓子恢、谢育才到龙岩与粤军一五七师代表练惕生、国民党专署代表张策安作进一步的谈判。29日，三方在龙岩商会签字达成停止内战、合作抗日的协议，闽西国共合作正式形成。

7月12日　闽西南军政委员会机关报《红旗》发表张鼎丞的《对国民党的新认识新态度》和邓子恢的《在为和平而奋斗的两个月中》等文章，表明了闽西南党组织对国共合作谈判的诚意。

7月13日　闽北红军独立师在邵武洒溪桥被国民党军包围，突围时师长黄立贵不幸牺牲。

7月16日　国民党粤军一五七师将闽粤边特委所属闽南红一、红三支队改编的保安独立大队强行缴械，制造了“漳浦事件”。

7月16日　闽粤边特委代理书记张敏在诏安月港村召开会议时，遭国民党省保安团包围，张敏等12人被捕。

7月17日　闽粤边特委在漳浦清泉岩召开紧急会议，决定成立新的闽粤边特委，何浚任书记，并重建红三团，卢胜任团长兼政委。

7月18日　闽西南军政委员会发表《为反对日寇进攻，发动对日抗战宣言》，重申停止内战，合作抗日的主张，谴责国民党制造“漳浦事件”，要求发还被缴枪械和释放被捕人员。

7月21日　闽粤边特委派人赴香港向南临委汇报“漳浦事件”发生经过。

7月　闽赣省委决定由曾昭铭任闽赣省委和省军区所属之第二分区(闽中分区)特委书记兼军分区司令员、政委。

8月1日　中共中央发出《关于南方各游击区域工作的指示》。

8月上旬　闽浙边临时省委书记刘英派人到闽北，介绍闽浙边临时省委与刘建绪举行和平谈判的情况。

8月12日　闽中工委通过《莆田日报》致函国民党驻军和莆田县党部，要求派代表进行和平谈判。20日，国民党莆田县党部在《莆田日报》发表谈话，同意我方建议。

8月19日　叶飞、陈挺率部在宁德县亲母岭伏击国民党“围剿”

军，打击国民党军嚣张气焰。

8月中旬　闽粤边特委书记何浚带回南临委关于撤销闽粤边特委，重建中共漳州中心县委和继续与国民党进行合作抗日谈判等指示。

8月24日　吴毓、黄耕夫、陈铁军代表闽浙边临时省委与刘建绪的代表邓讱重开和谈，双方达成合作协议。

8月25日至9月2日　闽西红军游击队集中点编，改编为闽西人民抗日义勇军第一支队，共1200余人，谢育才任支队长，并成立了闽西人民抗日义勇军司令部，罗忠毅任司令员。

8月下旬　闽中工委派杨采衡为代表和国民党代表黄士豪在莆田县城先后举行三轮谈判，双方原则上达成协议。

8月底　闽东特委派范式人为代表与国民党福建省军政当局代表黄苏在宁德霍童举行第一次谈判。

8月　闽赣省委向江西、福建两省国民党当局发出“停止内战，联合抗日”的呼吁。

9月12日　闽西南军政委员会向八路军驻广州办事处代表张云逸、南临委报告与国民党和平谈判情况及红军游击队改编事宜。

9月17日　闽西南军政委员会在向张云逸、南临委并转中共中央的报告中，报告了闽西南三个月来开展和平运动的情况。

9月上旬　闽中工委书记刘突军同莆田县长夏涛声就闽中游击队改编地点、经费及安全问题进行谈判。

9月20日　闽赣省抗日军政委员会致函国民党江西省主席熊式辉，再次提出关于和平谈判、合作抗日的主张。

9月中旬　闽赣边红军游击队派彭胜标向中央分局汇报工作。

9月22日　国民党中央通讯社发表《中共中央为公布国共合作宣言》，标志着以国共合作为主体的抗日民族统一战线正式形成。

9月24日　黄道、曾镜冰致函八路军驻南京办事处代表叶剑英，汇报闽赣边区联合抗日的形势与问题。

9月29日　项英在南昌以中央分局的名义，写信给各地红军游击队，传达中共中央关于将红军游击队改编为抗日救国武装的指示。

9月　闽西南军政委员会派人与瑞金、汀瑞、武阳三支游击队取得联系，传达中共中央关于停止内战、共同抗日的方针。

9 月　范式人代表闽东特委在宁德东门外妈祖庙与国民党地方当局就停止内战共同抗日问题继续举行谈判。

10 月 1 日　中共中央发出《关于南方各游击区工作方针的指示》。

10 月 1 日　黄知真等人代表闽赣省委与国民党代表周中诚、高楚衡在光泽大洲村签订停止内战，合作抗日的协议。

10 月 4 日　闽东抗日军政委员会主动致函国民党浙江省庆元县政府，重申合作抗日谈判的立场和条件。

10 月 8 日　秦邦宪、叶剑英、董必武致电中共中央，建议将南方各地游击队集合成一个军，归八路军指挥，使力量不致分散。

10 月 9 日至 15 日　闽粤赣边区临时代表会议在龙岩白沙召开，决定撤销闽西南军政委员会，成立中共闽粤赣边省委，书记张鼎丞，下辖韩江、闽粤边、赣南三个特委。

10 月上旬　闽粤边红三团改编为闽南人民抗日义勇军第三支队，支队长卢胜，参谋长王胜。

10 月 12 日　中共中央同国民党谈判达成协议，将湘、赣、闽、粤、浙、鄂、豫、皖等 8 省 15 个地区的红军游击队改编为国民革命军陆军新编第四军，叶挺任军长、项英任副军长。

10 月 15 日　毛泽东、张闻天致电博古、叶剑英，同意闽西、闽粤边游击队归叶挺指挥。

10 月中旬　闽赣省委派曾昭铭赴南昌向项英、陈毅汇报大洲谈判情况。

10 月 25 日　闽中游击队开赴莆田城郊锦亭寺，改番号为国民革命军陆军第八十师特务大队，刘突军、杨采衡分任正副大队长。

10 月 28 日　闽粤赣边省委发出《为对日作战保卫漳厦宣言》，主张由中国共产党领导一部分抗日义勇军开赴闽南前线，保卫漳州、厦门。

10 月 30 日　张闻天、毛泽东致电秦邦宪、叶剑英，指示南方红军游击队在国民党军未将何鸣部人枪如数交还之前，不能集中整编。

10 月下旬　闽中工委派黄国璋再赴香港向南临委汇报闽中和谈与

部队改编情况。

10 月　陈丕显到闽赣边游击区传达中共中央关于建立抗日民族统一战线的指示，并研究了与国民党地方当局谈判的有关问题。

10 月　闽赣边红军游击队派胡荣佳到闽西游击区向闽粤赣边省委汇报闽赣边游击队的情况，请示对今后工作的指示。

10 月　中共中央派张云逸为代表到福州，就合作抗日、红军游击队改编问题同国民党省政府主席陈仪进行谈判。

10 月至 11 月　张云逸在福州获悉闽中游击队单独就编于国民党军队，通知闽中工委速派人来面谈。

11 月初　张云逸到龙岩抗日义勇军驻地，向闽粤赣边省委传达了中共中央将南方游击队改编为新四军的指示。

11 月 8 日　国民党福建省第六行政督察专员张策安为破坏闽西南国共合作，制造“见龙桥事件”。

11 月上旬　汀瑞游击队改番号为汀瑞抗日游击支队。

11 月 15 日　闽粤赣边省委书记张鼎丞在《前驱》上发表题为《为闽南红军请命》的文章。

11 月中旬　国民党当局将闽中红军游击队改编的第八十师特务大队调往泉州驻防。

11 月下旬　范式人代表闽东特委到福州与国民党福建省政府代表谈判，至 12 月中旬双方达成协议。

11 月　闽赣边汀瑞游击支队在武阳石水湾改编为汀瑞抗日游击支队，支队长钟德胜、政委胡荣佳。

12 月 3 日　张鼎丞、邓子恢等联名致信国民党福建省主席陈仪，抗议“漳浦事件”的肇事者，痛斥其破坏团结抗日的罪行。

12 月 4 日　闽西人民抗日义勇军第一支队发出“快邮代电”，希望当局迅速停止内战，共御外侮，以挽救国家及福建之危亡。

12 月初　八路军南京办事处派参谋顾玉良到闽东传达中共中央关于国共谈判和南方红军游击队改编等问题的指示。

12 月 13 日　中共中央政治局会议的决议高度评价了南方三年游击战争。

12月中旬　闽西南军政委员会与瑞金国民党当局谈判并达成协议。

12月25日　闽粤边特委和闽南人民抗日义勇军第三支队发出《为反对内战告闽南各界同胞书》，揭露国民党顽固派制造内战，进攻红军游击区，拘捕、袭击红军游击队抗日宣传工作团的罪行。

12月31日　国民党《福建民报》发表《中国共产党闽东特委共赴国难宣言》，表明闽东地区国共合作抗日局面的形成。

12月下旬　国民革命军陆军新编第四军军部在武汉组成。

12月　闽北红军游击队改编为闽赣边区抗日义勇军第三支队。

12月　闽东特委把红军游击队集中到宁德桃花溪进行整训，特委书记叶飞随同顾玉良去南昌向东南分局汇报工作。

1938年

1月6日　新四军军部由武汉移驻南昌，开始对南方各游击队实施组编、整训。

1月6日　中共中央东南分局成立，闽赣省委、闽东特委划归东南分局领导。

1月上旬　新四军军部电告闽粤赣边省委，将闽西人民抗日义勇军第一支队改编为新四军第二支队，司令员张鼎丞。

1月上旬　闽中工委在泉州召开扩大会议，听取黄国璋传达南临委指示精神。

1月10日　闽粤赣省委派谭震林赴南昌向新四军军部汇报请示工作，接受关防命令。

1月11日至15日　谭震林由南昌回返，在江西瑞金办事处被国民党军逮捕，电台、军饷被劫。

1月17日　张鼎丞、邓子恢等听取了闽中工委书记黄国璋关于闽中红军游击队被编入国民党军第八十师和被调往泉州的情况汇报后，立即向东南分局和南临委报告，请求新四军军部向国民党当局交涉。

1月24日　闽东红军独立师1300多人分批移驻屏南棠口和双溪整训。

1月下旬　谭震林在龙岩白土宣布新四军第二支队成立，司令员张鼎丞、副司令员谭震林。

1 月下旬　项英指示汀瑞中心县委和游击队领导立即将游击队开往大庾池江，后改向龙岩集中。

1 月下旬　闽中工委在泉州召开会议，黄国璋传达闽粤赣边省委的指示：提高警惕，防止突然事变的发生。

1 月　叶飞从南昌到屏南棠口，向闽东特委和独立师领导人传达了新四军军部和东南分局的指示：闽东红军游击队改编为新四军第三支队第六团，叶飞任团长，阮英平任副团长。

1 月　闽北各路红军游击队 800 多人先后集中到江西铅山县石塘整训，并得到补充扩大。

1 月　闽粤赣边省委军事部长谭震林到平和东坑向闽粤边特委传达中共中央关于闽粤边红军游击队正式编入新四军的指示。

1 月　中共中央东南分局决定撤销中共闽赣省委，成立中共闽浙赣特委，曾镜冰任书记。

1 月　国民党军第二三九旅旅长钱东亮向刘突军提出要改组特务大队并把刘他调，遭刘拒绝。钱东亮所部又企图把破坏军纪的罪责嫁祸于特务大队，其阴谋被刘突军揭穿后，双方关系日趋紧张。

2 月初　闽南人民抗日义勇军第三支队在平和坂仔圩集中，改编为新四军第二支队四团一营，卢胜任团长，叶道志任副团长。

2 月 9 日　闽北红军游击队改编为新四军第三支队第五团，饶守坤任团长，曾昭铭任副团长。

2 月 14 日　叶飞、阮英平率领新四军第三支队六团从屏南双溪、棠口出发，开赴皖南抗日前线。

2 月 20 日　新四军军部命令江南的所属各部立即开赴安徽歙县岩寺集中、待命。

2 月 22 日　闽粤赣边省委在龙岩后田村召开第一次执委扩大会，方方任书记，方方、谢育才、李碧山、范乐春、魏金水为常委。

2 月 23 日　新四军二支队设立龙岩通讯处，主任曾寿宁。

2 月 23 日　东南分局就目前形势与任务致信闽浙赣特委，指示闽浙赣特委确立“独立自主靠山扎”的方针。

2 月 25 日　新四军第三支队第五团在团长饶守坤、副团长曾昭铭率领下，离开铅山石塘镇，开赴皖南抗日前线。

2 月 27 日　新四军第二支队在龙岩白土举行抗日誓师大会，发表《为出发抗敌告别父老书》。

2 月下旬　刘突军派雷光熙赴闽西，请求闽粤赣边省委将闽中游击队编入新四军第二支队。

2 月下旬　汀瑞抗日游击队到达龙岩，编为新四军第二支队三团二营。

2 月下旬　新四军二支队龙岩留守处在白土成立，主任谢育才。

2 月　新四军参谋长张云逸由南昌到达铅山县石塘镇，筹建新四军第三支队。

2 月　根据东南分局和新四军军部指示，设立新四军驻福州办事处，王助任办事处主任。

3 月 1 日　张鼎丞、邓子恢、谭震林率领新四军第二支队从龙岩白土出发，开赴皖南抗日前线。

3 月 10 日　闽中工委书记刘突军赴福州途中，在莆田被国民党军捕杀。

3 月 11 日　国民党军第八十师第二三九旅派兵包围泉州承天寺，将改编为特务大队的原闽中游击队全部缴械，制造了“泉州事件”。

3 月 16 日　国民党福建省保安第二旅派兵包围袭击在宁德的新四军第三支队第六团留守处，制造了“宁德事件”。

3 月 20 日　国民党唆使林熙明大刀会袭击闽东特委领导的寿政庆中心县委机关驻地，制造了“新康口事件”。

3 月中旬　“泉州事件”发生后，闽中工委书记黄国璋和杨采衡先后赶赴新四军驻福州办事处，请求迅速向国民党当局交涉交还人枪，并要求把闽中游击队编入新四军。

3 月下旬　闽中工委书记黄国璋到达龙岩，向闽西南潮梅特委书记方方汇报“泉州事件”情况，方方立即电告中央。

4 月 1 日　闽西南特委机关报《前驱》发表“泉州事件”短评和《由“不服从命令”说到“视为土匪严予惩办”》等文章，要求国民党当局立即发还全部枪械，无条件释放被扣人员。

4 月 18 日　粟裕率闽浙边游击队到达安徽歙县岩寺，部队改编为新四军第二支队四团三营，粟裕任第二支队副司令员。

4 月　经东南分局、新四军驻福州办事处与国民党当局交涉，“泉州事件”、“宁德事件”被扣人员全部获释。

4 月　获释的原闽中游击队和“宁德事件”被扣人员及福州地区参军青年 220 多人，集中在福州洪山桥整训。

5 月 22 日　中共中央书记处电示东南分局，厦门失守，福州危急，必须加强福建沿海力量，发展游击队，创立游击根据地。

5 月 22 日　新四军二支队在抗日前线寄给闽粤赣边省委一封《答谢闽西群众慰劳信》，感谢闽西父老乡亲的大力支持。

5 月　闽中红军游击队抵达安徽太平县新四军军部所在地，随即编为军部特务营第二连。

参考文献

一、档案、文献史料类

中共中央党史研究室第一研究部编：《共产国际、联共（布）与中国革命档案资料丛书》，中共党史出版社2007年版。

中共中央文献研究室、中央档案馆编：《建党以来重要文献选编（1921—1949）》第11—14册，中央文献出版社2011年版。

中央档案馆编：《中共中央文件选集》第10、11册，中共中央党校出版社1991年版。

中国第二历史档案馆编：《中华民国史档案资料汇编》第5辑第1编，江苏古籍出版社1994年版。

季啸风、沈友益主编：《中华民国史史料外编——前日本末次研究所情报资料》第72册，广西师范大学出版社1997年版。

中国人民解放军历史资料丛书编审委员会：《南方三年游击战争·综合篇》，解放军出版社1995年版。

中国人民解放军历史资料丛书编审委员会：《南方三年游击战争·闽西游击区》，解放军出版社1991年版。

中国人民解放军历史资料丛书编审委员会：《南方三年游击战争·闽北游击区》，解放军出版社1993年版。

中国人民解放军历史资料丛书编审委员会：《南方三年游击战争·闽东游击区》，解放军出版社1993年版。

中国人民解放军历史资料丛书编审委员会：《南方三年游击战争·闽粤边游击区》，解放军出版社1994年版。

中国人民解放军历史资料丛书编审委员会：《南方三年游击战争·闽赣边游击区、闽中游击区》，解放军出版社 1994 年版。

中国人民解放军历史资料丛书编审委员会：《南方三年游击战争·浙南游击区》，解放军出版社 1993 年版。

中共中央党史研究室编：《红军长征纪实丛书·南方三年游击战争卷》（全 4 册），中共党史出版社 2016 年版。

中国人民政治协商会议全国委员会文史资料研究委员会编：《文史资料选辑（合订本）》第 15 册，中国文史出版社 1986 年版。

中央档案馆、福建省档案馆：《福建革命历史文件汇集（各县委文件）》（一九三三年——一九三四年），1985 年。

中央档案馆、福建省档案馆：《福建革命历史文件汇集（厦门中心市委文件）》（一九三三年——一九三五年），1984 年。

福建省档案馆等编:《福建军事斗争史料选编（1934.10—1938.2)》，内部资料，1983 年。

福建省三明、建阳档案馆等编：《闽赣苏区文件资料选编》，内部资料，1983 年。

福建省档案馆、广东省档案馆编：《闽粤赣边区革命历史档案汇编》第 1—2 辑，档案出版社 1987 年版。

福建省档案馆、广东省档案馆编：《闽粤赣边区革命历史档案汇编》第 3 辑，档案出版社 1988 年版。

中共福建省龙溪地委党史办公室、中共广东省汕头市委党史办公室:《闽粤边区三年游击战争史料汇编》第一、二辑，内部资料，1985 年。

中共江西省委党史研究室等编：《中央革命根据地历史资料文库·党的系统》第 4、5 卷，中央文献出版社、江西人民出版社 2011 年版。

中共江西省委党史研究室等编：《中央革命根据地历史资料文库·军事系统》第 9、13 卷，中央文献出版社、江西人民出版社 2015 年版。

于建嵘主编：《中国农民问题研究资料汇编》第一卷下册，中国农民出版社 2007 年版。

中共福建省委组织部、中共福建省委党史研究室、福建省档案馆：

《中国共产党福建省组织史资料（1926 年 2 月～1987 年 12 月）》，福建人民出版社 1992 年版。

中共安溪县委组织部等编：《中国共产党福建省安溪县组织史资料（1927 年 8 月—1987 年 12 月）》，福建人民出版社 1989 年版。

中国人民解放军历史资料丛书编审委员会：《新四军·文献》第 1 卷，解放军出版社 1988 年版。

闽赣革命根据地党史资料征集编研协作领导小组编：《闽赣省党史资料（初稿）》，内部资料，1986 年。

中共福建省委党史资料征集研究委员会编：《福建党史资料》第 2、3 辑，内部资料，1983、1984 年。

庄春贤：《赣粤边三年游击战争文献汇编》，江西人民出版社 2017 年版。

中共龙岩地委党史资料征集研究委员会、龙岩地区行政公署文物管理委员会编：《闽西革命史文献资料》第 6 辑，内部资料，1985 年。

古田会议纪念馆编：《闽西革命史文献资料》第 9、10 辑，（岩）新出（2013）内书第 113、114 号。

中共福建省建阳地委党史办等编：《闽北党史文献》第 3 集，内部资料，1984 年。

中共福安地委党史资料办公室：《闽东党史资料》第 67 号，内部资料，1957 年。

中共宁德地委党史资料征集研究委员会办公室、福建省中共党史研究会宁德地区分会编：《闽东党史资料与研究》，内部资料，1983 年。

中共莆田市委党史资料征集委员会办公室编：《闽中党史资料》第 2 辑，内部资料，1985 年。

中共泰宁县委党史工作委员会编：《中共泰宁党史资料》第 1 辑，内部资料，1989 年。

中共福建省委党史资料征集编写委员会：《关于报送〈闽北国共和谈〉党史专题的工作报告》附件 23、28、29、32，内部资料。

中共福建省委党史工作委员会：《关于报送〈闽北苏区肃“改组派”、“AB 团”运动〉党史专题的工作报告》附件 13、14，内部资料。

中共福建省委党史工作委员会：《关于报送〈闽东肃“AB团”、“改组派”、“社会民主党”运动〉专题报告》，内部资料。

松溪县档案馆藏：《松溪县公安局旧政权档案》第457号。

二、报刊、文集、传记、回忆录

《捷报》(民国)

《大公报》(民国)

《江声报》(民国)

《福建民报》(民国)

《东南日报》(民国)

《闽北日报》(民国)

《莆田日报》(民国)

《近代中国》(台湾)

《红色福建》(民国)

《闽东红旗报》(民国)

《福建统计月刊》(民国)

《南方日报》

《福建党史通讯》

《闽西党史资料通讯》

毛泽东著：《毛泽东选集》第一、二、四卷，人民出版社1991年版。

毛泽东著：《毛泽东军事文集》第一卷，军事科学出版社、中央文献出版社1993年版。

中共中央文献研究室编：《毛泽东年谱（1893—1949)》上卷，中央文献出版社2013年版。

朱德著：《朱德选集》，人民出版社1983年版。

中共中央文献研究室编：《朱德年谱（新编本）（1886—1976）》上，中央文献出版社2006年版。

中共中央文献研究室等编：《周恩来军事文选》第1卷，人民出版社 1997 年版。

中共中央文献研究室编：《周恩来年谱（1898—1949）》上，中央文献出版社 2007 年版。

张闻天选集编辑组编：《张闻天文集》第一卷，中共党史资料出版社 1990 年版。

陈毅著：《陈毅军事文选》，解放军出版社 1996 年版。

张鼎丞、邓子恢、谭震林等著：《闽西三年游击战争》，福建人民出版社 1960 年版。

《张鼎丞传》编纂委员会编：《回忆张鼎丞》，福建人民出版社 1991 年版。

《张鼎丞传》编写组编著：《张鼎丞传》，中央文献出版社 1996 年版。

《邓子恢传》编辑委员会著：《邓子恢传》，人民出版社 2006 年版。

邓子恢著：《邓子恢自述》，人民出版社 2007 年版。

金冶主编：《回忆谭震林》，浙江人民出版社 1992 年版。

《谭震林传》编纂委员会著：《谭震林传》，浙江人民出版社 1992 年版。

叶飞著：《叶飞回忆录》，解放军出版社 2007 年版。

伍洪祥著：《伍洪祥回忆录》，中共党史出版社 2004 年版。

罗明著：《罗明回忆录》，福建人民出版社 1991 年版。

王炳南整理：《卢胜回忆录》，东方出版社 1992 年版。

王直著：《王直回忆录》，海风出版社 2000 年版。

李德安著：《铁流火花——李德安回忆录》，海峡文艺出版社 2000 年版。

福建人民出版社编：《革命回忆录丛刊·风展红旗》第 2 辑，福建人民出版社 1983 年版。

阮朝阳、李宗元著：《阮英平传》，中国文史出版社 2008 年版。

缪慈潮、顾铭主编：《范式人传》，中共党史出版社 2002 年版。

中共党史人物研究会编：《中共党史人物传》第 3 卷，陕西人民出版社 1981 年版。

中共南平地委党史办公室：《闽北党史回忆集》第 1、2 期，

1959 年。

中共广东省委党史研究室、广东省档案馆编：《方方文集》，广东人民出版社 1990 年版。

三、著作、论文类

阎景堂主编：《南方三年游击战争史》，解放军出版社 1997 年版。

阎景堂主编：《南方三年游击战争人物谱》，解放军出版社 1997 年版。

阎景堂主编：《南方三年游击战争纪事》，解放军出版社 1997 年版。

郑广瑾著：《南方三年游击战争记》，河南人民出版社 1997 年版。

宋之的等著：《忆南方三年游击战争》，上海文艺出版社 1987 年版。

陈小津主编：《南方三年游击战争》，上海人民出版社 2007 年版。

野草著：《三年游击战争》，新中国书局出版发行，1949 年东北初版。

郭晨、卢策：《三年游击战》，中国文化出版社 2015 年版。

刘勉钰著：《中央苏区三年游击战争史》，江西人民出版社 1993 年版。

刘勉钰著：《江西三年游击战争史》，江西人民出版社 2009 年版。

刘勉钰编著：《铁军出山——江西三年游击战争与新四军》，江西人民出版社 2015 年版。

黄道炫著：《张力与限界：中央苏区的革命（1933～1934）》，社会科学文献出版社 2011 年版。

傅克诚主编：《艰苦卓绝：南方三年游击战争》，江西人民出版社 2011 年版。

余伯流、凌步机著：《中央苏区史》，江西人民出版社 2001 年版。

文闻编：《“围剿”中央苏区作战秘档》，中国文史出版社 2007 年版。

中共中央党史研究室著：《中国共产党历史》第一卷（1921—1949），中共党史出版社 2011 年版。

中共福建省委党史研究室著：《中共福建地方史（新民主主义革命时期）》（上）、（下），中央文献出版社 1993 年版。

〔美〕费正清主编：《剑桥中华民国史（1912—1949）》下卷，中国社会科学出版社 1994 年版。

中国工农红军第三军团史编辑委员会：《中国工农红军第三军团纪事》，国防大学出版社 1988 年版。

中共福建省龙岩地委党史研究室编：《反对所谓“罗明路线”问题》，鹭江出版社 1993 年版。

福建省新四军研究会编：《福建三年游击战争与新四军》，中央文献出版社 2012 年版。

中共漳州市委党史研究室著：《闽粤边区三年游击战争史》，中央文献出版社 1999 年版。

游海华著：《重构与整合——1934～1937 年赣南闽西社会重建研究》，经济日报出版社 2008 年版。

王坚著：《浴血归龙山——长征后福建省级机关和部队在闽西的艰苦抗争》，解放军出版社 2011 年版。

张鼎丞：《中国共产党创建闽西革命根据地》，福建人民出版社 1982 年版。

厦门大学历史系中共党史教研组编写：《闽西革命根据地》，上海人民出版社 1978 年版。

蒋伯英著：《闽西革命根据地史》，福建人民出版社 1988 年版。

龙岩市委党史资料征集研究委员会：《龙岩人民革命史》，厦门大学出版社 1989 年版。

章宏九、郑学秋等著：《闽西三年游击战争》，鹭江出版社 1993 年版。

中共福建省龙岩市委党史研究室著：《闽西人民革命史（1919—1949）》，中央文献出版社 2001 年版。

庄春贤：《赣粤边三年游击战争史》，中共党史出版社 2016 年版。

蔡志强等主编：《闽南武装斗争史稿》，福建人民出版社 1990 年版。

曾耀东等主编：《闽西客家大典》，海风出版社 2011 年版。

蒋炳钊编著:《畲族史稿》,厦门大学出版社 1988 年版。

中共永定县委党史工作委员会编:《永定人民革命史》,厦门大学出版社 1989 年版。

中共长汀县委党史工作委员会:《长汀人民革命史》,厦门大学出版社 1990 年版。

范强:《政和革命斗争史话》,福建省地图出版社 2013 年版。

中共霞浦县委党史研究室编著:《霞浦人民革命史》,中共党史出版社 2009 年版。

闽南红三团老战士编委会编:《闽南红三团》,东方出版社 1993 年版。

中共中央文献研究室编:《毛泽东在七大的报告和讲话集》,中央文献出版社 1995 年版。

中共福安市委党史研究室著:《福安人民革命史》,中共党史出版社 2001 年版。

缪小宁著:《闽东苏维埃 1934》下,中共党史出版社 2014 年版。

中共福建省委党史资料征集编写委员会研究室编:《福建抗日救亡运动》,福建人民出版社 1985 年版。

中共福建省委党史研究室等编:《闽浙皖赣革命根据地》下,中共党史出版社 1991 年版。

中共武夷山市委党史研究室编:《武夷山革命史》,中央文献出版社 1998 年版。

中共光泽县委党史研究室编:《大洲谈判》,中共党史出版社 1995 年版。

中共厦门市委党史研究室著:《中共厦门地方史(新民主主义革命时期)》,中央文献出版社 1999 年版。

中共湖北省委党史资料征集编研委员会、中共武汉市委党史资料征集编研委员会编:《抗战初期中共中央长江局》,湖北人民出版社 1991 年版。

《中共中央东南局》编辑组编著:《中共中央东南局》上、下卷,中共党史出版社 2006 年版。

中共霞浦县委党史研究室等编：《新四军　长江支队与霞浦》，香港天马出版有限公司 2013 年版。

陈仁洪：《从闽北到皖南》，福建人民出版社 1985 年版。

中共福建省委党史资料征集编写委员会研究室编：《从和谈到北上抗日》，福建人民出版社 1985 年版。

中国新四军和华中抗日根据地研究会编：《新四军的组建与发展》，军事科学出版社 2001 年版。

张亦民著：《铁军：新四军若干历史问题研究》，大众文艺出版社 2005 年版。

中共建阳地委党史办公室、福建省建阳地区文化局编：《战斗在闽北》，内部资料，1983 年。

郑复龙著：《八闽健儿抗日征程史：新四军福建子弟兵的历史足迹》，福建人民出版社 1998 年版。

中共武夷山市委党史研究室编：《崇安县党史研究文论选》，鹭江出版社，1992 年版。

李忠杰：《南方三年游击战争：中国革命史上悲壮而辉煌的篇章》，《中国井冈山干部学院学报》2011 年第 2 期。

姜廷玉：《史料编审所得南方三年游击战史研究新认识》，《军事历史研究》2013 年第 1 期。

余伯流：《论南方游击区的历史地位——解读党中央和毛泽东对南方游击区的科学评价》，《中共党史研究》2011 年第 2 期。

孙伟：《共产国际与南方三年游击战争》，《党史研究与教学》2015 年第 5 期；

易凤林：《论南方三年游击战争与中共中央战略的统一性》，《军事历史研究》2013 年第 2 期。

吴明刚：《南方三年游击战争若干问题再研究》，《福建党史月刊》2012 年第 21 期。

徐占权：《南方三年游击战争的历史地位和作用》，《中国井冈山干部学院学报》2011 年第 2 期。

阎景堂：《论南方三年游击战争的历史经验》，《中国井冈山干部学院》2011 年第 2 期。

王盛泽:《干部地方化与南方三年游击战争的胜利坚持》,《中共党史研究》2010 年第 3 期。

王盛泽:《三年游击战争时期的福建土匪问题研究》,《中国井冈山干部学院学报》2015 年第 4 期。

钟健英:《突出地方特点　体现历史风貌——编写福建三年游击战争时期党史的构想》,《福建党史月刊》1991 年第 10 期。

刘勉钰、徐冬蓉:《陈毅和南方三年游击战争》,《江西社会科学》2002 年第 1 期。

李蓉:《南方红军三年游击战争历史研究的新收获》,中共赣州市委党史工作办公室等编:《纪念南方三年游击战争胜利暨新四军组建 80 周年理论研讨会论文集》,内部论文集,2017 年。

李德安:《翘首明天:献给建军 60 周年及闽西三年游击战争胜利 60 周年》,内部论文集,1997 年。

游海华:《南方三年游击战争时期赣闽边区民众政治生存状态考察》,《中共党史研究》2012 年第 7 期。

游国斌:《闽东三年游击战争的历史经验》,《重庆科技学院学报(社会科学版)》2016 年第 10 期。

邹淑红:《张鼎丞与闽西三年游击战争》,《福建党史月刊》2013 年第 14 期。

韩真:《福建三年游击战争得以坚持和取得胜利的经验》,《福建党史月刊》2010 年第 20 期。

陈凤禧:《闽东三年游击战争在中国革命战争中的历史地位和作用》,《福建党史月刊》2008 年第 1 期。

王春生:《福建的三年游击战争与新四军的组建》,《福建党史月刊》2007 年 9 期。

王村民:《闽中游击区被列为南方三年游击战争的一块独立游击区的经过》,《福建党史月刊》2007 年第 7 期。

彭泽:《黄道在闽北三年游击中的杰出贡献》,《福建党史月刊》2000 年第 5 期。

后　记

福建三年游击战争是中国革命史和中共党史的重要组成部分，是土地革命战争的一个重要历史阶段，是南方三年游击战争中最为厚重精彩的篇章。通过本课题的研究，对进一步认识福建苏区老区重要地位及其为中国革命作出的重大贡献，弘扬苏区老区的革命传统和革命精神，加强党员干部和青年学生的教育，培育中国特色社会主义建设人才，推进福建经济社会的发展，都具有重要意义。

在课题的申报、立项和完成过程中，得到福建省委党史研究室领导逄立左、黄誌主任，郑龙、汪一朝、黄玲副主任的关心和支持，他们给予了极大的鼓励和帮助。这一课题是在室务会议的领导下完成的。同时，省社科联规划办的陈飞主任和刘兴宏同志也给予了大力支持与指导。

2013 年课题立项后，课题组围绕研究内容，形成详细的写作大纲，开展了深入、系统的研究工作：一是博收广集，尽可能占有大量史料。课题组先后到福建省档案馆、福建省图书馆、福建省委党校，各重点地市、县档案馆、纪念馆、党史研究室等查阅、搜集大量档案、报刊、文集、图册、地方志，以及部分回忆录和口述史料等。课题组成员还多次深入闽西、闽粤边、闽北、闽东、闽中、闽赣边六块游击区所属龙岩、漳州、南平、三明、宁德、莆田等地 30 多个县市区，以及邻省江西、浙江、广东等与福建三年游击战争相关地区走访调研，实地察看当年开展游击战争区域的地形地貌、战斗旧址、纪念场馆等，增加直观感受，拓展知识视野，也纠正一些认识误区。二是推陈出新，充分吸收已有研究成果。为深化研究，课题组分别从南方三年游击战争史、其他省三年游击战争史、福建三年游击战争史研究三个方面，开展学术史回顾，参阅研读相关著作50多部、论文200余篇，了解学术前沿与动态，审视目前亟须重新探讨的问题，在继承前人研究成果基础上，进行了理论和学术的创新探索。三是集思广益，广泛征求专家意见建议。研究中，就南方特别是福建三年游击战争史相关问题，多次征求黄修荣、蒋伯英、林强、凌步机、钟健英、黄超凡、曹敏华、郑复龙、吴明刚等党史专家的意见。专家们对研究的重点、难点、创新点等，提出一些中肯、有价值的意见或建议，见解精辟而深邃，使课题组成员很受启发。四是秉笔直书，实事求是展现历史图景。课题组在爬梳、分析研判史料的基础上，以严谨求实的学术态度，整体把握和构思，将省域内及邻省有关联的游击区整体纳入研究视野并进行综合考察。采取宏观与微观相结合，个案研究与"全景透视"并用，以及点面结合的方式，将福建三年游击战争置于南方三年游击战争史和中国革命发展史的宏大叙事背景下，以反映这一历史图景的真实面貌。期间，撰写或发表相关论文17篇，取得较为丰硕的学术成果。五是千锤百炼，精心修订使其臻于完善。课题于2016年6月完成初稿，随后修改送审。2017年6月接到福建省社科规划办转发的修改通知后，高度重视，认真对待。依照评审专家提出的鉴定意见，逐条进行修改校正，不仅形式上更符合学术规范，而且在结构、内容上进行了系统的调整、充实和提升，使其脉络清晰、论证严密，体现较高的理论和学术价值。经反复推敲打磨，倾注大量心血，数易其稿，至2018年6月，终于完成全部书稿共计40余万字的修订工作。

这项工作也得到有关市县党史部门的大力帮助，特别是在收集资料和走访旧址过程中，得到龙岩、漳州、南平、三明、福州、宁德、莆田、长汀、新罗、永定、上杭、漳平、平和、南靖、漳浦、诏安、永安、武夷山、建阳、光泽、邵武、建瓯、政和、蕉城、屏南、福安、霞浦、周宁、寿宁、柘荣、古田、莆田、涵江、福清、永泰等市（县）领导、党史部门的负责人和干部以及有关乡镇负责人、纪念馆有关人员的协助与配合，他们为我们开展课题工作提供了方便条件。在撰写书稿过程中，对一些存有疑虑的问题，我们还向苏俊才、凌步机、符维健、赖立钦、黄尔贤、曾一石、石江林、陈碧火、方志南、邓爱芝、谷桂秀、罗永胜、冯奇、方晓萍、范永光、缪小宁、韩筱芳、林汉周、毛丽珍、雷美莲、高居华等专家请教咨询，他们都给予耐心的解答，提供了帮助。同时还有中国人民解放军军事博物馆的张海部长，他长期从事南方三年游击战争的研究，曾出版过多部有关著作，他不仅向我们提出有益的意见，还提供了有关资料和书籍。特别是单位的不少同事，为课题做了许多服务和后勤工作。在此更要感谢福建人民出版社刘亚忠总编辑和陈稚瑶编辑，为本课题的出版付出了艰辛努力。因为提供帮助的人员很多，未能全部列出，敬请谅解。在此一并表示衷心的感谢。

由于课题打破以往按块研究、立足点低、视野狭窄的局限，力图将省域内及有关联的游击区整体纳入研究视野，既采取个案研究与“全景透视”并用，又注重点面结合、寓论于史，研究上存在一定的难度。加上能力、时间、资料上的诸多限制，书稿中疏漏恐在所难免，敬请各位专家批评指正。

作　者

2018 年 6 月 6 日